让 我 们 一 起 追 寻

Towards the Flame

走向火焰

帝国、战争
与沙皇俄国的
终　　结

EMPIRE, WAR AND THE END OF TSARIST RUSSIA

〔英〕多米尼克·利芬　著

苏然　王橙　译

DOMINIC LIEVEN

社会科学文献出版社

SOCIAL SCIENCES ACADEMIC PRESS (CHINA)

目　录

特别致谢

在本书的写作中，我"欠了不少债"。首先，我要着重感谢剑桥大学三一学院，他们在我研究和撰写此书时为我营造了非常欢快的"家庭"氛围。

其次，我将感谢我的研究助理，尤其是圣彼得堡的埃拉·萨吉纳德和莫斯科的娜塔莉亚·斯特鲁尼娜。埃拉不仅帮我完成了在圣彼得堡国立历史档案馆大量有价值的工作，而且负责了本书的配图。娜塔莉亚不仅帮我完成了在莫斯科图书馆和档案馆的工作，而且还在文献工作几乎要了我老命时载我去医院。此外，我必须要感谢尤里·巴西洛夫，他帮助我在圣彼得堡科学院的文献库做研究；以及马丁·阿尔伯特和纪尧姆·格林菲尔德，他们在英国帮我检索出了有用资料。

我在莫斯科的停留多亏了热情好客的西蒙斯家族和瓦西里·卡希林的巨大帮助，在此特别感谢他们。本书草稿曾交给布鲁斯·门宁教授和大卫·席梅尔佩南·冯·德·奥耶审读。如果没有他们的建议，我的书可能会比现在差得多。布鲁斯·门宁与我分享了很多他为出版写的文章，以及他积累的俄军1914年之前和备战方面的资料。

我同样要感谢很多档案管理人，他们方便了我的研究。首先是莫斯科外交部档案馆的全体员工，他们对我帮助很大。同样也要感谢同样位于莫斯科的GARF，以及在此供职的谢尔盖·米罗年科教授的下属。莫斯科的军事档案是我上一本书的框架，同样对这本书贡献良多。我没有忘记要感谢圣彼得堡海军档案馆友好又乐于助人的管理员，以及英国国家档案馆的人。我要特别感谢纽约哥伦比亚大学巴赫梅捷夫档案馆员工给我的大量帮助。我也要同样感谢伦敦、莫斯科和哥伦比亚的各个我在其中工作过的图书馆。

在莫斯科期间，我遇到了一系列健康问题。如果没有妻子藤原美喜子（Mikko Fujiwara，音译）的帮助，我不可能战胜它们并完成这本书。

伊丽莎白·塞卡夫人和索菲·施密茨博士是本书主要人物格里戈里·特鲁别茨科伊的重孙女，她们对我帮助巨大，并将她们祖父未经刊载的资料给我看。施密茨还慷慨地把她写的关于祖父的博士学位论文发给我看，伊丽莎白为我提供了很多未刊载的家族文件和照片。我非常感谢她们。

除了伊丽莎白，以下人员和机构为本书图片提供了莫大帮助：利基·罗西出版社和它的经理伊丽莎白·舍拉耶娃，圣彼得堡影像和图片联邦档案馆，亚历克西斯·德·蒂森豪森，以及克里沃舍因家族。我非常感谢他们的帮助。

我的出版商，纽约的梅拉尼·托尔托罗利和伦敦的西蒙·温德尔不仅委托并鼓励我写这本书，也认真阅读了本书，并且在书的结构和表述上给了我很好的建议。我要感谢伦敦企鹅出版社的理查德·杜吉德和马里纳·肯佩，尤其是我的编辑理查德·马森。同样也要感谢我的代理人娜塔莎·费尔韦瑟。

同样研究本主题并使我受益良多的历史学家人数众多，我无法一一感谢，但必须特别提及罗纳德·博布罗夫，他为我提供了很多我无法在档案馆找到的资料的复印件。布伦斯·西姆斯给了我一些书店找不到的重要资料。此外，沃尔克·贝尔汉教授、保尔·布什科维奇教授、克里斯托弗·克拉克教授、约翰·哈尔教授、杰弗里·霍金森教授以及大卫·雷诺兹教授读了最终版草稿并提出了大量建议。

　　这可能是我写的最后一本关于俄罗斯帝国和现代欧洲的严肃著作，我必须要感谢那些曾经教育并鼓励我的人。他们是剑桥的德里克·比尔斯、诺曼·斯通、西蒙·沙玛和乔纳森·斯坦伯格。以及在伦敦的伦纳德·夏皮罗和休·西顿－沃森。本书献给优秀的英国传统实证主义学者——伦纳德和休。

说　明

　　本书所涉年代中，俄国人使用儒略历（Julian calendar）。到 20 世纪为止，儒略历比欧洲其他地区使用的格里高利历晚 13 天。为避免混淆，我写作时一直使用西方历法。在尾注中，如果日期用俄国历法记录，我就在后面加上"OS"。要是有人从俄国写信到国外，惯常做法是在信的抬头写上儒略历和格里高利历的日期，俄国人从国外往俄国写信时也是如此。本书的尾注遵循这种惯例。非俄罗斯血统的俄国人的姓名拼写始终是个问题。我几乎全部采用拉丁原文拼写，除非此人的名字哪怕是用西方语言写作时也会使用一些不同的变体。至于教名，对完全归化的有外国血统的人，我使用俄语变体（如 Aleksandr），但是对保留非俄罗斯民族特性的外国人和沙皇臣民，我使用英语变体（如 Alexander）。至于术语的表达，我一方面努力避免扭曲事实，另一方面又设法避免困扰普通读者。举个例子，为了避免花大篇幅解释"slavophile""Slavophile""pan-Slav"这些词的含义，我用"Slavophile"作为通称，指代一切强调俄国人的斯拉夫人身份，并以此作为俄国政府国内和对外政策的重要指导因素的人。

1914年的欧洲

巴尔干战争前后的巴尔干半岛和奥斯曼帝国

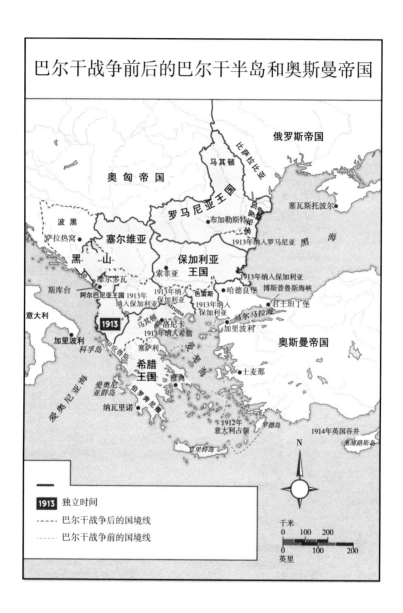

俄罗斯帝国

奥匈帝国

马其顿

比萨拉比亚

罗马尼亚王国

塞瓦斯托波尔

布加勒斯特

波黑

萨拉热窝

塞尔维亚

黑 山

摩尔多瓦

1913年纳入罗马尼亚 黑 海

保加利亚
王国

索非亚

1913年纳入保加利亚

斯库台

阿尔巴尼亚王国 1913年
纳入保加利亚

1913年纳入
保加利亚

Struma

哈德良堡 博斯普鲁斯海峡

君士坦丁堡

意大利

加里波利

科孚岛

1913

马其顿

马尔马拉海

加里波利

奥斯曼帝国

萨洛尼卡
1913年纳入希腊

伊庇鲁斯

塞萨利

希腊
王国

雅典

士麦那

爱奥尼
亚群岛

伯罗奔尼撒

纳瓦里诺

罗德岛

1912年
意大利占领

1914年英国吞并
塞浦路斯岛

爱奥尼亚海

克里特岛

N

千米
0   100   200

0   100   200
英里

1913 独立时间

----- 巴尔干战争后的国境线

······ 巴尔干战争前的国境线

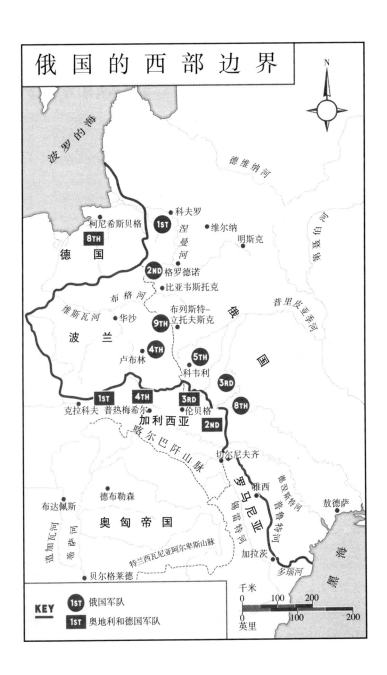

俄 国 的 西 部 边 界

引　言

　　某种意义上，第一次世界大战取决于乌克兰的命运。① 对说英语的读者来说，这种说法似乎能最终证明大部分教授都疯了。没有哪个协约国士兵认为自己曾为了乌克兰冒生命危险，他们中只有少数人听说过那个地方。1914 年的德军士兵也是如此。在这次战争爆发一百周年之际，大量英语著作出版，其中只有极少数提到乌克兰。大部分著作都是关于战争中英国、英联邦自治领的，以及美国士兵和平民的经历。另有很多著作争论战争对社会以及英语世界的文化的影响。乌克兰的命运和这些全无关系。

　　尽管如此，我的说法并不像看上去那样牵强。没有乌克兰的人口、工业和农业，20 世纪初的俄国就不再是大国。如果俄国不再是大国，德国完全有可能在欧洲确立霸权。1917 年的俄国革命暂时摧毁了俄国的国家、经济和帝国。俄国的确一度失去了大国地位。这其中的关键因素之一是乌克兰的独立。1918 年 3 月，德国与俄国在布列斯特 - 立托夫斯克（Brest-Litovsk）② 签订和约，结束了一战的东线战事。在这份条约中，俄国被迫承认乌克兰是原则上的独立国家、实际上的德国"卫星国"。

---

① 这看起来也许是历史学家试图将历史同新闻热点联系在一起的无耻尝试。事实上，它是 2013 年 11 月 13 日我在剑桥三一学院（Trinity College, Cambridge）演讲的第一句话，那时距乌克兰危机的爆发还有很久。

② 今布列斯特（Brest）。——译者注

倘若《布列斯特-立托夫斯克条约》得以维系，德国会赢得一战。若想赢得战争，德国不需要在西部前线取得全胜。西部的平局，加上俄罗斯帝国的衰落以及德国对东欧的统治，就足以确立柏林的欧陆霸权。事实正相反，协约国在西线的胜利摧毁了德国在东部建立帝国的希望。作为结束了一战的停火协议的一部分，德国不得不放弃《布列斯特-立托夫斯克条约》以及在东欧征服的土地。苏维埃俄国重返真空地带，收复乌克兰，并重新奠定苏联帝国的基础。

这强调了关于一战的一个基本要点：同英语世界中近乎普遍的假设相反，这场战争的首要性质是东欧的冲突。战争的直接导火索是奥匈帝国王储在欧洲东南部的萨拉热窝（Sarajevo）遇刺。1914 年 6 月 28 日，弗朗茨·斐迪南（Franz Ferdinand）遭暗杀，这件事导致东欧两大帝国奥匈帝国与俄国变得敌对。由于担心自身的安危，法国和英国被拖入这场首先始于东欧冲突的战争，因为如果德奥同盟战胜俄国，欧洲的权力天平就会决定性地向柏林与维也纳倾斜。诚然，法军、英军和美军凭借在西线的努力赢得了一战的胜利，但是 1918 年时主要是东欧失去了和平。一战的重大讽刺之处在于，最初这场冲突的最主要内容是德意志政权和俄国争夺欧洲中东部的控制权，结果却是两败俱伤。奥匈帝国解体后分化成很多无力自卫的小国家，在欧洲中东部留下地缘政治空隙。更糟的是，凡尔赛秩序以德国和俄国的战败为基础建立，没有顾及这两个国家的利益或看法。德国和俄国具有成为欧洲最强国家的潜力，因此凡尔赛方案必然是十分脆弱的。二战也是在东欧爆发的，这并不是巧合：1939 年 9 月，《凡尔赛条约》的关键产物之一波兰遭到邻国德国与苏联的入侵。经历了一代人的休战后，从很多方面来说，一战的真正终结是 1945 年 5 月苏军占领柏林。

本书赋予俄国它应有的地位，即一战史的最中心。最重要的是，本书不仅研究俄国在战争起因中的作用，也研究冲突发展的方式及其长期影响。然而，如果说本书可以被称为一战俄国史，那么也可以说它是俄国革命的国际史，就俄国革命而言，本书主要关注其起因。俄国对欧洲国际关系来说很重要，反之亦然。俄国努力成为欧洲和世界性的大国，这对俄国现代史造成了重大影响。对俄国人民的命运来说，这个因素产生的影响很可能是最大的。在本书涵盖的 1904～1920 年，这一点更名副其实。如果没有一战，我们或许仍可以相信布尔什维克能取得俄国政权，但由于本书列举的诸多原因，他们很可能无法保住政权。然而，如果说战争对俄国革命史产生了巨大影响，那么这句话反过来也是成立的。俄国革命给德国提供了赢得一战的最佳机会。更重要的是，由于 1917 年"十月革命"，俄国肯定无法在凡尔赛参加重塑欧洲的计划，在休战期间它仍是修正主义政权。俄国与曾经的盟友英国、法国之间存在深深的怀疑和敌视，这就影响了制约阿道夫·希特勒并避免二战的努力。

有很多理由支持写俄国一战史。历史上，关于一战起源的研究最为详尽。虽然西欧的史学家或许能对战争起因提出新的解释，他们却不大可能发现新的重要证据。在这个意义上，俄国是最后的前沿。苏联时代，西方史学家无法接触其外交和军事档案。限制也存在于俄国史学家的写作中，有时还存在于他们的阅读中。我能用大半年时间在重要的俄国档案馆为本书的写作做研究，这对我来说十分有利。这些档案馆中，最关键的是莫斯科的外交部档案馆。我完成研究后过了一周，由于该建筑迅速下沉，陷入莫斯科地铁空间之中，档案馆关门了，而且 4

尚未重新开放。我在外交部档案馆和其他六个俄国档案馆找到的材料，为俄国对外政策与政策之下的力量提供了明显更全面的理解，有时这些解读还是全新的。

从俄国视角研究一战是重要的，因为当时俄国不仅在国际关系中发挥重要作用，其作用还常被误解、被边缘化。可是这远非故事全貌。相对于以英国、美国、法国和德国的观点及假设为基础审视那个年代的历史学家，采用俄国视角可以促使我们用截然不同的方式观察并解读一战。于是乎，本书肯定不只是对俄国战争的研究。相反，本书是从起源的立场研究整个战事。如果俄国必定占据舞台中心，本书也有足足三分之一的内容涉及其他国家以及欧洲和全球背景。

苏联时代的研究认为，这场战争的起因是大国争夺殖民地市场、原料和投资地点的帝国主义竞争。不论是我，还是当代很多严谨的一战史学家，都不赞成这种看法。另外，我的确认为，战争和我理解的帝国与帝国主义存在莫大干系。在我看来，帝国首要的是国力。除非一个国家是（或者说，至少曾是）大国，否则它不可能成为真正的帝国。然而，帝国是具有特殊属性的大国。这些属性包括统治广袤的领土和诸多民族，且未取得这些民族的明确同意。对我来说，帝国主义只是支持创造、扩张和维系帝国的意识形态、价值观和政策。

1914 年之前，符合这种定义的帝国和帝国主义控制了全球。对于构成核心的帝国人民来说，帝国是荣誉、地位和人类历史上有意义的角色的源泉。帝国主义时代的地缘政治基础是，人们认为对 20 世纪初所有真正的大国来说，大陆级别的领土和资源具有关键作用。对于欧洲国家（1914 年，欧洲人仍然掌控

全球大部分地区）来说，只有通过帝国才能获取这类资源。全
球一些地区成为附庸，另一些则被占领，在占领程度上，从被
保护国到政治和经济势力范围不等。1900 年国际关系的重要问 5
题在于，几乎没有可让帝国主义掠夺者瓜分的领土了。欧洲国
家在领土、地位和影响力问题上讨价还价。讨价还价背后，总
有关于国力和敌对国在通过开战来捍卫权利主张这件事上的准
备程度的考量。尽管大部分大国声称它们在推进文明事业，但
没有哪个国家愿意考虑它所征服的民众的愿望。1900 年，民族
主义对帝国的挑战开始浮现。如果说帝国主义似乎是关于国家
在全球范围内的影响和力量的未来浪潮，那么种族民族主义看
起来是巩固政治社群、赋予政府正当性的最佳手段。我所说的
现代帝国的重要困境，就是指帝国主义和民族主义之间日益增
长的冲突。[1]

帝国主义、民族主义和现代帝国的困境是一战起源的核心。
对于说英语的人来说，这听来格外奇怪。"帝国""帝国主义"
等词表示战争首先起源于亚洲或非洲。原因在于，根据英美的
理解，现代帝国大都是欧洲之外的事。这一定程度上反映了大
英帝国的确几乎存在于欧陆之外的事实。对列宁和他之后的大
部分马克思主义史学家来说，现代帝国主义被定义为资本主义
的最后阶段，它同西欧发达国家在亚洲、非洲和美洲对殖民市
场及原料的争夺联系在一起。在当代英美历史系，帝国的研究
同种族、性别和所谓的后殖民地研究密切联系，因为这些被视
为当时英美社会的中心，更不用说第一世界和第三世界的关系。
这种趋势又一次将欧洲的帝国排除在势态之外。

认为 20 世纪的帝国是欧洲之外的事物的想法，也轻易地促
成了更深层的假设：一方面，欧洲与其曾经的白人殖民地之间

存在根本对立；另一方面，欧洲与非白人世界之间也存在根本对立。这种假设的简称是"第一世界"与"第三世界"。1991年苏联解体，"第二世界"的概念随之消失。本书的目的之一便是再度使用"第二世界"一词，并将它用于 1914 年以前的欧洲。这个第二世界西起爱尔兰和伊比利亚半岛，南至意大利和巴尔干，东至俄罗斯帝国。尽管这些国家各不相同，但是它们面对 1900 年开始浮现的大众政治时代时存在相同的问题。正如我在本书中试图展示的一样，通过与第二世界中同等国家的问题相对比，有时可以澄清俄国的问题。

6

巴尔干地区是典型的第二世界区域。伦敦和柏林的上层人士会认为这片地区完全是欧洲地区吗？更切题的是，维也纳统治者如何看待这片区域？本书的论点之一是，奥匈帝国对待塞尔维亚的政策采取了类似形式，而且该形式由在全球其他地区定义了欧洲帝国主义的理念巩固了基础。20 世纪 60 年代，南斯拉夫发起不结盟运动。当时，站在贝尔格莱德的立场上，可以轻易地认为 1912～1918 年的塞尔维亚战争是民族解放运动的胜利。举个例子，塞尔维亚对德国帝国主义的反抗可以等同于阿尔及利亚人和越南人争取独立的斗争。这种说法格外激起共鸣，因为一战期间，除了亚美尼亚人，塞尔维亚损失的人口最多。部分由于 20 世纪 90 年代塞尔维亚民族主义者的作为，再加上当代西方历史学家普遍否认英雄式民族主义叙述的正当性，如今欧洲人大都认为塞尔维亚人的这种解读站不住脚。尽管如此，通过帝国主义视角观察一战在巴尔干地区的起源仍能提供有趣的深入见解。基本点是，奥匈帝国帝国主义在巴尔干地区面临的风险大于类似政策在其他大陆上面临的危险。之所以出现这种情况，有很多原因，其中大部分能归结为一个词——"俄国"。

自 14 世纪以来，奥斯曼帝国便统治巴尔干地区，由于它的衰落，巴尔干地区成了国际矛盾的重要源头。奥斯曼帝国曾横跨欧洲、亚洲与非洲。1900 年时，它的衰亡在三块大陆上似乎都迫在眉睫。直到 1878 年，弗朗茨·斐迪南大公的遇刺地点波斯尼亚都是奥斯曼帝国的领土，名义上波斯尼亚仍然属于土耳其人，直到 1908 年它被维也纳吞并。吞并引起的危机是通往 1914 年的主要阶段。1911 年意大利对奥斯曼属利比亚（Ottoman Libya）的入侵也起了同样的作用，这次入侵引发了 1912～1913 年的巴尔干战争。1914 年 8 月，奥匈帝国对塞尔维亚人的镇压行动则是这些战争的直接结果，它又导致巴尔干民族主义战胜了奥斯曼帝国。1914 年，维也纳希望把它的行动局限在塞尔维亚地区，然而事实正相反，战火烧遍整个欧洲。

奥斯曼帝国的危机之所以带给欧洲国家诸多令人头疼的问题，原因之一是最终奖励似乎显而易见——占领君士坦丁堡和博斯普鲁斯海峡。这份奖励对俄国的经济、战略和历史利益格外重要，一战期间，俄国差点儿得到了它。近来，很多历史学家强调了俄国对海峡的野心以及这些野心如何助长紧张态势，继而引起 1914 年的欧洲战争。[2]他们说得没错。为了理解一战的根源，应当研究俄国在这一地区野心的源头，审视俄国上层和政府内部关于这些野心应当达到何种程度的争论。这是本书的又一个关键目的。然而，必须在帝国主义时代的背景下审视俄国对君士坦丁堡和博斯普鲁斯海峡的野心。这个年代里，英国占领埃及，确保对苏伊士运河（Suez Canal）的掌控；美国夺取巴拿马地峡（Isthmus of Panama），从而控制了大西洋和太平洋之间关键性的战略和商业要道。正如我们将要见到的那样，总的来说，博斯普鲁斯海峡对俄国的重要性甚至超过苏伊士运河对英国、巴拿马地峡对美国的重要性。

奥匈帝国与俄国在巴尔干的冲突引起了1914年的战争，某种意义上，这场冲突是帝国间争取客户、权力和名望的传统斗争。但到1900年时，我所说的现代帝国的困境在圣彼得堡和维也纳的对立中开始发挥关键作用。1914年，大约四分之三的乌克兰人是俄国人，剩下的生活在哈布斯堡君主国境内。奥匈帝国与俄国的这场冲突和乌克兰人民的未来息息相关，不过英语著作很少承认这种关联的深度。1914年，一些最具洞察力和影响力的俄国观察者认为，奥匈帝国与俄国的这一冲突源头比巴尔干地区发生的任何事重要得多。这让我们回到了当时乌克兰对欧洲地缘政治的重大影响，我在引言的第一句话中就强调了这个主题，它会贯穿本书。

尽管如此，一战的直接原因还是奥匈帝国试图摧毁独立的塞尔维亚国家。维也纳认为塞尔维亚政府不光是战略威胁，还有可能成为哈布斯堡的斯拉夫臣民反叛的潜在致命来源。总的来说，当代历史学家倾向于淡化20世纪初全体帝国，特别是哈布斯堡帝国面临的民族主义威胁。民族主义叙述控制了大量历史撰写，对它的挑战自然很有价值。正如哈布斯堡和奥斯曼帝国（以及其他国家）在一战中的出色表现所示，就连衰落的帝国也远远强于很多同时代人对它的看法。在同时代的亚洲，印度、印度尼西亚、伊朗等多民族国家的存在，可以驳斥任何认为欧洲式种族民族主义的胜利是不可动摇的现代性准则的人。然而我们不能过分延伸这则论证，因为种族民族主义在现代历史上极富影响力，它大大加速了1900年存在于欧洲内外的大帝国的衰落。帝国的困境和民族主义有助于将一战置于更广阔的

20世纪全球史背景下。

回过头看，或许大部分欧洲人夸大了民族主义的力量，给血统、语言和种族赋予了不恰当的重要性，但1914年前，他们的确常常这样想的事实对政治和国际关系来说十分重要。只举两个例子。除非考虑这个因素，否则难以理解奥匈帝国和俄罗斯帝国的很多内政外交政策。将同盟国（即德国和奥匈帝国）联系在一起的德意志团结纽带，某种意义上只是幻想出的虚构事物，但在另一种意义上，它又是关键性地缘政治现实。在20世纪联系说英语的人口的纽带同样如此。关于俄国如何卷入1914年战争，任何研究都得审视斯拉夫团结的理念，换言之，也就是所谓的俄国的斯拉夫传统以及它对俄国民族性和对外政策的影响。1914年前，斯拉夫主义的属性既独特，又对俄国政策产生了重大影响，我会在本书中解释原因及影响机制。然而，观察斯拉夫主义时，也有必要将它置于相信盎格鲁－撒克逊团结和德意志民族团结的世界环境下。俄国既没有仰慕者说得那么独特，也没有诋毁者说得那么异常。更重要的是，对跨国民族主义团结力量的信念，在推动国际关系走向1914年的灾难时发挥了重大作用。举个例子，斯拉夫人和条顿人必将斗争的神话是无稽之谈，尽管如此，它却是危险且强大的无稽之谈。

我试图将一战和欧洲历史置于更广阔的视角，或许我像是挑战了欧洲的独一无二的地位，但这远非我的本意。事实上，一战战场很可能会局限在欧洲内部。西半球不可能爆发任何世界大战，因为1914年美国在西半球确立了稳固的霸权。尽管英国人担心，但英国对南亚的统治也是如此。世界大战不大可能在非洲爆发，因为欧洲国家对那片大陆的关心程度不足以让它们为非洲问题冒险而引起全球冲突。1898年，巴黎和伦敦在东非问题上存在冲突，面对英国的反对，巴黎退让了。德皇威廉二世（William Ⅱ）明确告诉所有人，他绝不会为了摩洛哥冒险发动欧洲战争。欧洲国家也不愿意为了东亚或太平洋问题彼此交战。在亚洲－太平洋地区发生世界大战之前，这个区域的大国（日本、中国、美国）得要先成为现代意义上的大国。1914年以前，世界大战最可能的根源始终在欧洲。在欧洲，八大国中的六个相隔不远，它们最核心的利益也在欧洲。

六个独立大国组成的欧洲国际体系总是面临崩溃与战争的风险。1914年以前，大国关系本质上是风险博弈，包含相当多的虚张声势和赌博成分。正如之前指出的，在旧制度外交极其礼貌的表象之下，这场博弈的重点很大程度上是估量对手的国力及其用武力支持权利主张的意愿和能力。所谓的权力均势，既是事关欧洲稳定性的关键因素，也是外交官考虑如何维持欧洲和平与安全的重要因素。基本上，这意味着五个欧陆国家处于大致均衡的态势，每个国家都决定不让其他国家控制欧陆。倘若哪个欧陆国家显得太强大、太具侵略性，英国——置身海外、半独立于欧洲的大国——便会加入制衡力量，反对该国。

1900年，这套体系面临诸多挑战。1871年，德国统一，这大大增强了传统上比较弱小的欧洲大国普鲁士的力量。19世纪，在欧洲由西向东传播的工业革命让国力的计算更加复杂。1914年，人们有理由认为，如果德国有望成为今天的霸主，那么俄国有望成为明天的霸主。1900年时，欧洲人处于或可被称为英语世界自由全球化的第一阶段，这让事态更显混乱。德国境内，人们急切地谈论"世界力量""世界政策"，这反映了对这一现实的认知。有些人认为，或许对欧洲均势的考虑已经过时了，现在应该转而考虑全球措施，就此而言，美国的巨大潜力对欧洲国家构成显著挑战。1914 年之前，批评国家对外政策的俄国人有时举出这一观点，从而削弱视德国为威胁的均势政策的逻辑。英国上层也随之分为两派，他们的分歧在于，是德国在欧洲的威胁更大，还是俄国在亚洲的威胁更大，以及如何最好地应对这双重挑战。国际关系的长期问题在于，对国力的考量既包括对对手意图的评估，也包括对其能力的评估。此外，别无他法之时，唯有战争可衡量国力。本书的很多内容涉及国力问题。这不仅是指俄国的国力和潜力，也指盟国和敌国如何评估俄国的国力和潜力，以及俄国政府和上层如何判断他国的国力和意图。评估对手的国力总能引起恐惧和不安，重要原因之一在于，这些评估的核心因素是相当不确定的。

　　如果国际关系的内容仅限于外交互动和军事力量，那么本书会好写得多。事实上，一国对外政策总是会受到国内因素不同程度的影响。我在本书中花了很多时间解释俄国政府的运行机制，以及什么人、什么机构制定并影响对外政策。正如我们将看到的那样，只有在深入钻研俄国制度以及俄国上层的价值观和行为的基础上，才能理解这些复杂问题。值得注意的是，俄国的"民意"整体上敌视德国，战前那些年，它在影响和限制俄国对外政策中发挥重要作用。可是这种"民意"是俄国中上层的看法，绝不是战时将承担最大负担的人民大众的看法。11研究俄国民意能让人理解为何俄国参加一战，又为何战败。

　　尽管俄国的例子很独特，但在这方面，国际对比仍然十分重要。1914 年之前的两个世代，欧洲社会的整体变革比此前数百年的变化更触及根基。置身于激烈的经济、社会和文化变动之中，平衡很难得到维持。关于变革可能带来的有关未来的预测，甚至让人更加头晕目眩。欧洲上下的共同特征是市民社会的形成，以及它通过媒体、游说团体和执政党施加的影响。用当时的说法，市民社会总是倾向于站在道义一边。就 1914 年以前的欧洲的国际关系而言，这种说法并不正确。市民社会经常在引发国际冲突时发挥重要作用，在这一点上它比媒体的影响力更大。这或许只是迎合公众偏见与渴望轰动效应的问题，但它仍然让决策者感到不安与困惑。更严重的是，在削弱作为外交交易基础的理性估量的过程中，对外政策被系统地用于促进国内民族主义者对政府的普遍支持。在这个方面，包括俄国在内，没有哪个大国是无辜的。

主要民族的民族主义或许会给对外政策注入不理智、不可预测的危险因素，而少数民族的民族主义运动可能会让帝国面临生死存亡问题。1914 年，爱尔兰问题分散了英国政府在对外政策上的注意力。乌克兰问题的威胁对奥俄的未来关系构成巨大冲击。然而 1914 年时，只有在维也纳，少数民族的民族主义才被看作需要对外政策解决的紧迫威胁。奥匈帝国领导人将整个欧洲推入不必要的战争旋涡，找不到理由为他们的做法辩解。作为开脱之词，所有评论者都认为民族主义对奥匈帝国构成独特的严重威胁。衰落的大国很难做和睦的邻居，何况衰落的大国是面临民族主义者激进威胁的帝国。1956 年，面对阿拉伯民族主义，英法两大帝国试图通过武力重建它们那衰弱的力量和威望，结果两国在苏伊士遇上了它们的"1914 时刻"。英法两国的表现混合了孤注一掷、傲慢与错误的盘算，对于研究 1914 年奥匈帝国行为的历史学家来说，这一切显得非常熟悉。比起 1914 年奥匈帝国的政策在维也纳的反响，苏伊士冒险在伦敦和巴黎面临的公众抗议更多。然而，在这个过程中阻止苏伊士冒险的不是英法的民主，而是两国在华盛顿的重要合作伙伴的坚决否定。这与 1914 年柏林的行为截然不同。

很多因素能解释为何俄国陷入一战和革命，给这些因素排序的方式之一是用层次分析法看待它们。极点之一是我喜欢称为上帝视角的角度。高高在上地俯视，一切诸如个人与其人格的"细节"，一切机遇和偶发事件，事实上，就连对事件的任何叙述都彻底消失。在这个层次上，我们只会看到长远的结构性因素，比如这篇引言中已然列出的那些。它们包括全球化和地缘政治、欧洲权力均势以及那个年代的主导意识形态和价值观。针对俄国和欧洲为何在 1914 年开战的研究都不能忽视这些非常重要的因素。但我们也得记住，1914 年战争发生时距离外交危机结束不到两周时间。如果 1914 年 6 月弗朗茨·斐迪南大公未遇刺，那么欧洲不大可能在那一年发动战争。推迟一场战争或许能避免它。还有一种可能：两年之后，战争也许会围绕新的问题展开，英国没有被卷入，而德国也许会胜利，这样的话，欧洲和俄国的历史走向会发生彻底改变。1914 年 7 月和 8 月，不到 50 个人（全是男人）做出了让国家发动战争的决定。仰视视角（worm's eye view）便是研究这些人在这个短暂时期内做了什么，这种研究以天为尺度，有时甚至以小时为尺度。人格、机会和大事年表显得非常重要。就 1914 年 7 月而言，我的讲述几乎全是从仰视视角出发的，但研究导致欧洲开战的危机时不能只研究它自身。它是上溯至 1905 年的一系列危机和发展的最后一个事件，在很多方面也是之前那些危机和发展的产物，采用仰视视角者必须谨慎地注意到这一点。

在上帝视角和仰视视角之间，还有中间层次的视角。不可能指明属于这一层次的所有问题，但它们共同连接俯视时可见的结构性因素与做出导致灾难的决策的虫豸。显而易见，中间

13　层次视角的成分包括影响决策者的政府体系以及影响这些决策者的想法和行为的制度。仰视视角讲述决策者们做了什么、说了什么；中间层次视角探查其背后的预设、价值观和思维方式，将个人及集体的思考和直觉同上帝视角可见的全球及俄国的意识形态和文化趋势联系起来。决策者如何理解这个年代国力的含义以及国际关系的性质？他们如何设想未来会发生的一场欧洲战争？这些问题在很大程度上决定了对外交和军事决策过程的叙述，但它们绝非日常的决策，因此不会被仰视视角充分考虑。政客和外交官太轻易、太频繁地使用"大国""均势"等术语，在中间层次，我们需要谨慎地探查它们。这些术语的含义帮我们抓住这个时代国际关系的核心。首先，1914 年之前，两大因素主导俄国对外政策：其一是奉行所谓的权力均势，其二是关于俄国的民族性以及俄国人民在欧洲和历史上的地位。可怜的仰视者直到完成讲述时也无望探究这些问题。某种意义上，仰视者的叙述也是赢家的叙述——换言之，是掌握权力、实际制定国家政策的人的叙述。评判一国政策时，也应听取批评者的意见。这些人提出替代政策，质疑奠定政府行动基础的预设、判断乃至核心价值观。这也属于中间层次视角的分析。

从这些角度思考，大大有助于解释本书的结构。前两章采用上帝视角。第一章从全球和欧洲视角观察国际关系、政治和意识形态的大问题。第二章从俄国视角看待这些问题，既向读者介绍俄国政治、特性和对外政策的核心问题，又将它们置于国际背景下。第三章篇幅最长，它总共分成五节。第三章采用中间层次视角。试图理解这一章提出的一些问题，有时也许会让涉足俄国领域的"新人"感到困难，但若想理解其后四章的叙述，第三章的内容非常重要。这一章的叙述从 1904～1906 年的战败和革命开始，结束于一战爆发。

　　我在第四章用仰视视角分析 1904 年的事件，因为俄国的战 14
败和革命奠定了 1914 年它陷入战争时的国内与国际背景。在俄
国国内，这既指新的半宪政体系，也指战败和革命催生的政府
新政策，更不用说这些灾难在俄国社会中引起的新情绪。关于
国际背景，1904 ~ 1906 年俄国的短暂衰落和随后的迅速复兴，
对欧洲国际关系的动摇和 1914 年灾难的爆发产生了重要影响。
第四至第七章的叙述，为读者再现了从 1904 年到 1914 年战争
爆发时俄国和欧洲的种种波折。第六章洞察"七月危机"的直
接背景，这必然包括国内政治发展对俄国对外政策决策者小圈
子的影响。第七章观察"七月危机"本身。最终章观察一战和
1917 年俄国革命。本书当然不打算提供详细叙述，因为那需要
两卷的篇幅。1914 ~ 1917 年，俄国的战前政策以及奠定它们的
价值观和假设的正确性面临严峻考验。最终章的目的之一，便
是证明前文指出的问题和弱点如何导致 1914 ~ 1917 年俄国的灾
难。另一重目的是考察战争和革命如何密切地相互联系。

　　因此，本书实际上是三本书。第一，它是本讲俄国如何陷
入一战的历史书。这是引人入胜、富含戏剧性、十分重要的故
事，讲述它时值得用上更深刻的洞察眼光，并以比英语世界通
常所用的材料全面得多的文件为基础。然而，第二，本书亦是
整体上和常见解释截然不同的一战解读之作，原因之一是本书
通过不为人熟知的俄国视角观察战争。第三，本书也采用从未
有过的国际视角介绍俄国革命的起源和结果，这可能促成对 20
世纪俄国命运的大量原创见解。将上述三本书整合为在俄国、
欧洲与全球历史的更广阔背景下关于革命与战争的单一叙述的
做法有时很难，但始终是值得的。如果我只是专注于三个角度

15 　　中的一个，我永远不会获得如此多的知识、发现相关联系。我希望我的读者也能获得类似的回报。

　　本书的关键前提之一是，一战是此后折磨 20 世纪俄国的大部分问题的根源。于是乎，理解战争爆发的原因就非常重要。随战争而来的是革命、内战、两次饥荒、集体化、大清洗等。1917 年革命让俄国无法参与战后的凡尔赛处置方案，因此从战争开始到 1939 年欧洲陷入进一步灾难的这段时间，1917 年革命大大加剧了国际关系的不确定性。倘若我们一并考虑上述问题，那么让俄国参加一战的决策导致俄罗斯帝国及后来的苏联承担了十分严重的后果。这是悲伤的故事，那么即使本书有时采用严肃语气，甚至不时要求读者关注复杂且不熟悉的问题，读者们也应该会原谅我。

第一章　帝国的世界

1914 年上半年，"阿尔斯特危机"（Ulster crisis）主导英国政坛：保守党鼓动武装镇压阿尔斯特地方自治，建议国王乔治五世（George V）解散选举产生的自由政府，并支持高级军官背弃禁止阿尔斯特叛乱的法律。19 世纪 80 年代，爱尔兰地方自治被提上议程，从那时起，威斯敏斯特（Westminster）就在一定程度上视它为紧迫议题。人们认为爱尔兰地方自治是削弱大英帝国与其全球实力的楔子尖端，这是地方自治斗争之所以艰难的重要原因。英国上层政客不用读德国地缘政治之父弗里德里希·拉策尔（Friedrich Ratzel）的著作便可明白，考虑到大英帝国的疆域与其广泛的全球扩张，其核心大城市已然小得危险了。如今，地方自治却进一步威胁这一核心。第一次世界大战前，英国绝不会不加阻拦便承认爱尔兰独立。基本要点只是帝国对整个欧洲的上层统治者来说很重要。不论"阿尔斯特危机"中各方对还是错，当时帝国的困境必将摧毁英国的全球实力，并至少导致大英帝国本土一部分解体。这一过程中不可能没有大战。倘若大英帝国的内部压力本身未导致世界大战，那在很大程度上是因为，直到 20 世纪中期，国际地缘政治决定了真正的全球大战只能在欧洲大陆上引发，而英国自身在欧洲大陆几乎没有帝国。[1]

1900 年美国迅速崛起，这是未来看上去似乎属于帝国的关键原因之一。美国渡过了内战大危机，其后数十年，其经济和人口迅猛增长。没有哪个纯粹的欧洲国家有希望同其潜在实力匹敌，这是有目共睹的。不过，假如俄国和英国能巩固并发展已有的帝国，则它们日后或可做到这一点。谋求保持大国地位的其他欧洲国家还面临建立新帝国的更艰巨挑战。[2] 此乃奠定"帝国主义时代"基础的最基本地缘政治因素，但并非唯一因素。到目前为止，广大的内陆心脏地带太远离海岸线与通航河流，没有多少价值，而技术，特别是铁路技术提供了在这些地区进行渗透、殖民与经济开发的可能性。1904 年，英国地缘政治之父哈尔福德·麦金德（Halford Mackinder）预言，海权统治全球的哥伦布时代正走向尾声，铁路是促使他发表此言论的最主要因素。[3]

很多大国加入竞争，这也加剧了对帝国的角逐。19 世纪上半叶，英国不仅是史上最大的海洋帝国，还是世界上唯一的工业化经济实体，但到 1900 年情况就不同了。俄国、法国、德国乃至日本、意大利、美国均投身于建立帝国的争斗，导致"空旷"领土迅速消失。1876 ~ 1915 年，由于帝国主义大国在地球上竞相角逐"无主"角落，全世界约有四分之一的地表易主。[4] 此举的动机之一在于，除了英国这一重要例外，大国正从自由贸易走向保护主义。在此背景下，抢在被对手拒之门外前直接控制领土、原材料和市场是理智之举。1893 年，英国外交大臣罗斯伯里（Rosebery）伯爵说，这好比为未来下注。初次下注时，人们无从知晓收效是否抵得过付出，但大国不敢赌运气，因为高速发展的科技正将所有人漠不关心的大片地区转变为财富与权力的潜在重要来源，从而彻底改变现实的地缘政治。[5]

19　　举个例子，在非洲南部地区，布尔人的共和国（Boer republics）的发展实际上趋向独立，英国原本准备容忍此事，直到它发现这些国家坐落于世界储量最丰富的黄金和钻石宝藏之上,而深层采矿技术已能开发这一宝藏。黄金和钻石资源日后定会让共和国成为非洲南部经济中心,由于英属开普殖民地(Cape Colony)的白种人里有一半是布尔人,加上其他大国也开始对非洲感兴趣,这一点就越发危险了。19 世纪 80 年代,英国允许布尔人的共和国自由浮动汇率;1899~1902 年,为了重新控制当地汇率,英国发动了一场代价高昂的野蛮战争。英国凭借压倒性海军优势独占非洲南部,排除他国干涉,让其余欧洲国家失望得咬牙切齿。如若加以高度概括,那么 1899 年英国的行动类似于 1914 年奥匈帝国针对塞尔维亚的政策。从维也纳角度看,塞尔维亚王国相当于一块磁石,或可吸引君主国的南斯拉夫人,并摧毁奥匈帝国在巴尔干半岛的地缘政治地位。于是乎,必须将塞尔维亚置于帝国直辖之下。奥地利人和英国人的区别关键在于地理而非道德:欧洲大陆上的侵占与扩张永远免不了受邻近的大国竞争者干预。[6]

帝国与爱尔兰民族主义的冲突远远不止地方要务。大英帝国的命运影响全球每个角落。首先,大英帝国不仅是公认的世界上最强大的国家,也是公认的现代化程度最高的国家。大英帝国的仰慕者认为它代表物质进步和自由原则。如今它面临帝国核心区域内少数人主张的民族主义的挑战。英国解决帝国与民族主义之争的措施将影响很多类似冲突,这类冲突开始遍布欧洲,在海外也出现了一些例子。

在民族主义萌发的最初几十年中,民族主义者秉持的信念是:只有德意志人和意大利人这种"大"民族才是能存续的民族。在德意志和意大利,民族国家的成立靠的是已经征服并统一当地其他王国和公国中的某个核心国家——德意志的普鲁士

20　与意大利的皮埃蒙特（Piedmont）。德意志人和意大利人已建立复杂但可存续的民族国家，现在他们渴望开创自己的帝国。对德意志和意大利来说，大都市民族主义与帝国主义可互补。然而，1900年时民族主义几乎已遍及欧洲全境。民族主义运动蔓延至俄国、奥匈帝国以及奥斯曼帝国，参与者不仅有波兰人这类"历史上的"民族，还有亚美尼亚人、保加利亚人、乌克兰人、捷克人这类不曾享受过独立的民族（就算他们曾独立过，那也是几百年前的事了）。爱尔兰民族主义运动是这些运动的前兆，它利用了历史谜团与记忆，对异族地主和政府统治的仇恨以及关于宗教、语言、种族渊源的问题。在爱尔兰等地，这些问题唤醒献身、牺牲和反抗的意识，令很多观察者视民族主义为新型宗教。树立民族主义信念后，短暂又卑微的个体生命便多了一分英雄感，他们发现自己不仅属于某个集体，更是历史大潮中有意义的成分。诚然，哪怕在1900年，欧洲很多地区的民族主义也几乎局限于受过教育的阶级。爱尔兰等地的知识分子所谓的民族主义亦绝非始终投身于国家独立事业。不管怎么说，爱尔兰的例子仍可有力地说明问题。随着社会现代化，民族主义阵地看上去更加稳固。它是市民社会、大众识字能力与城市化的产物。换句话说，民族主义似乎和帝国一样同属于未来浪潮。[7]

18世纪，爱尔兰的英国统治者知道爱尔兰本地人憎恨自己。伦敦摧毁了旧时代的天主教地主阶级，代之以信奉新教的上层英裔爱尔兰人，但无论如何，英国统治者自信可控制爱尔兰，除非法国大举入侵。[8]19世纪，爱尔兰经济走向现代化，当地也出现了活跃的市民社会，这扭转了局势。19世纪，英国在爱尔兰常常采用恩威并施的明智政策，它从未干脆忽视或压制现代化的政治影响。英国同天主教会达成妥协，将当地政府交还给新兴天主教中产阶级，并买下新教地主阶级的全部地产。此举之所以能实现，完全是因为英国拥有世界上最富裕的纳税人。可是，英国的政策无法阻止爱尔兰日益强烈的自治要求。从 19 世纪 80 年代中期开始，英国两大党派——自由党与保守党——对如何回应爱尔兰的要求持不同意见。自由党认为，"地方自治"可满足爱尔兰的愿望，重要原因之一是执业阶级（professional class）的爱尔兰天主教徒大都支持爱尔兰同世界上最大的帝国保持联系。自由党的反对者保守党与统一党都坚称，爱尔兰境内的运动由针对英格兰的深层文化与历史敌意驱动，不达独立不罢休，而地方自治将赋予它权力、信心与利益。20世纪，其他帝国也上演了类似争论，即分权制和封建制将增强还是削弱帝国统一性。

21

从 19 世纪 80 年代到一战前夕，约瑟夫·张伯伦（Joseph Chamberlain）处于大英帝国和爱尔兰民族主义之争的中心。1885 年，他在爱尔兰自治问题上抛弃自由党，为接下来二十年保守党控制英国政府做出重要贡献。当时，张伯伦是英国政坛最富魅力的人物。他英俊高傲，戴单片眼镜，谈吐坚毅，还在纽扣上插了一朵兰花，不光在英国，只要是世界上能读到报纸的地区，人们就能马上认出这些特征。张伯伦的首要身份似乎是被大理想驱使的政治家。他在爱尔兰问题上同自由党分道扬镳，在 20 世纪又对保守党做了几乎一样的事——他主张将白种人的大英帝国强化成凝聚力更强的英国政体。张伯伦认为，应对当今头号挑战的第一步是创立帝国经济的优惠体系。这项政策在英国和白人统治区都面临重大政治与宪政障碍。首先，英国的选民大众不乐意接受它带来的食品涨价，这也是 1906 ~

1911 年保守党输掉选举的重要原因。可直到 1914 年，张伯伦与其追随者也根本没有放弃这一事业。正如托利党重臣、张伯伦的支持者塞尔伯恩（Selborne）勋爵所言："今后数年，倘若这个国家要保住同美国、俄国、德国平起平坐的地位，它就必须从联合王国扩展为帝国。"[9]

对英国建立白种人帝国的支持常伴有一项附加因素，即相信两大盎格鲁 - 撒克逊国家将心照不宣地结盟，以便统治全球，甚至根据自己的意向重塑地球。身为美国女人的丈夫，约瑟夫·张伯伦不仅是英美同盟的忠实信徒，还是其代表。英美同盟据说能保障全球的和平、秩序与发展。受过教育的大部分英国人要么相信盎格鲁 - 撒克逊文明具有优越性，要么相信其统治有益于人类。[10]

19 世纪与 20 世纪之交，英国人热衷于英美同盟，这对英国人特别是上层阶级来说是个新现象。19 世纪前三分之二阶段，英国和美国是西半球的地缘政治对手。英国在欧洲的敌人曾向美国求援。1812 年，随着拿破仑战争进入高潮，华盛顿也对伦敦开战。美国内战期间，欧洲国家中只有俄国明确支持联邦，它依据的准则是：美联邦是一切英国之敌的天然盟友。一些英国政客想干涉内战，从而维护南部邦联（美利坚联盟国）的独立。因为此举未成，1885～1902 年常任首相的保守党人索尔兹伯里（Salisbury）勋爵依然感到遗憾。1862 年，时任财政大臣威廉·格莱斯顿（William Gladstone）评论道，保障南部邦联独立的因素似乎不仅仅是南方的军事胜利，最重要的一点是南部邦联已经证明自己是真正的国家。他的发言合情合理。南方适龄参军的白人男性中，超过四分之三的人服役，其中三分之一战死，这一献身比例与任何参照对比都是格外高。战争的神话与记忆创造国家。要是邦联在战场上幸存下来，南方人为其事业付出的巨大牺牲将在之后几代人中确保南方民族国家的巩固。事实与之相反——南部邦联毁于史上最重要、最成功的民族杀戮之一。战败的首要原因在于，北方大举动员并明智运用其军事与经济力量，而且北方认为自己具有美国民族精神。再多军事或经济实力也不足以摧毁南部邦联，除非它们有北方青年的牺牲意愿支撑——他们相信美国必须包括联邦全部领土，从大西洋延伸至太平洋，为了国家事业，他们情愿成群结队地死在远离家乡的战场上。军事胜利总是需要政治协议来巩固，就美国而言，这意味着同意南方在联邦之下享有广泛自治权，并放弃南方黑人。白人种族主义促使大部分北方人接受这一协议。因此，北方胜绩的国内影响存在瑕疵，尽管如此，美国联邦制成功地重新统一了战败的南方，此举历史意义非凡。北方的军事和政治胜利对全球与地缘政治有重大意义。此时世界秩序的历史基础是大陆规模的美国与大英帝国的同盟。假如内战以另一种方式收场，结果很可能是北方国家、南方国家与英国之间的敌对与怨恨导致美国的大陆版图四分五裂。[11]

伦敦相信必要时可武力捍卫自己在西半球的地位，从而维持区域权力平衡，直到 1865 年，这种想法都是合理的。1900年时，由于美国国力日益增强，伦敦的想法显然无法实现了。当时，英国早已不是世界上唯一的工业经济实体了，它面对的对手也越来越多。在此情势下，与美国发生任何冲突都将是灾难。世纪之交的二十年间，英国把西半球霸权拱手让给美国，两国在巴西、委内瑞拉、巴拿马存在利益竞争，为了安抚美国人，英国在一系列相关问题上让步了。德国观察者尖酸但正确地指出，英国人容忍了美国人的行径和言辞，但若对象是欧洲大陆，它会强烈抗议，甚至开战。虽说英国讨好美国的举动并不总能换来大西洋对岸的回报，但德国人明白，在博取美国的善意上，英国享有诸多优势。首先它和美国共用一种语言，而且这远非其唯一优势。[12]

事实上，20 世纪的英美同盟从来不只关注权力政治和共享地缘政治利益之事。相反，此同盟之所以有力量，是因为其共同战略利益同一致的伦理与意识形态相交织。恰在世纪之交，国际英语联合会（English-Speaking Union）等相关组织建立，这些团体旨在强化横跨北大西洋的深厚文化纽带。蒸汽船和跨国婚姻让东海岸和英国的上层阶级走得更近。1940 年，英国的幸存有赖于美国的援助，促成这一事态的因素之一是，英国领导人温斯顿·丘吉尔之母是著名的美国人珍妮·杰罗姆（Jennie Jerome）。盎格鲁-撒克逊主义的整个意识形态也起了作用，它利用了越发普遍、越发盛行的对人类社会与历史进程的解释——种族主义与生物学阐释。19 世纪前三分之二的时间里，英国上层阶级将"混合宪法"与不稳定、不理智、扩张性强的美国民主做对比。可是到 19 世纪 90 年代，英国自己也向全面民主化发展。伦敦和华盛顿可以一边庆祝意识形态的趋同，一边常在心里寻思，只有盎格鲁-撒克逊种族的男性新教徒具备可使民主长存的自律与理性。索尔兹伯里勋爵曾认为美国的幸存是桩憾事，但是在其侄儿与保守党首相继承人阿瑟·鲍尔弗（Arthur Balfour）看来，英美的一致是维护全球秩序与西方文明的关键。[13]

与前代相比，19 世纪与 20 世纪之交的英国上层阶级在思想上更倾向于全球和帝国，更远离欧洲。可是自古以来，英国的安全主要取决于欧洲大陆上发生的事，19 世纪与 20 世纪之交时也不例外。欧洲西北部海岸的小岛国不能控制广袤的全球帝国，除非它设法用相对较小的代价换来英国本土的安宁。[14]这一点又取决于欧洲的权力制衡。四个实力基本相当的大陆国家并存，意味着它们都不大可能征服欧洲大陆，并集中其资源来对付英国。反对英国的大陆同盟原则上可行，但事实上，比起英国人，大陆国家往往更嫉妒或忌惮彼此。于是乎，大陆国家自身的利益和恐惧导致它们在维持均势上发挥了重大作用，而这种均势对英国的安全与海外帝国大有裨益。18 世纪中期至1914 年，四个大陆强国包括法国、俄国、奥地利、普鲁士（德国）。1750 年，西班牙在六大国里排最后一位，但是一个世纪后，意大利接替西班牙，扮演起类似的尴尬角色。

地缘政治的基本法则之一是：对欧洲国家来说，海外帝国比内陆帝国更容易建立。在欧洲，任何帝国萌芽都必然面临大国同盟的反对，这些敌对国之间不仅在军事发展最前沿，还在财政与行政发展最前沿争斗多年，从而磨炼其战争机器。欧洲之外，这些战争机器对付的敌人更弱，而且大部分欧洲对手对它们的运作之地鞭长莫及。因此人们毫不意外地发现，欧洲最大帝国缔造者常常是大陆边缘的国家：英国、西班牙、荷兰、法国、俄国。地理总是能挫败根植于大陆中心的德意志帝国开创者。法国大革命和拿破仑战争是欧洲与全球地缘政治现实的经典范例。法国之所以战败，最根本的原因是其帝国主义被英国海权困在欧洲。大革命释放的力量和拿破仑的军事天才推动法国人在欧洲大陆上建立帝国，这是项英雄事业，但最终失败了。与此同时，英国人在海外节节胜利——比如说，巩固了他们在印度的帝国。英国人获得了丰厚回报：1815 年，英属印度的税收超过俄罗斯帝国或奥地利帝国，普鲁士就更不及它了。[15]

25

拿破仑面对的基本地缘政治现实也将在两次世界大战中阻挠试图统治欧洲的德国。哪怕一个潜在的欧洲皇帝能够征服大陆核心地区（即查理曼帝国和欧盟的基本组成部分，包括法国、德国、意大利、荷兰），他也得对付欧洲西部与东部边界两大可怕力量的凝聚体，即西边的英国与东边的俄国。边界上的这两个国家几乎一定会纠集他国来对付潜在的欧洲皇帝，因为他的权力肯定会威胁到它们的安全与野心。集中足以击败英国的海洋力量，并且调动能够打倒俄国的军事后勤力量是一项巨大挑战，它不仅难倒了拿破仑，也在恰当时间难倒了20世纪的德国。

无论如何，我们必须认识到，这项挑战虽然困难重重，但并非不可能做到。某种意义上，这是欧洲的悲剧：有时胜果似乎近在眼前，诱人去摘。1812年拿破仑可以战胜俄国，专家们大都认为他能取胜。他输给了自己的错误、霉运以及俄军的技巧和勇气。他依赖的战略纯属军事闪电战，这就落入了俄国的陷阱。考虑到俄国地大物博，复合型军政战略总是更易成功。拿破仑没有利用波兰民族主义、农奴起义的可能性等俄罗斯帝国内部的政治弱点。希特勒采用了同样的闪电战战略，拿破仑战败的很多理由亦可归到他头上。相形之下，一战期间，德国采用了更明智的复合策略，俄国政权也因内部政治问题瓦解。由于这一原因，不论表象如何，一战时的德意志帝国比拿破仑和希特勒更接近赢得欧洲霸权。[16]

1814~1815年，维也纳会议召开，战胜国——英国、俄国、奥地利、普鲁士——在欧洲商定建立和平与稳定的秩序，就此而言，它们要比一个世纪后凡尔赛的后继者们更高明、更成功。虽然法国进行了二十年的侵略战争，但未受严苛对待，而且很快作为平等成员重新融入国际关系。另外，和1919年不同的是，战胜国建立军事同盟，保证彻底封杀法国破坏维也纳协定的企图。我们可以公正地说，1814～1815年，欧洲大国确立的国际关系体系根植于惯例、利益、制约等概念。这些国家之所以能做到这一点，部分原因是它们都在一个时代的战争中受过打击，害怕战火重燃。也可以这样说，反民主的和平理论也将大陆国家凝聚起来。它们相信革命驱使政权专注于对外侵略，注定进一步撼动欧洲。此言不无道理，尤其适用于法国。英国从未完全赞同这一理论或欧洲和谐的想法，这既是因为自由原则，也是因为传统上它希望大陆大国分立。

克里米亚战争（1853～1856）最终摧毁了维也纳会议确立的欧洲秩序。目前为止，这场战争的最重要影响在于，它削弱了东欧的三个保守君主国的团结。俄国曾支持奥地利在德意志的地位，1849年，它又插手奥地利事务，镇压匈牙利革命，继而挽救哈布斯堡王朝。

俄国在克里米亚战败，实力受损，此后一段时间，它在欧洲冒险开战的意愿降低了。1849年俄国帮助了奥地利，奥地利的回报却是支持克里米亚战争中俄国的敌人，圣彼得堡遂变成维也纳的死敌。于是乎，凭借俄国保持中立的优势，奥托·冯·俾斯麦（Otto von Bismarck）在先后针对奥地利与法国的两次战争中统一了德意志地区。德意志地区的统一改变了欧洲权力均势。皮埃蒙特和普鲁士的保守君主国分别统一了意大利和德意志地区，它们不仅改变了欧洲版图，还为保守治国理念开创了新模式：通过促进国家事业的对外政策，集中自由主义和民族主义对王国的支持。民族主义的主要身份不再是欧洲政坛的左翼意识形态。

尽管如此，1864～1871年的战争结束后，俾斯麦决定重新

1878 年柏林会议。欧洲大国和谐相处

稳定欧洲秩序，并向德国的邻国保证：欧洲的潜在新霸主满足于现有权力，不会渴求更多领土。正如一位敏锐的德国观察者日后所论，俾斯麦的保证是必要的。举个例子，1871 年，德国吞并阿尔萨斯 - 洛林（Alsace-Lorraine），用来证明此举正当性的历史论据也可用于兼并瑞士的很多领地。从地缘政治角度看，荷兰基本上只是德国最重要动脉莱茵河的入海口。德国可以通过逼退俄国疆界保障东边的安全。德意志人与新教徒在俄属巴尔干半岛省份中构成上层阶级，德意志民族主义者可能支持侵吞这些地区。威廉一世（William I）与其将军们想让奥地利割让苏台德区（Sudetenland），以之充当 1866 年胜绩的犒赏，完全是因为俾斯麦的说辞，他们才打消此念。1903 年，作家保罗·罗尔巴赫（Paul Rohrbach）评论道，由于俾斯麦行事克制，欧洲再无哪国政府相信德国垂涎自己的领土，抑或野心勃勃地打算在欧洲扩张。[17]

罗尔巴赫补充道，问题在于，俾斯麦的全盛时代过后，德国与世界都在眨眼间风云突变。1871年，俾斯麦建立的德国有4000万人口。1925年，德国人口据估计很可能已达8000万。德意志帝国建立时，其食品生产可以自给自足。20世纪头十年，德国的很多食品与重要工业原料已来自国外。对德国人民来说，现在以及未来的繁荣靠的是工业出口和全球贸易网络。一旦这些网络崩溃，"后果将不堪设想……德国经济部门几乎会陷入灾难，导致一半人口穷困潦倒"。[18]所以德国人再也承受不起纯粹站在欧洲角度看问题，他们与自己的政府得采用"全球思维"，并实施"世界政策"。"世界政策"成了德语里的时髦词语，它甚至比我们当代人所谓的"全球化"更欠缺严谨定义。事实上，当时的"世界政策"一词同当代的"全球化"一词反映了相似的现实。19世纪以来，商业、经济与知识的联系激增，因此世界主要国家之间的纽带连接要比以前紧密许多。我们可以说，20世纪初期的德国人生活在全球化的第一阶段。这一进程的中心是伦敦，那里协调了如此之多的金融、海运及其他支撑起全球化经济的服务。两次世界大战和20世纪30年代的大萧条几乎毁了全球化。1945年，全球化复兴并进入第二阶段。这一阶段的主导者换成了美国，但其基础包含了很多1914年前就运作的自由主义的、盎格鲁－撒克逊的原则与机制。[19]

德国和英国思考地缘政治和全球势力的未来时采用相似假设，做出许多相似的预言。毫无疑问，哪些国家能控制大陆范围内的人力、物力资源，哪些国家就能统治未来世界。美国能

29 做到这一点。俄国日后跻身大国的确定性只比美国小一点儿。德国人谈论美英国力时，使用政治经济与学术历史的冷峻理智口吻，但说到俄国时，语气就生动得多，有时甚至常常带着启示录般的调调。[20]这既是德国人长期以来的文化优越性所致，也是因为他们害怕俄罗斯民族，他们自身是一个更原始的民族，经常被认定为至多算半个欧洲民族。西欧人几乎都有这种文化上的傲慢态度，但他们不像德国人那样担心，原因很简单——俄国远离他们的边界。

19 世纪，主张自由主义与社会主义的德国厌恶沙皇制度，这让它更讨厌俄国。德国犹太人尤其憎恶大屠杀之地，但总体看来，从俄属巴尔干省份（今爱沙尼亚和拉脱维亚）逃到柏林的德意志流亡者大概更能影响德国对俄国的看法。他们见证了斯拉夫人和德意志人的种族冲突，而当时奥地利君主国内德意志民族和斯拉夫民族也正发生争斗。这一点在泛德意志思维中发挥了重大作用，但其影响超出德意志民族。巴尔干出身的保罗·罗尔巴赫是位重要的"公众知识分子"，他深刻影响了德国对国际关系和俄国的看法。罗尔巴赫讨厌沙皇制度和俄国人，他强调俄国经济社会的显著弱点，声称只有实行侵略性的对外政策才能维持俄国政权日益衰退的合法性。尽管罗尔巴赫预言不久后俄国将出现大动荡，他却相信从长远看，该国会变成强大的世界力量。他指出，根据当前形势判断，到 20 世纪下半叶，德国将面对一位人口超 3 亿的东方邻居。[21]

德国人对英国的态度更复杂、更矛盾。比方说，他们既渴望赶上英国，又意识到德国的经济实力和现代化水平正迅速超越对手。在个人荣誉和为国效力上，英国和德国的上层阶级男性常常有如出一辙的看法，事实上，整个欧洲的上层阶级男性都深深推崇爱国主义的阳刚英雄气概。尽管英国上层阶级的尚武传统在程度上比普鲁士容克阶级稍逊一筹，但在 1900 年，比起账房，英国精英公立学校的风气仍然更像是一个军事团。哈里·凯斯勒（Harry Kessler）伯爵的母亲是英裔爱尔兰人，但他跻身普鲁士上流社会，认识了所有关键决策者。凯斯勒非常聪明，对美学极其敏感。他致信妹妹："永久和平是讨价还价中的恶作剧，没有比它更空洞的乌托邦。所有国家都是以战争起家，我根本不屑于考虑战争消失的可能性。事实上，我完全相信，有生之年我们就会看到又一场大战……我不能说我强烈反对这种前景。"[22]

公共学校的很多毕业生会同意凯斯勒的话。另外，英国人发现自己更容易理解和掌握全球化方式，既然他们或多或少引领了这一潮流，这也就不奇怪了。很久以前，英国贵族中的大富豪就同伦敦市建立了巨额融资同盟，其中很多主要人物是犹太人。普鲁士绅士阶层远远不及这些英国人富裕。历史上，普鲁士绅士的眼界要狭窄得多，他们的（纯农业）经济基础也更薄弱。城市滋养"绅士资本主义"，但是对代议制政府的敬意深深根植于英国贵族传统，这一点不适用于德国，更别提普鲁士了。对罗素（Russell）家族（贝德福德 [Bedford] 公爵们）这类贵族来说，自由与宪政几乎是源于自家地产沃本修道院（Woburn Abbey）的家族传家宝，它们先是被赠予英国，接着又被赠予世界。议会政治传统催生实用主义与折中精神，而混乱的团、容克封地乃至让普鲁士德国上层阶级大多数人养成价值观的大学世界不能自然地产生这些理念。[23]

在今天的世界，至少在今天的西方，统治者对历史知之甚少，并且太过尊崇自由市场资本主义的学术权威。在一百年前的德国，这一切恰恰相反。为了自身利益，威廉德国花了太多时间思考英国如何崛起为全球主宰者。它从英国历史中学到了一课：英国在 18 世纪靠成功的对外、殖民、商业政策攫取财富、实力、地位，这是巩固民族团结与自信心的重要因素。1900~1909 年，时任德国总理伯恩哈德·冯·比洛（Bernhard von Bülow）亲王遵循此道。然而，20 世纪初的德国照搬 18 世纪的英国模式存在相应问题。英国上层阶级活动时没有遭遇大众政治和提出另一种引人入胜的现代化前景的社会主义运动的干扰。英国是新教徒的盎格鲁－苏格兰同盟，与英国截然不同的是，德国有两个宗教——罗马天主教和新教，以及错综复杂的小地方主义。最重要的是，同一个世纪前或更早的时代相比，在工业时代为重商主义与殖民扩张冒险开战要付出高得多的代价。从 19 世纪全球经济的发展方式来看，发动一场大陆战争的必要性也大打折扣。最糟的是，考虑到德国在中欧的位置，它获胜的可能性更小。[24]

德国地缘政治思想的奠基人弗里德里希·拉策尔评论道，古代迦太基人的无情重商理念衍生出短语"迦太基式诚信"（即完全不讲信义），而"背信弃义的阿尔比恩"就是这一理念的真正继承人。此言旨在赞美英国人。拉策尔认为，统治世界的帝国显示并保留了英格兰民族的活跃能量和阳刚气概。关注英国的"国民经济"的历史学家和教授不会常常说到那个时代的全球自由资本主义中心，而是像拉策尔一样，经常谈及 18 世纪的重商国家。他们没有看到为自由贸易奠定英国民众支持基础的丰厚利益或强大理想主义。[25]

德国商人往往更明白。德国工业巨头之一胡戈·施廷内斯（Hugo Stinnes）是坚定的德意志民族主义者，绝非"软骨头"。

31

尽管如此，1911 年他却对一位泛德意志主义领导人说，扩张型对外政策有害无利，因为现代世界中重要的是经济实力，只要和平再维持一些年，德国无论如何也能主宰欧洲经济。为了互利互惠，英国和德国的经济其实正趋向一体化。至于德国的另一个假想死敌俄国，1914 年以前它的繁荣经济吸纳了不断扩大的德国工业出口。1913 年是和平时代的最后一年，当时德国在很大程度上已成为俄国最重要的贸易伙伴。德国传统的殖民主义者认为，这个国家的未来国力取决于停止移民美国、为德国国旗下的殖民者开拓空间。事实上，1913 年时此言大错特错：蒸蒸日上的国民经济吸纳了所有可用劳动力，德国没有剩余人手来殖民，国民也很少再移民美国。[26]

毫无疑问，德国的悲观主义者或许会认为，好日子不会长久。自由资本主义全球化可能崩溃，1929 年它也的确崩溃了。出于意识形态或性情，有些人倾向于用重商主义或达尔文主义看待国际经济关系，他们认为德国经济越发达，他国越可能在出口市场上施加政治压力，以图扼杀其经济。[27]约瑟夫·张伯伦或许会胜利，英国人或许会去保卫家园和帝国市场。广大美国国内市场已受高额关税保护，而且强大的美国工业集团日后或将摧毁德国的出口市场。德国不断渗透进俄国市场，已然引发怨恨，这尤其是因为德国对俄国出口的农产品设置高壁垒。圣彼得堡将来很可能在政治与经济上采取更严格的应对措施。为了证明创立德国主导的封闭贸易阵营的合理性，可以举出很多这类灾难般的例子。当然了，党派和说客之所以倡导扩大领土、征服封闭贸易地区，不仅仅源于对地缘政治和全球经济未来状态的看法。像内政谋划一样，在德国社会中获取地位和认可的渴望也激励着个人与集体。此外，"世界力量"是个模糊概念，可指很多东西。如果其最主要的意旨是对地位的追求以及克服不安感或排外感的愿望，那么现实中的"世界力量"或许永远无法实现。追求"世界力量"的动机是个时髦但空洞的隐喻，它来自生物学，认为政治有机体需要靠扩张来避免死亡，在这点上，扩张主义者的主张愚蠢又危险。然而，假如"世界力量"指德国有能力同美国或未来实现现代化的俄国平起平坐，那么结论就相反了——此则德意志帝国应该扩张的主张符合实际。[28]

33　　不过，就算接受了这一前提，问题却来了：在哪扩张？如何扩张？1912年的德国政坛中，只有边缘势力梦想军事征服邻国。姑且不论其他因素，很多泛德意志主义者仍然坚持俾斯麦的立场，呼吁与俄国结好。可是民族主义者日益认为哈布斯堡帝国是德国的边境，需要保护它免受泛斯拉夫主义者的威胁。1912～1913年，巴尔干战争爆发，德国的注意力便从海军和殖民转向东方，它转而考虑同俄国及其斯拉夫盟友进行陆战的可能性。即便如此，当德国人的确在1915～1917年征服了大量东方领土后，他们却根本没准备好统治这些地盘。这显然说明德国人缺乏战前计划。[29]

　　在欧洲进行额外扩张的计划中，经受最广泛调查，同时也是最现实的方案大概要数下面这个：建设柏林—巴格达铁路，并在巴尔干半岛与奥斯曼帝国部分领土上建立德国梦寐以求的经济主导权。这大大加剧了俄国的猜疑，导致俄德关系明显变紧张了。保罗·罗尔巴赫大力支持此计划。他写道："德国、多瑙河地区与土耳其在亚洲的次要领土，在经济发展水平和自然生产条件上具有优良互补性，倘若这些地区在一定程度上互相理解包容，它们多多少少能组成商品生产与消费的封闭型经济自治区域。"此言回避了土耳其人是否愿意被德国经济单独控制的问题。更中肯的一点是，创造这个经济单位的第一步是德国与奥匈帝国需结成关税同盟（Zollverein）。一些德国与奥地利政客认为有望缔结关税同盟，但在战前政治环境下，没有人认为可能实现此事。就像张伯伦的计划一样，很多利益与制度直接阻挠建立关税同盟。倘若这一点对德奥关税同盟也适用的，那么建立更广泛的欧洲贸易阵营的愿望显然是泡影。无论如何，这类愿景面临的障碍同张伯伦呼吁建立大英帝国贸易阵营时所遇的问题有相似处，可能还要更棘手。正如大部分英国贸易其实发生在帝国外的其他国家，大部分德国贸易也发生在中欧和中东之外的地区。自由资本主义全球化的逻辑同帝国主义地缘政治相悖。[30]

　　不管怎样，尽管1914年以前德奥经济同盟无法建立，但这两个帝国在其他方面结成密切同盟。就像英国人和美国人一样，德奥同盟是基于共同地缘政治利益以及伦理和意识形态的一致性而建立起来。20世纪上半叶的形势，的确以盎格鲁－撒克逊阵营和德意志阵营的冲突为中心。最初，德意志的"意识形态"一致性有几分保守、贵族化和反民主的意味。1938～1945年，法西斯主义统一了这个德意志世界。由于德语区（和法国）成为欧洲社会主义运动的中心，1914年以前人们甚至幻想未来的德意志社会主义世界可以对抗盎格鲁－撒克逊自由主义。不论这场竞争采取何种意识形态，它总会向双方灌输种族预设、价值观和固定模式。

　　直到普鲁士在1866年以及1870～1871年取胜，奥德之间的争斗与战争史才结束。和英美阵营相比，德意志地区的统一甚至更能代表对历史的强力颠覆。地缘政治对中欧的奥德的要求总是强于它对伦敦的要求，更不用说对华盛顿了。1870年，

34

奥地利君主弗朗茨·约瑟夫（Franz Joseph）仍然希望与法国一同击败普鲁士，重建哈布斯堡在德意志的统治地位。1870～1871年，法国战败，因此普鲁士德国主导中欧已成定局，维也纳也越发认识到，为了在巴尔干半岛抵御对手俄国，它需要德国的支持。

不论弗朗茨·约瑟夫本人有何意向，肇始于1879年的奥德同盟从来不只是共同战略利益之事。既然俾斯麦的政策遏制了"大德意志"（Gross-Deutschland）的梦想，哈布斯堡帝国又不能实现这一梦想，两国的很多德意志人就拿奥德同盟作为替代品。由于这一原因，德意志天主教徒尤其欢迎同盟的建立。德裔奥地利人是哈布斯堡帝国内最强大的民族，他们越发认为，同柏林结盟不仅可以抵御来自君主国外部的，还可以抵御来自君主国内部的斯拉夫人的威胁。在充斥民族与种族理念的世界中，德裔奥地利人觉得同柏林结盟似乎是"自然的"。匈牙利上层阶级也认为，奥德同盟是阻止斯拉夫人统治其地区的关键保障。维也纳政府和柏林政府绝不会始终保持一致。举个例子，德国是奥地利在巴尔干半岛的头号经济竞争者。哈布斯堡官员也采取很多措施来安抚斯拉夫族民众，他们惹恼了德裔奥地利人，也没太顾及柏林的意见。两国每天的内政外交事务仍然是独立的。然而，就算撇开共同的地缘政治利益，对奥地利来说，脱离柏林的怀抱或加入任何反德国际同盟也几近不可思议。同样的，德国也不大可能容忍分裂奥地利帝国，甚至不能容忍严重削弱该君主国内德裔奥地利人的地位。论潜力，中欧的德意志阵营不及英美阵营强大，但是1914年之前，前者的军事外交政策要比后者统一得多。[31]

奥地利的看法必然不及柏林的全球化，更不用说伦敦了，但是奥地利驻美外交官对美国的巨大潜力及其影响再清楚不过了。19 世纪与 20 世纪之交，奥匈帝国驻华盛顿代表评论道，随着所有目光转向全球竞争与亚洲的未来，奥匈帝国越来越像二流乃至三流国家了。16 世纪，哈布斯堡君主卡尔五世（Karl V）威胁要征服全欧洲。奥地利外交大臣克莱门斯·冯·梅特涅（Klemens von Metternich）曾主持击败拿破仑的同盟，并在维也纳会议上创建欧洲新秩序。同哈布斯堡的往昔荣耀以及当时日程上关乎人类未来的重大议题相比，19 世纪 80 年代奥地利领导人烦恼的巴尔干问题不值一提。盎格鲁－撒克逊国家基本上把欧洲人限制在封闭的大陆上，于是他们只能在那儿眼巴巴望着大世界中上演的一切。大陆动物园里的欧洲人生活坎坷，英国人与美国人却能在全球的富饶牧场上随意放牧。这既有辱尊严，也损害更切实的欧洲利益，因为英美的实力和傲慢意味着："欧洲大陆之外，任何非盎格鲁－撒克逊一族的人只是他们容忍的二等人类。"美国人知道自己可在工业和农业上超越欧洲。他们明白，祖国有众多潜在资源，普通美国人也比普通欧洲人受过更多教育、享有更多财富。这一切充分解释了为何他们鄙视怠慢外国人。[32]

36

德国日益主导欧洲经济，德意志民族主义也具备充满活力的自信，这些要素至少能支撑德国领导人对未来的盼头。相形之下，维也纳轻易察觉出自己在逆历史潮流而动。19 世纪中期，奥地利统治德意志与意大利。法国和德国先后击败了它，更糟的是，战败不仅是国力和地缘政治的问题。19 世纪 50 年代和 60 年代，人们公认奥地利不仅输给了敌国，也输给了德意志和意大利境内新民族国家体现的民族主义理念。民族似乎代表未来，而多语言帝国的时代看起来已成历史。1900 年，所有欧洲帝国都面临民族主义思想传播的潜在威胁。然而，都市民族主义的力量支撑了这些帝国，奥地利却不然。哈布斯堡帝国人口中，德意志人只占不到四分之一。此外，哈布斯堡皇帝的臣民中，很多德意志民族主义者其实盼着帝国灭亡，由柏林政权来统一德意志领土和民族。[33]

被逐出德意志和意大利后，奥地利只能在巴尔干半岛继续当大国了。海外殖民地或可为都市人口提供统一感、使命感与全球重要性之感，所有大国中，唯独奥地利没有海外殖民地，所以它的的确确只能在巴尔干半岛当大国了。当时，荷兰人、葡萄牙人乃至比利时人都有庞大的海外殖民帝国，仅一点就格外令人烦恼。奥地利拥有的最接近殖民地的地区是原属奥斯曼的波黑（Bosnia-Hercegovina），该地于 1878 年被占领，于 1908 年被最终吞并。奥地利人试图在波黑完成自己眼中的欧洲文明化任务。他们按照那个时代基督教徒和欧洲人的设想以及自由主义预设行事，力图促进经济发展、培养市民文化。土耳其人在波黑设置由 120 名官员组成的帝国地方政府，实施宽松统治。20 世纪早期，维也纳却在波黑安排了 9000 多名官吏。就像在英属印度一样，奥地利人不愿得罪穆斯林上层地主，这妨碍了发展的任务。此外，想实施真正彻底的土地改革（英国人在爱尔兰实施的那种改革），就得买下穆斯林地主的全部土地，但奥地利手中的可用资金不足以落实这一点。[34]

奥地利政府下了大功夫来推动这些省份走向现代化，但是欧洲历史教导我们，教育和现代化会催生民族主义，这注定会削弱奥地利的努力。波黑当然也有这方面的证据：当地的塞尔维亚农民不关心政治，但浪漫民族主义对英雄主义和牺牲主义的呼吁可以轻易感染念中学的农民子嗣。人民与民族的"新宗教"

不仅填补脱离传统社区庇护的孤独青年生命中的空白，也同他们视之为日常生活的贫穷与屈辱感形成对比。日后刺杀弗朗茨·斐迪南大公的加夫里洛·普林齐普（Gavrilo Princip）曾从萨拉热窝光脚走了300公里去贝尔格莱德。波黑的学校里，斯拉夫青年人缺乏文化安全感且自尊心很脆弱，他们面对的是德国古典文化内容大纲，而教授这些课程的学究教员往往对愚昧的当地人拥有强烈的文化优越感。这显然类似于欧洲的海外殖民主义。

奥地利在波黑的文明化任务一开始就得面对潜在的塞尔维亚民族主义运动。当地的三个种族中，塞尔维亚族人口最多。国界另一边，独立的塞尔维亚国家渴求有朝一日成为巴尔干的皮埃蒙特或普鲁士，也就是说，它也许会追求统一所有塞尔维亚人（甚至可能包括所有南斯拉夫人），建立由贝尔格莱德统治的民族国家。任职最久的奥地利驻波黑"总督"米克洛什·卡洛伊（Miklós Kállay）始终认为，塞尔维亚民族主义是奥地利统治那些省份的最大潜在威胁。1895年，时任奥地利驻俄大使、未来的外交大臣阿洛伊斯·埃伦塔尔（Alois Aehrenthal）男爵写了一份关键的备忘录。他在文中写道，唯有继续遵循19世纪大部分时间内奥地利的做法，即间接控制名义上独立的塞尔维亚王国，奥地利在巴尔干的地位才能稳固。对帝国来说，试图把可能惹麻烦的小邻居变成被保护国没什么奇怪的，所有欧洲帝国都曾如此行事。然而，塞尔维亚王国今后或许会谋求摆脱这种保护。俄国是另一个传统上对巴尔干半岛感兴趣的大国，奥地利人在巴尔干集中精力扩张的同时，也就增加了同俄国爆发冲突的风险。受地理环境影响，当欧洲帝国在亚非扩张时，俄国便更难干涉奥地利在巴尔干半岛的行动，但问题远远不止这些。在大陆外活动的欧洲人可能会相互竞争，但是他们都对

38

被镇压的当地人怀有强烈的种族和文化优越感。然而，被维也纳视为居住在半殖民地外延的斯拉夫人却在俄国找到了强大的斯拉夫保护者，俄国人往往认为这些斯拉夫人和自己拥有共同的文化，多半会对他们所受的屈辱感同身受。[35]

可是，1900 年时的波斯尼亚在奥地利议程中远远排不上号。1897 ~ 1906 年，哈布斯堡帝国核心地域受政治危机冲击，很多观察者便预言它即将解体，甚至说服一些大国的外交大臣做好相应准备。危机首先缘于波希米亚境内捷克人和德意志人的争斗，其次是引发布达佩斯的匈牙利上层阶级和政府对抗皇权的宪政与政治冲突。德意志人、匈牙利人、捷克人是帝国最重要的三个民族，波希米亚是帝国最富饶的省。1867 年，弗朗茨·约瑟夫和匈牙利上层阶级达成协议，将哈布斯堡帝国分为两个自治国家（奥地利和匈牙利），这是帝国的基本法和统治关键。虽说预言哈布斯堡帝国要灭亡为时尚早，但 1897 ~ 1906 年危机的确严重。

捷克人与德意志人的争端很像爱尔兰天主教徒与新教徒之争。几个世纪以来，波希米亚的德意志人与爱尔兰的盎格鲁 - 苏格兰新教徒团体控制了社会、文化与政治。19 世纪，他们开始承受越来越大的"本地"主体居民的压力。在波希米亚和爱尔兰，现代化是产生这类冲突的关键：日益繁荣、识字率不断提高的人口建立了俱乐部、协会、社团组成的密集网络，其中大部分都有坚实的种族 - 民族基础。民族主义理念极尽从教育到音乐、报纸、文学、戏剧的各种手段渗透进这一文明社会，也为其成形提供一些助力。相应的，捷克人与爱尔兰人的政治运动深深根植于社会中。捷克和爱尔兰民族主义者打心底认为国家理应完全属于他们：捷克民族主义运动奠基人弗朗齐歇克·帕拉茨基（František Palacký）称，德意志人是"这片土地的后来者、殖民者和客人"。对于在很多国家繁衍了数百年、人口众多的德意志民族来说，这种说法并不能准确地评价他们。[36]

1900年，波希米亚和爱尔兰的本地主要居民已经主导两地大部分地方政府。1868年，弗朗茨·约瑟夫写道："布拉格完全是德意志式的。"四十年后，布拉格市政会里一个德意志人也没有了。19世纪下半叶，德意志人在捷克的经济控制力同新教徒在爱尔兰的控制力相比尚有很大差距，而捷克人拥有的企业数激增，威胁到德意志人的控制力。如果说这有什么后果的话，那就是来自捷克人的挑战比爱尔兰天主教徒的更激烈。波希米亚德意志人和英裔爱尔兰新教徒都认为自己属于帝国民族，比斯拉夫和盖尔邻居站在更高文化层次上。他们担心，"本土"统治将损害自己的自由，通过税收窃取自己的收入，并挑战自身身份的关键要素——优越感。当自己生活的地区将被本地多数人永久统治时，阿尔斯特新教徒和苏台德德意志人选择抽身而出，去建立自己仍然占据主导地位的自治省份。[37]

然而，波希米亚和爱尔兰的情况至少在两个方面有别。首先，波希米亚的奥地利政府更擅长管理。这同事态有很大干系：爱尔兰种族－民族问题在英国算特例，而奥地利政治的本质就是处理民族间冲突。对英国来说，麻烦之一是人民主权和普遍民主。不经选举产生的上院原有绝对立法否决权，1911年，议会法案废除此项权力，此举在很大程度上导致了地方自治危机。如今，由男性普选制产生的单个议会将通过简单多数投票法决定爱尔兰的命运。正如任何处理种族－民族问题的奥地利专家都能预见的一样，这将触发危机。相形之下，在波希米亚，捷克代表与德意志代表或多或少能让议会分散，以便互掷家具时不致产生严重后果，或者不至于立马产生后果。有统治权的皇帝可以否决任何立法案。警察、司法系统、核心官僚机关、军队听命于君主，继续管理这一省份。此外，依照当时标准，使这些机构发挥效力的政治法律制度，在保护皇帝所辖臣民的权利和愿望时对各族一视同仁，其公平、可靠与慷慨的程度堪称独一无二。

第二个关键要素在于，爱尔兰和捷克的地缘政治条件迥然不同。1916 年后，尽管美国在英爱关系中很有分量，可除了英格兰，爱尔兰的邻居只有大西洋。捷克人位于欧洲地缘政治中心，被德国和俄国夹在中间。虽说斯拉夫人的统一是臆想，但它含有真实成分，在德意志人看来尤为如此。所谓的"新斯拉夫计划"于 1908 年达到高潮，在此进程中，捷克人试图集结俄国等斯拉夫土地上的支持力量来发展自己的事业。柏林的泛德意志主义者和俄国的泛斯拉夫主义者都鼓吹，未来必有一场左右欧洲命运的日耳曼人与斯拉夫人之战，捷克人和德意志人在波希米亚地区的对抗对他们有利。然而，短期内地缘政治却阻碍捷克的民族主义走向极端。1909 年，未来的捷克斯洛伐克总统托马什·马萨里克（Tomáš Masaryk）愿意在奥地利境内实施捷克自治，他的意见是，现实中"德意志人在我们的领土上，我们紧挨强大的德国，无法在奥地利境外保持独立"。[38]

波希米亚的冲突必然令哈布斯堡上层阶级沮丧，因为德意志人和捷克人是帝国境内最重要的两个现代民族。事实上，这是冲突的主要原因之一——导致两族爆发冲突的语言和就业问题对农业社会来说意义小得多。结果是类似的斗争伴随现代化进程扩散至整个帝国，1914 年的某些情况恰恰是其征兆。不管怎么说，1903～1906 年，维也纳与匈牙利上层阶级的斗争要更危险。1867 年的妥协将帝国一分为二，匈牙利上层阶级掌控了布达佩斯政府。1903～1906 年，他们同维也纳的争斗影响到税收、征兵、贸易政策等政府核心事务。这次交锋是皇帝和匈牙利民族主义在军队统一性与军队属性问题上的碰撞。弗朗茨·约瑟夫之所以胜利，在很大程度上是因为他威胁马扎尔贵族：他提出在匈牙利引入普选制，于是贵族们让步了。

　　弗朗茨·约瑟夫没有兑现自己的威胁来正面打击匈牙利上层阶级，回过头看，这大概是一桩憾事，因为上层阶级奉行的政策压迫匈牙利王国内的非马扎尔民族，导致他们与下辖的罗马尼亚人、南斯拉夫人疏离。奥地利在巴尔干半岛的地位已然摇摇欲坠，这一过程大大增加了它的麻烦。最重要的是，匈牙利沙文主义疏远天主教徒和传统上非常亲近哈布斯堡的克罗地亚人。比起梦想加入某些南斯拉夫联盟，这些人在历史、宗教、文化和经济上完全有理由支持维也纳。这加剧了某种危机感，令 1914 年的奥地利政府相信需要武力摧毁塞尔维亚和南斯拉夫的威胁。[39]

　　匈牙利人声称，他们只是照搬 19 世纪法国采取的民族构建政策。假如这是真相，那么这体现了在不恰当的陌生环境中试图引入西方政治模式存在致命危险。法国人所谓的"文明民族主义"之所以有效，完全是因为它适用的社会在很大程度上已经快要成为一个民族了。诚然，直到 19 世纪最后二十五年，法国西部和西南部的很多乡村人口还保留着地方语言和身份，所以巴黎面临"将农民变成法国人"的任务。[40]这要比把克罗地亚人、罗马尼亚人或塞尔维亚人变成匈牙利人简单得多。法国人几乎都信天主教。要是想让匈牙利人摆脱信东正教的塞尔维亚人或者信东仪天主教的罗马尼亚人，那就得直面欧洲历史上最深刻的分裂之一。几个世纪以来，全法国的上层乡村人口都说法语，认同自己是法国人，就这一点来说，匈牙利王国的上层斯拉夫人或罗马尼亚人还差得远。19 世纪下半叶，布达佩斯的斯拉夫人和罗马尼亚人团体发展了基于本族语言的高等文化。罗马尼亚人和塞尔维亚人也能从国界另一边——独立的塞尔维亚王国和罗马尼亚王国寻求文化和政治启迪。基于上述原因，匈牙利人效法法国政策的尝试无望且危险。

匈牙利的问题、思想和政策自成一格。欧洲或许可以分为居于核心的第一欧洲世界与居于边缘的第二欧洲世界，不管怎么说，法国和匈牙利的政策对比的确在一定程度上反映了这种划分。1900 年，法国属于第一欧洲世界，而匈牙利仍然属于第二欧洲世界。两大欧洲世界的边界模糊且多变。如果有时间与和平环境来实现发展，我们可以合理地认为，很多处于边缘的第二欧洲世界国家将进入第一欧洲世界。哪怕在 1900 年，第二欧洲世界国家的大部分首都以及一些其他地区已经实现了现代化。只举五个主要例子：匈牙利、爱尔兰、西班牙、意大利和俄国都属于第二欧洲世界，这意味着欧洲的边缘极其分散。无论如何，同欧洲大陆的第一世界核心相比，第二世界确有共同点。

要说有关键不同点的话，那也就是下面四个：在边缘地带，国家常常更脆弱，国内地区更分裂，中产阶级更弱小，财产和秩序往往更缺乏稳定。为了落实把农民变成法国人的运动，巴黎集中了欧洲最先进也最受仰慕国家的广泛资源（既有物质上的，也有文化上的）。第二欧洲世界的国家普遍没有这么多资源。意大利比其他国家更强大，但是在 1900 年，就连它也未能把农民甚至南部市民群众变成意大利人。教育始终是关键。意大利的教师人数比法国少得多。纵然如此，19 世纪 80 年代初，200 多万意大利人还是接受了基础教育，基础读写能力也迅速普及，但若想转变农民的思维和忠诚感，两年的初级教育显然不够。农民或南部市民为何要对排斥并剥削他们的国家忠诚呢？西班牙政府没有把巴斯克人或加泰罗尼亚人变成西班牙人，这造成了更危险的长远影响。在西班牙和其他欧洲边缘地区，国力孱弱绝不是唯一问题。1900 年，法国销量最大的国家报纸日销可达百万份，而最接近它的西班牙国家报纸日销量只有17000 份。[41]

在欧洲边缘地带特别是乡村地区，大众政治的到来很可能威胁上层阶级和中产阶级的财产与安全。就连完全主张民主的美国政治科学家阿博特·劳伦斯·洛厄尔（Abbott Lawrence Lowell）也声称，在意大利，"超常独裁权力曾同西西里和南部密不可分"。1914 年，时任匈牙利总理蒂萨·伊什特万（István Tisza）亦警告他的祖国：斯拉夫人和罗马尼亚人在匈牙利王国很多地区占人口绝大多数，实行普选将导致社会与民族革命，继而剥夺那些地区有产阶级和匈牙利人的统治权。当然了，蒂萨之言很关乎自身利益，但不管怎么说，他很可能是对的。相形之下，当 1907 年奥匈帝国引入普选制时，维也纳已可以依赖庞大天主教党的保守主义乃至社会民主党的节制。1900 年，第一欧洲世界和第二欧洲世界的差距在一定程度上的确是从维也纳到布达佩斯的距离。[42]

欧洲边缘地区的政权还有一个问题——与更成功的大陆核心地区对比时，当地人会产生痛苦的自卑感与挫败感。英国两党制根植于左右翼意识形态差异，西班牙人和意大利人都模仿了这种制度的表象。事实上，北意大利外围地域及一些大城市

43

的地方显贵操纵选举，并通过恩庇－侍从网络控制任命权，在意大利的这些地区和西班牙，政治是显贵与内阁进行上述肮脏交易的手段。爱国者很难因政府而自豪，这鼓励民族主义者谴责卑劣腐败的自由秩序。同之前相比，这一点变得更重要了，因为在意大利甚至西班牙，具有威胁性的社会主义理念和大众政治已浮出水面，更不用说不仅聚集很多支持者，还多次鼓励刺杀欧洲君主与政客的无政府主义运动。

在欧洲很多地区，保守上层阶级面临大众政治的攻击和激进的社会主义意识形态的挑战，他们试图靠民族自豪感和帝国的吸引力获得支持力量。19 世纪 70 年代，本杰明·迪斯雷利（Benjamin Disraeli）在英国领导了这种活动。现代市民社会的发展，带来了大规模发行的媒体与常常倾向于沙文主义的公众意见，1898 年的美西战争充分证明了该如何利用它们。正是美国前国务卿约翰·海伊（John Hay）创造了描述这次冲突的短语——"精彩小战争"。威廉·伦道夫·赫斯特（William Randolph Hearst）的媒体发行量很大，某种程度上，是它煽动公众情绪从而迫使美国政府开战。举个例子，赫斯特的媒体利用并传播了一则谣言，声称是西班牙人引爆并摧毁了古巴港口内的战舰"缅因号"（Maine）。向美国公众推销对西班牙的战争时，媒体把它刻画成一场"十字军东征"：对抗腐朽、独裁、信仰天主教的西班牙人，从而维护阳刚与自由的美国价值观。在美国人看来，胜利巩固了这些价值观的优越性与社会。这次冲突不仅普遍提升了爱国情感、巩固了美国社会的团结，还在内战结束三十年后稍稍推动南北方走向和解。关键在于，美国国力十分强大，这意味着帝国主义冒险只有很小的风险或损失。[43]

　　美国在国力和安全上有巨大优势，甩开所有欧洲国家。擂响民族主义战鼓、迎合媒体和市民社会中的沙文主义是很危险的事，特别是当公众的偏见和怨恨指向敌对大国时。[44]罗马和马德里的政治领导人都试图靠建立海外帝国赋予政权合法性，加强国家凝聚力。1861 年意大利统一后的数十年间，弗朗切斯科·克里斯皮（Francesco Crispi）是该国的杰出政治家。他绝望地发现，意大利人缺乏统一、纪律与爱国意识，他认为战场胜利可解决问题。殖民扩张似乎比欧洲战争更便宜、更安全。问题在于，当欧洲边缘地区的政府实施帝国主义的冒险时，它们比美国、法国和英国政府更易遭灾，这类灾难发生后，用来克服它的资源与合法性也更少。1896 年，埃塞俄比亚人击溃一支意大利军队，克里斯皮的政治生涯随之告终，意大利自由君主制也受到冲击。西班牙国王阿方索八世（Alfonso XIII）相信，美西战争之后，在摩洛哥进行帝国主义征服可挽回国际社会对祖国的尊重，并恢复西班牙人对自身光荣历史与身份的认同。通过复兴民族精神，帝国主义征服将在摇摇欲坠、四分五裂的国家中加强统一感与使命感。事实上，1921 年西班牙军在阿努瓦勒（Annual）战败，这是导致西班牙自由政权垮台的重要因素。[45]

　　至于帝国如何影响欧洲人对自身和祖国的认知，这个时期的西班牙可谓是绝佳例子。西班牙曾是世界最大帝国之一，19 世纪头二十五年，它几乎丢了整个帝国。帝国岁入减少，马德里的财政遭受严重打击，西班牙也无法再自称大国。然而 19 世纪 20 年代，西班牙公众对失去帝国一事的反应比较平淡。1898 年，西班牙败给美国，它丢掉的帝国残余地盘（基本上是古巴和菲律宾）同之前的折损相比微不足道，可是民众却自我批评，

45

流露出绝望情绪。此后很多年，如何重振西班牙的狂热辩论主导了公众的争论。1898年人们对帝国受损的反应比19世纪上半叶时强烈得多，而且就相关领土的重要性而言，他们的反应明显过激。之所以如此，有很多原因。比如说，1900年的西班牙市民社会要大得多、活跃得多，因此这类争论必然有更大扩散空间。可是关键在于，1900年，帝国在欧洲人眼中的重要性远远超过之前三个时代。此时，帝国不仅仅被视为衡量一国未来国力的尺度，欧洲上下普遍认为，胜利的帝国主义既是一国阳刚气概的标志，也表明它在达尔文式竞争世界中生存振兴的能力。[46]

1898年西班牙帝国的残余领土丢失，西班牙人感到痛苦。对欧洲人来说，这是个骇人的提醒，告诉他们如果不发展自己的帝国将落得何等下场，但除此之外，它对欧洲人几乎没有影响。古巴和菲律宾太远了。在争夺西班牙殖民地继承权的竞争中，没有哪个欧洲国家能与美国比肩。南欧另一端，奥斯曼帝国正走向解体，这与西班牙丢失领土的影响截然不同。所有大国都敏锐地关注这个帝国的未来。奥斯曼帝国已然衰败，似乎马上就要垮台，对奥地利人和俄国人而言，这关乎他们的生死。我将在下一章中讨论帝国的世界中俄国所处的位置，并回答为何奥斯曼问题对俄国来说生死攸关。

第二章　俄罗斯帝国

帝国本土

随着自身的不断发展，俄罗斯帝国铸就了非凡业绩。莫斯科的 14 个小公国所辖领土不断扩大，直至占有全世界地表面积的六分之一。作为欧洲最东端的国度，俄国成了大陆上最强大的国家之一。传统上，受过教育的欧洲人大都认为俄国人是蛮夷，但是到 19 世纪时，俄国文学、音乐与绘画已成为欧洲和全球文明中最璀璨的装饰品之一。

倘若我们回顾这一庞大国度面临的重重困难，俄国人的业绩就更显不凡。在如此高纬度的北纬地区，在如此远离全球贸易和文明中心的地区，只有俄国人创立了大帝国。贸易需要城市、读写能力与人数众多的中产阶级，这三个要素俄国都缺。1763 年"七年战争"接近尾声时，俄国首次被公认为是毋庸置疑的欧洲大国，此时，它下辖 16500 名官吏，这个数字只比普鲁士的多一点儿，而普鲁士领土面积仅为俄国欧洲部分领土的百分之一左右。这批官僚的质量也成问题。普鲁士君主国可以从一系列德意志大学中招募官吏，其中很多大学已有数百年历史，而俄国只有 1775 年建立的莫斯科大学。在此情势下，令人惊叹的不是俄国官僚机构效率低下，而是它竟然还能运作。[1]

历史学家常常把俄罗斯帝国划为农业帝国，这意味着它需要资源来支持国力，它的辉煌也是靠压榨农民得来的。这一过程很难算得上光彩：有些帝国靠开发有利可图的贸易线路获取收益，相对而言，它们不需要那么残忍地剥削臣民。历史上，农业帝国的臣民大都是集中在肥沃河谷的比较密集的农业人口，然而，俄国农民散布在地域辽阔、（在帝国初期）往往贫困的农业区，而且这些地区的交通方式原始落后。俄国的欧洲领土远超其他欧洲国家，即便如此，直到18世纪下半叶，它的人口才超过法国。绵长开放的边境线进一步激励农民逃避国家征税和征兵。在此背景下，用农奴制把农民限制在土地上的做法体现了残忍的理智。俄国的地理特征迫切呼唤美国式的最大分权，但美国自诞生以来很少在自己所属的整个半球遇上有威胁性的地缘政治对手。沙皇俄国必须极尽一切手段应对地理上的严酷现实，这大大加剧了该国臣民的沉重负担。[2]

从帝国诞生到19世纪初期，掌管俄国政权的都是专制君主沙皇和贵族地主的同盟。在俄国，缺乏劳动力的土地派不上用场，而农奴制保障了劳动力。沙皇和地主分享从农民手中榨取的收入。在所辖土地上，俄国贵族同时扮演国家征税和征兵代理人的角色。

国家军队和官僚机构向贵族提供额外收入，并保护他们免遭农奴起义的侵扰。宫廷贵族中的大家族是罗曼诺夫王朝最亲密的盟友，他们享有帝国发展带来的大部分财富。然而，君主国从未令自己陷入上层阶级的罗网。它仍给予出身于贫困绅士家庭的人加封贵族的机会。对一些幸运的人才来说，为沙皇效力让他们有望获得灿烂前程、卓著名望与无尽财富。

48　　　从16世纪开始，俄国领土扩展至其他民族的居住地。俄国靠征服来扩张，然后罗曼诺夫王朝与贵族地主结盟，从而巩固统治。此举不仅让国家税收与征兵系统延伸至新吞并的地区，也让罗曼诺夫王朝能招募更多人才为己效力。扶持非俄罗斯上层阶级也减轻了君主国对俄国贵族及其恩庇－侍从网络的依赖。俄国东正教会始终是君主专制的关键盟友，前者赋予后者合法性，并谴责后者的敌人。1700 年时，君主已严密控制东正教会。欧洲境内，在早期现代新教区，教会土地常常落入贵族之手；在天主教区，即便在 18 世纪，教会也一直持有巨额财富。在俄国，君主没收教会土地，但大多留作自用。这一点可以解释，为何就连在 1861 年农奴制废除前，一半以上的俄国农民也不是农奴，反倒生活在国有土地或罗曼诺夫家族的土地上，并向国家和该家族缴纳全部税金、提供全部劳役。倘若对比现代化之前很多农业帝国的历史，俄国能让如此大的帝国得以存续的管理与制衡技巧便显得出类拔萃。[3]

当然了，我们万不能太乐观。罗曼诺夫王朝的统治非常成功，亦非常残忍。贵族对待农奴的方式不存在任何切实约束，农奴的地位比奴隶好不了多少。1700～1874 年，军事征募强迫数以百万计的农民终身服役，继而打造了一支强大军队。直到成千上万的悲惨新兵死于震动和不幸后，其余的人才变成真正的军人。很少有新兵再见到家人或再返回乡村老家。然而这只是历史的一面。俄国的地理位置决定了军事力量是维系它的关键。莫斯科大公国（Muscovy）的东面和南面是世界上最大的草原，它从喀尔巴阡山脉（Carpathians）一直延伸到太平洋。这里是游牧武士的世界，到 1700 年，他们统治草原、威胁邻近农业社会的历史已达千年或更久。13～15 世纪，俄国被成吉思汗的后代统治，这不过是一个更广泛主题下的最极端个例。从 16 世纪开始，来自游牧草原的威胁逐渐减弱，俄国人自己的扩张

开始了，他们走出森林区，穿过肥沃草原，到达南部，直抵黑
海。对这片广大地域的征服和殖民为俄国日后的国力与财富奠
定了基础，但是面对克里米亚鞑靼人和土耳其人的顽强抵抗，
此过程必须有强大军力的支持。

西边同样如此。威胁潜藏于更富裕的欧洲国家，它们的经
济更发达、行政机关更完备、军队更先进。来自东边和北边的
游牧民族的威胁减弱后，来自西边的威胁随之增加。农业帝国
中，奥斯曼是俄国在欧洲最近的邻居。为了维系罗曼诺夫王朝
创造的庞大战争机器，俄国人民苦不堪言。因为其统治者未能
维持这样的机器，奥斯曼帝国穆斯林至少和俄国人一样痛苦，
他们付出了惨痛代价：在奥斯曼帝国北部边境的大部分地区，
穆斯林遭杀戮或种族清洗；欧洲人渗透进穆斯林居住的部分核
心地带，甚至在当地殖民。同为大国，俄国和奥斯曼帝国在
18~19世纪一成一败，之所以有这种区别，关键在于俄国实施
无情的农奴制，并且上层阶级完成了西化。1917年，俄国为这
一成功付出了高昂代价：俄国革命异常血腥，这在很大程度上
是因为人们记得曾经的剥削，而且他们觉得帝国上层阶级不只
是剥削者，在文化上也完全是外国人。[4]

帝国的成功建立也带来了挑战，哪怕依据帝国标准，俄罗
斯也是个庞大国度。距离以及北方的严酷气候给政府运作施加
了沉重压力。18世纪，俄国信使送信的速度仍然是两千年前波
斯信使的五分之一。一年中很多时间，他们都冒着在暴风雪和
泥海中消失的危险。即便在1914年，80%以上的人口依然居住
于乡村。俄国的欧洲领土内散布着超过50万座村庄，让它们获
得现代交通、教育和福利服务是项艰巨挑战。[5]

某种意义上，俄国统治力常年不足。甚至在1900年，俄国

公务员数量也不及一些更发达的西欧和中欧国家。此外，俄国政府试图做的事远远超过大部分欧洲行政机关，这在很大程度上是该国迅速实现现代化的关键。19 世纪与 20 世纪之交，英国财政部的责任是有限的，其信条是自由放任（laissez-faire），而俄国财政部已经大举干涉经济发展，其触角延伸至经济活动的大部分领域。[6]1914 年之前的十年，俄国政府自己控制的铁路与伏特加垄断企业的收入在国家岁入中占一半以上。1906 年，俄国政府启动一项庞大复杂的工程，以图转变农民农业和乡村社会。然而，最能体现俄国统治矛盾性的是警察。一方面，秘密政治警察——可怕的保卫部（Okhrana）——凭借其独裁权力和复杂技术在欧洲臭名昭著。另一方面，1900 年，不足 9000 人的国家警察要在地方省份的 100 多万农民中"维持秩序"。英国政府仅在爱尔兰乡村和小镇中设置人数格外多的警力。作为"警察国度"，俄国的警察人数如此短缺，该国在其他方面欠缺统治力也就不太令人奇怪了。这解释了为何传统上政府恐惧无政府状态和社会的失控。[7]

涉及外部安全时，疆域也是个重大问题。1900 年，俄国边境线长度超过 18000 公里。俄国人的邻居有日本人、中国人、阿富汗人、波斯人、土耳其人、罗马尼亚人、奥地利 – 匈牙利人、德国人和瑞典人，这导致其很容易做潜在敌人组成可怕同盟的噩梦。更糟的是，很多这类梦魇的变体太有可能实现了。19 世纪 90 年代，大国角力的主要焦点转移到亚太地区。西伯利亚大铁路修建工程是俄国的最大投资，此举旨在确保自己不在这场竞争中掉队。甚至在 1903 年，尚未竣工的铁路总共就已耗资 10 亿卢布，这导致其年度建设费用增至 1 亿卢布。

相形之下，1900 年，政府投到司法系统中的资金不足 4600

万卢布，投到教育中的资金不足 3400 万卢布。俄国政府年度支出只有 20 亿卢布。批评政府者称，这反映了执着于帝国荣耀的专制政权本末倒置，远离人民的需求。此言不无道理。然而，俄国在战略、政治、经济上有充足理由尽快联通西伯利亚以及帝国在欧洲的核心地带。俄国既是第二欧洲世界边缘的贫穷国家，同时也是太平洋沿岸的欧洲大国，政府支出生动说明了这一双重属性意味着什么。[8]

51　　　管理和保卫广袤领土是帝国的一个古老问题。另一个则是统治很多不同民族。1550 年，沙皇统治单一的俄罗斯民族。因为帝国扩张，到 1900 年时，尼古拉二世（Nikolai Ⅱ）的臣民中只有 44% 的人口是俄罗斯人。正如我们所见，历史上沙皇之所以能够统治非俄罗斯民族的臣民，在很大程度上靠的是吸纳地方贵族进入帝国统治阶级。这项策略在波兰人身上遭遇重大挫败。波兰天主教贵族是俄国和东正教的传统敌人。他们对国家原有的力量和独立怀有光荣记忆，直到 1815 年这一记忆才最终消散。1830 年和 1863 年，波兰人想靠反对俄国统治的广泛起义恢复独立。反叛被镇压下去，但直到 1914 年，大多数俄国政客还是相信波兰人会抓住一切俄国力量薄弱的时机再度叛乱。这一点很是严重，因为波兰的地理位置处于从西部侵入俄国的主要路径上，何况 1871 年德国完成统一，1879 年奥德两国又结盟。

　　1914 年，圣彼得堡仍然认为，除了犹太人，波兰人在帝国民族中最不忠、最危险。犹太人大多住在被俄国吞并的原波兰领土上，所以圣彼得堡觉得波兰人和犹太人的威胁相互叠加。然而，与其他地区一样，在俄罗斯帝国境内，此前不曾流露出一丝不忠迹象的国民之中正在诞生新民族主义，在芬兰、巴尔干省、乌克兰、高加索地区以及沙皇的很多穆斯林臣民中都有这类事例。诚然，哪怕在 1914 年，这些新民族主义的发展程度也大都不及哈布斯堡君主国和西欧的新民族主义。俄国的现代化水平更低，所以沙皇的大部分臣民仍然是对民族主义呼吁无感的半文盲。对市民社会和政治宣传的限制也减缓了民族主义的传播速度。随着社会走向现代化，地主阶级的实力逐渐输给商人、执业团体和知识分子，而新民族主义常能吸引这些人的支持。顺应民族主义潮流很可能让帝国走向联邦制。俄国政客大都相信，倘若实施此制度，帝国必定被削弱，而且日后很可能毁灭。关于不断弱化的政府放任民族冲突后会发生什么，奥匈帝国的结局为俄国政客提供了前车之鉴：统治陷于瘫痪，军力下滑，帝国开始被很多敌人和潜在捕食者包围，他们越发渴望灭掉它。[9]

从俄国立场看，新兴民族之中，乌克兰人的运动是最大的潜在威胁。这在一定程度上是因为该地区经济地位十分重要。1914 年，乌克兰的八个省（面积比今天的乌克兰共和国小）产出了帝国 1/3 的小麦、大部分出口谷物以及 80% 的糖。政府的经济发展战略有赖于帝国贸易盈余，没有乌克兰的这些产出，盈余很难维持。如何给产出水平低得多的俄罗斯北部城市提供供应也是个问题。乌克兰在重工业和采矿业中的地位更关键：1914 年，帝国 70% 的煤炭、68% 的铸铁、58% 的钢材以及很多工业产品产自乌克兰。20 世纪 30 年代，斯大林开发了乌拉尔工业区和西西伯利亚工业区，在此之前，倘若俄国失去乌克兰，它将失去大国地位。[10]

独立的乌克兰民族身份意识既动摇了沙皇民族政策推行的基础，也削弱了受过教育的俄国人对祖国的理解。1897 年，虽说俄罗斯人在帝国人口中仅占 44%，但另外 22.5% 的人口至少是东斯拉夫人，即乌克兰人或白俄罗斯人。这些乌克兰人和白俄罗斯人中，绝大部分信仰东正教，就认同感和政治忠诚度而言，历史上该教派是远比语言重要的标志。乌克兰人口是白俄罗斯人口的四倍以上，他们所处区域也更富裕、更发达。所以说，如果乌克兰民族主义未能发展，那么白俄罗斯民族主义也不会发展。假如乌克兰人和白俄罗斯人在政治意义上可被算作俄国人，那么三分之二的帝国人口就是"俄国人"。在这个帝国主义高度发展的时代，人们普遍认为人口少的民族既不能保卫自己，也不能维持自身的高级文化，于是它们的选择仅限于对立的帝国之间。俄国政府正确地意识到，比起德意志皇帝或奥斯曼帝国苏丹，格鲁吉亚人、亚美尼亚人与巴尔干地区的"少数民族"更乐意接受沙皇的统治。另外，很多穆斯林人口被认为太落后了，以至于不受民族主义思潮影响。

考虑到这些情况，俄国人可以认为自己的民族帝国的未来有保障，并稍感宽慰。俄国上层阶级认为，帝国之所以强大光荣，恰恰是因为它与大英帝国和德意志帝国一样体现了核心民族的民族精神，并给予俄罗斯民族重要的全球和历史影响力。然而，如果乌克兰人的确是独立民族，这番思量就要发人警醒得多。那样的话，俄罗斯帝国看起来就更像另一个对手——比以前更虚弱的、多语言的、遭到鄙视的哈布斯堡帝国。大部分受过教育的俄罗斯人和所有俄罗斯民族主义者都认为这难以置信。正如 1911 年基辅市重要的亲政府派报纸所强调的那样，"俄罗斯人民靠伟大壮举和重大牺牲建立了俄国，如今俄国境内三分之二的人口是俄罗斯人……由此我们看出俄国相对于哈布斯堡帝国的伟大和制胜优势，在哈布斯堡，统治阶级德意志人在全国人口中占不到四分之一"。[11]

1900 年，大部分俄国上层阶级对乌克兰的看法同英国上层阶级对约克郡（Yorkshire）的看法十分相似。也就是说，他们觉得那不过是个习俗迷人、地方口音奇怪的地区。俄国上层阶级认为乌克兰是俄国的一部分，这种认知根植于其对俄国历史的解读：一千年前，古老的留里克王朝的基辅统治者建立俄罗斯君主国，让俄国人改信东正教，而俄国上层阶级认为留里克王朝的莫斯科亲王是那些基辅统治者的直接继承人。所以，基辅是俄国城市、俄国国家地位与俄国宗教特性之母。乌克兰上层阶级——贵族与知识分子——大都持此观点。这些所谓的"小俄罗斯人"为自己独特的宗教属性感到自豪。他们一点儿也不认为这威胁自身的俄罗斯人身份，反倒觉得自己和自己信仰的宗教是沙皇治下最符合俄罗斯人要求的。这一点自然反映了基辅作为留里克王朝和东正教摇篮的地位，但它也源自一个事实：乌克兰上层阶级与波兰上层阶级就地区属性以及谁有资格掌控地方经济、社会和文化发生争斗，这激发了前者对东正教和俄罗斯人的强烈认同感。19 世纪上半叶，俄国政府非常信任乌克兰人的政治忠诚，甚至鼓励这种"小俄罗斯"文化特性和历史怀旧感，以便对抗波兰高级文化与自由主义的诱惑。[12]

19 世纪下半叶，民族主义思潮和运动在欧洲传播，大众政治也开始浮出水面，于是乌克兰的势态改变了。欧洲出现了一种模式：初始时对民族文化、传说、语言的纯粹兴趣演变成对政治权力甚至独立国家地位的要求。为了应对此威胁，帝国政府差不多全面禁止乌克兰语出版物，更不用说乌克兰语教学了。比起圣彼得堡对待几乎所有其他非俄罗斯少数民族语言文化的方式，这项政策要激进得多。一篇为在 1876 年进一步收紧对乌克兰语出版物的政策辩护的备忘录，阐明了政策背后的考量。备忘录称，尽管乌克兰人的很多要求看起来似乎只涉及文化，不会妨害政治，但是"说和写的不同最能分化民族。允许说乌克兰方言的民众创造独特文学，意味着与人合谋将乌克兰从整个俄国分离出去……任由1300万'小俄罗斯人'分离将是最大政治疏忽，何况我们身边的德意志部族正在统一"。[13]

政府面临艰难窘境。一方面，圣彼得堡正确地判断出乌克兰民族主义的潜在威胁根植于其地方语言。限制乌克兰语和乌克兰市民社会的措施的确阻止了俄罗斯帝国境内出现乌克兰民族主义运动。1905年后这些限制放宽了，即便如此，因为缺乏讲乌克兰语的教师、记者等执业人员，乌克兰民族主义运动也受到制约。在乌克兰大城镇里，俄罗斯或犹太文化往往占上风。从1917年君主国倒台到1920年苏维埃最终确立统治，在关键的这几年里，乌克兰民众的整体民族认同感非常淡薄，这一点极其重要。另一方面，圣彼得堡钳制了当时很多无害的文化活动，导致一部分新兴乌克兰知识分子疏远了它。

55　　"小俄罗斯"和乌克兰民族主义对乌克兰民族身份的不同诠释，最早可上溯至19世纪70年代。直到1905年革命和宪法施行，只有对内讧感兴趣的知识分子认为这种区别明显。1905年之后，乌克兰市民社会的呼吸空间增大了许多，针对大众的公开选举政治也随之开始，这导致两派阵营越发激进化。重要的长期回报是乌克兰民众的效忠。1914年，此事悬而未决。乌克兰农民大都保留着地方和宗教上的认同感。然而，乌克兰民族主义和"小俄罗斯"阵营都设法取得了一些群众的支持。民族主义阵营之所以成功，常常靠的是自己的奔走呼号以及对开发非农民所有的一切土地的支持。因为大部分大地主是波兰或俄国贵族，社会革命和民族革命的吁请可以轻易结合。然而，如果说有什么区别的话，那就是煽动民众反犹仇恨的敌对阵营更成功。当时，犹太人在当地资本主义工业、贸易和农业的发展中发挥了首要作用。1914 年，这些问题酝酿待发。等战争与革命摧毁一切有效制约后，问题旋即爆发，带来灾难。[14]

在圣彼得堡和莫斯科，重要官员和公众意见领袖敏锐地关注乌克兰属性和日益崛起的乌克兰民族主义的抗争。其中最重要的人是米哈伊尔·缅希科夫（Mikhail Menshikov），他为俄国最重要的保守派和民族主义报纸《新时代报》（Novoe Vremia）撰稿，是该报读者最多的专栏作家。1914 年，缅希科夫甚至持有该报股份。与此同时，他是新成立的民族党中最重要的公众知识分子，到 1911 年，该党已是俄国杜马（Duma）中的最大党，也最亲近政府。缅希科夫同基辅的"小俄罗斯"和俄罗斯民族主义群体关系也不错，他密切注视乌克兰的动向，1914 年，此事越发令他忧郁。缅希科夫承认大部分乌克兰农民仍然对民族主义无感的事实。另外，"不管承认这一点多么伤人，但是相当广泛的'小俄罗斯'社会圈子中（特别是知识分子和资产阶级）在情绪上十分倾向于分裂主义，在政治意识上也不可靠"。缅希科夫承认，很多受过教育的乌克兰人似乎仍忠于俄国，但他高声质问这种忠诚是否发自真心，或者说，当战争爆发、当奥德试图颠覆俄国时，这种忠诚是否会迅速瓦解。[15]

欲理解缅希科夫对乌克兰民族主义威胁的看法，就需考虑他对政治和国际关系的基本定义。他是彻头彻尾的俄罗斯民族主义者，这既因为他完全认为自己是俄国人，也因为他相信血缘、文化和语言决定的民族国家是现代世界中唯一可以存续的政治实体。只有民族可以让个体产生归属感和目标感，把他们

56

同社会和国家结合在一起。1914 年以前，俄国境内正在上演关于帝国和民族国家的有趣争论，缅希科夫也参加了。他非常讨厌帝国无论如何都会变成超民族国家的观点。缅希科夫认为，多民族帝国是注定衰弱瓦解的人造产物，更别提联邦制帝国了。他引用古今帝国例子佐证自己的观点。比如说，在他看来，公元 212 年罗马帝国授予所有居民公民权，导致该国内部衰退，最终崩溃。缅希科夫也指出，哈布斯堡和奥斯曼帝国政坛存在类似弱点，在这些地区，外敌经常利用民族之间的内斗。1914年 3 月，他写道，自己这一代人正目睹奥斯曼帝国的解体，而"同样的命运无疑正威胁奥地利帝国"。"在史上最大帝国大不列颠"，类似过程也在进行之中，"每过十年，该国就变得越发像幽灵了"。缅希科夫认为，哪怕没有乌克兰民族主义，少数民族的不忠也威胁俄国。他补充道："倘若那些原先被视为俄国核心人口的数千万人——'小俄罗斯人'和白俄罗斯人——加入其他向心力中……俄国还能存续多久？"

　　当代意义上的乌克兰人中，四分之三人口在 1900 年居于俄罗斯帝国境内，其余四分之一当时居于奥匈帝国，这让乌克兰问题大大复杂化了。那四分之一人口中，350 万人住在奥属加利西亚，超过 40 万人住在匈牙利。历史学家常称"乌克兰裔"奥地利人为卢森尼亚人，但他们往往自称"俄罗斯人"，并认为自己虽有地方特色，却是单一俄罗斯社会的成员。正如混乱的名称所示，当时对乌克兰民族身份并无一致意见。围绕这一身份的争斗同时在三个环境相异的不同国家上演。不管怎么说，这场斗争被公认为——持此观点的多是俄国人——将决定整个乌克兰地区未来命运，所以其潜在危险很大。因为这一重要原因，俄国议员弗拉基米尔·博布林斯基（Vladimir Bobrinsky）

伯爵建立了喀尔巴阡山俄罗斯社群，并集中支持力量保卫匈牙利的小卢森尼亚社会，以防止其认同自己为俄罗斯人的意识被削弱。[17]

博布林斯基对卢森尼亚人的支持导致奥俄关系更加紧张，但是该群体人数太少，不能在当地发挥关键作用。当时一般被称作鲁塞尼亚人的350万乌克兰裔奥地利人重要得多，因为1914年时奥属加利西亚已成为乌克兰民族主义的中心。之所以出现这种情况，根本原因在于奥地利政府和俄国政府、匈牙利政府不同，它不约束市民社会的自由，也不限制在奥地利的很多人口中民族身份意识的演化。事实上，维也纳鼓励乌克兰民族特性发展，从而遏制君主国境内波兰力量的发展，并阻挠俄国称霸斯拉夫世界的企图。加利西亚庇护了逃出俄国的乌克兰民族主义者。在奥地利政府帮助下，这些人创造了一种文学语言和民族历史叙述，它同俄国文学完全背道而驰，有悖于俄国人对祖国历史关键方面的理解。1867年，奥地利政治生活越来越民主化，1907年该国引入男性普选制。乌克兰民族主义在政治上组织自己，深深根植于加利西亚社会。即便在加利西亚，到1914年时乌克兰民族身份之争也未结束：人数相当多的少数派依旧认为自己是幸存的"小俄罗斯人"。无论如何，乌克兰民族主义显然已达到高潮，信奉该主义的很多民众领袖梦想有一天，所有乌克兰人能在俄国帝国外的单一民族国家中实现统一。[18]

乌克兰问题损害了奥地利和俄罗斯这两大帝国间的关系，两国的一些外交官对此感到遗憾。然而，20世纪两国市民社会都强大到政府无法驾驭。奥地利和俄国的公众意见强烈地憎恨彼此，这是两大帝国政府需要考虑的事实。1905年，时任奥地

58 利驻圣彼得堡大使、未来的外交大臣埃伦塔尔男爵坚决支持奥
俄缔结保守同盟,该同盟德国也会加入。他认为此举可镇压革
命、威慑激进民族主义者,消除只利于社会主义者的欧洲战争
的威胁。19世纪,三个东欧王朝(哈布斯堡、罗曼诺夫、霍亨
索伦)的同盟保障了这一片地区的长期稳定,而埃伦塔尔想重
建这一同盟。大使在奥地利外交部的同事们认真考虑了他的计
划,并列出完全反对亲近沙皇政权的国内说客,如大部分德裔
奥地利人、大部分自由派与天主教徒、几乎所有犹太人,以及
所有社会主义者,当然,匈牙利政府和匈牙利上层阶级也在
其中。[19]

1908~1914年,随着巴尔干半岛的地缘政治竞争日益激烈
化,奥地利和俄国社会的相互憎恶明显加深。乌克兰问题也起
了雪上加霜的作用。举个例子,米哈伊尔·缅希科夫对巴尔干
或斯拉夫事业无甚兴趣。他也明白,用俄罗斯民族主义者很少
接触的方式进行欧洲战争可能造成灾难性后果。尽管如此,为
了避开乌克兰民族主义的威胁,他情愿战斗到死。1914年7月
前的几个月,缅希科夫认为,即便现在可以避免巴尔干半岛的
冲突,俄国未来也无法回避对奥战争。他之所以这样想,关键
是因为奥地利支持乌克兰事业。[20]

然而,到1914年,人们再看待俄国帝国时可能乐观得多。
从乌拉尔山一直延伸到太平洋海岸线的广袤西伯利亚地区展现
在俄国面前,此地蕴藏财富与机遇。现代技术特别是铁路终于
让这个宝藏可以被殖民和开发。与世界上其他国家相比,铁路
对于闭锁在陆地上的俄国来说更重要,聪明的俄国人相当清楚
这一点。连接欧洲与太平洋的铁路网有可能改变社会,因为它
将触角延伸至资源富饶的西伯利亚,使俄国在欧洲领土上的过

剩人口得以大批迁居至亚洲。德米特里·门捷列夫（Dimitri Mendeleev）极尽热情地理解并宣传这一事实。门捷列夫自己是西伯利亚人，他出身于教师家庭，是享誉世界的学者、化学家，也是博学者和公众知识分子，致力于让政府和公众意见拥护他制定的俄国经济社会现代化战略。门捷列夫大力支持谢尔盖·威特（Serge Witte）。1892～1903年，威特担任俄国财政大臣，他表现出众，设计并实施了迅速发展工业化的雄心勃勃的计划。[21]

59

门捷列夫深刻认识到西伯利亚蕴含丰富的自然资源，但他认为俄国的最大优势在人口。俄国是人口增长最快的欧洲国家，俄国的亚洲领土可以利用这些人口。1906年门捷列夫预测，到1950年，帝国人口将从1910年的1.55亿增至2.82亿，而到2000年时人口将达近6亿。门捷列夫预估的数字过高，但人们都相信人口将迅猛增长，且新增人口可被西伯利亚容纳。相形之下，德国和意大利的过剩人口最后只能去另一个国家，即美国。就连英国也输送人口去美国，它也发现散在全球各地的白人统治区难以转变成可存续政治实体。[22]

迁徙至西伯利亚亦有内政优势。因为人口大规模增长，到1900年时，俄国某些核心农业区土地紧缺，租金飞涨，导致农民和地主阶级的关系非常紧张。大规模迁居西伯利亚可解决此问题。大片深受过剩人口困扰的地区指的就是我们今天所说的东乌克兰。1905年，切尔尼希夫（Chernigov）、哈尔科夫（Kharkov）、波尔塔瓦（Poltava）、叶卡捷琳诺斯拉夫（Ekaterinoslav）这些省份的农民起义最严重。将乌克兰人（和白俄罗斯人）迁至西伯利亚的做法，或许不仅能缓解社会危机，还能缓和民族危机。英格兰人、苏格兰人、威尔士人（有时甚至包括爱尔兰人）移民白人统治区，在一定程度上为英国人创造了新的独特身份。西伯利亚的俄罗斯、乌克兰、白俄罗斯移民甚至能更轻易地变成"新俄罗斯人"。1900 年，西伯利亚被从俄国分割出来的可能性极小，不过当地的确存在不同于俄罗斯特性的独特"前沿"。哪怕是西伯利亚西部也没有贵族地主，可是 1914 年的西伯利亚已有不少富农。举个例子，他们是丹麦人在英国市场出口谷物的强大竞争对手。西伯利亚远远不只是大米产地、罪犯流放地以及西方难以想象的拉斯普京的家乡。事实上，西伯利亚是"新俄罗斯"，面临诸多危机的俄国统治者在为它勾画未来时也振作起来。[23]

60　　　当然了，俄国的竞争者对该国的巨大潜力就没那么热情了。正如第一章所说，英国地缘政治之父哈尔福德·麦金德曾预言，铁路的到来将改变全球力量，终结海权统治世界的悠长哥伦布时代，未来属于利用铁路连通并开发内陆腹地的国家。1914年，英国外交大臣阿瑟·尼科尔森（Arthur Nicolson）认为，俄国很快会变得非常强大，如果英国还想保住在亚洲的地位，它必须保住同俄国的友谊。正如人们料到的那样，俄国的德国邻居最害怕它。最应该为 1914 年欧洲战争爆发负责的是德国宰相特奥巴尔德·冯·贝特曼·霍尔韦格（Theobald von Bethmann Hollweg）。战争开始前几个月，俄国未来可能拥有的压倒性实力越发令他烦忧。此人曾说，在普鲁士的地上种树很可能毫无意义，因为它们成熟时俄国人已经来了。战争前三周，贝特曼·霍尔韦格对自己非常信任的一名顾问说："未来属于俄国，它就像越来越可怕的噩梦，不断蔓延，压在我们身上。"[24]

　　　1914 年，俄国的未来预期既可能是一片灿烂，也可能是一场灾难。一切都取决于这个政权能否克服 20 世纪头十年萦绕不去的政治危机。正如第一章所言明，这次危机的关键在现代帝国，难以克服。有必要重复一遍：所有欧洲帝国都面临同样的民族主义威胁，它们无一幸免。此外，俄国不仅是帝国，还是贫穷和不稳定的欧洲边缘第二世界国家。于是，俄国经历了欧洲第二世界国家在 20 世纪被大众政治攻击时常常面临的困难。很少有第二世界国家和平过渡至民主政体，战争期间，绝大部分国家都被右派或左派独裁政权统治。

　　哪怕和 1900 年第二世界国家的平均水平比，俄国也有些落后。举个例子，教师在意大利人口中所占比例只有 2.2‰，正如我们在上一章中所见，事实证明这一比例不能承载把农民变成忠诚的意大利人的任务。而 1912 年俄国人口中教师所占比例却只有意大利的一半多（1.2‰）。教育的情况充分说明，俄国不仅仅面临资源匮乏的麻烦。问题不仅仅是教师人数太少：当这些人向农家学生宣扬自己心中的俄罗斯爱国主义特征时，政府无法信任他们。秘密警察报告说，1913 年 12 月俄国教师第一次大会上，代表们普遍支持社会主义革命。毫无疑问，其中有些人就像某位英籍俄国专家去特维尔省乡间访友时碰上的乡村教师。那位年轻人用马克思主义书本填充图书馆，鼓励农民烧毁邻近的绅士的庄园，并教育学生鄙视"沙皇尼古拉末世"。[25]

　　这让人意识到 1900 年旧政权面临危机的一个关键因素，即受教育社群中有很多人疏远政府。导致这种情况出现的因素有很多，但最主要的是俄国政权甚至未对上层阶级和中产阶级成员开放公民权和政治代表权，这种情况甚至不如西班牙和意大利，更不用说欧洲核心地区了。[26]尽管俄罗斯受教育社群是农民人海中规模相对较小的少数派，但其绝对人数却不少，而且增

61

长迅速。工业蓬勃发展，一些报纸的发行量已超 10 万份。受教育社群不仅日益壮大，而且往往有复杂化倾向。这里是马列维奇（Malevich）、安德烈·别雷（Andrey Bely）、斯特拉温斯基（Stravinsky）、斯克里亚宾（Scriabin）等举世闻名的前卫画家、作家、音乐家的王国，这是实现资本主义和现代化之前常被视为后现代的俄国。这个社群无法容忍根植于 18 世纪君主专制的政权统治。就此而言，1905 年的俄国在欧洲是个特例。就连波斯人和中国人也开始修宪，这让俄国的形势变得更加难堪、颜面尽失。[27]

专制之所以存在，既因为传统与惰性，也因为有人害怕自由化将引发阶级与民族冲突，导致国家四分五裂。捍卫君主制者，用更肯定的语气说，可公平裁断利益冲突，推行虽不受欢迎但必要的现代化政策。照国际标准看，1861 年，由地主阶级自上而下实施的农奴解放进程非常和平，农民所获利益远胜于从绅士统治的议会处得到的。作为财政大臣，谢尔盖·威特支持专制，因为专制政体下他能施行否认既得利益以及很多公众意见的资本主义现代化计划。支持者称，专制政体是适应俄国需要的俄国制度。这些人利用了民族主义者对照搬西方制度的憎恶以及某个有时会合乎情理的观点——从西方移植的思想和制度对俄国现实来说是不适用的，或者说至少是超前的。

从 1881 年沙皇亚历山大二世（Alexander Ⅱ）遇刺到 1905 年革命，政府中大部分人持保守或民族主义思想。1855 年，亚历山大于俄国因克里米亚战争受辱时登基，他引入了符合维多利亚时代潮流的重大现代化与自由化改革。亚历山大解放农奴，建立西式司法体系，引进代议制地方政府制度——郡县议会（zemstvos），放松审查制度。他的改革既得罪了保守派，又不能满足激进派。19 世纪 60 年代，亚历山大面对的不只有波兰起义，还有致力于推翻君主制、私有财产和婚姻制度的俄国革命运动。维多利亚女王不会容许这些事发生，但是俄国形势催生极端主义者。从那时起，政权就同革命社会主义争夺俄国民众的支持。19 世纪 70 年代，革命派毅然煽动农民起事反抗政权，但他们的尝试失败了。事实证明，一旦工业化在 19 世纪 80 年代起步，接触并说服开始在城中聚集的新型农民工（Peasant-worker）就要容易得多。正当一些革命者试图激起民众起义时，另一些人试图靠暗杀重要官员使政府陷入瘫痪。1881 年，他们终于设法刺死沙皇，讽刺的是，当时亚历山大二世刚好同意了采取谨慎的初步措施，从而让社会选出的代表进入中央政府。

亚历山大二世打算让郡县议会中的代表加入国务会议，即奉命给予君主立法建议的机关。因为君主可以否决国务会议的提议，这一改革的确是保守的。无论如何，它开辟了未来的可能性。尽管大部分郡县议会被贵族把持，但农民有代表，而且参政权日后可以扩大。1900 年，郡县议会已经开始在乡村发展中发挥关键作用：乡村上层阶级和群众可在这一事业中有效合作。假以时日，亚历山大的改革或可缩小贵族与农民、俄国社会与俄国国家的差距。当然了，我们不应夸大改革的作用。乡村社会内部分化严重，得付出大量时间和努力才能削弱传统上农民对上层阶级和政府的怀疑。此外，不只社会主义者，就连很多自由派人士也认为，任何不及当代西方民主制度的形式，其作用都有限。然而，在一个绝大部分人口是半文盲农民的多民族帝国，人民主权和民主原则多半会变成通往社会与民族革命的捷径。事实证明，通过间接选举连接社会与国家的体系很可能更持久，特别是能为帝国和现代性所面临的矛盾性挑战提供俄国特色答案的体系。

亚历山大二世遇刺后，在新沙皇亚历山大三世治下，保守势力开始反攻倒算。1894 年亚历山大本人去世，但其子尼古拉二世年轻且缺乏经验，他没有从根本上改变父亲的计划，直到1905 年革命才被迫做出改变。此计划的核心思想是，罗曼诺夫帝国是俄国，必须依照俄国的传统、需要与利益统治它。驱动政府政策的当然有实际需要和限制，但在一定程度上，它的确反映了 19 世纪上半叶所谓的亲斯拉夫思想家奠定的理念。归根到底，这些理念认为俄国是不同于欧洲的独特文明，只有不折不扣地坚持源自历史、对其特性来说有关键意义的价值与原则，俄国才能和平和谐地发展。所有主要亲斯拉夫思想家都来自莫斯科，这并非巧合。他们认为莫斯科与帝国的国际大都市和位于欧洲的首都圣彼得堡不同，能够代表俄罗斯民族身份。圣彼得堡以其创建者沙皇彼得一世（Pyotr I）命名，代表他引入俄国的西化制度与思想。亲斯拉夫思想家认为这些思想与彼得建立的官僚国度是外来植入物，几乎相当于殖民输入。19 世纪，亲斯拉夫主义是俄国境内最活跃、最有望推广的一种保守思想，所以它对现存政治体制的含糊态度严重削弱了政权。[29]

1881～1905 年，政府中盛行如下观念：只有专制制度才能凝聚帝国，克服内部利益冲突，确保俄国在面临强大外在威胁时得以维系。为防止帝国分裂，俄语必须被提升为学校和行政机关的唯一用语。保守主义者认为，维持民众对沙皇专制忠诚的是典型的俄罗斯制度——东正教会。他们声称，东正教会既是国家教会，又宣扬团结和忠于传统，它同罗马天主教或新教的个人主义形成鲜明对比。为了支持农民公社，有俄国特色的集体忠诚和团结信念也得以被提倡。1905 年，农民拥有的土地是地主的三倍多，可耕作土地中归农民所有的比例还要更高。可是这些土地的所有者大都不是个人，而是乡村公社。公社据信是根基很深的俄国制度，可使农民避免失去土地、贫穷与社会主义。国家保险制度旨在保障大部分人口免受早期资本主义的最恶劣影响，在某种意义上乡村公社就是一种保守和初级的国家保险制度。从 19 世纪 80 年代开始，工人阶级大规模涌现，俄国政权便试图对他们采取类似政策。它担心，早期资本主义发展的不公正与俄国农民的集体主义传统的结合会把新的城市工人推入革命者怀抱。于是警察国度自身建立工会，并通过仲裁工人与雇主的矛盾努力满足工人的需求。[30]

1905 年革命中，保守派的希望和幻想破灭了。置身事外、凌驾于社会之上的专制君主制成功地暂时联合了几乎所有俄国

65

君主制与宗教
尼古拉二世与其他罗曼诺夫家族的人运送萨罗夫的圣塞拉芬（Saint Seraphim of Sarov）的遗骨

社会派系对付保守派，支持政治代表权和公民权。1903～1905
年，就连很多地主绅士也加入反对派阵营。作为保守力量与秩
序代表的东正教失败了，重要原因之一是它长期服从政府，沾
染了后者的普遍恶习，而且缺乏进行独立政治斗争的经验。相
形之下，在20世纪的西欧与中欧，长期以来，罗马天主教会都
是保守主义与反革命强大且隐秘的堡垒。至于警察工会，不仅
没能履职，后来还支持革命事业。1905年革命爆发的标志往往
被认为是当年1月的"血色星期天"：大群工人举行示威，试
图向沙皇递交请愿书，而士兵朝他们开枪。请愿书包括以革命
社会主义为基础的计划的关键部分，但示威的组织和领导者是
一位神父，内政部曾支持此人组建警察工会。

然而，1905年革命背后还有另一个关键原因，即日本战胜
了俄国。日俄战争是欧洲帝国主义历史的一部分。对于俄国等
国来说，欧洲之外的帝国主义扩张可能失败，继而摧毁政权合
法性，导致内部混乱。然而，就对外政策的选择、地缘政治威
胁与野心、俄国人对国家未来和特性的更广泛观感而言，俄国
在远东的灾难有其独特根基。只要谁想了解1914年以前那些年
俄国的对外政策或国内环境，他就绝对有必要理解这些问题。

对外政策

整个19世纪，俄国国力相对来说处于衰退状态，这一基本
66 事实给俄国对外政策蒙上阴影。始于欧洲"远西"（far west）
的工业革命，在很大程度上使权力天平先从东欧倾向英国，再
从东欧倾向德国。俄国政府几乎无法阻止这一点。当代历史学
家最爱用人口密度、读写水平、劳动力费用、煤铁储备的紧密
联系来解释，为何某些国家在工业革命中领先。至于那些询问

为何工业革命先锋是西欧而非中国或印度的历史学家，他们大都懒得讨论俄国，因为其劣势太明显了。[31]

1853～1856年克里米亚战争期间，经济落后的危险性对俄国政府来说非常显著。敌人——主要是英国、法国与奥斯曼帝国——用工业革命的技术调兵作战，而俄国用的是前工业时代的技术。圣彼得堡的亚历山大二世是从巴黎发来的电报上首次获知克里米亚的消息。这次战争用戏剧性的方式让俄国统治者认识到俄国经济落后的现实与后果。帝国可能无法挺过下一次这种打击。1863年波兰人反抗俄国统治，起义之初，圣彼得堡相当担心获胜的克里米亚英法同盟将插手此事，帮助波兰人。莫卧儿王朝、奥斯曼帝国、清王朝、罗曼诺夫王朝是18世纪的亚洲统治帝国，没有哪个罗曼诺夫想走另外三个王朝的路。

克里米亚败局是亚历山大二世发起激进现代化工程的关键原因。尽管如此，在他治下俄国日益衰败，这是因为继1871年俾斯麦统一德意志后，现在德国也开始工业革命了。虽说英国对俄国利益有潜在威胁，但至少其陆军军力薄弱，而且它位于大陆另一端。相形之下，欧洲的新经济巨人是可怖的军事国度，同俄国的脆弱西部边境直接接壤。更糟的是，德奥同盟不仅于1879年成立，还越发根植于现实政治与德意志统一性。此前，俄国可以利用普奥间的对立，而如今它面对的是战时可严重威胁俄国帝国生存的统一的中欧。19世纪80年代，俄国政府之所以采取高速工业化政策，关键是因为对自身落后性的认识与紧迫地缘政治威胁。

1914年，俄国在很大程度上实现了经济增长的目标。1881～1885年，俄国工业产值在全球工业产值中仅占3.4%，这比德国所占比例少1/4，也远不及法国所占比例的一半。1913年，

67

俄国所占比例升至 5.3%，这一数字已快赶上法国的 6.4%，并且比德国多 1/3。1899 ~ 1913 年，就连德国也在同美国的竞争中败下阵来，而四个主要欧洲国家中，唯有俄国的工业产值在全球工业产值中所占比例有所增长。无论如何，哪怕同法国相比，俄国仍显落后，更不用说和英国、德国比较了。俄国的人均财富和人均工业产值同西班牙相当，不及意大利。这必然影响俄国各方面的国力，不论是俄军士兵的武器、俄国农民的读写能力，还是在战时维持俄国铁路与工业设备运转的能力。相对落后的状态绝不是 1815 ~ 1914 年俄国在战事和外交上失败的唯一原因，但它是最重要的原因。[32]

没有哪个政权或社会能轻松应付衰败。衰败削弱统治者的合法性与自信，损害其臣民的团结，使民心涣散，有时它还导致对外来威胁的过分恐惧。俄国政权尤其脆弱，因为其荣誉与合法性在很大程度上与一种说法绑定了，即罗曼诺夫王朝的专制统治可让俄国成为欧洲大国的说法。哪怕在 1900 年，旧上层阶级依然掌控涉及俄国国力和国际地位的公众意见。这些人的直系祖先是贵族军官，他们在彼得大帝麾下击败瑞典军，在 1812 ~ 1815 年击败拿破仑。旧上层阶级出身于军人阶级，他们本身也总是接受军校教育，出任军官。这些人非常在乎俄国的荣誉、国力与国际地位。天性使然，比起深层非人为因素，人类更喜欢把失败与失望归咎于其他人，俄国绅士阶层也不例外，其中很多人不太喜欢驱使现代化的力量，亦不大理解它。他们也能毫不费力地指斥俄国将军与外交官的频繁劫掠行径。此外，还有一个事实影响了俄国绅士阶层的看法：俄国很多对外政策由君主和一小群由他任命的人秘密执行。俄国社会中，其他任何成分都无法控制对外政策。于是乎，当局势紧张化或灾难爆发，指责政府失败甚至是背叛民族事业就更简单了。1914～1917 年，谣言四起，有人声称高级官员中有人叛国，宫廷中存在以自封圣人的格里戈里·拉斯普京（Grigorii Rasputin）为代表的黑暗势力，并设法同德国达成交易。只有在前文所述背景下，我们才能理解这些纯属子虚乌有的疯狂谣言产生的原因。[33]

在这方面，俄国同 18 世纪的英国存在有趣的相似处。在 18 世纪的英国，"宫廷派"和"国家派"为对外政策争论不休。在国家派看来，外来德意志王朝与其选任的大臣经常绑架英国的对外政策。于是，英国对外政策并非追求真正的民族政策，反倒关心欧洲大陆和德意志王朝的利益。在国家派看来，民族政策将聚焦于征服海洋和世界贸易，并关注由于殖民、贸易和海权而在欧洲之外扩张的"更大不列颠"。19 世纪，英国君主制丧失权力，成为真正的民族产物，宫廷派和国家派之争随之告终。对政治性民族负责的政府制定对外政策。对国力达到顶峰的英国而言，其帝国境内不曾出现过同俄国大灾难——克里米亚战争与日俄战争——相匹敌的困难。英国统治者的合法性与信心源于该国的国际地位和成功，这与俄国形成鲜明对照。[34]

1730 年，罗曼诺夫王朝男性血脉断绝。皇位传给了嫁与德意志亲王的女性后代，统治王朝的官方名称变成罗曼诺夫－荷尔斯泰因－戈托普（Romanov-Holstein-Gottorp）。俄国上层阶级中，很多人认为王室血脉开始支持德意志。1762 年，彼得三世（Pyotr Ⅲ）之所以被推翻，部分原因是他牺牲俄国利益来追求自己的王朝在荷尔斯泰因的利益。1813～1814 年，为了恢复德意志的独立和欧洲权力均势，亚历山大一世率俄军一路进抵巴黎，俄国上层阶级成员便大肆批评他利用俄国人的鲜血和财富来支持外国事业。从 1815 年拿破仑战败至 1853～1856 年的克

69　里米亚战争，反对欧洲国家革命以及更改维也纳会议达成的领土划分，在很大程度上引导着俄国的对外政策。保守主义、稳健和谨慎是俄国对外政策遵循的原则，同普奥结盟则被视为实现上述目标的最佳途径。政府的反对派认为此政策并非真的为了民族，而是为了"宫廷"或"王朝"。政策代言人卡尔·内塞尔罗德（Karl Nesselrode）伯爵从1816年开始任外交大臣，直到1856年才卸任。此人是天主教贵族，在国外出生并受教育，他的德语和法语说得比俄语好得多。直到1914年，大量名字听起来像外国人的人出任俄国外交官，这让很多俄国民族主义者愤怒。这些人大多是波罗的海德意志人，尽管其中有人此时已信仰东正教，而且在文化上是彻头彻尾的俄国人。[35]

70　　继内塞尔罗德之后的出色俄国外交官中，1882~1895年任外交大臣的尼古拉·卡尔洛维奇·吉尔斯（Nikolai Karlovich Giers）大概是他最名副其实的继承人。吉尔斯既非贵族，亦无德意志血统，必须拓展"宫廷派"一词的外延才能将他纳入其中。然而，吉尔斯的名字听起来像德意志人，而且他信仰新教，他的俄国民族主义者敌人在意的正是这些。最重要的是，吉尔斯在性情和策略上都和内塞尔罗德相仿。这个冷静、节制、务实的人认为，同柏林和维也纳结盟最有可能获得俄国迫切需要的和平、稳定以及不受外来冒险者干涉的国内经济发展。在俄国国内，吉尔斯的民族主义者敌人谴责他对俾斯麦卑躬屈膝，并且断送了俄国在巴尔干的利益与威望。他们声称，对外事务完全被与俄罗斯民族疏远的半德意志血统的圣彼得堡官员操纵。其实，宫廷派和国家派都没有真正为俄罗斯民族发声。对俄国农民来说，即使不算上侵略性对外政策和不必要的战争带来的额外负担，生活也已经很艰难了。事实上，19世纪时虽然国家

旧政权外交

阿列克谢·洛巴诺夫－罗斯托夫斯基（Aleksei Lobanov-Rostovsky）公爵，尼古拉二世最能干的外交大臣和"宫廷派"代表人物

派的民族主义护民者自称为俄罗斯人民发声，但在满足俄国人民的真正需求这一点上，所谓的宫廷派往往做得更好。[36]

　　对18世纪的国家派来说，民族对外政策要求对抗奥斯曼帝国，向南扩张，穿过富饶的干草原，直抵黑海。这一推进为俄国赢来极其宝贵的领土和商业利益，这主要是在德意志公主叶卡捷琳娜二世（Yekaterina II）治下完成的，但首要军事英雄是俄军将领们：彼得·鲁缅采夫（Petr Rumiantsev）、亚历山大·苏沃洛夫（Aleksandr Suvorov）、格里戈里·波将金（Grigorii Potemkin）。18世纪80年代，俄国征服黑海海岸线，并在那里殖民，此后它的目光转向夺取通往地中海的出口，即控制东起博斯普鲁斯海峡，西至达达尼尔海峡并穿过君士坦丁堡的狭窄水道。在俄国和奥斯曼帝国之间进行的多场战争中，苏丹的东正教和斯拉夫臣民常是俄国的有益盟友。俄国人怂恿他们起义，并且一般费不了多少力气就能达到目的。19世纪初，巴尔干半岛很多地区有望成为俄国的被保护国。随着俄国前往君士坦丁堡，进入巴尔干地区，其他大国开始反对。事实上对俄国来说，1815年以后，同上个世纪相比，向南扩张意味着冒大得多的风险去获取少得多的财富。

71　　俄国向南扩张绝非出于纯粹的地缘政治考虑，俄国的民族特性以及俄国的世界地位问题已摆在面前，为东正教收复君士坦丁堡，同时也是借机确立俄国作为拜占庭帝国继承者和东正教捍卫者的身份。俄国对奥斯曼帝国境内斯拉夫人独立运动的支持，可以被理所当然地描绘为履行身为斯拉夫家族长辈的责任。亲斯拉夫主义者认为，西方文明追求个人贪婪与物质主义，一旦它被这种追求掏空，斯拉夫文明甚至有可能在未来扮演人类领袖；若俄国声称自己代表了独特的斯拉夫文明，它就有必要支持斯拉夫人独立运动。关于这种救世主民族主义，费奥多尔·陀思妥耶夫斯基（Fedor Dostoevsky）做了最著名的预言。然而，就连并不热衷于亲斯拉夫主义的俄国人，也为祖国在巴尔干的历史使命感到喜悦。自由主义者认为俄国解放了被压迫民族，保守主义者认为它捍卫了东正教：俄国很多最伟大将领指挥的胜绩可令所有人自豪。换句话说，这是一段可以凝聚俄国国内共识的历史记忆。像大多数历史传奇一样，它包含了那么一点儿真实性。当英国人和奥地利人在尽力维持奥斯曼帝国的统治时，俄国的确在巴尔干地区民族独立运动中发挥了关键作用。[37]

1900 年，俄国的筹谋中多了新内容。德国人和奥地利人联合了，英国人和美国人也要联合。世界开始同时按照种族、意识形态和地缘政治划分为两大阵营。斯拉夫人的团结显然是俄国的回应。可问题在于，斯拉夫世界离统一差得远。两大人数最多的斯拉夫民族——俄罗斯人和波兰人——间敌对最严重。20 世纪，面对德意志的威胁，斯拉夫一体化的支持者将俄罗斯人和波兰人的和解置于议程首位。但是俄国政府与很多俄罗斯民族主义者深感担心，他们害怕妥协既违背俄国帝国官方和教育界只有一种语言的原则，又根本无法保证波兰人的忠诚。[38]

此外，俄罗斯人和波兰人的敌对在斯拉夫世界中绝非个例。比如说，哪怕在东正教斯拉夫民族内部，塞尔维亚人和巴尔干人也互为宿敌，二者在民族主义运动中彼此对立，都声称自己是奥斯曼马其顿大部分地区的主人。20 世纪初，俄罗斯民族主义者不喜欢俄国学术界得出的结论。当帝国科学院将乌克兰语定义为独立语言时，斯拉夫世界最受尊重的学者则称，亲斯拉夫主义者相信共同的价值观、民间传说、制度将斯拉夫人凝聚为一体，但这种旧日信条是个神话。老实说，至少短期内人们往往能忽略教授的这番话，但斯拉夫世界内的某些矛盾却极其显著。[39]

至少在 1905 年以前，大部分亲斯拉夫民族主义者认为俄国理所当然地享有斯拉夫人的领导权，并视此领导权为俄国在世界范围内的权力和荣誉的一部分。较小的斯拉夫国家的民族主义者并非总是赞同这种观点，而当俄国人暗示在斯拉夫集会上一律使用俄语是"务实"之举时，他们自然也不高兴。无论如何，俄国人对领导权的索求面临一个事实——某些斯拉夫社会特别是捷克人，比俄国人更富裕、受过更高教育、现代化程度更高。这反映了一个更广泛的问题。德意志民族和盎格鲁－撒克逊民族站在文明前沿的强烈信念支撑着德意志及盎格鲁－撒克逊的一致性。没有外国人认为俄国也站在前沿。至少对包括斯拉夫知识分子在内的很多外国人来说，沙皇俄国的政治模式不值得效仿。更关键之处在于，就算斯拉夫世界得以统一，它也会比作为欧洲经济核心和动力的德意志世界弱小；同盎格鲁－撒克逊世界的巨大潜能相比，结果甚至更令人不安。[40]

很多俄国民族主义者认为，巴尔干半岛和君士坦丁堡是俄国的伟大历史使命中不可抹去的一部分。在拜占庭旧都恢复基督教统治，是英雄式民族主义故事的恰当终曲。用更世俗的眼光看，俄国人在巴尔干的力量显然可加强他们在君士坦丁堡的地位，反之亦然。外国观察者常常写道，沙皇俄国的野心是征服拜占庭旧都，以便巩固其对外荣誉和对内合法性。然而，不少俄国政客反对夺取君士坦丁堡。这座庞大的国际都市难以治理。考虑到君士坦丁堡的重大历史影响，难以想象其他大国会默许俄国占领它。几乎没有俄国政客认为为了获得这座城市值得发动欧洲战争。1910～1916年时任外交大臣谢尔盖·萨佐诺夫（Serge Sazonov）明显支持亲斯拉夫主义，就连他也在备忘录中写道，他一直认为君士坦丁堡问题不仅仅是余兴节目，它甚至能阻碍对俄国外交事业优先事项——保护帝国在博斯普鲁斯海峡的战略和经济利益——的追求。[41]

这些利益非常重大。关键顾虑是保护俄国在黑海的港口和贸易，只有俄国海军控制住黑海才能确保这一点。俄国人可能

认为这是防御策略，但土耳其人肯定不那么想。甚至在 1914
年，高加索地区也没有铁路通往俄国或土耳其帝国核心地带。
这样一来，谁掌控黑海，谁就在一切俄土战争中占据重要优势。
俄国人主要担心，博斯普鲁斯海峡属于奥斯曼帝国领海，国际
条约禁止所有军舰在此通行，但奥斯曼帝国军舰除外。俄国只
能在自己的黑海港口里建立俄国黑海舰队，而且它们既被困在
黑海内，也不能获得外界增援。苏丹其实控制了海峡，实际上
他在和平时期甚至有权允许外国船只通过。倘若战时他同俄国
的敌人结盟，他可以让比俄国的黑海分舰队强大得多的外国舰
队进入黑海。这正是克里米亚战争中的一幕，它给俄国带来灾
难性影响。

　　原则上，有两种方式可以削弱这一威胁。更温和的选择是
达成特定妥协，借此至少让俄国（与黑海沿岸其他国家）的一
些战舰得以进入博斯普鲁斯海峡。正如我们将看到的，此乃
1906～1914 年俄国对外政策的关键目标。更激进的选择则是夺
取博斯普鲁斯海峡，在连接地中海与黑海的博斯普鲁斯海峡水
道东端（即马尔马拉海［Marmara Denizi］）构筑防御工事。
1896 年，与亚美尼亚人的冲突拖垮了奥斯曼帝国，它似乎即将
内爆，当时圣彼得堡认真考虑了靠突袭夺取博斯普鲁斯海峡这
一策略。英国海军部认为，皇家海军无力阻止此事。奥地利政
客们思考能否接受由俄国人占领博斯普鲁斯海峡，以及倘若接
受了该索求何等补偿。可是在当时，俄国对外政策的焦点在亚
太地区。塞尔维亚仍然或多或少算是奥地利的附庸，圣彼得堡
对贝尔格莱德无甚兴趣。最终，俄国以太过冒险为由中止了这
项事业，但同样可能的是，如果此事成功了，它或许可以促使
俄国与维也纳达成关于区域利益范围的影响深远的交易。奥俄

74

在巴尔干半岛的冲突最终导致一战。假若俄国拥有博斯普鲁斯海峡，并承认巴尔干半岛西部属于奥地利势力范围，这一冲突本可以避免。同样有可能的是，若俄军在1896年突袭博斯普鲁斯海峡，他们会引发欧洲大战。[42]

获得博斯普鲁斯海峡可以巩固俄国在黑海的地位，但是此举并不能保证俄国船只拥有经海峡深入远海的通行权。在俄军海军将领看来，确保通行权是优先事项。俄军海军力量此时分散在三处遥远的海面上：波罗的海、黑海与太平洋。俄军在塞瓦斯托波尔（Sevastopol）和太平洋之间没有基地，这一事实令基本上不利的战略态势更加恶化。此外，俄军的主要舰队、海军基地和船坞位于波罗的海东部，北方的漫长冬季中，这片海域一直冰封。日俄战争中，不等俄军的波罗的海分舰队来支援，日军就摧毁了其太平洋分舰队。与此同时，俄军的第三支作战舰队受困于黑海，无力相助。这必然令俄国海军将领深感沮丧，更不用说尼古拉二世了。原则上，倘若海峡能够开放，那么俄军的主要舰队和海军基地就能全部转移至黑海。同波罗的海相比，黑海的冰封期短得多，而且黑海的位置更居中，不论俄国的三处海洋战场中何处受到威胁，舰队都可以从黑海出发，前去支援。[43]

首先，海峡问题关乎俄国的贸易安全。政府真正担心的是出口，因为它们保障帝国的贸易盈余，继而保障政府的整个经济发展战略。1910年，根据海军总参谋部的说法，43.3%的俄国出口产品通过俄国的黑海港口，其中包括绝大部分为谷类的出口产品。海军在1914年以前写成的很多备忘录中强调，所有迹象表明，不久之后通过黑海的出口产品数量以及它们在俄国总出口量中所占比例将继续激增。帝国经济最活跃地区——乌克兰和俄国南部地区——的产品经过黑海出口。此外，"在俄国位于欧洲东部和亚洲的广大领土上，所有河流和自然交通都通往"黑海区域，"而这些地区目前仅处于经济发展第一阶段"。如今，经黑海出境的俄国出口产品极多。海军总参谋部估计，若走陆上铁路运输，则这些出口产品的运费将是水路运费的25倍，这会导致它们在外国市场上丧失竞争力。要不了多久，高加索的石油很可能就会同谷物、煤、锰及其他金属一样成为首要出口产品，此模式并无改变迹象。更糟的是，俄国贸易的另一条关键线路通过波罗的海，德国或英国舰队可以轻易封锁它。俄国人或许梦想有朝一日控制达达尼尔海峡，但无论如何他们也无望统治切断波罗的海与北海间一切通行线路的丹麦松德海峡（Danish Sound）。[44]

俄国海军抱怨，其他大国的贸易都不会因为外国控制关键线路节点而如此受限。同英美的对比自然明显。英国人不仅拥有通往海洋的海岸线，而且在世界上每一片海域上都控制着全球贸易的大部分关键节点。伦敦非常重视苏伊士运河，为了保持对它的占有，已将作为伊斯兰教最大历史中心之一的埃及全境收为被保护国。与此同时，俄国不能控制博斯普鲁斯海峡，不论在商业还是战略意义上，它对俄国的意义都比苏伊士运河对英国的意义要大——英国在好望角附近有另一条贸易和军事线路。至于美国，它的经济不仅有国内大陆市场，还在世界两大洋边缘有大量海岸线。老实说，美国需要在两大洋布置海军，因此其海军力量受限。可是，华盛顿冷静地兼并了中美洲的一块领土，在此开凿了战略地位很重要的巴拿马运河，从而打通了两大洋，并独占运河。通过这种方式，华盛顿解决了海军的困境。

76 　　俄国人有充分理由认为，有赖于大陆间贸易的全球经济越发趋向一体化，这对俄国很不利，却对英美很有利。正如1914～1917年发展所显示的那样，海军正确地指出，未来战争中，封锁博斯普鲁斯海峡将严重打击俄国。然而，哀叹地理位置的不公要比设法解决它提出的挑战简单。长远来看，通过发展俄国丰富的资源使经济自给自足似乎是个吸引人的选择。在某种程度上，这是财政大臣威特的快速工业化策略在民族主义层面的吸引力。然而，短期至中期内，为了抵偿俄国工业化所依赖的资本流入和机器进口，威特的政策只是使出口需求激增。哪怕从长远来看，俄国政府意图建立在很多方面自给自足的强大工业经济体，也没有哪个俄国政客认为脱离世界贸易对这个国家有利。不过，倘若避开民族主义者的浮夸辞藻，并且和海军官员一条心，我们就会轻易发现，占领博斯普鲁斯海峡不能确保俄国进入海洋。达达尼尔海峡通往封闭海域——地中海，而地中通往大洋的两个出口都被英国人把持。贝尼托·墨索里尼（Benito Mussolini）日后声称，除非意大利占据至少一个出口，否则它就不是真正的大国。事实上，对俄国而言，只有与英国结盟并同德国开战，占有海峡才有价值。甚至在1914年以前，这一点也不确定。赶走德国这个敌人后，就更不能指望同英国人长期保持友谊了。[45]

　　平心而论，1914年之前那个世纪的大部分时间中，俄国官员对博斯普鲁斯海峡问题的思考常常受制约。19世纪30年代，外交大臣卡尔·内塞尔罗德定下了政策基调。若俄国试图夺取君士坦丁堡和海峡，它就会与整个欧洲为敌，即便它侥幸成功了，这种征服也可能变成它的负担。更好的选择是维持一个虚弱的奥斯曼帝国，必要时，俄国可以强迫它不与自己的敌人结盟、不控制海峡来严重打击自己。这项政策刚被采纳时是明智的，但随着时间流逝，它面临的问题也越来越多。到1900年，奥斯曼帝国是否还能长久存续是个大大的问号。此外，考虑到俄国整体国力相对下滑，它对君士坦丁堡的影响力也难以维系。从19世纪50年代到80年代，英国最能影响苏丹。90年代，德国影响力取而代之，于是俄国边境上出现了德国控制力加强的威胁。

俄国驻君士坦丁堡武官任职已久，在其相当于告别备忘录的著作中，他描述了1900年德国在奥斯曼帝国境内的贸易、铁路建设和政治影响力的发展。最糟的是，德国越发能左右奥斯曼帝国上层参谋官僚的训练和倾向性。俄国无力同德国一决雌雄。它的出口产品不具竞争力：甚至在最现代化的工程项目中，俄国的劳动生产率也不及德国的一半，它也没有多余资本借给他国或投资他国。[46]俄国缺乏这些武器，只好动用军事威胁，土耳其人自然不喜欢他们。关于争夺在君士坦丁堡的影响力这一点上，历史也对俄国不利。1770年后的那个世纪，俄国同奥斯曼帝国打了六次仗，只输了一次。土耳其人受辱，丧失大片领土。据保守估计，1783～1913年，约有600万穆斯林从奥斯曼帝国北部逃往土耳其腹地，其中约有400万人来自被俄国人征服的土地。成千上万的穆斯林人死于这次大迁徙。考虑到历史因素，无怪乎土耳其人从骨子里痛恨俄国人。[47]

19世纪，俄国和奥斯曼帝国的最后一场战争发生在1877～1878年。从1875年开始，反抗奥斯曼帝国统治的起义蔓延至整个巴尔干半岛，并激起俄国人的很大同情心。除了亲斯拉夫主义者，俄国东正教会也大力支持起义者的事业。同情起义者包括罗曼诺夫家族成员以及一些政客和将军。为了挽救退潮的斯拉夫起义，公众运动与其在政权核心的支持者一同推动俄国在 1877 年同奥斯曼帝国开战。冲突爆发前，圣彼得堡答应了维也纳的要求，即控制战争目标，并给予哈布斯堡领土补偿。1877～1878 年，辉煌的大胜使俄军兵临君士坦丁堡城下。激动之余，俄国民族主义与亲斯拉夫主义的英雄尼古拉·伊格纳捷夫（Nikolai Ignatev）伯爵获准忽视对奥地利的承诺，向奥斯曼帝国强加惩罚性和平。这在一定程度上说明，亚历山大二世与其年迈的外交大臣亚历山大·戈尔恰科夫（Aleksandr Gorchakov）缺乏对政策的掌控力。英奥威胁开战，除非俄国修改和平条款。此时，驻伦敦大使彼得·舒瓦洛夫（Petr Shuvalov）伯爵控制了俄国外交事务，他劝服亚历山大二世与伦敦、维也纳达成妥协。1878 年，德国宰相俾斯麦亲王在柏林主持会议，会议经过反复讨论得出了这次协议的条款。[48]

　　1875～1878 年事件的重要影响一直延续至一战。这次危机揭示了上层统治阶级的外交政策之争。彼得·舒瓦洛夫出身俄国最富有、血统最优良的贵族家庭之一，他在人格和政策上都是"宫廷派"代表。很多公众意见认为，舒瓦洛夫同尼古拉·伊格纳捷夫的争执，完美证明了信仰世界主义的圣彼得堡上层阶级牺牲民族事业来抚慰外国。与此同时，这些年来外国观察者汲取的首要教训则是，民族主义和亲斯拉夫主义的公众意见可以迫使政府违背沙皇心意发动战争，还可能出台有冒犯他国风险的政策。此后，外国外交官员再也不会忽视民意，再也不会幻想在贵族制俄国只有沙皇与外交大臣作数。但是这次危机导致的最大单一结果却是俄德关系长期受损。

　　自从 1813 年俄国解放拿破仑治下的普鲁士，俄普同盟就一直是国际关系的一部分。克里米亚战争期间，欧洲国家中唯独普鲁士不曾与俄国为敌。沙皇亚历山大二世不仅在普鲁士统一德意志时保持中立，还于 1870 年阻止奥地利作为法国盟友插手此事。采取这一立场后，俄国并非没有回报。克里米亚战争结束时，获胜的英法同盟向俄国强加和平条款，禁止它在黑海沿岸占有海军或陆上要塞。这不仅屈辱，还严重威胁俄国的安全。1871 年，法国战败，英国被孤立，亚历山大二世趁机强迫欧洲同意俄国有权在南部重建陆上和海上防线。除了这一利益，俄国公众意见仍然认为普鲁士德国欠俄国的情，因为俄国在反拿破仑战争和德意志统一战争中支持过普鲁士。柏林会议上，当俾斯麦扮演中立主席和"诚信调停人"时，俄罗斯民族主义舆论沸腾了。他们没有意识到，得益于俾斯麦的努力，俄奥、俄英之间没有形成日后可引发灾难的对峙。1879 年，俄国民意的盛怒促使俾斯麦同意与奥地利缔结两国同盟，此举使德国承诺帮助哈布斯堡帝国抵御俄国侵犯。

　　或许德俄关系破裂是早晚的事。亚历山大二世可能会庆祝他最爱的舅舅德皇威廉一世（Kaiser William I）在 1870 ~ 1871 年战胜法国，但他的将军们马上视统一的德国为威胁，开始计划如何防范它。无论政府政策如何，中欧的公众意见蕴含深层的推动德意志走向团结的力量。就算不管这些，俾斯麦也有充足的理由支持奥地利对付俄国。俄国比奥地利实力强，也许靠一次战斗就能摧毁它，若真如此，欧洲权力均势和德国内部政策将面临危险。如果哈布斯堡帝国垮台，柏林很可能会被迫代表奥地利 – 德意志人插手，这或可引发欧洲战争，柏林甚至可能需要把德裔奥地利人纳入自己的帝国。此举会将新教和普鲁士人统治的领土变成天主教徒占人口多数的国家，因此俾斯麦与所有传统普鲁士人都害怕这一前景。[49]

　　无论如何，至少在俄国方面，民族特性、公众意见以及

79

1880 年特殊环境的作用不可忽视。1877～1881 年，面对日益严重的恐怖主义袭击，政府显得孱弱、腐败、无序。沙皇本人疲惫沮丧，缺乏信誉。他迷恋情妇叶卡捷琳娜·多尔戈鲁科娃（Ekaterina Dolgorukova），这无助于改善他的声望。沙皇与情妇生了孩子，他们一家住在冬宫（Winter Palace）的皇后寓所楼上。米哈伊尔·斯科别列夫（Mikhail Skobelev）是 1877～1878 年战役以及俄国在亚洲扩张的英雄，从柏林会议到 1882 年斯科别列夫去世的四年间，他满足了很多俄国人对强势领导和民族英雄的渴望。斯科别列夫拒绝向外国人妥协，并在国内外发表浮夸演说，宣扬斯拉夫人与鞑靼人必有一战，所以他让政府非常尴尬。用更抽象的话说，真正的君权主义者绝不会对一位有魅力的将军承担理应属于沙皇的义务，即对鼓舞人心的领导权的需求喜闻乐见。[50]

80　　俄国鼻青脸肿地度过了 1877～1878 年，公众感觉自己受骗了。尽管俄国付出了巨大牺牲，但柏林会议后，它在领土上唯一的扩充只是收复了克里米亚战争后丢失的比萨拉比亚（Bessarabiya）。即便这点儿"收获"，也让俄国付出了惨重代价，因为罗马尼亚人对被迫交出这个省深感愤恨，于是，此后三十年他们一直坚定地站在奥地利阵营一边。与此同时，奥地利人和英国人什么也没付出，并且反对解放巴尔干民族，结果他们却获得占领波黑和塞浦路斯的权利。俄国支持塞尔维亚人在巴尔干的对手，这惹怒了塞尔维亚人，因此他们也依附于维也纳了。19 世纪 80 年代中期，巴尔干人自己反抗拙劣的俄国庇护，他们选出的君主是德意志人和天主教徒，不仅如此，他还是前奥地利官员。于是，俄国人的愤怒和屈辱感爆发了。米哈伊尔·卡特科夫（Mikhail Katkov）与他的报纸《莫斯科新闻》（*Moskovskie Vedomosti*）发动主要攻势。卡特科夫是骄傲的莫斯科人和坚定的民族主义者，一心维护俄国的国力与国际声望，他也相信这是政权合法性的关键。卡特科夫讨厌从 1871 年开始笼罩欧洲的德国霸权阴影，他把俄德同盟比作旧莫斯科王公臣服于金帐汗国（Golden Horde）。卡特科夫声称，俄国牺牲民族利益来满足国际保守力量的虚伪团结，而在那背后是潜藏的德国利益。卡特科夫写道，俄国紧跟德国而不同法国结盟，所以它任由自己被巴尔干人赶走。无论如何，君权一致性都是荒唐的产物。卡特科夫认为，俄国君主制是深深根植于俄国传统与忠诚的独特制度。[51]

除了外国外交官，俄国外交大臣尼古拉·吉尔斯也害怕沙皇亚历山大三世给予卡特科夫批评国家对外政策的自由。[52]与前任相比，年轻的沙皇不像主张全球主义的欧洲绅士，更像俄罗斯民族主义者。亚历山大三世的父亲和祖父喜欢霍亨索伦亲属，他则不然。他身上似乎凝聚了俄国民间英雄的一切元素。亚历山大三世身材高大，留胡须，还有点儿笨拙，他行使权力，但有时又展示父亲的慈爱。他的内政政策核心是摒弃欧洲自由主义的影响，确立对君主制的依赖、东正教会、农村公社等俄国传统原则。亚历山大三世心里赞同卡特科夫，他认为俄国对外政策必须立足于民族。1887 年 1 月，他对外交大臣说："如果公众意见对我们的外交政策丧失信心，那一切都完了。"[53]

考虑到亚历山大的意见，或许令人惊讶的是法俄竟然迟迟不结盟。最主要的原因是沙皇对外交大臣吉尔斯勤勉推行的对外政策持极谨慎的态度。1877～1878 年，亚历山大三世在巴尔干半岛亲眼见证了战争的恐怖，从此再也不愿意搞军事冒险。这场战争也摧毁了俄国财政，而沙皇致力于复兴它。19 世纪 80

81

年代中期，面对阿富汗和保加利亚的外交危机，沙皇选择避开冲突。俄国人屈辱地退出保加利亚，亚历山大三世恼火于这其中奥地利发挥的作用，因此 1887 年他拒绝同维也纳和柏林延续保守同盟，但无论如何，他还是同德国签订了所谓的再保险条约（Reinsurance Treaty），这相当于秘密的不侵犯协议。1890年，德国人拒绝延续这份协议，这从根本上动摇了吉尔斯的政策，或多或少地把俄国推向法国怀抱。俾斯麦之后，德国新领导层断定，俾斯麦同俄国的协议有违德奥同盟的精神。

柏林的拒绝以及英国日益与德国结好的迹象必然令俄国害怕。亚历山大三世不相信不可靠的德国新君主威廉二世，以及俾斯麦倒台后操控德国政策的人。俄军领导人长期催促与法国结盟，这样的话，俄国在未来战争中或可避免独自面对德奥军力的噩梦。军方统帅称，与法国缔结正式同盟和军事条约，可让俄国为未来冲突做出更精确、更自信的安排。长期以来，外交大臣吉尔斯最信赖的心腹弗拉基米尔·兰布斯多夫（Vladimir Lambsdorff）伯爵害怕法俄同盟将招致敌对大国阵营的建立、国际不安定因素和军备竞赛，就连他后来也认识到与巴黎结盟不可避免。亚历山大三世回顾历史，认为德意志统一期间父亲对普鲁士的支持是个错误决策。1892 年 2 月，他告诉警醒的吉尔斯："我们绝对需要和法国人达成协议，万一法德开战，我们得立刻攻击德国人，不给他们先击败法国人再攻击我们的机会。我们必须纠正过去的错误，一有机会就肢解德意志。"[54]1894 年，法俄终于签署条约。[55]

1879～1894 年确立的互相敌对的同盟体系，基本上构成了1914 年陷入灾难的国际体系。从那以后，这些敌对的同盟体系常被视为那场灾难的关键。相反，1914 年之前它们常被誉为给欧洲国际关系带来明晰、确定与平衡。捍卫同盟者有其道理。在签署条约的政府看来，两大同盟都是防御性的，虽说公众意见未必一直这么想。柏林不会支持奥地利侵入巴尔干半岛，奥德同盟也在维也纳对此事施加了一些影响。俄国也不会为了让法国进军非洲或收复阿尔萨斯－洛林而对德国开战。另外，德国人不会允许俄国摧毁奥地利。法俄同盟也不会任由德国灭掉任一盟友，从而在欧洲确立无可争议的霸权。双方政权的做法都符合逻辑。不论是否存在正式同盟，如若欧洲战争爆发，柏林、圣彼得堡和巴黎的政府在实际运作时大概都会循此逻辑，所以对它们来说，表明立场、确保军事力量公开支持被称为核心国家利益的东西是明智之举。在国际关系中，定义重大利益，使其他国家理解此定义，以及向所有国家表明必要时本国有决心用武力来捍卫这些利益是关键举动。同盟系统就是如此行事的。但同盟体系也会让国际形势比一直以来的情况显得更严峻、更危险，危机爆发时尤其如此。19 世纪 70 年代后，两大国之间的战争总有可能波及他国，而同盟体系把可能变成了确定。

　　法俄结盟后的头十年，俄国似乎不费任何政治代价就从同盟中收获额外的安全与影响力。在德国人看来，俄国的价值似乎有所增长。涉及远东政策时，圣彼得堡有时也可利用法德竞争关系。与此同时，尽管财政问题在同盟建立过程中没有多少分量，同盟的存在却增加了法国对俄国的资本投入。同法国结盟后的十年间，俄国与德国、奥地利的关系比上个十年更缓和，其中最重要的因素是俄国对外政策的焦点已从巴尔干半岛转向东亚。这些年来，哈布斯堡帝国本身正经历内乱，所以两国都不急于在巴尔干地区追求自己的雄心，它们也都认同维持现状对彼此有利。亚历山大三世开始把俄国的战略重点转向东方。

83

他认为巴尔干斯拉夫人忘恩负义，对他们再不抱一点儿幻想，他发誓说，除非为了海峡，以后绝不会有一个俄国士兵为那个地区的目标牺牲。与此同时，亚历山大三世决定承担连接东亚与欧洲的使命，即修建西伯利亚大铁路，这是项规模庞大、耗资甚巨的任务。

俄国公众意见向来对东亚无甚兴趣。亲斯拉夫主义者尤其认为，对外政策焦点偏离巴尔干意味着背叛俄国遗产和斯拉夫民族身份。[56]从19世纪90年代后期开始，新沙皇尼古拉二世越发推进俄国的远东政策。他太听从非官僚的贵族顾问的话，这些人大都有军事背景，他们激励他梦想俄国在东方的光荣未来。贵族顾问也挑动尼古拉二世不相信外交、战争和财政大臣敦促的谨慎政策，这些人鄙视上述大臣，认为他们"不过是官僚主义者"。

政策制定过程有时几乎像歌剧：尼古拉二世与重要非官方顾问亚历山大·别佐布拉佐夫（Aleksandr Bezobrazov）通过各自的勤务兵交流，以便使大臣们蒙在鼓里。然而，这种政策的效果并不喜人。傲慢的非官方顾问鼓动尼古拉二世进行不必要的冒险，低估日本的决心和实力。尼古拉二世照他们的建议行事时也干扰了整个常规决策制度，造成不稳定、瘫痪与混乱。如果尼古拉二世本人先务实地判断优先事项与风险，再执行自己的决定，或许一切不会出问题。事实是，尼古拉二世在决策中心制造了一个漏洞，而他自己又无力填补。了解俄国政府内幕的人无不确信沙皇应该为俄国在亚洲的挫败负主要责任，他的声誉再未恢复。[57]

84　　日俄战争之前十年，俄国在远东执行政策时干了不少蠢事，但评价俄国目标时，我们仍需考虑帝国主义时代各大国对外政

策背后的地缘政治思维。19 世纪 80 年代，其他大国大都全神
贯注于争夺非洲，俄国囿于地理原因无法参与其中。相反，地
理因素似乎为俄国提供了争夺中国的关键优势。19 世纪 90 年
代，瓜分中国在国际政策中居于主导地位，许多观察者也认为，
未来全球权力均势或将围绕中国展开。在俄国人看来，罗斯伯
里那句"为未来下注"的评论十分中肯。1900 年，陆军大臣阿
列克谢·库罗帕特金（Aleksei Kuropatkin）写道，对今日的俄
国来说，需要它投入精力的领土和挑战已然过多，它几乎无须
考虑同日本在远东地区竞争，抑或通过朝鲜和中国北部的可防
御的不冻港确立通往太平洋的自由通道。然而库罗帕特金又说，
俄国人口在 20 世纪将达到 4 亿，比起现在，未来人口的凝聚力
中心和根本利益所在地将明显更偏东。就俄国的将来而言，东
亚的稳固基地、可防守的疆界、连接太平洋的安全通路、对地
方出口市场的控制都是关键要素。库罗帕特金认为，当前这代
俄罗斯人要捍卫未来俄国的利益。陆军大臣批评尼古拉二世的
非官方小团体宣传不切实际的幻想，但他自己则受那种幻想的
更稳健、更谨慎版本的驱使。[58]

　　这并不是说库罗帕特金对俄国未来的看法缺乏影响力。正
如我们所见，当时很多智者同他一样，认为俄国的未来在亚洲，
不仅如此，这种看法是有道理的。比如，在此背景下，阻止日
本在亚洲本土建立帝国对俄国人来说大有裨益——日本人打算
建立的帝国毗邻人口稀疏、防守薄弱的俄国领土。后来，日本
的确开发中国东北地区和朝鲜，结果其构造的大陆"帝国"严
重威胁俄国的安全。1941 年，希特勒的军队进军莫斯科，倘若
当时日军北上出击，20 世纪的历史或许将在很大程度上改写。
20 世纪之交的问题部分在于，俄国此时的资源远远不能支撑其

85

阿列克谢·库罗帕特金将军，陆军大臣（1898~
1904），远东军总司令（1904~1905）

未来利益。这也使得俄国无法在所有地方维持强势。

　　海军策略以及建立强大太平洋舰队的尝试充分反映了这种
紧张态势与其招致的灾难。海军年度花费近 6000 万卢布，除此
之外，1898 年，海军为新的紧急造船计划额外索要 2 亿卢布，
此计划旨在确保俄军太平洋舰队面对日益壮大的日本海军时保
持优势。对俄国来说这是一大笔钱，它榨干了国内发展的关键
领域。举个例子，1900 年农业部总预算仅有 4.7 亿卢布。财政
大臣谢尔盖·威特必然厌恶将这一大笔钱投入俄国军费开支。

考虑到沙皇致力于海军项目，威特不能正面抗议这一点，不过他从侧面蚕食海军军费，这导致了致命后果。战舰虽已造好，用于训练与船员给养的资源却被削减了，这大大损害了1904～1905年海军的战斗效率和士气。就连人员的伙食费都被紧缩，这是1905年在军舰"波将金"号上爆发那场重要兵变的原因之一。[59]

为了节约资金，威特也坚持把建设工程期限延长至1905年——换句话说，时间将比一开始计划的长很多。为了佐证自己的观点，他辩称，日本财力匮乏，不可能率先完成造船工程。事实证明，财政大臣错了。1903年，日本的工程竣工，这在很大程度上帮助东京赶在俄国军备尚未完工前攫取机会。与此同时，1903年，俄国政府和海军断定，未来的造船工作应集中在黑海。黑海的奥斯曼帝国越发摇摇欲坠，这意味着俄国的核心利益可能面临危险。似乎无人认真调查过，日本人是否准备好接受这场太平洋海军竞赛中的单方面和平。[60]

这触及俄国在东亚的错误盘算的核心。因为朝鲜和中国东北地区对日本人来说始终是最优先级事项，对俄国则不然，后者的核心利益在欧洲——帝国的人口、财富和政府中心大都位于欧洲。俄国的东亚政策基础是当地势力表象，而非现实。正如宫廷司礼官（grand marshal of the court）保罗·边肯多夫（Paul Benckendorff）伯爵指出的，俄国的东亚政策实际上是一场声势浩大的恐吓。[61]1902，日本的行为令俄国无法继续虚张声势：日本没有被所谓的俄国实力吓倒，而是同英国结盟，并准备开战，除非俄国人做出重大让步——至少把朝鲜交与日本保护。退至这一步会损害俄国声望，牺牲一部分俄国利益，并公然证明尼古拉二世的非官方小团体错了——这些人认为区区亚洲人最终

86

不敢和国力雄厚的俄国叫板。客观地说,这个小团体并非最后一批低估日本胆量与实力的西方政治领导者。1904 年,日本不宣而战,进攻阿瑟港,英美人对这种"充满阳刚气概"的攻击怀有热情,后来他们又谴责日本于 1941 年对珍珠港发动"卑鄙"袭击,可谓讽刺。

无论如何,时任外交大臣兰布斯多夫与谢尔盖·威特强烈主张,妥协是最明智政策。事实的确如此。就算俄国击败日本,征服日本列岛,让日本不再是权力政治中长期存在的对手,也是不可思议之事。虽然可能性很小,但哪怕俄国陆军和舰队接近做到这一点,其他国家也很可能会插手并阻止他们。英国首相阿瑟·鲍尔弗(Arthur Balfour)指出,如若俄国战胜日本,结果必然是俄国永久受挫,因为他知道日本正等待欧洲或近东形成复杂局面,以便从背后捅俄国一刀。

对俄国来说,战胜日本的后果几乎和败给日本的下场一样糟。事实上,战败对俄国的影响是致命的,这更表明日俄战争对俄国来说是那么愚蠢。[62]

1905 年的俄国是帝国主义、战争和革命在第二世界国家交互作用的经典例子。圣彼得堡没有充足资源支撑它推行扩张主义政策。追求帝国荣耀过程中招致的屈辱引发国内革命。1905 年,俄军驻中国东北地区的兵力大大增加,俄国本来完全有希望在陆战中扭转形势,然而当年爆发了革命,这迫使政府接受败局。1905 年 5 月,俄军在东方部署了一些最好的师,自战争开始这还是头一回。与此同时,日本的人力与财力资源已被利用到极限。然而,1905 年 6 月上旬,俄国召开最高层会议来讨论未来政策。会议认为,考虑到俄国国内的混乱状态,战争继续进行下去是危险之举。承认战败不可避免地进一步损害政权威信，加剧国内的不稳定——对政府越来越深的失望以及政府之敌的信心几乎在 1905～1906 年的冬天推翻沙皇政权。[63]

1905 年 10 月，尼古拉二世承诺颁行宪法并建立议会（即所谓的杜马），以图安抚政府的敌人，阻止革命爆发。1906 年 4 月，议会召开会议。制定选举法时，政府起初将大部分权重赋予农民，希望对君主和教堂的传统忠诚感会导致选民投票选出保守议会。这个愿望迅速化为泡影。农民不满的原因包括腐败、农村地方政府的无能，但关键因素是农民渴望征收所有私有土地。[64]

尼古拉二世召开第一次议会

哪怕在纯理念层面，这一点对政权来说都是巨大挑战：全 88 欧洲的上层阶级和中产阶级大都认为，私有财产神圣不可侵犯是文明与进步的基础。西方宪政主义源于保护私有财产不受国王暴政干预。因此，靠大规模征收社会上层阶级的财产来启动俄国的"宪政试验"注定引发强烈抗议。也有更务实的反对意见。1905年，俄国绅士阶层所拥有的土地在本国国土中所占的比例远远不及普鲁士绅士阶层，更别提英国绅士阶层。在大部分影响最严重的地区，征收绅士阶层的土地不能满足农民对土地的渴求，反倒会让已经破产的国库和俄国谷物出口付出高昂代价，并削弱乡村的行政与文化。另外，很多农民渴盼征收绅士阶层的土地，他们对议会寄予厚望，希望它能实现这一目标。议会未能做到，这确证了深深根植于农民心中的直觉——他们认为国家反对农民的利益，于是国家的支持者基础大大缩小了。终有一日，农业发展能让农民对土地的渴求更容易为人接受，但在那之前，一旦城市出现政治危机，我们便可指望乡村进一步爆发农业革命浪潮。[65]

89　　立宪民主党（Constitutional Democrats，即通常所说的 Kadets）赢得了第一次国家会议选举，这在很大程度上归功于社会主义党派抵制国家会议。立宪民主党基本上是激进自由主义者与中产阶级政党，尽管它代表的中产阶级与其说是工商业资产阶级，不如说是知识分子。1905年，政坛大人物非常认真地试图将立宪民主党领导者纳入政府。立宪民主党非常不信任当局的自由化改革承诺，这是有道理的。然而，协商崩溃的首要原因却是立宪民主党不仅想征收至少一部分私有土地，还要求政府大赦政治犯，接受以内阁向男性普选制产生的议会负责为代表的人民主权。毫不奇怪，政府认为这太过冒险，拒绝了立宪民主党的要求，并于1907年6月修改选举法，以便惠及保守的俄国上层有产阶级，然而此举进一步削弱了政权的支持基础与新宪政秩序的合法性。由于选举法变更，1907～1917年的第三、四届议会主要由社会的传统上层阶级把持，换句话说，也就是由地主把持。在一个迅速现代化的社会，这样做是不够的。越来越多的土地被贵族卖给农民，所以哪怕在绝对意义上，地主阶级也是不断缩小的。[66]

1905～1907年，国内发展大大影响俄国的对外政策，这种影响力一直持续到1914年。诚然，制定俄国对外政策时，对外政策决策者这一小群体理解的地缘政治因素仍是最重要的单个要素。1894～1914年，这些地缘政治因素一直支持法俄同盟。正如我们将在第四章中所见，对于进一步推动欧洲国际关系变为两大敌对阵营的1907年英俄协定，它们提供了最佳解释。不管怎么说，要是不考虑战败和革命的影响，1906年后俄国对外政策的很多方面都不可理喻。

若是新战争爆发，俄国就有出现革命的危险，就1905年以后维护俄国利益或冒险而言，这一点是个很大的制约因素。另外，政权比以往更需要成功对外政策带来的合法性基础。1907年，变更的选举法恰恰把权力授予了最渴望强势地维护俄国荣誉和传统的俄国社会群体。不得民心的灾难性日俄战争激化了习惯性疑虑："宫廷"操纵的对外政策既不合格，又脱离真正的民族利益。它也令俄国爱国者感到羞耻和屈辱。所有这些国内因素都给决策者施加强大又矛盾的压力，它们也有助于解释决策者的声明与行动之间的危险差距——这些人言辞坚决，但采取的措施往往温和得多。这加剧了国际关系的不确定性。此外，战败和革命导致俄国急剧衰弱，这破坏了欧洲权力均态的关键一环，进而引发不确定、诱惑与不安。考虑到那个年代的和平与安宁一直脆弱，这一点只会显得特别危险。于是，1906～1914年负责指导俄国对外政策的政客继承了一项很不值得羡慕的任务。现在我们必须讨论这些人与其决策的政治体系。

90

第三章　决策者

　　1905 年 10 月，沙皇尼古拉二世承诺制定宪法。1906 年 4
月，这一承诺变为现实——帝国的新《基本法》颁行。新宪法
在一定程度上效法俾斯麦为统一的德国所制定的宪法。《基本
法》承认，越发成熟的社会需要享有公民权利，参与立法进程，
与此同时，君主与仅对他个人负责的政府保留主权和执行权。
当时，在俄国与在欧洲其他地区一样，社会、经济和政府上层
阶级代表组成的上院——所谓的国务会议——制衡民主选举产
生的下院。国务会议成员中有一半人被君主控制，其中大部分
人是高级文官或军官。[1]

　　这种德意志风格的"混合"政府体系最远传至日本，这种
制度的基本特点是它们很少收获良效。某种程度上，这些政府
和当时的美国政府存在同样的问题：由于执行机关和立法机关
之间有冲突，它们会陷入瘫痪。然而，在 1914 年之前的君主
国，执行部门和立法部门根植于对立的合法性原则：立法机关
代表民主原则，却需要面对宣称权力神授、历史定权的执行机
关。1914 年，受过教育的欧洲人——包括俄国人——大都认
为，随着人民越来越自由、成熟，他们已经不再需要"监护"，
这些"混合"政权将趋向自由民主化。可是，强大利益和意识
形态潮流反对这种自由化进程的设想，并且往往设法保留君权，
从而掩盖国家权威主义更激进化、更民主化的变体。两次世界
大战期间，它们不仅在日本取胜，也在西班牙和意大利取胜，

而一战之前，西班牙和意大利的议会统治看上去比德国和俄国更稳固。1914年以前，俄国也有激进的民族主义和人民主义政党，其中最大的是所谓的俄罗斯人民同盟。1905～1906年，面临革命威胁的当局欢迎这些党派的支持。秩序恢复后，君主国对激进右翼的热情衰退。对害怕无政府状态、致力于维持秩序的政权来说，激进右翼的狂热言辞和大规模动员措施相当令人警觉。为了充分发挥激进右翼的潜能，君主国也得接受它厌恶的激进政策：第一条就是没收大片地产，但这绝不是最后一条。[2]

俾斯麦宪法的根本问题在于将巨大权力交与君主，俾斯麦在位时，这在德国是有效的。在日本，当继承明治时代胜果的"非官方"年长政客会议，即所谓的元老行使君权时，这种权力划分模式也是有效的。俾斯麦和元老去世后，宪法的所有弊端暴露出来。没有人可以在成年后终身担任现代国家和政府的首脑，当然不能指望靠意外继承选出的君主履行这一职责。权力真空几乎不可避免。由于外交、军事和内政政策协调失败，1914年的德国和1941年的日本陷入灾难，而权力真空是导致这种失败的重要原因。

俄国沙皇面临的挑战特别可怖。人们指望俄国君主比他的德国表亲更能既统又治，这同日本天皇的地位截然不同。根据俄国传统，人们不仅期望掌权者行使权力，还期望他表现出这一点——"国歌"称沙皇"强大有力"。俄国政局中，最令人憎恶的术语就是"大维齐尔"（Grand Vezir），换句话说，也就是替君主分担政府职责的首相。意大利国王维托里奥·埃马努埃莱（Vittorio Emanuele）将实权交与墨索里尼，甚至与他共享君主制感召力。毕竟，萨伏伊家族的君主已经习惯统而不治，而且他们一直生活在比其感召力强得多的梵蒂冈感召力阴影下。

但在 20 世纪，俄国君主国的最狂热支持者往往希望沙皇集教皇、国王、独裁者这三种角色于一身。

俄国的很多保守派对专制君主有很强的期盼，特别是在遭遇困顿和危机时。无人能够满足这些期盼。尼古拉二世欠缺个人能力，不称职，但凡批评这一点时都要考虑前文所说的现实。[3]

沙皇与其顾问

对英语读者来说，尼古拉二世被欺骗几乎不言自明。1900年，俄国末代沙皇试图维持君权神授的原则，而 250 年前，查理一世（Charles I）为此掉了脑袋。尼古拉二世的做法就好比乔治五世仍想实际统治大不列颠。某种程度上，这个比喻不错，因为作为皇室同辈亲属，二人有不少共同点。两人年轻时都曾担任军官，都尊重对权威服从、对传统和制度忠诚、顽强的爱国主义这些军事价值观。身为维多利亚时代的绅士地主，他们奉行自身所属阶级的本能性家长主义，相应的，他们甚至更天真地期盼得到敬重。尼古拉自诩为俄国人民的沙皇，可他也是维多利亚时代的绅士和德国公主亚历山德拉的夫婿，而亚历山德拉是英国女王维多利亚最宠爱的外孙女。1905 年，尼古拉二世面临没收绅士的土地以保证农民继续忠于君主制的呼声，这时他人格中的不同层面发生冲突。在其统治生涯中，这种情况既不是第一次也不是最后一次出现。[4]

首先，尼古拉二世热爱俄国。在他看来，罗曼诺夫王朝和专制政府制度的存在，目的是维护俄国的利益与尊严，而非反过来。当然了，他认为俄国的特性与命运完全同君主国交织在一起，尽管如此，为了他眼中的国家事业，他随时准备好牺

牲自己。尼古拉的导师回忆道，尼古拉还是孩子时，每当读到　94
爱国的国王受人民爱戴、保护人民、引领人民迈向荣耀的故事
时，他的眼中就会闪光。虽然是多民族帝国统治者和欧洲君主
中的一员，他却认为自己是彻头彻尾的俄国人。正如尼古拉所
说，他不相信有人比他更能代表俄国人。[5]

尼古拉二世（左）与乔治五世

　　尼古拉用俄国的亲斯拉夫保守主义的典型方式浪漫化俄国
农民，并认为自己掌握了"俄国特性"的精髓。尼古拉在位
时，沙皇的宣传机构极力强调君主制的广泛基础，沙皇被描述
成不知疲倦地为人民谋福利，他深知他们的疾苦，将农民的福
利当作自己最奋力争取的事。一战即将爆发前的数月中，在尼

古拉一张知名并广为传播的照片中，他身着列兵的新战斗制服，他穿着这身衣服——这一点被指出来了——带着全套装备，进行了一日行军，从而确保新衣服和新靴子适合使用。[6]

95　　　大众政治时代，把君主刻画成如此形象是理性之举，可尼古拉本人与宣传所面向的农民受众一样狂热相信它。1903 年，在俄国农村深处，人们为萨罗夫的圣塞拉芬封圣一事举行庆典。尼古拉的文风一向克制，然而当描述典礼上自己的敬畏感以及如何同信奉东正教的臣民交流时，他几乎使用了诗一般的语言。[7]1905 年革命与其对民众憎恨现存秩序一事的佐证，令尼古拉二世大吃一惊。他视自己为臣民的父亲，认为革命证明了精神上既非俄国人、民族性上往往也非俄国人的革命派可以用虚96 伪承诺轻易引诱民众。睿智的父亲保护孩子不被诱惑，但他明白，短期内，他可能因为这种做法被咒骂。在此意义上，1905 年事件甚至让他更加相信，为了保护俄国人不被他们最糟的直觉所害，为了使国家免遭混乱，专制政府是必要的。即便如此，1905 年后尼古拉又能在臣民中活动，并能体会到他们的忠诚，这令他感到宽慰。这类场合的第一次是纪念 1709 年彼得大帝在波尔塔瓦击败瑞典军一役 200 周年的庆典。沙皇尼古拉的确喜欢听他统治的农民讨论其生活，他和别人交流时也表达了自己对此的喜好。波尔塔瓦纪念仪式上，法国武官马东（Matton）上校遇见尼古拉，并记下了沙皇的话："'是，'他对我说，他是指针对他的欢呼，'现在我们不在圣彼得堡了，没有人能说俄国人民不爱他们的沙皇。'"[8]

　　尼古拉认为，东正教沙皇及其臣民的交流以及这种交流所含的责任独一无二。这触及尼古拉从童年开始就深受熏陶的君主制意识形态核心。对于皇后等尼古拉眼中最忠于他和他的王

尼古拉二世身着列兵制服，并抱着皇长
子阿列克谢（Aleksei）

朝的人来说，这也是他们根深蒂固的信念。这种观念鼓舞沙皇
对其角色的信心，也让他觉得，对于关乎人民福祉的重大事项，
他得保留最终决策权。当然了，尽管他真诚地持此观点，却很
幼稚，甚至很自私。尼古拉活着时，俄国农民的生活与精神世
界发生巨变。沙皇皇宫与农村相距甚远，乡村地区状况的改变
不易被察觉。尼古拉几乎全年待在克里米亚或位于圣彼得堡郊
外的宫殿，于身于心他都远离城市中长大的新一代俄国人，于
心而言，这一点往往更明显。他忠于旧俄国的地主、教士、军
官。身处混乱的近卫团军官中，他总是最感放松。尽管如此，

就连他同俄国贵族的关系也越发僵化。老于世故的圣彼得堡认为他不能激励人心，同时也鄙视循规蹈矩、腼腆羞涩、不擅社交的亚历山德拉皇后。沙皇感到被圣彼得堡上层阶级孤立和疏远，其妻更有同感，于是他们越发坚信沙皇父亲与其忠实臣民之间的联系。

97 　　君主与臣民之间隔着一堵礼仪与仪态之墙，因为它的存在，君主几乎生来就失去接触民生的机会。臣民与君主交谈时大都立正，让他主导谈话，从不反驳。就连大部分大臣也和君主保持较远距离。对置身于俄国政局中心的这个人来说，关键在于他不喜欢政客，而且他的气质与性格都不适合政治世界。不只俄国保守主义者，就连俄国民间智者也说，虽然沙皇是君子，但他的很多官员是没有心肝的恶棍。这无疑证实了尼古拉的基本直觉，促使他不愿把臣民的命运交付给总是行走于政治世界的野心勃勃、自私自利、咄咄逼人之辈。沙皇敏感又易受影响。他的父亲过早辞世，1894 年，26 岁的他接过皇位。对沙皇这一角色来说，他也太年轻了，而且全无经验。所有这些使得他害怕被顾问掌控，并决心保留他们无法触及的私人家庭。不同于其祖父或父亲，尼古拉的顾问根本算不上他的朋友。沙皇厌恶争执与顶撞，他往往表面上同意他人，然后自行其道。这让他背上不可信赖、狐疑不决的名声。[9]

　　尽管这种批评有一定道理，但其中所暗含的纯个人因素之外的东西却要多得多。俄国的处境艰难且严重自相矛盾。如若大大简化这一复杂困境，那么1905～1914 年俄国政局在很大程度上可以浓缩为一个问题：是否遵循所谓的西方政治发展模式，趋向公民权利与代议制政府？尼古拉一只耳朵听着更主张自由主义的顾问发言。他们告诉他，除非沿着这个方向发展，否则他无望保住受过教育的现代俄国的忠诚,政权注定灭亡。此建议很可能是对的。尼古拉的另一只耳朵听着保守派大臣的看法。他们告诉他,任何形式的自由政体都会拉开防洪闸,使当前俄国陷入社会与民族革命的旋涡,更不用说民主政体了。不幸的是,他们很可能也是对的。找到一条走出此等困境的俄国特色道路需要杰出领导力以及想象力,还需要运气。然而,尼古拉二世只是个普普通通且并无好运的政客。国家面临严重困难,无怪乎他视君权为拯救俄国于危难的必要因素。

　　相信专制的必要性是一回事,成为杰出的专制者却是另一回事。与在其他任何组织中一样,俄国政府的工作深受最高领导人性格的影响。然而这一次,结构问题亦牵涉其中。上层政客对尼古拉二世的很多非议复现了他们对其父亲的非议,尽管亚历山大三世意志坚决,很有权威。皇族的首席管理者一直难以自如地操控俄国政府机器。每年它都变得更庞大、更复杂,所以情况越来越糟。1881年亚历山大三世继位时,圣彼得堡有23000名公务员;到1914年,这一数字已增至52000名。私人秘书可以帮助首席管理者游刃有余地处理复杂政务,并为他汇集各方意见,可是首席管理者没有真正的私人秘书,这无助于改善事态。哪怕是试图建立这类机构的保守尝试,大臣们也会对其强烈抗议。这不仅仅是普通政客对权力的渴望。不管想办成什么事,大臣们都得和圣彼得堡城中纠结的阴谋和官僚政治斗争,他们不得不在一个官僚机构不足的广袤国家贯彻其决策。为达此目的,他们需要专制统治者毫无保留地完全支持自己。大臣决心控制君主,而君主无疑想保持其独立性。这有助于理解俄国政局中心的很多冲突和不稳定。[10]

　　沙皇对政府的积极干预必然会衰减。他对政府中某些领域的关注也远远超出对其他领域的。他就像典型欧洲君主一样，把军事和外交事务作为最优先事项。军队是一个庞大复杂的机器，而监督俄国外交要简单些。俄国档案馆中，所有重要通信以及一堆外交部的其他文件都被尼古拉二世用标志性蓝蜡笔标注过。1905～1906年的宪法改革没有理由改变对外事务密切关涉沙皇的状况。相反，1906年4月的《基本法》强调，对外政策不受杜马干涉，外交大臣只对君主负责。[11]尽管大臣会议是个新机关，设立它的初衷却是协调执行部门，对外政策在很大程度上也不归它管。有人提议由相关大臣和年长政客组成会议，监督并协调对外政策和安全政策。这一建议被君主和外交大臣否决，因为这会限制他们。无论如何，事实上，1905年以后对外政策的实施的确发生了重大变化。[12]

这在一定程度上反映了1900～1905年俄国政坛，特别是尼古拉本人吸取的可怕教训。君主再也没有试图在官方顾问背后操控对外政策。外交部的主导文化与常规也发生了巨变。1906～1916年，以外交部领导人亚历山大·伊兹沃利斯基（Aleksandr Izvolsky）和谢尔盖·萨佐诺夫为代表的新一代高级官僚，具备强烈的军团精神和专业知识，并且相信自己为国家和俄国服务，而非仅仅为君主效力。1900年，上层国内大臣中盛行这种精神。1906年，伊兹沃利斯基接替弗拉基米尔·兰布斯多夫伯爵任外交大臣，这一精神于是也攻克了旧王朝的最后一座堡垒——外交部。[13]

1900～1906年担任外交大臣的兰布斯多夫是守旧派。他出身于宫廷贵族家庭，对罗曼诺夫王朝无疑忠心耿耿，因为亚历山大二世曾替他父亲偿清债务。兰布斯多夫称尼古拉二世为"那个可怜的年轻人"，前者对待后者的态度介于溺爱的伯父和忠实的家仆之间。关于 19 世纪晚期的俄国政府和俄国对外政策情况，兰布斯多夫的日记是最佳材料之一。作者一点儿也不蠢，他不仅拥有对国际关系现状的睿智把握力，还从人性出发推崇和平，害怕军备竞赛和军国主义的危险与消耗。然而，兰布斯多夫为人羞怯内敛，很难称得上强势。他还是个同性恋。外交大臣呼吁采取审慎务实的对日政策，而在尼古拉的内部圈子中，他称呼兰布斯多夫为"夫人"，此举无助于让他重视兰布斯多夫的呼声。宫廷司礼官保罗·本肯多夫（Paul Benckendorff）伯爵写道，兰布斯多夫的"存在方式（maniere d'être）与其整体人格使人们惯于忽视其建议……某人（即尼古拉二世）已经习惯仅仅把他当成执行命令的秘书。不幸的是，他是某人喜欢的大臣类型。"[14]

　　亚历山大·伊兹沃利斯基与兰布斯多夫截然不同，他是另一个时代的产物。伊兹沃利斯基在回忆录中写道，兰布斯多夫"主张令人震惊的理论。他说在俄国，除非被君主罢免，外交大臣不能辞职，而外交大臣的唯一职责就是研究有关帝国外交关系的问题，并向沙皇提交结论。沙皇本质上是专制的，所以外交大臣必须听从他的决策"。由此可见，伊兹沃利斯基在职时不可能执行他根本就反对的政策。和兰布斯多夫不同，如果尼古拉瞒着外交大臣信任非官方顾问，伊兹沃利斯基会辞职。1910年接替伊兹沃利斯基的谢尔盖·萨佐诺夫更是如此。他比前任更雄心勃勃，也更幸运。君主需要把对日常外交的管理托付给大臣，并委任能干官员来达成目标，而外交部的这一转变越发构成对君权的限制。如果尼古拉二世无法把自己的想法强加于伊兹沃利斯基和萨佐诺夫，后二者就更无法这样对前者了。要是沙皇不赞同外交大臣的政策，他绝不会长期容忍后者。君臣每周私下聚会一次，以便讨论政策，这种会谈并无书面记录。哪怕 1906～1917 年君主和外交大臣所用的策略不同，档案馆中能查到的相关文件也寥寥无几。[15]

　　尼古拉从父亲那里继承了俄国对外政策的核心——同法国结盟。虽然他从未试着挑战这一点，但在其统治的前半期，俄国与德国的关系大体不错，沙皇也乐于淡化任何德国威胁论。[16]正如我们所见，他的首要任务是俄国在亚洲的推进。1904～1905 年这一政策以灾难收场时，俄国在国际上相当容易被攻击，尼古拉二世对此再清楚不过，于是他同意接受表亲威廉二世把德国、法国、俄国组建成大陆同盟的做法。两种情况下，尼古拉的基本理念都没错：俄国能在亚洲赢得很多东西，大陆同盟符合俄国利益。可是，不切实际的设想与糟糕策略毁了两次行动。1906～1914 年，尼古拉二世不再独立行使对外职能。那些年，先任财政大臣、后任首相的弗拉基米尔·科科夫佐夫（Vladimir Kokovtsov）在回忆录中写道，尼古拉非常了解国际事务和俄国对外政策。事实上，只是沙皇相信政府选择了正确道路，对俄国对外政策不需施加多少操纵或变更。[17]

　　尼古拉二世同他的父亲一样，关心博斯普鲁斯海峡远甚于关心巴尔干斯拉夫人。1896 年，征服博斯普鲁斯海峡的提议深深吸引着沙皇，要不是财政大臣谢尔盖·威特强烈呼吁，以及当时俄国把在东亚的扩张置于最优先地位，沙皇很可能会去夺取海峡。尼古拉警惕地审视土耳其境内德国日益增强的影响力。1914 年，比起放任柏林在土耳其悄悄建立被保护国或控制海峡防务，尼古拉更愿意开战。此外，19 世纪 70 年代，俄国为巴尔干斯拉夫人所做的牺牲未得好报，尼古拉二世同亚历山大三世一样对此失望。他不愿意单纯为了斯拉夫人的利益拿俄国的安全冒险。无论如何，正如 1899 年他对德国外交大臣和未来总理伯恩哈德·冯·比洛（Bernhard von Bülow）所说，他认为沙皇不能完全无视俄国传统以及俄国人民的历史使命感——认为自己是巴尔干地区的斯拉夫与东正教社区的保护人。由此出发，他给予亲斯拉夫爱国者一定的许可和尊重。[18]

对外政策在一定程度上仍受王朝的联系和关系影响。同祖父亚历山大二世相比，尼古拉明显不那么关心霍亨索伦家族的亲戚，但是他又不像父母尤其是母亲那样讨厌他们。1905～1914 年，尼古拉和威廉二世几乎每年会面，并互相承诺维持和平。如果说尼古拉太重视一般君权尤其是威廉二世的和平许诺，他的这个错误也远远算不上稀奇。他心怀感激地记得 1905～1906 年德皇的支持和克制，当时俄国无力自保，德国可以不费吹灰之力取得欧洲霸权。尼古拉二世还认为，尽管德国君主夸夸其谈、歇斯底里，但通常来说，他却是德国政府中和平力量的代表与保证。这一看法也没错。[19]

尼古拉同哈布斯堡家族的关系要冷淡疏远得多。宗教不允 102 许两大王朝联姻：与信奉新教的公主不同，信奉天主教的公主嫁入外邦王朝后不可放弃信仰。尼古拉最后一次会见奥地利皇储弗朗茨·斐迪南大公是在 1903 年，虽说 1912 年秋天两人计划在位于波兰的尼古拉的狩猎小屋会面，但因为皇太子阿列克谢几乎病入膏肓，此次会谈并未举行。自克里米亚战争开始，两大王朝的关系就再未呈现出任何真实的友好。为了国际王朝的团结事业，罗曼诺夫王朝付出巨大代价，于 1849 年匈牙利革命浪潮中拯救了哈布斯堡王朝，而哈布斯堡家族没过几年便在克里米亚战争中支持英法，因此罗曼诺夫家族永远不会原谅他们。1908～1909 年的波斯尼亚危机中，奥地利驻俄国大使利奥波德·贝希托尔德（Leopold Berchtold）援引了两国的友好传统，一向十分礼貌寡言的尼古拉二世差点儿当着他的面怒斥他。五十年前奥地利就背叛了这一事业，他至今对此仍然愤愤不平。[20]

1914 年，尼古拉二世显然觉得他没有义务保障奥地利的存续。除了在巴尔干半岛的传统敌对，奥地利鼓励乌克兰运动一事也令沙皇恼火。最重要的是，尼古拉二世和很多俄国人一样，谴责维也纳把柏林卷入巴尔干半岛冲突，而历史上霍亨索伦家族对此地区无甚兴趣。若是哈布斯堡君主国向所谓的三元方向发展，斯拉夫人在某种联邦体系中就会与德意志人、匈牙利人平起平坐，而尼古拉二世也不太赞成这种转变。某种层面上可以这样理解：基于此重建的奥地利可能成为沙皇制度的突出谴责者和有力竞争者，这不仅对波兰人、乌克兰人等俄罗斯帝国的少数民族的忠诚度有重要影响，也对巴尔干的斯拉夫民族有重要影响。然而，要是俄国既反感德奥同盟，又讨厌奥地利向亲斯拉夫方向转变，它就否决了哈布斯堡帝国一切有望实现的未来。

在 1912～1913 年的巴尔干战争中，俄奥关系非常紧张。尼古拉二世有时认为奥地利帝国日后必定解体，甚至乐意见到它解体。[21]他没有解释如此重大的地缘政治剧变如何不演变成欧洲战争。他的态度再现了我们在本章开头提到的那点：沙皇认为他是俄国人，他的帝国体现了俄罗斯民族的历史与荣耀。他丝毫不觉得俄国的命运会与哈布斯堡帝国、奥斯曼帝国等多民族帝国的命运一样。俄国上层阶级大都持此观点。但是俄国沙皇对哈布斯堡困局更具同情心与洞察力，他本该为俄国对外政策做出更明智的贡献。

尼古拉的确在一个关键问题上保持独立，并将其立场施加于俄国政府，那就是 1905 年以后他坚持在波罗的海重建俄军舰队。尽管资源短缺，议会与很多政府成员也不欢迎海军，可尼古拉态度十分坚决，最终迫使首相兼内政大臣彼得·斯托雷平（Petr Stolypin）、财政部、军队领导层接受他的意见。为了挪用资金修造波罗的海舰队的无畏舰，一些项目被搁置了，比如使俄国陆军重炮不再远远落后于德军的计划。当时，尼古拉因此饱受批评，历史学家也大多支持批评者。一战期间，波罗的海舰队毫无建树，其船员日后倒是大大推动了革命事业。此外，缺少重炮、先进通信科技、老练军士是陆军在野战中败给德军的原因之一。[22]

批评者是正确的，但尼古拉的方针也容易理解。1908 年，哪怕是陆军总参谋长费奥多尔·帕利岑（Fedor Palitsyn）也认为，圣彼得堡极难抵挡野心勃勃的敌军攻势，巩固防御应为政府的当务之急。起草圣彼得堡防卫计划的尼古拉·谢格洛夫（Nikolai Shcheglov）上尉亦坚信，目前单靠鱼雷船、水雷、潜水艇和沿海火炮还不足以巩固圣彼得堡的防御——必须有一支舰队。1914～1917 年，德军舰队忙于同英军战斗。我们无法判断，假如英国中立，德军是否会尝试进攻圣彼得堡。然而在1914 年之前，没有哪个俄国领导人指望英军能与俄国并肩作战，抑或把德军舰队引出波罗的海。要是没有战舰修造计划，波罗的海船坞就得关闭，关键技术就会消失。尼古拉考虑了所有这些因素，但对他来说，最重要的很可能是俄国的声望。在那个年代，无畏舰是一国国力与现代化水平的最高体现，就连奥地利人和意大利人都致力于打造无畏舰舰队。如果俄国成了唯一没有无畏舰舰队的大国，那就等于发表了令人震惊的宣言，

104

承认自己无能。[23]

由此可见，尼古拉非常在乎俄国的国际地位与他眼中的俄国荣誉。他认为日俄战争令俄国蒙羞，两件事强化了他的看法：1908～1909年波斯尼亚危机中，俄国需要在德奥施压下退让；1912～1913年巴尔干危机中，俄国需要在奥地利动用被尼古拉视为武装敲诈的手段时退让。弱势军力令人深怀怨愤。尼古拉肯定并不想追求战争或军事冒险。不论他曾在这个方向上有何意向，它们都被日俄战争彻底毁灭了。沙皇现在渴望和平，之所以如此，不仅因为他害怕革命，也因为他的确觉得自己对臣民的生命和福祉负有责任。然而，尼古拉在军队中度过了一生中最快乐的日子，他的基本价值观和直觉体现着深厚的军事思维。首先，他和他的军官对荣誉怀有相同信念。照科科夫佐夫的说法，尼古拉喜欢把俄国想象得十分强大，以至于无人敢践踏其尊严或利益。然而，要是真有人这样做，军官信条就要求不计一切个人安危来捍卫荣誉。对尼古拉和俄国上层阶级全体成员来说，懦弱是最坏的人之恶习。[24]

战前那些年，尼古拉的亲戚对俄国对外政策皆无重大影响。在其统治的最后十年，特别是在战争期间，沙皇在罗曼诺夫家族中最重视妻子的意见。战时，声称皇后是德国人和叛徒的声音大大损害了君主国。其实，这纯属毫无根据的诽谤。黑森公主亚历山德拉对威廉二世和霍亨索伦政权并无好感，她明显更喜欢她挚爱的维多利亚外祖母所在的英格兰。1894～1906年，俄英极有可能开战，如果真的开战，亚历山德拉就会被轻易指责为"英国女人"，这似乎更显公允。然而，并无证据表明1914年之前她和她的宠儿格里戈里·拉斯普京对俄国对外政策有任何影响。战前，拉斯普京就战争发表了几句模棱两可的评论。讽刺的是，与自封的俄国民族主义代言人的狂热言辞相比，拉斯普京显得更理智。这些人大都缺乏关于奥斯曼帝国民族关系的第一手经验，拉斯普京则不然。他如此评价巴尔干基督徒之间的冲突："土耳其人在宗教问题上更公正、更平静，你可以看到是这么回事——但是报纸不会这么说。"[25]

1909年，尼古拉的叔叔弗拉基米尔大公去世，这意味着，执着于同霍亨索伦家族的旧日王朝联系的罗曼诺夫族人中，最后一位有影响力的也死去了。罗曼诺夫家族中的其他男性大多支持法国。沙皇的男性长辈亲属中，最重要的亲法人士是尼古拉大公尼古拉耶维奇（Nikolaevich），他是尼古拉隔一代的同辈亲属。1905年10月，革命进入高潮，尼古拉大公被视为必要时最适合领导军事独裁政权镇压革命的人。接下来四年，他主持新设机关国防会议，协调陆军和海军的备战工作。因此1905~1908年，尼古拉大公对军务有很大发言权。相形之下，他在对外政策上的影响明显微弱且短暂。大公是亲斯拉夫事业和巴尔干斯拉夫人事业在俄国的最坚定支持者。1877~1878年，尼古拉大公之父曾在巴尔干半岛指挥俄军，而大公从他那儿继承了亲法与亲斯拉夫倾向。他的妻子和弟媳都是黑山国王之女，这种联姻是巴尔干民族主义狂热的王朝式、黑山式特定变体。大公是公认的最具"民族性"的罗曼诺夫族人，1914~1915年他任军队最高司令时，这一点产生了极大影响。他的魅力令沙皇黯然失色。尼古拉大公同大多数罗曼诺夫族人一样身材高大，在他面前，尼古拉二世显得更矮小，这无助于改善事态。[26]

沙皇在位期间，对他影响最深、最持久的非官方顾问是弗拉基米尔·梅谢尔斯基（Vladimir Meshchersky）公爵，此人死于一战爆发前夕。公爵出身于旧贵族之家，却并非腰缠万贯。长期以来，他是尼古拉之父的朋友与顾问。他是《公民报》（Grazhdanin）的编辑，尼古拉阅读并赞助这一报纸。梅谢尔斯基也会私下拜访沙皇并同他长谈。尼古拉统治期间，公爵的作用逐渐减弱，可是梅谢尔斯基暮年时却给予他重大影响。圣彼得堡沙龙是个充溢嫉妒与幽闭恐惧的世界，梅谢尔斯基被此中人普遍斥为保守党代表、对沙皇施加不正当影响者与同性恋者。根据某些说法，他甚至和拉斯普京并列，被认为是沙皇制度晚期的恶魔。梅谢尔斯基当然不是圣徒，可也不是傻瓜。《公民报》相当值得一读。[27]

106

同 20 世纪晚期英国激进圈子中使用术语"法西斯主义者"一样，尼古拉治下俄国的自由主义者经常过度使用"保守党"这个词来描述政敌。然而，就梅谢尔斯基而言，这种说法是准确的。在某些方面，公爵的影响力既保守又危险。举个例子，俄国档案馆所藏沙皇的私人文件中有梅谢尔斯基的笔记。这些文字称，为俄国的利益行使专制君权是尼古拉的天赋使命，敦促他奉行专制，还使他更加怀疑大臣在篡权。然而，同一份文件也证明，真保守党的建议并不全然愚蠢或邪恶。梅谢尔斯基在《公民报》发表文章的最大目的是否定政府、右翼民意和《新时代报》靠动员俄罗斯民族主义为政权赢得支持的行为。梅谢尔斯基写了一篇又一篇文章，批评在多民族帝国内煽动俄罗斯人对少数民族敌意的一切做法，他说这些举动在道德上站不住脚，在政治上会造成灾难性后果。当时，俄国右派多支持欠缺理智、有时狂热化的反犹主义，梅谢尔斯基也就此发出相对而言得体节制的呼吁。他给尼古拉二世的笔记呼吁平等对待帝国民族，并如此作结："垂死的小偷露出慈悲之心时，十字架上的基督没问他的信仰和民族就许诺让他上天堂。"[28]

在对外政策上，梅谢尔斯基的观点虽保守但绝不愚蠢。他的意见准确响应了"宫廷派"的传统路线。他称，政策应由专业外交官制定，应受专业知识、谨慎和理性指导。自封的"公众意见"先行官错误地自称为俄国人民代言，而对外政策不应该受这些人的华丽辞藻摆布。梅谢尔斯基尤其讨厌《新时代报》与该报的声明——通过主张军事民族主义和亲斯拉夫对外政策来激发民众的爱国主义。梅谢尔斯基反驳说，《新时代报》鼓吹的所谓爱国情怀是空洞谎言，同俄国人民的利益和真正爱国主义毫无干系。他补充道，俄国平民对巴尔干之争不感兴趣，他们正确地认为此事与自己的生活和利益没什么关系。俄国政府应该一门心思捍卫俄国的根本利益，让巴尔干人设法自我解放，并避开不仅容易危及俄国人性命，还容易危及俄国帝国生存的一切涉外瓜葛。梅谢尔斯基鄙视主张自由、反对宗教的法兰西共和国，一直厌恶法俄同盟。即使骨子里没那么仇视君主制的英国，他也非常担心1907年签订的英俄条约会疏远德国，进而威胁俄国、保守主义与和平的利益。梅谢尔斯基几乎毫不掩饰地表示，他相信俄国的真正利益和安全在于恢复同德国、奥地利这两个君主制邻国的友谊。尼古拉听信公爵的话，有时受他对内政的看法影响。寻找梅谢尔斯基在对外政策上的影响痕迹要难得多。[29]

基本点在于，1906~1914年，俄国沙皇与其大臣操纵对外政策，非正当影响力几乎起不了作用。发挥关键作用的是外交部，这是本章第二节的主题。此外，陆军和海军也扮演重要角色，它们是本章第三节的主题。在由谁决定俄国对外政策的故事中，最令人困惑的部分是主持国内政务的俄国"首相"（换言之，大臣会议主席）的角色。按照法律的严格规定，主席起的作用应该很小。虽然俄国宪法在一定程度上移植于德国宪法，但在首相权责方面却明显未借鉴德国——德国宰相的权力既涵盖内政，又覆盖外务。这种忽略绝非偶然：一个俄国"首相"会惹恼官方意识形态，并削弱俄国专制君主的实权。成立大臣会议的法令只字未提主席在外交中的角色，哪怕是大臣会议能否讨论特定对外事项都由沙皇决定。[30]

事实上，1906～1914 年，首相在对外事务上的影响力变化很大。1905 年 10 月至 1914 年 8 月，伊万·戈列梅金（Ivan Goremykin）任首相，在两届任期中，他很少干涉对外事务。一方面，1909～1911 年，彼得·斯托雷平的权力达到巅峰。人们认为，即便事关对外事务时，他的影响力也有可能超过沙皇和外交大臣。1911 年 9 月斯托雷平遇刺，财政大臣弗拉基米尔·科科夫佐夫接替他任首相，而此人在大臣会议和内政中的地位一直不及前任。到 1913 年，就连初始时科科夫佐夫对国内政策的有限掌控力都显著减弱。另一方面，1912～1913 年，科科夫佐夫已在俄国外交决策中占据举足轻重的地位，于是他颠覆了法律条文。

1914 年 1 月，伊万·戈列梅金接替科科夫佐夫任首相（这是他第二次出任首相），此后主席在对外事务中的影响力几乎消失，这助长了外交大臣谢尔盖·萨佐诺夫的权力。1910 年，萨佐诺夫首任外交大臣，受连襟斯托雷平控制，这种裙带关系绝非偶然。后来，萨佐诺夫和科科夫佐夫共同管理对外事务。科科夫佐夫下台后，萨佐诺夫在对外政策上的权威盖过国内所有大臣。然而，影响力最大的却是农业大臣亚历山大·克里沃舍因（Aleksandr Krivoshein）。这一影响力当然不是缘于他的官职，而是缘于尼古拉二世与大部分大臣同僚对他的信任。在大多数政治体制下，关键对外政策由少数人内部决定，尽管决策者常受外力影响。这一小群俄国决策者同更广阔的圈子和社会舆论之间的关系复杂多变，难以描述。但这是理解俄国对外政策的关键。

1914 年以前，确有三位首相影响过对外政策，其中，1905～1906 年任职的谢尔盖·威特任期最短，而且他的心思大多放在那些年的革命危机上。不幸的是，威特的任期时间很短，负担又太重，因为在俄国政客中，威特对国际关系与俄国对外政策有着新颖且颇具建设性的看法。威特从商人、经济发展专家以及前财政大臣的视角处理国际事务。他务实地相信，帝国进入了经济迅速发展时期，要不了多久就会成为富裕国家和全球经济的主角。他的首要考虑是保障一代人的和平，从而使俄国的经济潜能成为现实。经历过 1905 年革命后，他认为，在不远的将来，欧洲战争的冲击将毁灭俄国的政权、社会和经济，所以他更加推崇和平。为了回避战争的危险，威特的策略是逐步建立法国、德国、俄国的大陆联合阵营，它根植于三国的共同经济利益以及法国资本、德国技术、俄国资源三者的天然结合。威特将此欧洲阵营同英美主导的世界经济体系并置，1907 年他反对俄国与英国签订协议，理由是德国会对俄国不满。[31]

1906 年，威特卸任首相，他希望被任命为驻巴黎大使，从而同法国的金融商业圈合作，促成法德和解。俄国外交官员不喜欢外人插手外交，他们大多不赞成这一提议。外交官们也担心，法德在共同经济利益基础上和解会让俄国付出代价。威特声称，强调共同经济利益可消除法国对德国的敌意，或许他夸大了此举的可行性，但是当时俄国正陷于国际争端旋涡，他的

谢尔盖·威特

110 眼光和经历或许可为此注入新颖且十分有益的内容。1913年，德国已是俄国截至当时最大的贸易伙伴。两大帝国中，一国的安定对另一国干系重大，外交通信中很少提及这一点，更别提德国和俄国的党派政客与民族主义报纸上的文字了。俄国商业圈本身太分立、太涣散，无法进行有效游说。圣彼得堡、莫斯科和各地经济利益存在冲突。俄国贸易和工业的很多领军人物不属于俄罗斯民族，这拉低了他们在政界的权重。就俄国工业而言，最高调的——常以莫斯科为基础的——俄罗斯民族主义代言人不提团结德俄两大帝国的巨大首要利益，却强调奠定两国经济关系基础的1904年贸易条约有哪些不公之处（他们的话不无道理）。[32]

俄国的主要政客中，唯独谢尔盖·威特有眼光、有魅力、有立场，能将维护欧洲大国的共同经济利益置于俄国对外政策和公众对国际关系观感的中心。不幸的是，1906 年尼古拉二世严重怀疑威特，再也不乐意给予他关键职位。批评者称，这表明沙皇讨厌具备强大人格和决心的顾问，此言有些道理，但需要补充的是，整个俄国政界普遍像尼古拉一样，排斥并厌恶威特。[33]

尼古拉治下，任期最长的首相是彼得·斯托雷平。他于 1906 年 7 月就任首相，直到 1911 年 9 月遇刺。执政期的前 18 个月，斯托雷平忙于应付国内事务，无暇顾及外交。然而在 1908 年 1 月，由于俄国面临在高加索地区与奥斯曼帝国开战的危险，对外事务被强加到斯托雷平身上。在讨论危机的特别会议上，他发现自己突然面对总参谋长的提议，内容涉及大规模动员俄国后备兵员以及俄军率先军事打击土军的可能性。此言所处的背景是，军方领导层认为奥斯曼帝国的军队正在危险地扩张，或将穿越高加索的边境进入俄国。同一次会议上，外交大臣伊兹沃利斯基要求斯托雷平回答一个基本问题："俄国坚持到现在的严格防御政策会给我们造成非常不利的后果，有没有可能改变这种政策？或者说，现在他还能不能用大国外交大臣特有的强硬口吻说话，并相信国家有能力断然捍卫自身利益？"[34]

斯托雷平的回应是压倒性的。他的开场白是："事态如此严峻，而政府对此一无所知，直到火烧眉毛，一想到这些自己就害怕，甚至惊慌。所有重大国事必须在大臣会议上深入讨论，导致远东灾难的原因之一是国家官员不够团结。"首相接着说，"他认为自己有义务果断宣称，外交大臣不要指望强势政策得到

彼得·斯托雷平

任何支持。我们才刚刚摆脱革命，而任何新动员都会推动革命事业……在这种时候，我们不可能在国际关系中冒险，就连积极主动都做不到。"俄国正恢复国力，再过几年，它就能用往日口吻发言了。可是在当前局势下，采取"非严格防御政策"之外的策略就说明"政府不理性"，还会"危及王朝的存亡"。[35]

斯托雷平执政时从未偏离这一方针。1911年夏天，他给伊兹沃利斯基写了最后一封信，再次声明俄国需要和平，倘若不久的将来爆发战争，君主国可能灭亡。每过一年，斯托雷平就重申，俄国变得更强了，这种变强不仅表现在经济上，还表现在军事上。新宪政秩序和爱国的市民社会的出现意味着，要不了多久任何挑衅俄国的敌人都将面对"完全觉醒的"俄国人的爱国回应。问题显而易见。斯托雷平营造的爱国的市民社会常常对国际关系和俄国国力抱有非常不切实际的幻想，它的要求可轻易威胁和平事业。面对外国挑战俄国的利益和尊严时选择退缩的政府，当然不会赢得这种社会的尊重或支持。能否把外敌的挑衅拖延到俄国恢复国力后，完全取决于国际环境和其他国家的政策。[36]

斯托雷平的继任者弗拉基米尔·科科夫佐夫不及前任和谢尔盖·威特强势，连体形都是如此。威特长得虎背熊腰，他的笨拙粗俗为他罩上一圈体现原始力量的光环。彼得·斯托雷平也是个高大英俊的男人，他留着大胡子，有个人魅力，擅长发表鼓舞人心的雄辩。相形之下，科科夫佐夫身材矮小，他认为优秀公共演说家应像学究，说起话来滔滔不绝。他的外号是"留声机"。威特和斯托雷平都来自圣彼得堡官场外，他们凭借自己的独到之处在所处圈子中脱颖而出。科科夫佐夫正相反，他从小在圣彼得堡长大，就任财政大臣前至少曾在俄国政府的四个国内部门任职。

担任威特的助理财政大臣时，科科夫佐夫的任务是让政府其他部门遵行预算准则。接着他成了国务会议秘书长，负责让国务会议通过新法，并调解不同部门之间的纷争。换句话说，他是个彻头彻尾的圣彼得堡官僚政客，这种人很难激起俄国社会的热情。[37]

科科夫佐夫的女婿尼古拉·弗利格（Nikolai Fliege）认为，他的主要人格是"极其骄傲、雄心勃勃"。这是政界人士的普遍特征，而在嫉妒心充斥的圣彼得堡部门和各类沙龙中，尤为显著。与此同时，弗利格承认岳父的野心受道德和"冷静公正"的意识制约。弗拉基米尔·科科夫佐夫首先是个镇定自若、

113

弗拉基米尔·科科夫佐夫

有条不紊的人，配合容易激动的谢尔盖·萨佐诺夫管理外交事务时，这些性格格外有益。[38]

科科夫佐夫兼任首相和财政大臣，这既巩固了他的首相地位，也削弱了它。作为财政大臣，他能对同僚大臣施加额外控制，但也因此更不受欢迎。1910年2月，科科夫佐夫为彼得·斯托雷平撰写了一份关键备忘录，担任财政大臣时，他的政策从未偏离这份备忘录规定的原则。日俄战争与1905年革命期间积累的高额债务令科科夫佐夫胆寒。他决心挽救俄国信贷，不准备继续借款。像所有财政大臣一样，他关心沉重的军费预算负担是如何被挪用于经济文化发展的资金的。批评者声称科科夫佐夫把俄国的安全置于险境，对此，他辩称，俄国国防开支已达预算的32.4%，这同德国的19.9%和法国的26.1%形成明

显对比。尽管如此，只要税收能满足军费需求，他就不会反对　114
增加军费。

1908～1914 年，经济的迅猛发展原则上使这一点可能实
现。问题在于僵化简陋的税收系统：此时只有 8% 的收入来自
直接税收。所得税与土地税扩大法案已起草完毕，但是科科夫
佐夫不确定在由地主把持的议会能否通过。考虑到俄国的经济
和行政管理现实，无论如何这些税种都不足以支持计划的军费
增长。科科夫佐夫坚称，唯一的办法仍然是继续增加从国有伏
特加垄断企业处获得的收益，而这些企业已然提供了全国收入
的四分之一。他的话或许一点儿没错，可是他限制开支的做法
激怒了一些大臣同僚，而对伏特加垄断企业的利用让他面临谴
责，批评者说农民酗酒问题已非常严重，而他鼓励这种事。
1914 年 1 月，科科夫佐夫的敌人抓住这一点攻击他，使他下台。[39]

威特和斯托雷平都有雄心勃勃的政治计划，而科科夫佐夫
不同，他可以被轻易写成仅仅是为国家保管钱袋的人。就俄国
对外政策而言，影响他的不仅有限制开支的愿望，还有他的天
生悲观主义以及对非政府人员的智慧和能力的怀疑。个性和信
念使然，科科夫佐夫不愿取悦民族主义者，也同杜马及党派政
客保持距离。不出所料，这些性格使他极易受敌人攻击，他们
称他是典型的圣彼得堡官僚，缺乏鼓动性和爱国主义，对俄国
人民和未来不抱信心。

这些批评都有失公允。科科夫佐夫的爱国主义，部分源于
对俄国乡村的童年回忆，成年后他依旧始终热爱农村。如果说
在他眼中俄国的伟大欠缺虚荣和军力诉求，那很大程度上是因
为，他觉得只要能保持和平，并让经济获得有利于成长繁荣的
时间和空间，那么俄国日后定将成为强国。正如他曾对英国代

办（chargé d'affaires）所说的，所有国家中俄国最不需要采取冒险或扩张的对外政策，因为它现有的广袤领土为其后数代提供了最广阔的力量前景。科科夫佐夫的爱国主义不是出于炫耀，当 1918 年德国提出帮他逃离布尔什维克俄国时，这种爱国情怀足以让他对之予以谢绝，尽管他的生命面临严重威胁。然而在战前，在德国和奥地利外交官眼中，科科夫佐夫强调他对德国文化和经济成就的仰慕，他一直是俄国政客中最理智、最能调和的人。1914 年 7 月，政府最高层失去了他的冷静、怀疑主义以及对和平的执着追求。考虑到当时中央机关所面临挑战的规模和残酷性，科科夫佐夫的这些品质很可能不会让局势发生决定性变化，但他也可能争取更多和平时间，从而利用外交手段扭转灾难局面。[40]

外交部和外交官

俄罗斯帝国仿佛被两个村庄统治，它们一个很小，一个极小。极小的村子是皇宫，在此地进行最高层人事任免，批准或否决关键政策。1905 年革命后，尼古拉二世与妻子基本离开了圣彼得堡上流社会与首都的社会旋涡。冬季，他们一般待在亚历山大宫（Alexander Palace），此地位于圣彼得堡南部郊区的皇村（Tsarskoe Selo）。夏季，他们的主要居所是彼得霍夫（Peterhof），此地位于首都正西方的芬兰海湾（Gulf of Finland）岸边。沙皇出了名的沉默，不愿讨论人民和政治，除非在这最最狭小的圈子里。可是，有关他的看法的密谈传遍圣彼得堡的客厅，煽动充斥首都日常生活的关于政治和人格的流言蜚语。在这个世界里，政治高层和上流社会仍旧重叠。大多数贵族和高官的住宅距首都主干道涅瓦大街（Nevsky Prospect）步行路程在 20 分钟内。若是这些人从家中走着去上班，沿途很可能经过他们生活历史的一部分：朋友和亲属的公寓，曾在其中受过教育的著名学院，其中一些人曾作为青年军官服役过的禁卫军兵营，职业生涯中待过的政府机构大楼。来自传统地主和官僚上层阶级之外的高官人数不断增加，就连他们也大都念过圣彼得堡大学，并且一直在圣彼得堡的各部门工作。就像大部分幽闭的上层圈子一样，圣彼得堡官场充斥着嫉妒和对官职、地位的争夺。

116

俄国的政治和行政并非泾渭分明。理论上，就连大臣也只是君主意志的执行人。此外，大多数情况下大臣们只是高级官吏，对他们来说，大臣之位不过是职业生涯阶梯的顶端。因此，政坛必不可缺的关于权力、官职以及政策斗争充斥官场。

在技术含量较低、政治性较强的部门，特别是在政策面临严峻挑战、大臣或上台或下台的危机时期，此种情况尤为明显。这必然鼓励行政体系中党派主义和恩庇网络的发展。1914年，圣彼得堡官员大多是能干的专业人士，受过大学教育，对公共服务有强烈伦理意识。尽管如此，若想爬到一个部门的顶端，必要条件不只有才能，还有伯乐。大臣知道麾下的一些高级官员可能在谋求职位。在某些情形下，他们甚至会在其他部门、在圣彼得堡的客厅、在宫廷把他出卖给他的敌人。在报纸特别是《新时代报》和沙皇本人都会读的《公民报》上，匿名批评文章和包含不利信息的小片段格外具有打击力。所以说，大臣很可能会任命自己既信任其能力又信任其忠诚的人在他的部门里担任关键职位。

117

代理大臣是个特别棘手的职位，因为当大臣不在圣彼得堡时，代理大臣将获知部里的所有秘密，并向君主报告。一位资深外交官员回忆圣彼得堡城中到处可见的针对大臣的"阴谋和

俄法同盟是俄国对外政策的基石，但它收到了
讽刺性效果。图为在巴黎进行国事访问的青年
尼古拉二世离开东正教教堂时的场景，而巴黎
是反对教权的法兰西共和国的首都

诋毁行动"。他说，"学校中、团中，甚至在政府部门中形成的
友谊往往如此深厚，以至于它们构成对抗这种攻击的强大防
御"。1906～1914 年，亚历山大·伊兹沃利斯基和谢尔盖·萨
佐诺夫任命的代理人都是他们在寄宿学校的同窗，这并非
巧合。[41]

　　外交部既有俄国官僚政治中普遍存在的恶习，又有独特缺
陷。外交大臣的年龄和资历不及很多大使。这在一定程度上说
明，大使常常可以任职到年老时。上流社会的晚餐消磨了他们：
危机出现时，大使很可能在外治病，或者身体不适。然而，关
键在于，大使之位往往比外交大臣之职更刺激、报酬更多，压

位于冬宫广场（Palace Square）一角的外交部，其对面是圣彼得堡的冬宫

力也小得多。一个大使可能会当即回绝回圣彼得堡主持外交部的任命，但是伊兹沃利斯基和萨佐诺夫卸任外交大臣后都开心地当了大使。萨佐诺夫曾在亚历山大·本肯多夫伯爵和伊兹沃利斯基麾下效命。作为大臣，他代表君权，而大使们快乐地接受他的指示。然而，他们有时用谆谆教诲甚至批评的风格给他写信，英国外交官绝不敢如此对待他的外交大臣爱德华·格雷（Edward Grey）爵士。[42]

　　与战前典型欧洲外交一样，外交部和俄国外交是贵族和绅士的温床。这个温床舒适且狭小：1914 年，通过外交考试、原则上可以任关键职位的各年龄阶段人员不超过 300 人。有时部门成员就像人数众多的一群亲戚，负责欧洲事务以及驻欧洲主要首都公使馆的大臣办公厅尤为如此。资产阶级德米特里·阿

外交联系

面向镜头、坐在桌子后的是尼古拉·哈特维希（Nikolai Hartwig）。坐在他对面的是亚历山大·巴西利（Aleksandr Basily），此人是1900年的亚洲部门主管，其子尼古拉·巴西利在萨佐诺夫手下任代理内阁首脑

布里科索夫（Dmitri Abrikosov）在驻伦敦大使馆找了份美差，这是罕见个例。此人富裕、迷人、睿智、勤恳，但有这些还远远不够。阿布里科索夫曾在圣彼得堡走投无路，于是他要了个手段，每天早上用链子把他的优质狼犬拴在外交部的栅栏上，并期盼贵族上司会认出狗的品种，进而注意到狗主人。驻欧洲各国首都（特别是伦敦）的外交官需要大笔私人收入，这一点帮助了阿布里科索夫，但也进一步缩小了选拔官员的圈子。直到1906年伊兹沃利斯基主持改革，外交考试对头脑健全、拥有良好人脉的人不构成重大障碍，想在工作中升职，恩惠是必要

条件。毫不意外地，外交部中尤其是高级职位上有不少老朽之辈。另外，随着本书展开叙述，我们会见到很多能干又聪明的俄国高级外交官。[43]

俄国上层阶级抱团成风，奠定了外交部的基调，俄国外交则反映了这个阶级的价值观和文化。俄国贵族和绅士阶层中产生了19世纪欧洲最著名的两个无政府主义者：彼得·克鲁泡特金（Petr Kropotkin）公爵和米哈伊尔·巴枯宁（Mikhail Bakunin）。外交部中缺少无政府主义者中的行家，但是这种精神有时却在俄国外交工作中盛行。它的最主要表现是放松的生活方式以及对待政府工作纪律的散漫态度。在普通俄国官员眼中，外交官的形象一般是客厅中彬彬有礼的优雅年轻人，习惯于在工作上花费少得可怜的时间，并请长假去他们在俄国的宅邸，抑或在法国里维埃拉浇花。哪怕是最严谨的绅士外交官，可能也认为自己不仅仅是官吏。驻斯德哥尔摩公使阿纳托利·内克柳多夫（Anatolii Nekliudov）主动就俄国与奥斯曼帝国的关系提建议，谢尔盖·萨佐诺夫表示反感，这让内克柳多夫大为恼火。内克柳多夫反驳称，他的家族一直关注俄国对奥斯曼帝国的政策，这一传统可上溯至叶卡捷琳娜二世统治时期。无论如何，他终身钻研这一领域，他20岁时在这方面已胜过部里的大多数高官。首先，"正如你所知，我从来不是官僚……当遇到触及我全部心弦和灵魂的问题时，我不会问它是否直接来自我的职权范围，只会对有权决策者诚恳表达自己的看法"。内克柳多夫的散漫风格相对无害，可是对俄国外交官来说，这种做法并非一直无妨。[44]

在对荣誉、爱国主义、阳刚气概的定义，甚至对日常穿着举止的政治规矩的看法上，俄国上层阶级同欧洲其他地区的上层阶级十分相似。几乎只在外国首都履职的外交官尤其凸显这一趋势。对一切世袭统治阶级来说，历史都是重要的。祖国的历史同时也是他们的家族史，孩子们从小就被家中的祖先画像提醒，这段历史中谁是绅士阶层。在俄国，画像中的男性先祖差不多都身着军装，军事服役和军事荣誉是俄国绅士传统与意识的核心。君主制同绅士阶层的联盟让俄国成为大国，连同后来出现的文化领导权，它们成为绅士的荣誉感以及自己在俄国历史中的地位意识的最大渊源。[45]

俄国上层阶级中，外交官最敏锐地意识到身为大国国民意味着什么。若说国力在国际关系中始终占据重要地位，维也纳会议则正式确立了大国地位，并让大国成为处理欧洲国际关系的关键。大国和非大国的外交有着公认的显著差异。一如既往，当人们觉得将失去某样东西时，他们会最迫切地珍惜它——经历了战败和 1905 年革命，俄国人开始珍惜俄国的大国地位。1911 年摩洛哥危机最严重时，亚历山大·伊兹沃利斯基写道，俄国如果放弃大国的地位和尊严，仅仅作为德国的被保护国寻求安全，那它就不再是"彼得大帝和叶卡捷琳娜的俄国"，将背叛"俄国的全部遗产和历史传统"。在那个年代，"帝国"和"大国"在欧洲人思维中有着必然的紧密联系。谢尔盖·萨佐诺夫回忆"自从罗曼诺夫家族加冕后俄国一直扮演的历史角色"，它让俄国人居于大多数欧洲民族之上，并决定俄国的使命。这一角色"不仅体现于创造伟大帝国，还体现在解放巴尔干民族并号召他们享受自由政治生活的巨大文化成就，以及给北亚和中亚的广袤地区带去文明秩序和文明"。1914 年 8 月，尼古拉二世发布宣言，阐述俄国为何参加一战，他提到"维护俄国在大国中的地位"。对帝国大部分臣民来说，这种说法毫无

意义。可是对俄国外交官，尤其是大多数俄国上层阶级来说，
这对他们自己和祖国的身份来说十分重要。[46]

沙皇对民众的宣言，不仅提及俄国的大国地位，还谈到它
的"荣誉"和"尊严"。若想理解这些概念对俄国外交官的意
义，有个办法，就是看看皇家亚历山大中学（Imperial
Alexander Lycée）提供的教育。此举有些危险。虽然高级外交
官中有不少人是这个学校的学员（lycéens），但大多数人并不
是。无论如何，哪怕对亚历山大中学每年的二十来个毕业生来
说，外交部也太小了，无法接纳所有学员。尽管如此，伊兹沃
利斯基、萨佐诺夫与高级代理大臣以及很多高级外交官都是前
学员。弗拉基米尔·科科夫佐夫亦然。此外，中学试图灌输给
学员的理念和举止，不仅反映出它作为教育机构的价值观，也
反映出它服务的统治阶级和上流社会的价值观。

亚历山大中学对其学员的长期影响，与其说是在学术训练
上，不如说是在价值观培养上。当然了，我们必须对颁奖日上
教师和理事的劝诫持保留态度。然而，他们提出的在一切场合
光荣"高尚地行事"要求，在很大程度上呼应其上级从家庭和
家族中继承的价值观。亚历山大中学是威望很高、颇具特权的
教育机构，大多数男孩都以身为其学员为荣。理事和教师通常
是秉持自由主义与人道主义的文雅之辈。这一切让男孩们乐于
接受学院的准则。弗拉基米尔·科科夫佐夫在回忆录中写道，
校园生活给他和同学们创造了"不容置疑的、约束所有人的一
套信念，以及一份不成文准则，所有人都学习并接受它，由它
来规定什么是完成、什么是未完成、什么是应该做的、什么是
一定不能做的"。特殊情况下，高年级学员认为学院当权者或教
师侵犯其尊严与权利，于是他们会抗议，亚历山大·伊兹沃利

斯基和弗拉基米尔·科科夫佐夫读高年级时都经历过这种事。像大多数俄国（和欧洲）上层阶级人士一样，学员对自己的尊严和荣誉有着强烈意识，他们不习惯被摆布或羞辱。[47]

1914 年 7 月，前学员尼古拉·德·巴西利（Nicholas de Basily）成为萨佐诺夫内阁的代理首相。他在回忆录中写道："我对这个最佳学校有着最亲切的记忆，我的同学们也一样。"他的父亲亦曾任高级外交官。巴西利英俊、迷人、富裕，是圣彼得堡沙龙的年轻装饰品和公认的外交部未来官员。某位嫉妒他的同僚写道，巴西利深受萨佐诺夫宠爱，"参与了一切重要决策"。巴西利在回忆录中称，在圣彼得堡社会，"决斗仍是公认的解决荣誉问题的手段，尽管实际上没有多少决斗。然而熟练运用武器乃明智之举，这是以防万一"。1914 年 7 月，他接受奥地利人的挑战，这反映了学员和决斗者的性情。他写道，在挑衅前退缩意味着"怯懦"和"屈辱"。奥地利武官弗朗茨·霍恩洛厄（Franz Hohenlohe）亲王和巴西利私交甚密。奥地利皇储被刺后不久，霍恩洛厄对巴西利说，对革命的恐惧明确要求俄国统治者避战。巴西利回答："你认为对革命的恐惧会阻止俄国履行其国家义务，你的推测带有严重错误。"或许在 1914 年 7 月的关键时期，巴西利资历太年轻，不足以对萨佐诺夫产生任何重大影响，可是他和他的大臣经常在一起，有时他还是重要谈话的唯一见证人。[48]

如果我们想获知的不是外交官的基本价值观，而是其对国际关系和俄国对外政策的理解，那么探查他们在亚历山大学院可能学到的东西无甚益处。学院强调现代语言，除此之外，它的课程并非专门致力于培养未来的外交官。战前，在前学员把持外交部高级职位的那些年里，学校的比较国际法教得很差，而 19 世纪历史根本没人教。事实上，成为外交官的青年中，只有极少数人在进入外交部前曾接受与未来职业生涯有关的正式教育。像那个时代的大多数欧洲外交官一样，他们作为学徒在工作中师从上级，在一定程度上汲取外交部在俄国对外政策中的集体智慧。[49]

　　历史学家不可能用寥寥数语准确概括这种集体智慧。然而 1914 年以前，外交部希望年轻人在准备外交官考试前掌握一些材料，它们可以提供有趣的洞察视角。这些文字描述了外交部顶层如何看待国际关系的基本原则。此时，抱怨俄国外交官对经济一无所知的控诉刺激外交部对之采取行动。关于政治经济学，他们列出的重要权威是弗里德里希·李斯特（Friedrich List），而非亚当·斯密或英国自由贸易传统的任何代言人，此举毫不意外。李斯特重视国家与其比较优势，此人宣扬在遭遇贸易壁垒后通过国家领导的经济现代化工程来战胜落后状态的必要性。19 世纪 90 年代，谢尔盖·威特任财政大臣时兴致勃勃地贯彻了李斯特的思想，于是它一直影响俄国经济政策，直到 1914 年。[50]

　　书单上列出的两部现代国际关系史和国际法作品与外交官的职业事务更为直接相关。被推荐的历史读物由埃米尔·布儒瓦（Émile Bourgeois）撰写，名为《外国政治史手册》（*Manuel historique de la politique étrangère*）。欧洲外交部和自由主义支持者选择的核心历史教材，其作者常常是明确表示投身于人道主义与和平事业的法国共和主义者。那个年代的国际关系学教授也许会说，布儒瓦是伦理现实主义者。根据他的分析，无政府状态是国际关系的基本现实。奠定法国大革命基础的原则或许能在理论上为公正和平的欧洲国际关系提供伦理支持，但是拿

123

破仑的帝国主义已彻底毁了这种机会。直到今天，关于18世纪国家利益（raison d'état）的冷酷的马基雅维利原则仍在国际关系中大行其道。某种程度上事态甚至恶化，因为根植于种族、语言和历史神话观念的"种族性"民族主义变体正逐步蔓延。布儒瓦称，由公民权和法律决定的国家也许会承认，在自身与类似实体的关系中存在共同人道主义和正义规范。相信自己独一无二的民族就不大可能那样做了。民族本是同自由、公民权相联系的概念，现在却变成排外和扩张的力量。政府必须考虑这股动摇力，而他们曾花不少工夫释放这一力量。后果之一是欧洲处于武装和平下，国家间相互害怕，军备竞赛则让其人民背负沉重负担。

纵然如此，布儒瓦并不绝望。几乎像巧合一般，击败拿破仑的大国为稳定且日益和平化的国际关系打下了基础。这一体系的根基并非伦理，而是国力大抵相当的数个大国的存在，以及它们不允许任何一个国家单独统治欧洲的决心。无论如何，大国阵营为和平与稳定贡献了规范和惯例。此外，只要它们齐心协力，"那么在缺乏法律与正义的情况下，它们作为团体强烈要求获得的尊敬就能保证全欧洲的和平与均势"。这一体系奠定了史无前例的一个和平年代，它既促使欧洲经济迅猛发展，也让欧洲统治了全球。大国间开战的风险与赌注变得极大，这本身就构成了和平的力量："谨慎克制自私，限制贪婪，让国家和民族害怕本世纪初那样的动荡。"外交官的任务是时刻保持对国际关系危险现实的洞察力，但与此同时，也要尽全力控制民族主义狂热，并鼓励欧洲人加深对共同利益、法律和伦理规范的认识。[51]

关于国际法的核心教材是《现代文明人国际法》

（*Sovremennoe mezhdunarodnoe parvo tsivizovannykh narodov*），由特奥多尔·马滕斯（Theodor Martens）于 1895 年出版。此书作者多年来担任俄国外交部首席法律顾问。他是外交部外交官考试命题人之一，以要求特别严格著称，因此外交部应试者可能格外重视他的著作。

　　根据马滕斯的主张，推动国际法进步的关键力量是后世所谓的全球化。经济发展大大增强了现代社会的相互依赖性。用知识分子和艺术家的口吻来说，西欧几乎变成了单一社群。这种趋势开始显现，但需要靠法律做基础才能壮大。马滕斯用国际著作权法的发展做例证。在国际法的政治层面，他认识到，人们越发相信欧洲民族主义原则。此原则称，民族由种族、语言和历史决定，应该在据此划定的民族社群主权基础上建立国家。然而，马滕斯认为这是造成混乱的秘方，没有什么能证明据此原则建立的国家会尊重国际规范和其他国家。更有甚者，当代欧洲内部联系密切，东半部被帝国占据，把这样的欧洲变成真正由民族构成的国家将招致剧烈动荡和巨大冲突。马滕斯称，所有文明政治实体在国际法上地位平等，任何他国都无权干涉其内政。另外，为了维护国际文明规范而动用国际干预可能是正当行为。尽管马滕斯没有明确表述，他的论辩却可能会使譬如旨在维护外国公债持有者权利的外来集体干涉合法化。

　　正如马滕斯作品的标题所示，他主张的国际法律秩序只存在于"文明"民族中。他称，国际法反映一个社会的法律意识，同发源于欧洲的个人权利不可剥夺的概念相关。非基督教国家也可以成为他所说的国际法律秩序的主体，但是它们需要接受有关国家和个人存在根本目的的欧洲规范。在他看来，尚无亚洲或伊斯兰政治实体做到这一点。这并不是说欧洲国家有

特奥多尔·马滕斯

权侵略或征服非欧洲民族：这违反自然法，除非这些民族自己
实施侵略行为。马滕斯认为，欧洲人执行殖民政策特别是征服
亚洲时，"很少具备文明基督徒应有的真诚与正义"。另外，他
认为《古兰经》给伊斯兰社会灌输对其他教徒的仇恨，文明国
家有权利保护奥斯曼帝国苏丹的基督徒臣民不受迫害。对欧洲
帝国主义功过的这种解读，充分表露了俄国人的独特偏见。

　　马滕斯认为全球化与文明法律规范的传播是巨大正面力量，
但是在看待用这些调节国家间冲突时，他仍然是个现实主义者。
1899 年第一次海牙和会召开的四年前，马滕斯撰文称，他认识
到很多国家间的纠纷不适用司法解决。为了解释为何国家间不
时爆发冲突，他写道，没必要引用查尔斯·达尔文（Charles

Darwin）的著名"物竞天择论"。老实说，现代经济和文化相互依赖，这是人民幸福生活的关键，也加大了国际冲突的代价和危险。外交官有义务利用一切和平手段解决冲突。尽管如此，撇开国家间无法调和的利益纷争不谈，国内政治动力也或将促使政府走向侵略，社会或许认为这是自己的历史使命。甚至像最悲观的外教考试应试者总结的那样，这给国际关系留下了很大的开战可能性。[52]

阅读布儒瓦和马滕斯的作品，可获知俄国外交官如何看待他们那个年代的国际关系。然而，这些作品没写俄国对外应采取什么策略、追求什么目标，更不用说实现这些目标的上策可能有哪些。这些问题中必然存在大量无法归类的争议。无论如何，第二章谈及 19 世纪俄国对外政策时区分了所谓宫廷派和国家派，这种区分仍很重要。

1910～1914 年，大多数情况下谢尔盖·萨佐诺夫奉行的外交政策是旧"国家"战略的现代版。它把德国和奥地利视为敌人，体现亲斯拉夫主义者对巴尔干居民的同情，并强调博斯普鲁斯海峡是俄国对外政策的最优先事项。不仅如此，萨佐诺夫与其接任者亚历山大·伊兹沃利斯基都是自由保守主义者，他们原则上相信尊重公众意见是必要的。若想理解奠定萨佐诺夫政策的基本理念与义务，最好的办法是研究格里戈里·特鲁别茨科伊（Grigorii Trubetskoy）公爵的著作，1912～1914 年，管理俄国在巴尔干和奥斯曼帝国政策的外交部关键部门受此人领导。特鲁别茨科伊是专业外交官，早年也曾从事外交业务，但 1906～1912 年他离开外交部，同兄长、著名的唯心主义哲学家叶夫根尼·特鲁别茨科伊（Evgenii Trubetskoy）一道编辑影响力很大的刊物《莫斯科周刊》（*Moskovskii Ezhenedel'nik*）。在此岗位上,格里戈里·特鲁别茨科伊是促成制定现代化"国家"战略和自由帝国主义基本原则,并动员公众意见支持这些战略和原则的最重要非政府人士之一。萨佐诺夫让特鲁别茨科伊就任外交官要职,证明 1910~1914 年政府与主流公众意见在俄国对外事务的根本原则上基本达成一致。然而,特鲁别茨科伊的重要性不止于此。1906~1912 年,身为记者的特鲁别茨科伊撰写了很多关于国际关系和俄国对外政策的文章。这些作品有时具有外交官通信中很少见到的广泛性、比较性与概念性。特鲁别茨科伊在 1914 年的欧洲关键决策者中独树一帜,因为他不仅写了不少有关对外政策的文字,还对国际关系和全球力量的性质着墨颇多。

128

战前俄国外交官中,"宫廷派"人士更难找。"宫廷派"支持君主,但正如我们所见,尼古拉二世其实支持传统"国家"战略的萨佐诺夫版本。纵然如此,俄国一些高级外交官的确坚持旧"宫廷"战略的关键原则。这一战略的核心是同德奥结盟,俄国外交官中,罗曼·罗森(Roman Rosen)男爵尤其推崇这一主张,1911 年此人作为驻华盛顿大使退休。萨佐诺夫的方针还有一个更温和的反对者,即 1914 年俄国驻黑山大臣亚历山大·吉尔斯(Aleksandr Giers)。吉尔斯没有指责——至少没有公开指责——俄英协议,更别提俄法同盟。他的确质疑了萨佐诺夫对斯拉夫人的热情与海峡问题上的政策。亚历山大·吉尔斯是亚历山大三世的外交大臣尼古拉·吉尔斯的侄子,所以他显然同旧"宫廷派"传统有明显联系。罗森则出身于波罗的海旧官绅家庭,这一点一直为"国家派"所利用——他们的敌人不是俄国人,对俄国也无感情。事实上,一些持民族主义立场的俄国外交官也支持俄德同盟,出身于莫斯科杰出医生和商人世家的谢尔盖·博特金（Serge Botkin）便是其中有趣的一例。支持与德国结盟者常被污蔑为死硬顽固分子，这种说法更站不住脚。其实，罗森和吉尔斯都是自由主义保守派，他们完全致力于维护 1905 年 10 月尼古拉二世许诺的政治与公民权利。[53]

1914 年前，格里戈里·特鲁别茨科伊对真正的俄国对外政策的影响要大得多，所以有必要先审视他的理念。特鲁别茨科伊的背景和早年经历左右了他的政治思维。特鲁别茨科伊家族是贵族：格里戈里·特鲁别茨科伊是 19 世纪 90 年代德国宰相克洛德维希·霍恩洛厄（Chlodwig zu Hohenlohe）亲王的二表弟。格里戈里之父不富裕，但其财力刚好能供儿子从事外交事务。格里戈里后来娶了一位富有贵族，这意味着他无须依赖自己的薪水。在童年时代，对他产生关键影响的是母亲的家族——洛普欣家族，一个关系亲密的绅士宗族，同莫斯科城中起主导所用的亲斯拉夫主义者有密切联系。格里戈里的母亲是虔诚的东正教徒和忠实爱国者，她在很多方面影响了儿子一生的价值观和忠诚感。影响力仅次于她的是两位兄长，他们都在莫斯科大学任教，是非常睿智的著名亲斯拉夫自由派人士。特鲁别茨科伊家族是纯正的莫斯科人。格里戈里·特鲁别茨科伊本人在莫斯科读中学和大学。他在那部至今未出版的回忆录中写道，他的早年"当然是在可以听见俄国心跳的莫斯科度过的，而不是在圣彼得堡。俄罗斯民族的良心和意识都是在莫斯科孕育发展的"。母亲、家庭、东正教、乡村、莫斯科、俄国、亲斯拉夫主义——这些是主导特鲁别茨科伊的政治忠诚感与他的俄国对外政策主张的核心要素。[54]

对格里戈里·特鲁别茨科伊来说，对外政策得是民族的，也就是说得从俄国人民的利益、历史和民族宗教特征中汲取灵感。他认为跨国民族和宗教纽带对一切伟大民族都至关重要。这种纽带规定了"文化、思维方式和民族理念的共性，伟大民族认为这是自身创造力和精神人格的延伸，不会不予重视"。"没有灵感和创造活力"的伟大民族无法存续：在俄国，这一灵感的基础只能是东正教和斯拉夫理念。俄国为解放巴尔干基督徒付出的牺牲不应被遗忘，以这些牺牲为核心可以形成爱国主义，并同民族荣誉感以及自由与发展承诺相结合。用更现实的话来说，如果俄国和更小的斯拉夫民族想在强大的德国压力面前保持独立性——既包括文化独立性，也包括政治独立性——那么他们就需要彼此。正如 1911 年特鲁别茨科伊所写，"我们不能助长任何针对其他国家或民族的敌意，但若政治、经济、文化强大的部族显示出征服、吞并与我们相关的弱小国家或民族的天然倾向，那我们的利益在于尽全力援助后者，并帮助他们维护存在与自决的权利"。[55]

民族性对外政策蕴含着俄国对斯拉夫人和君士坦丁堡命运的高度关切。格里戈里·特鲁别茨科伊是虔诚信徒，他对东正教会的历史与当前需要都有浓厚兴趣。外交官生涯的头十年，他在君士坦丁堡写了关于东正教会和当代俄国在近东外交政策的历史类学术文章。对他来说，君士坦丁堡和海峡问题在很多方面都十分重要。他绝不会牺牲斯拉夫人的利益来换取俄国在海峡的优势，这是指导他一生的绝对原则。他认为此举既不道德也不现实，因为若想在海峡维持强势，俄国就需要依靠巴尔干斯拉夫人的坚实基础。1906 ~ 1914 年，一个更进一步、更受限制的优先策略是延迟一切关于海峡问题的最终解决，直到俄国重振国力，能保证任何处理方案都可以维护其利益。[56]

1912 ~ 1913 年，奥斯曼帝国在巴尔干战争中战败，于是海峡与君士坦丁堡的命运一下子受到关注，这一状态持续了十年。特鲁别茨科伊渴望俄国占有二者。他肯定不会为此目的引发欧洲战争，但他反对所有长远看来可能阻止俄国实现该目标的行为。1914年，土耳其对俄宣战，局势随之改变。伦敦和巴黎承认，任何未来的和平协议都会把君士坦丁堡和海峡分给俄国，这让特鲁别茨科伊很高兴。他认为这将团结俄罗斯人，促进政府与社会的和解，保证俄罗斯民族致力于获取胜利。他致信萨佐诺夫："我成了外交官，随后回归外交部门，在这一问题上工作多年。这些年来，我脑子里只有一个想法，那就是海峡必须属于我们。对我来说，俄国所有对外政策都以达达尼尔海峡问题为中心，它代表着目标和迄今为止数百年努力的圆满成功。"要不是受革命干扰，同盟国胜利后，特鲁别茨科伊本人会成为首任俄国驻君士坦丁堡总督。[57]

　　1917年革命暴露了特鲁别茨科伊信念的薄弱前提，从更广泛的角度看，它也暴露了俄国的自由帝国主义在很大程度上仰赖的薄弱前提。帝国主义将俄国卷入同他国的纷争，但未能如愿以偿地在俄国动员强大支持力量。诚然，作为议会中心的保守党与很多媒体大可以团结在此计划下，他们也对1916年英法关于君士坦丁堡的公开许诺满怀热心，1914~1917年大部分俄国自由主义者亦然，只要（在他们看来）战争波及俄国；然而，帝国主义在近东的目标却几乎没有缓和战时政府与议会的激烈冲突。

　　最重要的是，不可能激起俄国民众对君士坦丁堡或斯拉夫同胞事业的兴趣。1909年，格里戈里·特鲁别茨科伊的哥哥叶夫根尼·特鲁别茨科伊公爵写道，只有把俄国当成"尸体"的人才会认为，当为了自身荣誉和斯拉夫事业对抗德国时，"强大和有基础的爱国主义"不会发挥作用。

　　一战证明他大错特错。与此同时，1906～1907年格里戈里·特鲁别茨科伊所属的政党压根未能在政治选举中赢得重要支持，这也预示他不擅长评估民意。特鲁别茨科伊辩称："需要让人民保卫俄国时，统治者不可能压迫他们。"他甚至准备对部分私有土地实行强制没收，以便争取农民对国家的忠诚。然而，与那个年代很多俄国自由主义者一样，他高估了民主政权赋予政府合法性以及团结社会的近乎魔力的力量。格里戈里·特鲁别茨科伊自诩乐天派，对于民主制度很可能对俄国与奥斯曼帝国产生的影响，他的判断常常显露出真挚、慷慨和人性的天真。[58]

格里戈里·特鲁别茨科伊公爵夫妇

相形之下，格里戈里·特鲁别茨科伊对国际政治的看法极其"现实"。帝国主义时代的国际关系折射出丛林法则——弱者将亡，不少昔日辉煌的帝国已然如此，而奥斯曼帝国和中国正在经历这一过程。尽管"俄国的力量和手段远远不足以支撑它身为大国的任务"，它却被迫在欧亚的军事外交组合事务中发挥积极作用，因为孤立是致命的，而"我们的弱点已经暴露得一览无余，它们中其实包括对俄国的主要战争威胁"。1905年革命期间俄国受辱最深、国力最弱时，以及1909年波斯尼亚危机进入高潮时，特鲁别茨科伊脑中正萌生一些可怕念头，他想到德国图谋俄属波罗的海省份，或是支持奥地利穿过巴尔干半岛，推进至萨洛尼卡（Salonika）。[59]

可见，德国是特鲁别茨科伊的心腹大患。1910年，他细思德国经济的迅猛发展，并引用哥哥对德意志帝国的描述，称该国为"一个大锅炉，它产生过剩蒸汽的速度极快，因此需要排泄口"。锅炉是否会爆炸，部分取决于其他国家是否给予德国拓展经济的空间。若是俄国利用政治杠杆阻止德国商业进入波斯，或英国靠保护性关税给德国设壁垒，结果或将致命。德意志帝国的邻居应该避免如此挑衅，而且"和平关系到数百万劳动者和资本家的利益"，邻国应该相信德国境内看起来不可阻挡的民主政治的传播将"对和平的维持"施加"十分强大的影响力"。然而，威胁性的民主发展本身就存在危险：保守力量统治德意志帝国，"只有民族主义的调子"才能让他们的地位合法化。特鲁别茨科伊认为，德国"这个国家打破了军国主义国家的所有纪录，给欧洲军备的增长树立了普遍标杆"。最重要的是，德国就是国力强盛。[60]

身为典型欧洲外交官，特鲁别茨科伊对德国国力的回应必然是呼吁欧洲权力均势，为了普遍安全而维持欧洲均衡的绝对必要是其公开出版的著作中反复出现的大主题。特鲁别茨科伊写道，权力均衡有时似乎是《圣经》的意旨。他认为，19世纪90年代的两大同盟未制造任何威胁，还为所有人提供了安全与确定性。除了日益壮大的德国国力外，关键问题是俄国的战败与1905年革命实际上已将俄国移出均势，这就撤销了安全的重要保障，导致不安、诱惑与恐惧弥漫于欧洲大陆。在此背景下，法俄同盟一定会弱化。但1910年特鲁别茨科伊写道，虽然法国出生率下降、财政紧张，但它天生是所有大国中最爱好和平、最谨慎的国家。英国填补了俄法留下的保障者空缺。特鲁别茨科伊一边拥护英俄协议，一边厌恶它对俄国在波斯利益的一些影响。然而，若是他认为很有可能出现的英德战争爆发，他会坚决捍卫俄国的中立。他也不像某些俄国外交官一样，认为英国能在大陆冲突中给俄国很大帮助。特鲁别茨科伊的底线一直是这样：只有俄国完全恢复国力，欧洲才能真正恢复安全。[61]

罗曼·罗森男爵对国际关系和俄国对外政策的观点与格里戈里·特鲁别茨科伊截然相反，尽管后者十分崇拜前者的智慧、道德勇气和外交官专业技能。在那个时代，罗森的职业生涯和见解在外交官中独树一帜。他出身于旧波罗的海德意志贵族家庭，但他的父亲没有土地，母亲和妻子都是俄国人。他从小就能讲流利的德语，尽管如此，罗森信仰东正教，也没在波罗的海省份接受教育，而是去圣彼得堡的帝国法学院上学。走上俄国外交界顶峰之前，他曾在俄国驻欧洲大国大使馆以及处理同大国关系的外交部大臣办公厅任职。然而，罗森总是对俄国与非欧洲世界的关系更感兴趣。他往往在亚洲或美洲任职。

罗森在回忆录中写道，在职业生涯伊始，他就受两条重要信念指导：“首先，俄罗斯帝国在欧洲大陆的扩张已达极限，继续吞并外国人占据的任何领土只会削弱国力。其次，俄国的真正利益在于西伯利亚帝国的发展和她在中亚的财产。”罗森在欧洲只担任过一次有意义的职位：19世纪90年代，他在贝尔格莱德当了两年公使。这一任命归功于阿列克谢·洛巴诺夫－罗斯托夫斯基（Aleksei Lobanov-Rostovsky）公爵，此人是尼古拉二世手下最能干的外交大臣，也是罗森眼中唯一值得认真考虑其建议的大臣。洛巴诺夫是9世纪时创立基辅公国的留里克王朝之后。他是优秀的健谈者、出色的语言学家和杰出学者，任驻维也纳大使期间，他身着晨衣去教堂做礼拜，包养情妇，并建立了有8000本藏书的图书馆。尼古拉二世的外交大臣中，只有洛巴诺夫是真亲奥派，他致力于结束俄奥在巴尔干半岛的敌对关系。罗森的贝尔格莱德职位符合这一事业，这是传统“宫廷”策略的核心层面。[62]

罗森最著名的一点在于：日俄战争爆发之前十年，他曾担任两任俄国驻东京公使。若是听从其建议，俄国不会鲁莽地陷入这场灾难性冲突。罗森强烈谴责俄国的战前政策，声称它既未明确要达到的目标，又未将手段与目的匹配。此外，他也尖锐批评对东亚国际环境以及日本的意图、国力的不现实理解。换言之，这是对根本不专业的政策的专业性批评。然而，罗森的观点也包含更深沉的文化因素。对大多俄国官吏特别是对影响尼古拉二世的傲慢贵族来说，日本人不过是亚洲人，在强大的欧洲大国俄国面前一定会撤退。如果罗森有不同见解，那原因之一在于他深深推崇日本人与日本文化。正如他于1899年致信弟弟维克托时所说，他在日本过着非常文明的生活，这毫不令人意外，因为“当希腊和意大利之外的欧洲还处在食人族时代"，日本人"已经是文明民族了"。[63]

135 罗森与其兄弟的关系是有潜在吸引力的题材，但不幸的是，相关资料很少存留下来。罗曼·罗森的回忆录《四十年外交生涯》（Forty Years of Diplomacy）局限于政治，只字未提及家人或其本人更广泛的文化兴趣。兄弟间的大量书信说明他们亲密友善，但两人的通信几乎只写个人与家庭的日常事务。这很可惜，因为维克托·罗森（Viktor Rosen）也是个很明智的人，与兄弟有很多相同的价值观和兴趣。维克托是俄国杰出的学院派东方学家，常年担任圣彼得堡大学东方研究中心主任。20世纪，俄国最著名的亚洲问题专家大多曾是他的学生。维克托·罗森与他的这些学生的主要工作动力是想说明，当时大部分欧洲人认为东西方存在显著差异，但若探究语言、民族和文明的起源，便可明了这种说法很荒谬。因为这种矛盾观念在很大程度上是欧洲帝国主义存在的基石，所以维克托·罗森等人的看法远远不限于学术观点。罗森与其门徒同德国的学术同僚一道，挑战当时的普遍观念——文化根植于民族与血缘。考虑到那个年代对种族、民族、文化的主导性臆断，这也产生了重大影响。

136 关于俄罗斯帝国，维克托·罗森与其学生强调了一种可能性：在俄国的欧亚地域建立单一文化社会，在允许各民族自由发扬民族传统的同时，维护其忠诚。这种观点不同于20世纪20年代全面发展的欧亚学派，而且它着重说明俄罗斯人有部分亚洲人血统，远非纯种斯拉夫人。它同还处在萌芽阶段的苏维埃民族政策更缺乏共同点。然而，罗森的见解与这些后来的理论之间的联系很明显。研究维克托在多大程度上影响罗曼·罗森会很有趣。兄弟俩有那么多共同基础观念和信条，这几乎不可能只是巧合。正如我们所见，格里戈里·特鲁别茨科伊对俄

结束日俄战争的朴次茅斯和会上，罗斯福总统将谢尔盖·威特介绍给日本首席代表，罗曼·罗森男爵站在谢尔盖·威特左后方

国外交政策的看法，根植于对什么是俄国、俄国在世界上的正当地位等理解。罗森兄弟亦然。特鲁别茨科伊的观点体现了对俄国身份的传统看法，而维克托·罗森与其追随者正尝试建立另一种俄国身份。[64]

反映罗曼·罗森的观点有两个主要资料，一个是其回忆录，另一个是 1912 年 9 月他上书尼古拉二世的俄国对外政策长篇备忘录。他撰写备忘录时恰逢巴尔干战争爆发，而且君主的继承人阿列克谢皇太子此时病危。然而，就算尼古拉认真读了备忘录，他也不大可能接受对其政府对外政策如此激进且背离传统的批评。[65]

当时，俄国对外政策以维持欧洲权力均势、君士坦丁堡与海峡问题、俄国与斯拉夫人的关系为中心。罗森对这三个主题都有非常独到的见解。某种意义上，独创性是其备忘录的核心基调。他写道，俄国政策在很大程度上受如下预断和口头禅影响：俄国的"历史使命"；"权力均衡"；德国"称霸"欧洲的威胁；俄国对斯拉夫人的"天然"义务；君士坦丁堡与海峡对俄国家园来说"很重要"，因而必须由俄国人牢牢握在手中。罗森认为，所有这些陈词滥调都是危险的荒诞言论，它们会导致俄国在不久的将来陷入大陆战争，而这只对革命社会主义有利。[66]

至于君士坦丁堡，罗森指出，俄罗斯帝国是疆域辽阔、民族成分复杂的拼凑物，考虑到当时统治俄国自身存在的巨大困难，若是夺取君士坦丁堡这座完全不属于俄国的城市，这可能会成为压垮帝国的最后一根稻草。保卫城市和海峡，需要俄国调配价格高昂的物资。至于俄国贸易安全，罗森认为最安全的策略是支持国际保障下的海峡中立，并让大国一并保障奥斯曼帝国对此区域的占有。这样的话，面临外来威胁时，土耳其人就没有关闭海峡的需要与权力。1911～1912年土意战争期间，土耳其曾两次封锁海峡，给俄国贸易造成重大损害。俄国不大可能夺取海峡，就算它成功了，也有引发国际冲突的风险，而且不会带来多少好处。俄国的三个海洋战场——波罗的海、黑海、太平洋——彼此相距甚远，在三者间调配军舰永远是缓慢艰难的。战时，不管谁控制君士坦丁堡与海峡，任何统治地中海乃至更远处海洋的强大海军都可把俄国军舰和俄国贸易封锁在黑海内。[67]

罗森甚至更不看好俄国与斯拉夫人的关系。对外政策的基础是利益，不是"朦胧感情"，巴尔干斯拉夫国家照此逻辑行事，哪怕俄国公众意见抱有相反幻想。无论如何，统一的斯拉夫文化是个传说。事实上，所有斯拉夫土地上的中产阶级从现代化西欧而非更落后的俄国汲取灵感。俄国和巴尔干之间的贸易额很小。主张扶持巴尔干斯拉夫国家的常见理由是，倘若俄国与奥地利开战，这些国家的军队将成为盟友。罗森认为这荒唐可笑，因为俄奥产生冲突的唯一原因恰恰是俄国对巴尔干斯拉夫人的帮助。维也纳在巴尔干推进文明化的行为自然合法。斯拉夫人越是融入君主国，德裔奥地利人和匈牙利人就越难践踏斯拉夫利益。不管怎么说，奥地利人试图管理巴尔干西部的举动没人领情，从俄国人的自私视角来看，把奥地利人同这项任务绑在一起极其明智。关键是阻止奥地利在俄国西部边境激起波兰和乌克兰民族主义，而这是奥地利必然会对俄国的巴尔干政策采取的危险回应。更危险的是，当前奥俄敌对关系几乎一定会在不久的将来引发欧洲战争。[68]

　　罗森认为，大陆权力均衡或法俄同盟并未促进欧洲和平或给俄国带来利益。相反，声称会保障欧洲均势或安全的敌对同盟体系，实际上创造了每日恐惧战争爆发的两大武装阵营。在罗森看来，俾斯麦时代的欧洲和平更为稳固，当时德国霸权导致法国根本不可能为丧失阿尔萨斯－洛林一事寻求报复。在英德的海洋与殖民地主宰权争夺战中，发挥积极作用也完全有悖于俄国利益。在这场竞争中，德国注定会设法控制邻近小国，它们的海岸线可为德国提供通往北海与国际贸易线路的更安全通道。俄国也不应为此担心。如果威廉二世决心倾尽德国资源来力争掌控大西洋贸易线路，俄国就应该鼓励他。毕竟在全球层面上，权力均衡必然意味着在海洋和殖民地方面挑战英国霸权。

　　罗森的基本观点是，俄国在欧洲的首要利益是西部边界的安全与对非俄属边境地带的掌控。迄今为止，对这些利益的最好保障在于德奥旧同盟。纵观19世纪，同相邻帝国的良好关系

138

保障了俄国西部边界不受侵犯。只要俄国不插手巴尔干事务以及与其利益无甚关系的西欧事件，这一点就仍然适用。如果俄国能避免卷入欧洲冲突，未来就属于俄国。各大帝国争夺未来世界主宰权时，俄国所处的位置比其他欧洲国家好得多。它应该专注于维持和平，并开发亚洲国土蕴藏的巨大潜力。同西伯利亚、太平洋地区和中国的命运相比，民众热议并驱动俄国对外政策的欧洲事务微不足道。[69]

139　　　　罗森的形象是"波罗的海男爵"，他的观点独到且激进，所以他不大可能对俄国对外政策产生重大影响。正如已经指出的，亚历山大·吉尔斯的方针更温和，因此也更不易被忽视。吉尔斯的两个堂亲是亚历山大三世的外交大臣尼古拉·吉尔斯之子，战前曾任俄国驻维也纳和君士坦丁堡大使。外国人和俄国公众意见认为，吉尔斯这个姓氏同对外政策中谨慎、现实、明显不亲斯拉夫的方针相联系。亚历山大·吉尔斯是弗拉基米尔·科科夫佐夫的童年密友，经常就外交问题给他写信。亚历山大·吉尔斯向首相大力宣扬自己对俄国对外政策日益批判的看法，还向他转告时任驻维也纳大使、亚历山大的堂亲尼古拉·吉尔斯的类似忧虑。[70]

　　亚历山大·吉尔斯是专业外交官，20 世纪头十年曾任驻马其顿总领事。某种意义上，他的职业生涯模式与格里戈里·特鲁别茨科伊相同。1905 年，他离开外交部，试图从政，并充当未来的自由主义保守政客的外交政策顾问，这些人往往是特鲁别茨科伊的盟友，并且与他持相同观点。此时，吉尔斯尖锐批评官方的对外政策，称在东亚的冒险危及俄国耗费数代心血与牺牲在近东和巴尔干建立起的地位。制定符合公众意见的未来对外政策才能取得成功。[71]这是 1905 年的普遍观点，格里戈里·特鲁别茨科伊亦赞同。然而，1906～1914 年，两人出现明显分歧。

亚历山大·伊兹沃利斯基致力于助长公众意见的声势，他眼中的天然同盟恰恰是同亚历山大·吉尔斯有联系的议员。[72] 1906 年 5 月，伊兹沃利斯基就任外交大臣后烧的第一把火就是任命吉尔斯掌管新成立的媒体局。两人做了将近两年的亲密盟友，但是 1908～1909 年的波斯尼亚兼并危机严重损害了他们的关系。[73] 危机期间，媒体和公共论坛经常发表歇斯底里的愚蠢看法，在一定程度上打击了吉尔斯对俄国公众意见及对外政策的热情，于是他反对首相斯托雷平塑造俄罗斯民族主义意见的做法。吉尔斯后来写道，他之所以不能在外交职位上进一步上升，是因为伊兹沃利斯基不敢惹恼斯托雷平。[74] 相反，伊兹沃利斯基把吉尔斯"藏"在外交部会议里，其实这是个尊贵闲职。吉尔斯在这个职位上待了两年，在此期间，他努力思考如何让俄国摆脱在巴尔干和近东面临的十分危险的国际危机。

这些年来，亚历山大·吉尔斯在对外政策上重点关心避战，这首先是因为俄国内政不稳，存在革命威胁。俄国决策者大多相信这一点，但是外交官同外国谈判时容易忘记本国国情。毕竟内政问题不应干扰大国地缘政治。吉尔斯之所以在外交官中独树一帜，不仅因为他把内政和避战置于最核心位置，也因为他会根据这一点思考应该如何制定俄国的对外政策。[75]

1910 年冬天，吉尔斯向外交大臣萨佐诺夫极力强调让大臣会议全面参与对外政策制定的重要性，因为国际环境对俄国国内发展来说很重要。不出所料，萨佐诺夫非常反对由"外行"指点部门专业事务的主意。[76] 一年后，吉尔斯重提此事。尼古拉二世已经允许大臣会议讨论对外政策，因为必须利用此优势，让大臣们充分了解国际局势现实以及俄国对外政策务必坚守的原则。最重要的是，此举之所以关键，是因为它能让大臣们理解内外政策之间的关系，从而支持俄国的首要需要和目标，即避战。吉尔斯向财政大臣科科夫佐夫陈述了这些提议。大臣会议主席科科夫佐夫是吉尔斯的密友，在俄国对外政策优先事项上两人持相同观点，这无疑促使吉尔斯渴望大臣会议参与对外政策的制定。[77]

1911 年夏天，吉尔斯写道，巴尔干和君士坦丁堡地区日益显露的危机有可能迅速汇成一波洪峰，冲走一切。[78]与其等它汇成一个巨大浪潮，吉尔斯反倒大力主张有必要区分巴尔干半岛与海峡问题，设法快速地分别消除决定两个潜在危机的关键因素。他越发强调俄国的核心优先事项是黑海海盆与海峡，而不是关心巴尔干人和斯拉夫人。[79]1908 年，青年土耳其党上台执政，大众幻想他们是代表民主和民族包容的力量，而吉尔斯几乎立刻对此提出批评。和大众幻想相反，他写道，青年土耳其党是土耳其民族主义者，该党派的主张和目标定会导致他们同基督徒国民和俄国爆发冲突，并依赖德国。考虑到当时的规则禁止俄国往海峡派遣军舰，土耳其决定从英格兰购买无畏舰一事严重威胁俄国在黑海地区的安全。1913 年，吉尔斯已然得出结论：如果想在不引发战争的前提下消除此威胁，唯一的办法是改变管理海峡军舰通行权的规则，而通过所有大国支持的国际保障使这一地区中立化也会让俄国贸易更安全。吉尔斯认为，倘若俄国只追求这个小目标，它可以赢得法英盟友的支持，很可能还能赢得其他大国的支持，从而避免采取更具侵略性的手段。[80]

这是对格里戈里·特鲁别茨科伊强烈主张的方针反其道而

行之。对特鲁别茨科伊来说，更糟的是吉尔斯对待巴尔干斯拉夫人和俄国民意的态度。1912～1913 年巴尔干战争期间，吉尔斯任俄国驻黑山公使，这段经历使他对二者的批评更加猛烈。1913 年，他写道，俄国公众在巴尔干事件上自我误导，受情绪、感情和俄国媒体的曲解驱使。吉尔斯谴责俄国民众的英雄、黑山国王尼基塔（Nikita），他说此人是个彻头彻尾的不可靠小人，致力于操纵俄国公众意见，其最大的忠诚感至多是关心如何延续自己的王朝。就连起初同情斯拉夫事业的俄国人也常常被身处黑山的现实经历浇一盆冷水。长期任俄国驻黑山王国军事任务领导人的尼古拉·波塔波夫（Nikolai Potapov）写道，尼基塔厚颜无耻，其使臣大多是骗子，而黑山人的首要特征是"撒谎、失信、偷懒、自卖自夸、贪婪、傲慢"。波塔波夫认为黑山人都是野蛮人的看法助长了这类来自殖民主义的抨击。这位将军是禁卫军军官，他的报告有时折射出旧"宫廷派"对巴尔干原始人的传统鄙视，也反映出波塔波夫的人格。他描述黑山人如何残害在红字十会公使面前被巧妙掩藏的土耳其战俘，以及如何野蛮对待所控制地区的公民，其中甚至包括信奉东正教的塞尔维亚公民。[81]

即使黑山人和他们的国王是极端例子，吉尔斯也认为这类人在巴尔干民族中并不少见。他曾致信谢尔盖·萨佐诺夫，声称在塞尔维亚人、希腊人、巴伐利亚人和罗马尼亚人中没多少选择余地："他们彼此憎恨，极不情愿靠合理妥协来解决几百年来积累的恩怨。"[82]1913 年 4 月，他写道，不仅巴尔干各民族彼此间斗得你死我活，他们对俄国的态度也完全是想利用俄国。他们希望获得俄国力量的支持，但对俄国文化或理念没有真实认同感，更别提愿意听从俄国的建议。[83]塞尔维亚人最危险，因

142

为俄国人被逼扮演塞尔维亚民族事业的捍卫者。吉尔斯认为，就连哈布斯堡帝国的塞尔维亚人也同塞尔维亚王国的同胞有显著区别，所以民族主义者统一塞尔维亚人的计划本身"十分可疑"，更不用说统一所有南斯拉夫人。贝尔格莱德人同克罗地亚人、斯洛文尼亚人等哈布斯堡帝国内的其他斯拉夫国民差别更大。然而"王国内的塞尔维亚人近来已然确信，不管采用什么方式与奥地利斗争，他们总会发现自己能获得俄国与俄国政府的同情和支持"，这十分危险。贝尔格莱德越来越频繁地把俄国卷入塞尔维亚与奥地利的冲突。[84]

吉尔斯认为这完全有违俄国利益，倘若俄国想在海峡问题上达成可容忍的妥协，奥地利便能充当其重要盟友。首先，俄国面临因奥地利与塞尔维亚的争执而陷入欧洲战争的危险。哪怕在1911 年，即巴尔干战争全面暴露奥俄就塞尔维亚问题彼此敌对的风险之前，吉尔斯就称，在奥地利向西南扩展时捍卫塞尔维亚事业，既不符合俄国利益，也不符合俄国国力。哈布斯堡帝国越是吸纳塞尔维亚人，就越不可能仅仅充当柏林与奥德同盟的爪牙。在吉尔斯看来，沦为爪牙对俄国和奥地利自身都是最大威胁。他提出，哈布斯堡君主国有两个选择：向联邦方向发展，平等对待塞尔维亚人、德意志人与匈牙利人；完全沦为更大德意志国与其扩张野心的附庸。第一条路符合俄国（与哈布斯堡）的利益。无论如何，奥地利斯拉夫人都比巴尔干斯拉夫人更理智、更文明，俄国应该支持他们。最重要的是，捷克人与其他奥地利斯拉夫人害怕爆发欧洲战争，因为它将彻底释放日耳曼人统治帝国和中欧的全部力量。俄国应该尊重这一意见，它也满足俄国对和平的迫切需求。俄国得设法全面重铸与哈布斯堡君主国的关系，从而避免欧洲向严格划分为两大敌对阵营的国际体系发展。这些想法无疑为亚历山大·吉尔斯原创，但我们也不能否认其中有他的堂亲、俄国驻维也纳大使尼古拉的功劳。[85]

倾听对外交大臣萨佐诺夫的政策的批评是有用的。1914 年之前，就算在外交部内，也不存在对俄国外交政策的非议和质疑声。当时，罗曼·罗森的观点几乎不可能占上风，但其学术影响力却与此相反。若是有发展时间并得到俄罗斯民族精英的支持，欧亚主义概念可能为截然不同的俄国对外政策奠定基础。1917 年，欧亚主义理念在俄国流亡者中迅速风行。讽刺的是，主要代言人之一正是格里戈里·特鲁别茨科伊的侄子尼古拉·特鲁别茨科伊（Nikolai Trubetskoy）公爵。欧亚主义之所以盛行，在很大程度上是因为俄国上层阶级认为，1917 年是一场文化革命，其驱动力之一是俄国民众抛弃了本国的欧化上层阶级。对于流亡外邦、没有地位和财富的人来说，抛弃欧洲是情感攻势。欧亚主义沾染上激烈的反对西方色彩，至今亦然，但罗森兄弟完全不这样认为。[86]

同罗曼·罗森不同，哪怕在 1914 年之前，亚历山大·吉尔斯的意见也有些许被采纳的机会。尼古拉二世读了吉尔斯的备忘录，有时还要求大臣考虑吉尔斯的建议，并向他反馈。[87]吉尔斯主张和平优先、与奥和解、在海峡保持最低限度的野心。关于这些建议是否比谢尔盖·萨佐诺夫奉行的政策更有利于俄国，当然存在争议。当然了，我们知道萨佐诺夫的政策以战争、革命和俄国的灾难收场，因此吉尔斯的替代策略自然就获得了偏爱。无法回答奥德两国是否会对他的政策予以建设性回应，从而避免欧洲冲突。格里戈里·特鲁别茨科伊认为，吉尔斯的方针只会让奥地利人和德国人更加相信俄国衰弱，进而越发刺激他们的胃口和侵略性。事实上他很可能是对的。有一点是确定的，亚历山大·吉尔斯提议的政策会得罪陆军与海军领导层，并在大范围内激怒俄国公众意见。

武装力量

正如上一节所言，这个年代的大部分外交是武装外交，带有战争的危险和威胁。被视为不愿或不能动用武力捍卫核心利益的大国会遭不幸，因此准备好供战争所用的武装力量一直是一切对外政策的关键要素。原则上，外交和军事策略需要协调，只有首先对俄国核心利益为何、如何最好地保护该利益等问题进行明智全面的分析后，才能决定如何将稀缺资源分配给武装力量。但日俄战争之前十年的情况已经证明，事实可能截然相反，外交部、陆军部、海军部存在的根深蒂固的看法与各自利益导致难以协同。

就俄国而言，特别是仔细考虑与德奥作战时，两支武装力量中，海军的重要性往往小得多。然而，当土耳其与海峡问题浮出水面后，海军的意见与其迅速在博斯普鲁斯海峡发动奇袭的能力变得十分重要。外交危机越逼近爆发战争的极限，军事考量就越引人关注。动员并部署军队是极其复杂的行动，困扰军事策划人员，并全面考验一国的效率和经济基础的现代化水平。随着外交危机升级，这会加剧外交官与军人之间不可避免的紧张关系。

外交官一般有设法避战的天性。将军视战争为既定事项，关心如何取胜。也只有军人才知道动员的复杂性，这让他们在所有讨论中占上风。于是，当军事筹备和动员问题提上议程后，人们总是非常认真地听取陆军大臣的意见。他能否在军事范围之外发挥作用，取决于他同沙皇的关系。在亚历山大二世的长期统治（1855～1881）中，德米特里·米柳京（Dmitrii Miliutin）将军当了三十多年陆军大臣，他不仅在对外交往中，也在内政中扮演重要角色。1905～1915年的两位陆军大臣亚历山大·勒迪格（Alexander Roediger）与弗拉基米尔·苏霍姆利诺夫（Vladimir Sukhomlinov）就不同了，他们的职责或多或少都局限于更狭窄的军事层面。

沙皇检阅军队

军队的存在是为了战争，但他们大部分时间在和平中度过。以往的战争经验也未必能为下一场战争提供良好指引。和平时期，行政管理人员常常令人瞩目，因为军队是庞大复杂的组织，需要很强的管理能力才能操控它。在俄国尤为如此。与气候、距离、落后经济相关的所有困难使负责指挥这一庞大复杂组织的人背上沉重负担。行政管理在军方领导层的日常中占用大量时间，官僚政治往往亦然。军队各兵种——步兵、炮兵、骑兵、

146

工兵——争夺优先权和资源时常常互不相让。连同皇储在内的整个罗曼诺夫家族都曾服兵役。比起大部分民政部门，尼古拉二世对军队的兴趣要细致得多。大臣们讨厌他的干预，因为这样做会轻易削弱大臣的权威，并有利于他们反对的人和事业。很多罗曼诺夫大公出任重要军职，这保证了沙皇同大臣的一些重要下属有直接联系。[88]

1905 年以后情况恶化了。败于日本、受辱于日本让根本性变革的需求变得格外明显。人们热烈讨论需要什么改革、如何最好地实施这些改革。军方上层是一群野心勃勃的嫉妒之辈，他们中遍布恩庇 - 侍从网络以及对要塞、行动计划以及其他专业问题的争论。1906 年，杜马成立，于是陆军大臣的工作更为繁杂。1907 年 6 月，选举法变更，此后议会被自由保守派和民族主义政党把持，这些人支持宽松军事预算，对恢复俄国军力怀有极大兴趣。就军务而言，杜马中的首要人物是亚历山大·古奇科夫（Aleksandr Guchkov），此人是自由保守党派"十月党"党魁，斯托雷平执政期间（1906～1911），该党是立法机关内第一大党。古奇科夫与其盟友同军方上层建立了密切联系，引发了尼古拉二世的恐惧和嫉妒。人格问题一如既往地产生了影响：尼古拉不信任政客，尤其讨厌古奇科夫，并（正确地）认为此人是不择手段的冒险家。然而，代议制度的创立必将引发君主和议会的冲突。在 17 世纪的英格兰，内战爆发前的那些年里，争夺军队控制权是查理一世和议会争斗的关键原因。类似的，19 世纪 60 年代，对军队控制权的争夺也是普鲁士宪政危机的核心。俾斯麦替君主赢得了这场争夺战，他不仅在很大程度上使德意志帝国军民关系成形，还大大塑造了整个德意志政体。1917 年 3 月，军队高级指挥官拒绝帮助尼古拉镇压首都的起义，因此他才被迫退位。前十年中，重要将军和杜马政客领导建立了紧密联系，这在军方高级指挥官决定立场时发挥了重要作用。

为了回应日俄战争中吸取的教训，1905 年，两大重要新制度建立。尼古拉大公主持国防会议。与此同时，俄国效仿普鲁士，首先让总参谋长，进而让有关战争的一切战略策划从陆军部中独立出来。新任总参谋长费奥多尔·帕利岑（Fedor Palitsyn）将军是大公的盟友之一。原则上，这些改革是对战争中显现的弱点的理智应对。国防会议旨在推进根据外交部定义的俄国核心利益和优先事项而制定统一的陆海军防御战略。之所以设立独立的总参谋部，是为了在军队顶层重新确立战争筹谋和计划的优先事项，并把军队领导人员从僵化的行政管理职责中解放出来。官僚政治和制度利益损害这一策划。国防会议未能协调陆海军政策，这在很大程度上是因为尼古拉二世决定重建俄军舰队，在分配国防预算时他和海军将领一同对抗国防会议中的大部分陆军人士。与此同时，三个独立制度分散军队控制权，刺激党派斗争，事实上，这让未来战争的军事筹备比以往更难协调。[89]

于是，1909 年国防会议被废除，总参谋部则归此年接替勒迪格任陆军大臣的弗拉基米尔·苏霍姆利诺夫管辖。这导致尼古拉大公、苏霍姆利诺夫与他们各自的党派之间产生巨大敌意。苏霍姆利诺夫的职责包括密切监视杜马政客与军队的联系，所以他在议会圈内也不受欢迎。1915 年，在一场旨在推卸这一年俄国的军事灾难责任的恶性斗争中，紧张态势达到白热化程度。大公赢了，重要原因之一在于他同杜马和公众意见结成同盟。苏霍姆利诺夫落得锒铛入狱的下场，他被控诉的罪行不仅有腐败，还包括叛国。较新的学术研究承认腐败指控，嘲笑叛国指

147

控（这很正确），并指出苏霍姆利诺夫对陆军部和军事筹备的管理方式比批评者声称的更为明智。[90]

弗拉基米尔·苏霍姆利诺夫将军

148　　弗拉基米尔·苏霍姆利诺夫是训练有素的总参谋部军官，担任陆军大臣前曾出任关键职位。从专业的军事角度来说，他完全胜任这份工作。问题在于，苏霍姆利诺夫看起来比他的实际水平愚蠢得多。身为一个优秀的美食家，苏霍姆利诺夫表现得很难闭上自己的嘴，他也被一个比他年轻得多、相当性感、特别奢侈的妻子牵着走（或许可以礼貌地说是牵着鼻子走），并因此臭名昭著。妻子的巨额生活开销导致苏霍姆利诺夫陷入肮脏的财务交易。此外，他不是天生的政治家，并很难在自己的部门里操控杜马或官僚政治。重点在于军事效率取决于陆军大臣与总参谋长的关系，因为哪怕在 1909 年以后，总参谋长也负责制订战略和行动计划。然而，如今总参谋长也是陆军部高级次长，所以他是大臣之位的最有力竞争者。官僚政治和苏霍姆利诺夫保护职位的决心，在关键层面影响军事效率。苏霍姆利诺夫从前任那里得到了一个很能干的总参谋长，但他敏锐地怀疑此人正密谋获取陆军大臣一职，没过多久便以腐败嫌疑为由罢免了他。随后，他任命绝对不会成为潜在对手的人就任总参谋长。1914年以前的关键年份里，总参谋部连续换了三任总参谋长，此三人都不称职，而且不管怎么说，他们在职的时间都太短，无法掌握艰深复杂的工作，这严重影响了俄国的军事策划以及圣彼得堡处理导致1914年7月的战争危机。无能的参谋长让俄国参战时将可用兵力分置于德奥前线，而且他们派给两边的兵力都太少，不足以夺取决定性胜利。他们还对法国盟友做出承诺，使得俄国尚未准备好军队就对德国采取攻势——这造成严重后果。[91]

1905年战败和革命后，陆军和舰队显然已不能打赢欧洲战争。1908年夏，总参谋长费奥多尔·帕利岑将军撰写的长篇报告详细列出军队的弱点。第一要务是更换1904～1905年从欧洲补给站运来的用于对付日本的补给和装备。战争结束三年后，它们仍未被换完，最重要的原因是财政不足，但至少杜马终于投票赞成需要的总额，这一不足可望在不久的将来被弥补。接着，帕利岑分析了日俄战争的教训，试图说明俄军战败的关键原因。就武器和装备而言，重要的是重炮、机枪和通信技术。帕利岑将俄军与德军进行了对比，德国不仅是俄国最可能的敌人，也被认为是体现军事效率和现代化的典型。帕利岑认为，俄军在现代科技与其应用知识上皆不及德军。军队的战略铁路系统远远落后于德国，而掩护西部主要入侵路线的要塞几乎都年久失修，原因之一是此前十年，有限的资源被用于建立俄国

149

在远东的防御。俄军动员速度很慢，又很容易在战争开始之初即被德奥攻势打乱节奏。俄军的最大弱点是，它未能恰当地利用潜在的巨大人力资源：太多人免于服兵役，这不仅使新兵数量不足，也降低了其质量。除了这些当务之急，还有其他问题在俄国社会中根深蒂固，如俄国学校未对学生进行爱国主义教育。

150 　　基于这些弱点，帕利岑做了很多可怖预言。比如他断言，要是德国在波罗的海水陆并进，圣彼得堡将十分危险，哪怕圣彼得堡没有失去政治影响力，假设敌人夺取了圣彼得堡地区的诸多军工厂和储备，俄军发动战争的能力也会受影响。帕利岑警告说，更重要的是，在任何可预见的未来，俄国将完全无力靠两线作战来对付德日。总参谋长在致斯托雷平的补充信件中称，很多俄国人满足于对1812年的回忆以及如有必要俄国能再打一次类似防御战的幻想，"尽管疆域辽阔，倘若一开始就战败，实际上我们根本没准备好在西部打长期持久战，就军队的组织及受训后备役的兵力、装备方面来说，这是实话"。帕利岑呼吁在接下来十到十五年内改善这些弱点，并暗示道，如若不能消除它们，军队将无法做好战斗准备。[92]

　　1906年10月，代理海军总参谋长的报告更可怕。格奥尔基·布鲁西诺夫（Georgii Brusilov）上校写道，俄军的三支舰队中，两支现代化水平最高的已在对日战争中被摧毁。他说远东战略态势"彻底无药可救"，因为日本的水陆两军现在可以随意切入阿穆尔盆地（Amur Basin），阻止俄军保卫符拉迪沃斯托克（Vladivostok）。波罗的海的情况好不了多少，因为可用战舰寥寥无几，而喀琅施塔得（Kronstadt）的要塞已然衰朽，无法保护圣彼得堡不受攻击。此外，波罗的海省份和芬兰的非俄罗斯族少数民族感到不满，这增加了德国发动水陆两栖进攻的威胁。布鲁西诺夫补充说，虽然俄国的黑海舰队未参加日俄战争，并得以幸存，但该舰队的船只大都过时，往往维护不善，其操控者也多是缺乏训练、有哗变倾向的船员。之所以没暴露出迫在眉睫的危险，完全是因为奥斯曼帝国舰队更弱。

布鲁西诺夫强调，1904 年之前十年，海军资金全部用于建立舰队，以应对日本在太平洋的挑衅。结果是港口基础设施和造船工作被忽视，现在需要花巨资对它们进行修理和翻新。在很多方面，更糟的是 1904～1906 年的革命与战争用令人恐惧的方式展示了海军人员的弱点。布鲁西诺夫也将俄军与德军做了不乐观的对比，指出俄军急需军官，而且确实严重缺乏长期服役的专业军士。他也强调，海军教育项目未能向新兵灌输爱国主义与恰当的技巧。布鲁西诺夫对俄国在海洋上的弱势描述得着实骇人，他认为唯一的希望在于，年轻一代军官已经从战争中回归，他们满怀热情地运用自己的经验来重建海军。[93]

考虑到前述评价，无怪乎 1909 年 3 月波斯尼亚危机达到高潮时，陆军大臣勒迪根将军直截了当地声称俄军不能同时对抗德奥，从而叫停了关于对外政策选项的一切讨论。[94]就在他发言时，武装力量实际上已开始恢复。此后五年，这些改善继续进行。经济和国家收入的快速增长使军事预算大幅增加。很多设计精良的现代化军舰得以修造，俄国的造船码头和港口也转型了。然而，代价高昂。1913～1914 年，俄国的海军军费很高。在英国，单艘战舰修造的花销比俄国低 40%，而且工期往往只有俄国的一半。此外，1914 年 8 月战争来临时，就连波罗的海第一分舰队的无畏舰也没完全准备好，直到 1915 年，黑海舰队才有无畏舰。陆军的情况同样糟糕，在与德奥开战的环境下，

151

它还要更危险。海军军费和使堡垒实现现代化的巨大开销挪用了其他领域的资金。直到 1913～1914 年相关"小型"和"大型"军事项目启动，关键问题才真正得以纠正，比如重组和扩充炮兵，好让他们在数量和质量上接近德国水平。就开发俄国的潜在人力资源、加强由军官和专业士官组成的军队核心力量而言，情况也是如此。战争爆发前，这些改革几乎没有时间发挥作用。[95]

于是，1914 年 7 月陆海军领导层的做法显得很奇怪：他们没有大力呼吁推迟开战时间，而是断言武装力量已做好战斗准备。若想理解苏霍姆利诺夫和海军大臣伊万·格里戈罗维奇（Ivan Grigorovich）的态度，我们需要考虑的不光有 1914 年 7 月的特殊背景，还有那个年代的军事思维方式。陆军大臣很难当众宣称军队未做好战斗准备，因为他本人就负责让军队做好准备，人们很容易认为这种声明是他承认自己无能。1909 年 3 月后，亚历山大·勒迪根很快离职，尽管承认军队没做好准备不是他下台的直接原因，但这种声明助长了人们对他的普遍批评：他不是军人，是官僚，不能代表军队的威望和荣誉。军官照理应该勇敢大胆，无论面对何种困难都无惧无畏。一个真正的战士必须在一定程度上渴求战争，并把它当作展示勇气和专业能力的机会。军事作家强调，虽说战争很可怕，却是使人高尚的经历，它在重压之下全面考验人格，使人们将为集体牺牲置于关心个人得失的世俗平民生活之上。[96]

至于俄国是否准备好参战的问题，需要先理解俄国领导人期盼何等战争。在这方面，伊万·布洛赫（Ivan Bloch）的名作很重要。此书论述未来战争，在 19 世纪与 20 世纪之交出版了多个语言版本。布洛赫的著作称，工业国的战争将导致经济和社会的全面崩溃。这种战争需要付出重大牺牲，而胜利甚至无法偿付牺牲的代价。由于这一原因，战争更不具理性，并且会迅速蔓延。有朝一日，冲突或可通过司法裁决解决。布洛赫是俄国公民，他的作品在俄国的影响最大。这既因为此书用俄语写成，又因为它出版时俄国政府刚好正启动一项动议，推动1899年在海牙举办第一届关于和平和裁军的国际会议。为了与会议同步，出版社为那些没有时间或耐心阅读布洛赫多卷本的人出版了一卷概要简本。[97]

俄国境内围绕布洛赫的作品展开了非常重要的争论，涉及俄国的战争理念和计划的核心。这次讨论也充分证明，俄国乃至全欧洲的高级军官都了解从前五十年战争——换句话说，就是工业革命改变战事的年代——中得出的教训。俄国不少军事学者出版书籍、发表文章，抨击布洛赫的预言。[98]这些人大多是总参谋部军官，其中有尼古拉·米赫涅维奇（Nikolai Mikhnevich），此人是总参谋部学院院长，将于1914年成为总参谋长及俄国顶级参谋官之一。[99]

这些军事作者中有不少人承认现代战争比以往代价更高，因此不能轻易开战。大国间的欧洲全面战争自然更是如此。这些作者充分了解近年来火力的迅猛增长，并一心思索如何动员回归现役的大批后备役人员跨越1公里的杀戮之地来攻陷敌阵。经历了日俄战争，看到俄国后备役往往拙劣的表现后，这一执念加强了。然而俄国的军事专家与其他地区的一样，举出日本步兵为胜利自我牺牲的例子，并声称这源于爱国主义教育，而最重要的是学校的爱国主义教育。他们从这一点以及近期其他战争中得出的结论是，尽管会伤亡惨重，但只要士兵的爱国心足够强大，就仍能在可接受的代价范围内赢取胜利。他们补充说，军队唯有进攻、掌握主动权、将意志施加于敌军才能获胜。而19世纪60年代的普鲁士战争、之后的日本战争以及美国南北战争均佐证了这一观点。俄国参谋官研究了所有这些战争，包括美国内战。总参谋部学院主任、俄国顶级骑兵将军之一尼古拉·苏霍京（Nikolai Sukhotin）撰写了关于南北战争中骑兵作用的论文。俄国决定将骑兵整体改编为骑马步兵，从而使他们像美国内战中联邦和南部联盟的骑兵一样发动长途突袭，扰乱敌方交通线，而苏霍京对这一决策产生了重大影响。[100]

更重要的是，所有军事批评家都认为战争有时不可避免，而布洛赫对于国际争端仲裁的构想是乌托邦空想。就连大多数国际法律师也赞同此观点。布洛赫的军事批评者也声称，尽管经济发展在某种意义上加强不同民族间的联系，让他们更加互相依赖，但未必总让他们更爱彼此。举个例子，1914年之前数十年出现了跨越民族边界的大规模迁徙，对国际市场和金融的依赖性也有所增强，若细思因此引发的紧张态势，则批评者之言也不无道理。米赫涅维奇与其拥护者主张，战争仍是裁决根本利益冲突的唯一方式，也是决定民族与帝国兴亡的主要方式。这一次，军事学者们的观点也有道理，胜利大大提升了普鲁士和日本的国力与国际地位。正如第一章所指出的，美国内战中联邦的胜利更印证了此观点的正确——它是重建当代全球秩序的关键基础。打赢这些战争付出的代价被公认为完全可以接受。[101]

西方作家很少指出布洛赫作品表达的一个观点：他认为俄国是最能顶住现代战争的压力并承受长期战事的大国。在布洛赫的思想中，这一预言对俄国决策者思维的影响最大。不光布洛赫，继他之后描写未来战争的俄国专家大都如此强调俄国的优势：俄国经济落后，但有能力在自己的广袤领土上补给战争所需的食物、人力和大部分原料。相反，像德国这类食物主要依赖进口并依靠密集的国际贸易金融网来振兴工业的国家，将很快面临经济社会与政治崩溃。

俄国民间和军方皆有人对此观点提出异议，但为数很少。对未来战争理论影响最大的俄国军事评论家大概是亚历山大·古列维奇（Aleksandr Gulevich）上校，1898年，他为很多主要军事刊物撰写了多篇长文。古列维奇赞同布洛赫对俄国和德国的看法，强调德国出于经济原因无法支持长期战争，这会导致"武装力量试图掌握主动权，在战事中充分采用速度和同时行动的方式，计划依靠尽管冒险却有决定性的攻势迅速取胜"。古列维奇说对了，这正是奠定了1914年绝密的"施里芬（Schlieffen）计划"和德国总参谋部行动的筹谋。[102]

其他军事专家支持古列维奇对德国战略布局的看法，他的观点也被直接应用于俄国的战争准备。1909年4月，新任陆军大臣弗拉基米尔·苏霍姆利诺夫致信弗拉基米尔·科科夫佐夫，声称就德奥而言，"当前的政治条件，特别是经济条件无力支持他们进行持久战。因此西欧大国的整个军事系统将实施决定性快速进攻，从而尽可能在最短时间内结束战争"。俄国可以应对更长期的战争，但必须集中精力准备击退"敌军的初始攻击，因为……最危险的无疑正是这些攻击"。阿列克谢·波利瓦诺夫（Aleksei Polivanov）将军负责为将来的冲突准备足够炮弹，此人计划进行一场时长为2~6个月的战争。战前，俄国军事行动策划的关键人物尤里·丹尼诺夫（Yuri Danilov）少将也预计会打一场短期战争。[103]俄国军方领导层未能认真思考可能要打一场更久的战争问题，他们不能因为上述原因获得谅解，但这的确有助于解释为什么他们会这样做。经历了战败以及受 1904～1906 年革命影响，让俄军恢复到可以应对主要假想危险——也就是说，被德军迅速击败——的水平已然是一项艰巨挑战。看起来与持久战有关的情景和危险更不可能出现，让军方应付它们似乎是奢望。然而有一点非常重要——陆军大臣对未来战争时间长短的预计不以军事谋略为基础，反而根植于平民的政治经济思考。[104]

1908 年，在尼古拉二世和首相斯托雷平督促下，大臣会议讨论应对未来战争的细节，并全面考虑大国间冲突的各个方面。首相要求大臣给出具体提议，且需列明其部门筹划未来战争可能付出的代价。考虑到时间因素，一些大臣相当明智地把俄国在东亚的安全列为重要优先事项。比如，农业大臣专注于如何鼓励俄国人迅速到远东殖民，他准确地预见到这对该地区未来的军事和政治很重要。交通大臣虽然提及在欧洲修一些铁路，但他那耗资巨大的提案主要讨论在亚洲新建战略铁路。[105]

给斯托雷平的回复中，最有用的来自贸易和工业部大臣伊万·希波夫（Ivan Shipov），此人让下属收集并分析在最近的日俄战争中一切与战争有关的进口品信息。他给首相的备忘录中提到数量相对少的武器、军需、船只和煤炭进口，而更重要的是很多战略原材料。尤其值得一提的是，希波夫的报告称，俄国缺乏所谓的第二次工业革命开辟的新领域中的现代科技。新领域主要是指化学、炸药、光学和电力产业。希波夫呼吁储备战略金属，并在上至战略机构、下至俄国企业或外国公司在俄国的分支机构的范围内直接下达政府指令。1914 年以前在这一方向上有所进展，但是很有限。不可避免的问题是财政，军事预算已然超预期，财政大臣科科夫佐夫对这点很留意。事实上，只有保持相对稳定的和平环境，化学、电力等尖端产业才能在俄国发展。然而，更重要的是，俄国民政大臣和专家赞同陆军部对未来战争性质的看法。档案资料表明，1914 年 7 月大臣会议预期了一场短期战争。1913 年奉圣彼得堡之令撰写论述未来战争经济影响著作的米哈伊尔·费奥多罗夫（Mikhail Fedorov）不仅支持布洛赫认为这类冲突很愚蠢的观点，还赞成大国中俄国最有可能幸存的观点。1914 年，在战时财政和经济问题上最受敬重的俄国专家 P. P. 米古林（Migulin）教授亦如此认为。[106]

相信短期战争的主流观点必然导致动员成为优先事项。如果仅凭初期战斗便可分出胜负，那么动员、部署军队的速度很可能具有决定性意义。俄军总参谋部担心地域广阔的落后乡村的动员问题。与德奥相邻的重要西部边境线长度超过 2100 公里，且几乎没有天然屏障。传统上，俄国重视在这段关键边境修要塞，从而拖慢敌军进军速度，让俄国有时间从帝国内部的基地调兵至前线，为边境地区军队的部署和集中提供掩护，并保障食物和装备的安全。俄国之所以这样做，这一关键边境地区的开放性是主要原因。[107]

就算不计入在亚洲和高加索地区的领土，俄国拥有的欧洲部分也是欧洲大陆上面积最大的，在这一地区，庞大的农村人口散布在 50 多万处定居点。无论如何，俄国的铁路网没有德国的大，俄国的火车头数量几乎比德国少 40%，俄国的货车数量只有德国的 2/3。仅仅是让火车准备好从位于俄国内陆的和平时期的营地调兵，都要比德国多花整整一周时间。然后，就是如何把士兵运至前线的问题。与德国相比，在俄国，连接内陆和边境的铁路少得多，一些关键线路得运送整整五个军。此外，

157

很多线路采用便宜的单一轨道，所以火车移动速度必然很慢；即使在最佳路线上，军队列车最大每日行程也只有 320 公里。法国专家强调，关于俄国军队动员，轻量基底和轨道、过少的交叉口和水箱、太多不同燃料的应用以及卸载能力的不足，所有这些都会加剧拖延。能干的驻柏林武官帕维尔·巴扎罗夫（Pavel Bazarov）上校总结道，不管怎么说，并非一切都很糟糕。德国的动员已接近极致，没有任何技术或组织革新能赶上它。相反，铁路密度和运载效率的改善每年都提升俄国的动员速度。从德国的立场看，这当然是促使其迅速发起进攻的额外重大动因。[108]

法国人担心俄国的动员速度可以理解。法军总参谋部正确地预见到，德军一开始会将压倒性主力部队投向西边，趁俄国动员完毕并进攻前把法军赶出战争。这种方式可以避免两线作战的梦魇。因此，俄军应尽快进军，以便迫使德军分兵至东部战线，这至关重要。1906～1912 年，法军总参谋部成员同俄军同僚谈论战争计划时感到很不乐观。从 1911 年起事态开始改变，到 1912 年发生了决定性变化。这反映了俄军军力的重生以及法俄同盟的全面加强。俄国的思考变得更自信，它转而致力于率先向德奥发动攻势。1912 年法俄参谋部讨论时，俄军总参谋长雅科夫·日林斯基（Iakov Zhilinsky）向法军承诺，俄军能在动员 15 日内派 80 万人进入东普鲁士。俄军充分了解东普鲁士军事行动战场的地形、交通和防御工事。在良好的情报收集与合理推理的基础上，驻柏林武官靠直觉做出了很多有关德军将如何防卫这一地区的判断。[109]

这其实让日林斯基的承诺变得更危险。事实上，1914 年 8 月动员的第 15 天，俄军只在普鲁士边境部署了 350000 人。俄军认为可以帮助法军的出发点不错，这说明 1911 年俄军总参谋部接受了法军的看法，即战争初期德军主力将去西方，而法国的战败将是俄国的灾难。俄军总参谋部中无人对此提出质疑。地理环境使东普鲁士的战略重要性十分艰难且有限，争论焦点是：一开始就集中力量消灭奥地利，是否比消耗兵力入侵东普鲁士对同盟国事业更有利？然而，驻巴黎武官阿列克谢·伊格纳特夫（Aleksei Ignatev）伯爵向法军总参谋部保证，他的上司完全支持进攻德国，这深深根植于他们对俄国核心利益的认识。[110]

日俄战争和一战爆发之间的九年，俄军陆海军激烈争夺资金。直到 1911 年，海军的救星都是沙皇。然而，1911 年后势态急剧变化。海军大臣格里戈罗维奇将军不仅是优秀的专业海员，也作为非常能干的管理者和政客赢得了各方信任，重要原因在于他借助外部委员会有效地调查如何促使海军体制现代化，并根除腐败。1911 年土意战争爆发，巴尔干半岛和近东陷入危机，于是俄军海军的注意力从波罗的海转向黑海与海峡。外交部、公众意见和杜马主体成员认为，这些地区对俄国的利益很重要，是海军的最优先事项。这大大降低了格里戈罗维奇赢得广泛支持和资金的难度。

1911～1914 年，海军总参谋长是中将亚历山大·利芬（Alexander Lieven）公爵。他与格里戈罗维奇的关系牢牢建立在专业层面和写作上，不受彼此猜疑影响。这表明导致陆军部高层效率下降的，既有结构原因，也有个人原因。利芬的作品囊括了海军的问题和优先事项，也深入触及这个年代作为大国的俄国的目标与弱点。利芬本人不太像总参谋部顶层人物。1914 年，宫廷贵族旧家族中很少有人任关键军职，特别是总参谋部

159

等最高机关的职位，这些部门是海军激进改革的前线。与拥有大片地产和贵族背景相比，利芬的职业生涯要独特得多。他在柏林的普鲁士皇家军官学校受教育，高年级时，成为威廉一世之妻、普鲁士德国奥古斯塔皇后的卧室侍从。从那里返回圣彼得堡后，进入俄军禁卫军，随后转入海军。这种履历对 18 世纪的贵族来说是可能的，但是对 20 世纪初的俄国海军将领来说是独一无二的。当然了，如果你靠打破一切常规和制度出人头地，那么你值得获得俄国和德国皇后眷顾。

160

海军中将亚历山大·利芬公爵（早年任舰长时的照片）

利芬本人既是军事知识分子，也是老练的水手。他工作时喜欢让宠物猴蹲在肩膀上，还喜欢让哥萨克侍从待在身边，以便应付可能的兴奋后果。他曾是 1898 美西战争时期的军队观察员，也是受教育程度高、兴趣广泛的人。用一位前下属的话来说，他也作为"最勇敢的指挥官"成为海军传奇人物，具备鄙视一切损害海军战斗精神和备战状态行为的战士精神。利芬本人写道，官僚阶层的麻木以及由此滋生的谨小慎微、追逐名利拖累了海军。在他看来，俄军舰队拥有世界上最优秀的一批技术专家。正常情况下，俄国海军管理者应该既忠诚又称职。然而，正如日俄战争所昭示的，高级指挥官和舰长常常缺乏由坚定意志力、不变节的道德感与肉体勇气组成的战士精神，以及在危急时刻展示自身极大潜力的能力。利芬自己和日本人"好好打了一仗"，他属于少数逃出阿瑟港并拯救船只免于毁灭的舰长。[111]

任海军总参谋长时，利芬写了很多文章。1912 年 1 月大臣会议和立法机关讨论期间，他撰写了一份备忘录来支持新海军法和造船计划，这篇备忘录最能表现其基本战略和政治思想。正如这个年代的海军思想家的可预期做法一样，利芬的备忘录里满是受美国海军军官、地缘政治思想家艾尔弗雷德·马汉（Alfred Mahan）影响的痕迹。对马汉来说，海上商业是一国财富和国力的关键，但是能够进入海洋对文化发展也很重要。马汉称，只有强大舰队才能捍卫这些重大利益。马汉的学说首先源于对英国海军、殖民和商业历史的研究。他从中认识到需要用手中的剑来征服并保卫贸易路线和出口市场。全球海军军官都汲取他的思想，重要原因之一是运用他的理论可以提升海军地位并增加预算。[112]

与那个年代典型的俄国人和其他欧洲人一样，利芬认为当代国际关系首先由英德的对立决定。他认为它们之间的竞争，是往日荷兰人、法国人和英格兰人争夺大西洋贸易路线控制权，争相从商贸和殖民地层面实现全球霸权的延续。由于国力和地

161

位，也因为其繁荣相当依赖国际贸易，德国试图牢牢控制它通往外界的交通线，光是这一点就可能让它与英国爆发冲突。

利芬认为，俄国应该在这场斗争中支持英国。当然了，这与偏好民主甚于独裁完全无关。在这方面，至少同共和制法国及其受公众意见倾向驱使的不稳定政党政治相比，利芬更支持君主制德国。安全和地缘政治问题决定了利芬的选择。短期内，圣彼得堡防务需要英国将德国海军引出波罗的海。更重要的是，"如果德国成功在中欧与海洋的交通问题上排除掉英国势力"，俄国将面临重大危机。"从经济发展的一切束缚中解放自身后，德国将称霸欧洲，其势力将从北角（North Cape）延伸至小亚细亚（Asia Minor），构成统一圆环，并包围我们。如今，瑞典、奥地利与土耳其部分地区已受德国摆布。"万一此事成真，利芬总结道："德皇的善意将决定是让我们维持现有状态，还是把我们从波罗的海和黑海岸边赶回我们的干草原深处，让我们开启远离文明（odichanie）的蛮荒生活新时代，它可以延续数百年。"[113]

然而，利芬既希望见到俄国同德国竞争，甚至很可能同德国开战，同时他也敏锐地分析出海军内部的重大弱点，并暗示俄国整体政策中存在重大漏洞。海军军官大都偏好争论技术和战略问题，利芬却写道，正如1905年哗变所显示的，实际上人事问题是海军面临的最重要、最危险的问题。利芬并未幻想军官和海员的关系可以不受更广阔社会的阶级对立影响。他写道，军官和士兵之间"存在与生俱来的鸿沟，双方皆难跨越。最近在焦虑影响下，农民群体甚至对地主产生了明显敌意。可就算没有这个，双方的知识和道德水平也不等同，导致他们无法理解彼此"。尽管海军领导层无法解决俄国社会的根本问题，但还是能靠很多方法在军中缓和它们。

首先需要的是自信且迷人的领导能力，指挥官和军官必须了解并激励麾下水手，而非从一艘船迅速转到另一艘船，好满足晋升的纸面要求。这涉及第二个关键必要事项，即要想在船上同伴之间培养团结忠诚意识，方法之一是结束在波罗的海封冻的漫长冬季中把水手分遣至无名岸上营地的不良传统。然而，最重要的是海军得效仿德军，发展一批长期服役的士官和老兵骨干力量，他们在出身和文化上与新兵属于一个世界，但是在专业视野和忠诚度上又站在军队和军官这边，他们可以统一海军，并成为中流砥柱。农民无条件服从地主的旧时代已然一去不复返。利芬总结说，"如果没有真正的准尉，我们压根无望"在海军中建立可存续的新秩序。[114]

利芬将军说得没错，关于俄军武装力量，很多专家也赞同他的看法。举个例子，战争爆发前，俄军有8500名长期服役的职业士官，德国却有65000名。这些人不仅对德军凝聚力，也对其精湛专业水平做出了巨大贡献。俄国在这方面的不足只是众多问题中的一个。1874年短期兵役制引入之前，俄国陆军和海军能轻松地在一群注定终身服役的新兵中挑选士官，这些士官也无须具备太多技术技巧。而操纵无畏舰需要高超专业技巧，海军既要为此寻找具备高超专业技术的军人，又要在服役期满后让他们退伍，于是这变得麻烦得多。新兵刚来时大都没有高水平技术素养，因此海军得亲自训练他们。海军还得在与劳动力市场的竞争中设法留下其中一些人，因为劳动力市场渴求熟练技工，并能提供武装部队永远无法匹敌的工资和条件。这是俄国迎接经济社会飞速变革挑战时所遇困难的一个小方面，但绝非不重要。[115]

公众意见、 政党与媒体

君主与其高级民政和军事顾问在对外政策决策中的地位多由法律和传统规定。不言自明，大使、外交大臣和军事长官在制定政策时发挥作用。公众意见、杜马和媒体扮演的角色历时更短、更不明晰，然而十分重要。

在战前的俄国，"公众意见"根本不代表俄国大多数人口的意见。沙皇的臣民大都是几乎不识字的农民，他们不看报纸，也肯定不会阅读讨论国际事务的"严肃"出版物。1907 年 6月，政府失去了此前对农民代表的保守主义的信任，并大大缩小了选举权范围，结果杜马中几乎无人代表大多数人口的意见。这绝不是说，俄国统治者与上层阶级不关心万一欧洲爆发战争农民与工人会如何行事。尽管欧洲国家都有类似担忧，但俄国有其独特的忧心理由。1905 年，国内革命影响了对日战争，迫使政府签订屈辱和约。人们普遍认为，被召回军中的俄军后备役士兵在战争中表现得无动于衷。俄罗斯民族主义者与很多将军解释说，这是因为缺乏向大众灌输爱国主义的有效系统。[116] 不光日本，德国和法国似乎都有类似系统，它能激励平民后备役人员在现代战场上直面挑战。这些后备役士兵战斗时不会再结成每三人后有一个下士的密集队形，相反，要想让他们顶着工业革命创造的毁灭性火力用松散队形前进 1 公里，那就得鼓励他们。[117]

在这方面，俄国似乎不能与对手匹敌，这令俄国领导人哀叹。1913 年，法军总参谋部在关于俄军的报告中写道："不幸的是，俄国青年的教师支持甚至怂恿他们反对军队和爱国主义，这种敌对态度几乎超出我们的想象。"战前那些年，俄军中的法

164

军军官常常强调两军士兵在心态和动机上的巨大差异。他们指出，军事训练系统的核心是团的荣誉以及对俄军往日的胜利和光荣的"狂热"崇拜。1913～1914年冬季，一位法军上尉在俄军的团里待了六个月，他写道，俄军士兵"缺乏热情和爱国主义。他被灌输自己所在团的历史，但不知道祖国的历史。无人告知他当前形势，他既愿意与德国人和奥地利人战斗，同样也愿意与法国人战斗……俄军士兵参战明显不是因为忠于祖国，而是因为纪律以及对上帝和沙皇的忠诚。"[118]

1874年普遍征兵制引进之前，团的爱国主义是形成旧日职业军队高昂士气和忍耐力的关键。那些日子里，士兵在一个团服役二十多年，团相当于他们的家和故乡。短期服役制的军队很难复制这种程度的对团的忠诚。俄军动员系统已然面临重大困难，除了少数精英部队——大多是禁卫军——它无望让后备役人员返回他们曾服役的团。这弱化了战争环境中团的爱国主义和凝聚力。一战伤亡惨重，康复的新老兵员又被调往需要他们的任何地方，这进一步损害了团的爱国主义。此时，对统治者缺乏信任的受过教育的爱国公民群体对军队的生存能力产生重大影响。

日俄战争末期至1914年之间的九年，政府大费周章地试图向俄国青年灌输爱国主义与军事价值观。1908年首相斯托雷平要求大臣规划自己的部门如何为俄国备战做贡献时，东正教教会首席行政官谢尔盖·卢斯安诺夫（Serge Lukianov）和教育大臣亚历山大·施瓦茨（Aleksandr Schwartz）提交了最长最悲观的回复之一。卢斯安诺夫和施瓦茨的备忘录基本上专注于应对同一项挑战：在俄国知识分子界不爱国的背景下，面对俄国社会主义者和非俄罗斯族民族主义者削弱民众对君权的忠诚的努

165

力，设法培养一代爱国的俄国青年。卢斯安诺夫的规划主要涉及需要提升神职人员的薪水、地位和受教育水平，并为俄国4万所由教会管理的学校提供额外资金。对他来说，就帝国的生存而言，东正教、俄罗斯意识和爱国主义共同发挥关键作用不言而喻。施瓦茨强调，首先需要集中力量改善教育水平，发展核心即"大俄罗斯"人口有意识的爱国主义。与此同时，在非俄罗斯地区，必须用官方语言即俄语实施教育的原则不能退让。若是做不到，帝国将注定成为"邦联"，然后解体。卢斯安诺夫也要求拨付额外资金，以便拓展教会学校现有的雇用退伍士兵组织军训、教授体育的项目。退伍士兵可以将爱国主义传入学校，这也是向"健康身体促进健康头脑"的英国信念致敬。[119]

这对尼古拉二世来说是崇高事业。这些年来，他在建立独具特色的全军事化俄国童子军中发挥了关键作用。成千上万的学童参加国家重大周年庆典：首要的是波尔塔瓦会战200周年纪念（1909年）、博罗季诺会战100周年纪念（1912年）和罗曼诺夫王朝建立300周年纪念（1913年）。在博罗季诺会战纪念仪式上，尼古拉二世在克里姆林宫设盛宴款待各村村长，嘱咐他们要为他们的孩子培养类似1812年的爱国精神。宴会接近尾声时他如此总结："回去告诉你们家乡的所有人，我希望并确信，如果俄国经历类似考验能取悦上帝，那么你们都将聚集在我身边保卫祖国，团结一心。"[120]沙皇本人无条件相信传统俄国基本上正直又爱国，他几乎坚信紧急情况下俄国人会团结在民族事业下。然而务实的保守派民族主义者中，米哈伊尔·缅希科夫等人担心，俄国农民正抛弃曾经的宗教信仰和忠君思想，但尚未树立德国式世俗民族主义——他指的是认同国家、愿牺牲自己保卫国家的民族主义。

最不乐观的往往是俄国警察高层。他们知道，尽管 1905 年革命受挫，但社会主义革命运动并未消亡，仍可吸引深深根植于集体主义传统的大众，更不用说资本主义现代化的一些方面和沙皇专制政府在工业政策上的分歧激起盛怒。1907 ~ 1914 年，合法的公开政治局限于双边斗争：一边是政权与其保守派支持者，另一边是自由派反对者的各类细小派别。然而，总体上政权十分清楚，更为致命、更为根本的冲突正在表层下酝酿，警察高层认识尤为深刻。

整体上说，1907 ~ 1914 年，政府正在战胜革命党。由于安保警察的存在，革命者几乎无法在乡村制造煽动事件，就算在城市也是困难重重。所有社会主义党派中都充斥着警方密探，他们屈服于逮捕浪潮，因此哪怕在城市工人阶级中，也极难进行宣传或组织抵抗。据估计，1914 年布尔什维克党党员至多不超过 1 万人。可是警方的逮捕无法触及革命领导者，他们安全地居于国外。1906 年，列宁已然阐明使布尔什维克党赢得革命和内战胜利的原则。谨守纪律的革命党将形成一个组织，没有它就无望取胜：这就是 1902 年列宁所著《怎么办》（*Chto delat*）的基本主题。老派马克思主义者认为，只有经历过资本主义长期统治，社会主义才能胜利。如今这一信条已被无产阶级与激进农民的同盟否定，这一同盟的目的是在布尔什维克党一党专政下，在俄国条件允许的范围内，尽可能通过革命走向社会主义。就算在俄国境内，警方镇压也无法阻止布尔什维克党招募新党员，如今他们大多来自工人阶级而非知识分子界，并填补了逮捕留下的空缺。从 1912 年春天开始，俄国城市特别是圣彼得堡的罢工浪潮不断高涨，其中不少罢工与其说是纯经济要求所致，不如说是政治要求所致。政府政策的自由派批评

者称，除非让自由工会、集体协商和罢工合法化，否则不可能
打破革命社会主义对工人的控制。对此，安保警察同样认识到，
自由工会将被革命社会主义党派控制，并为他们提供掩护与资
金。与此同时另一个恶兆出现了：1912 年夏，有人揭发波罗的
海舰队水手组织大规模革命运动。[121]

"公众意见"既非大众的意见，也非革命者的意见，它只
包括政党、报纸和其他代表俄国中上层阶级的机构的意见。如
果说 1906～1907 年的议会选举是可靠指引，那么在那些年中，
受过教育的俄国人大多在情感上倾向于自由与民主，他们往往
支持立宪民主党。1905～1906 年的无政府现实以及对社会主义
革命的恐惧拉大了自由派与革命派左翼的距离，但压根儿未能
让大多数俄国中产阶级更偏爱沙皇政权。

战争即将爆发的那几年，政权更加卖力地限制它在 1905～
1906 年授予的公民与政治权利，导致不信任加深。俄国中产阶
级大都支持英法自由主义与民主，认为德国奉行普鲁士军国主
义与独裁。于是，他们赞成同西方民主国家结盟，并认为这是
欧洲和俄国迎来更光明的民主未来的第一步。对公众意见来说，
总体而言，这些意识形态倾向比促成俄国政府先于 1894 年缔结
法俄同盟，又于 1907 年达成英俄友好协议的地缘政治利益更
重要。

在欧洲很多地区，大规模爱国压力集团（patriotic pressure
group）颇为活跃，俄国则没有类似的团体，关键原因在于沙皇
政府与大部分受过教育的社会群体分离。德国的海军联盟是具
有广泛群众性的组织，而俄国的两个同类海军社群只是皇室资
助的小团体，仅受人数很少的精英阶层支持。军国主义与俄罗
斯民族主义被视为等同于沙皇制度，故而大多数受过教育的俄

自由派政客。左一为彼得·斯特鲁韦（Petr Struve），左二是帕维尔·米留可夫（Pavel Miliukov）

国人对其厌恶、惧怕。[122]

莫斯科的《俄罗斯世界》（*Russkoe Slovo*）是发行量最大的俄国自由派报纸之一。1917年，其销量已达每日100万份。1904年，《俄罗斯世界》与主要竞争对手《新时代报》的销量之比为3∶2。1917年，这一比例接近10∶1。某种程度上，这反映出《新时代报》报道国内政策时秉持的支持政府立场越发不受欢迎。然而，造成这一局面的最重要原因在于，《俄罗斯世界》的价格要比其便宜一半多，而且它来自莫斯科，发行当天即可在俄国中部很多地区上市；相反，来自圣彼得堡的《新时代报》，在大部分地区至少要晚一天上市。《俄罗斯世界》是以营利为目的的私企，而非党政喉舌。此报纸卖力地讨好读者，它刊载了大量政治报道，但最热衷于国内政治，这无疑是读者关心的主要内容。

尽管如此,《俄罗斯世界》也认真报道国际事务,并雇用了不少国外记者。它对德国的看法紧跟那个年代的主流欧洲观感与陈词滥调,其中很多内容摘自英国媒体。《俄罗斯世界》的卡通漫画有时仍描绘头戴睡帽、多愁善感的德国老学究米歇尔,但大部分时间,新德国的主要象征普鲁士头盔(尖顶帽)已然取代旧装束,特别是在一切国际政治事件中。关于国际关系的文章强调,柏林最高统治者是"恶毒的"军国主义分子与容克分子,他们被视为欧洲军备竞赛的重要根源。他们的形象常被描绘为长着上翘竖直胡须的傲慢且耀武扬威的德国皇帝。细思德国的现代性,常常会有低劣与"文化囚笼"感,更主要的则是担心斯托雷平与其继任者把俄国引向 1871 年的德国老路——也就是说,引向支持国内专制君主制的军国主义与帝国主义。这些观感都包含在《俄罗斯世界》反映的俄国对外政策的基本方针上,即全心全意支持同法英结盟,谴责任何鼓励俄国奉行沙文主义或武力炫耀的举动。[123]

立宪民主党自身在对外政策上存在一定的分歧。该党右翼的一个小团体主张更激进、更亲斯拉夫的对外政策,以及更具民族主义倾向的国内方针。这一战略的最著名支持者是彼得·斯特鲁韦,此人是当时最足智多谋、最深谋远虑的俄国公共知识分子与参政者。与大部分俄国上流社会成员一样,斯特鲁韦的祖先是德意志执业人士,移居地俄国为他们提供了在祖国无望获得的激动人心的职业前景。他的父亲是一个省的总督。19世纪 90 年代,斯特鲁韦本人是俄国社会民主主义的重要人物,也是年轻一代中最令人印象深刻的思想家。然而,1900 年,斯特鲁韦抛弃了马克思主义,转而信仰自由主义。1900 ~ 1905

年，他在引发了 1905 年革命的自由派运动中发挥关键作用，并迫使政府承认议会与公民权利。1905~1906 年，斯特鲁韦见证了无政府状态以及社会革命的威胁，这促使他转向俄国自由主义右派。他批评俄国知识分子煽动俄国民众的最糟糕本能。他开始拒绝大部分激进传统，严厉抨击它们的伪宗教教条主义以及对现代文明基础的漠不关心，在他看来，现代文明的基础是财产、法律与文化。[124]

彼得·斯特鲁韦仍然属于自由派。他认为个人自由、法治、代议制等自由主义核心要素不但有其自身的价值，还是一个成功的现代社会的重要组成部分。另外，他也是坚定的民族主义者，这不仅出于他本人对俄国的忠诚，也因为他相信，面对历史与永恒，唯有种族国家才能为个人提供集体感和目标。不同于大部分更右倾的民族主义者，斯特鲁韦既非种族主义者，也非反犹分子。他所谓的种族国家，根植于语言、历史和文化，而非血缘。融合外来人员是保持种族国家活力的关键，但只有根植于种族社群，国家才能成为强国。斯特鲁韦承认他的思想来源是尼采和达尔文，他强调，一个健康国家的天性是追求权力与扩张，这在一定程度上是各国共同参与的国际舞台的准则。对彼得·斯特鲁韦来说，现代历史的最基础课程是弱肉强食。

和同时代很多知识分子一样，斯特鲁韦努力应对现代政治的主要窘境：思考如何将帝国的外在权力与似乎只有民族才能提供的国内稳定性相结合。英国自由帝国主义倡导者约翰·西利（John Seeley）爵士等人影响了斯特鲁韦的思想。然而，斯特鲁韦绞尽脑汁地为俄国构造了"民族－国家－帝国"这一概念，这反映了克服此窘境的困难。斯特鲁韦认为，就俄国的身份同一性与权力而言，乌克兰民族主义是其最大威胁。这不仅因为本书第二章列出的理由，也因为对于未来俄国将在世界上扮演何等角色，斯特鲁韦的看法着眼于黑海盆地附近的领导权。乌克兰与俄罗斯南部的工业经济迅速增长，是这一观点成立的基础。乌克兰分裂主义是主要障碍。某种程度上，可以把斯特鲁韦的思想看作 19 世纪"国家"党对俄国对外政策看法的现代版本。用比较通行的国际术语来说，不妨把斯特鲁韦称作俄国思想最深沉的"自由帝国主义者"。他在自由帝国主义阵营中的头号盟友和最亲密友人是格里戈里·特鲁别茨科伊公爵。如果说斯特鲁韦提供了自由帝国主义的哲学基础，特鲁别茨科伊则贡献了对当代国际关系的更深刻见识。[125]

在对外政策上，立宪民主党大部分成员仍然忠于领导人及杰出历史学家帕维尔·米留可夫教授倡导的太平洋路线。立宪民主党是俄国和平运动孕育的天然摇篮，1914 年，他们在四个城市有分部。米留可夫本人出版了一本书，论述现代社会中战争的无用，其中很多观点来自诺曼·安吉尔（Norman Angell）的著作。1912 ~ 1913 年，卡内基国际和平基金委员会调查巴尔干战争的起因，米留可夫在其中发挥了重要作用。然而，涉及巴尔干地区时，立宪民主党既渴望和平，又支持民族自决，摇摆不定。该党在对外政策的基本路线上，既强烈支持在地缘政治和意识形态基础上与法英结盟，又表示厌恶战争、沙文主义和军国主义。讽刺的是，虽然立宪民主党完全反对政府对国内事务的态度，但在 1914 年，在所有重要政党中，他们最少批评国家的谨慎外交政策。1912 年，格里戈里·特鲁别茨科伊就任近东部部长，这改善了外交部与立宪民主党的关系。帕维尔·米留可夫是巴尔干事务的专家，特鲁别茨科伊把他引荐给了俄国一些重要外交官。维也纳二号人物尼古拉·库达舍夫

（Nikolai Kudashev）公爵写道，若非特鲁别茨科伊介入，他绝不会同意接见立宪民主党领导人。然而，见面之后，米留可夫对国际事务的理智与节制令他惊喜。[126]

在时人及历史学家笔下，在俄国，亲德情感常被视为等同于俄国右翼。这并不全对。正如我们在罗曼·罗森的例子中所见，批评俄国对外政策者绝不仅仅是顽固保守派。俄国右翼也不统一。与欧洲全境一致，在俄国，有一个"当权"的"旧派"右翼，还有一个更激进、更平民化的"新派"右翼变体。"旧派"右翼由保守党高级官员、贵族和教授领导，它最舒适的温床是俄国上院国务会议的舒适扶手椅。国务会议的领导人是前内政大臣彼得·杜尔诺沃（Petr Durnovo）。1905 年革命期间，街头出现了"新派"右翼，他们往往带有法西斯主义原始色彩。"新派"右翼依靠对犹太人、自由派和革命党的憎恨凝聚为一体，但各位领导人及其追随者的激烈内斗严重削弱了其实力。很多俄国右翼分子都向往普鲁士德国模式：由强大、专制的君主来统治纪律严谨、爱国热情高涨的社会。俄国自由派支持英法阵营，他们那基于意识形态的热情令右翼更加怀疑国家的对外政策，也让他们更支持德国。然而，既仰慕德国的军事爱国主义，又视德国为俄国的主要地缘政治对手，是很容易的事。俄国保守党对民族主义与斯拉夫主义深信不疑，他们更加坚信俄国的国力以及国际地位的荣耀。1914 年，弗拉基米尔·梅谢尔斯基公爵提出重建俄国、德国与奥地利的帝国同盟，这一主张在右翼里很少见。此时，对战争不可避免的担忧使得让人们为又一场 1812 年战争做准备的号召越来越常见。诚然，所有更理智的俄国保守党都十分害怕对德作战将对国内造成影响，但这些恐惧的最明智表达往往不是在媒体和议会上，而是

172

在私下谈话和高级官员的秘密通信中。[127]

俄国"明面"政治的核心包括 1907 年选举法修改后杜马的主要党派,其中最大的党派是"十月党"人。这个名字恰恰反映出,该党支持 1905 年 10 月尼古拉二世的宣言中承诺的自由保守的宪政主义。正是因为这份宣言,1906 年杜马设立。斯托雷平的政府开始侵犯"十月宣言"许诺的一些公民和政治权利,于是"十月党"人分裂,所谓的民族主义党成了杜马中势力最大的党。实际上,这两个党在属性和投身的事业上有很多共同点。两党的代表大多是地主,他们在俄国地方省份中获得大部分经选举产生的地方政府议会即郡县议会的支持,这些议会在很大程度上为官绅阶层把持。两党都强调,私有财产是现代文明与经济发展的基础。他们反对没收任何大面积地产,并支持斯托雷平的一项措施:削弱农村公社,让俄罗斯民族主义成为帝国国家的基石。两党的最大区别在于,民族主义党的主要基础是西部边境的俄国上层阶级,这些人视波兰人和犹太人为大敌。因此,当政策涉及非俄罗斯族的少数民族时,民族主义党人比"十月党"人更难让步,他们也很少支持主张俄国与波兰和解的斯拉夫主义呼吁。[128]

俄国的工业和金融人士在杜马中未被充分代表,原因之一在于圣彼得堡的银行业、制造业龙头老大已同政府建立密切联系,无须通过议会谋求额外影响力。唯一的真"资产阶级"是进步党,该党人数虽少,却十分吵闹,他们代表莫斯科上层商人中更自由化的一群。很多核心支持者出身于富裕的"旧礼仪派"——换言之,即异教徒——他们的家族有鄙视国家和官方东正教会的长期传统。这让他们惯有的莫斯科信念更为复杂——他们认为,比起圣彼得堡官员,自己更能代表俄国。在这些家族中，纺织业大亨里亚布申斯基家族在进步党中发挥的作用尤为显眼。帕维尔·里亚布申斯基（Pavel Riabushinsky）是彼得·斯特鲁韦和格里戈里·特鲁别茨科伊的亲密盟友。他本人、一些莫斯科工业家同辈以及进步党大力支持自由帝国主义。里亚布申斯基赞助了名为《伟大的俄国》（Velikaia Rossiia）的两卷本文集，此书于1910～1911年出版，很快成了自由帝国主义的"圣经"。斯特鲁韦与特鲁别茨科伊为此书做出了重要贡献。[129]

在国内政策上，"中心"是分裂的，尽管这其中常有策略和个人原因。但在对外政策上，"中心"在很大程度上团结在由彼得·斯特鲁韦及格里戈里·特鲁别茨科伊给出最佳定义的自由帝国主义计划周围，尽管这其中必然有很多个人细微差别及侧重点。"中心"既支持大力捍卫俄国的利益、荣耀和传统，又支持同法英结盟，对抗德国称霸欧洲的危险。它首先把俄国的角色定位为近东地区的主导大国及斯拉夫保护者。它全心全意地支持政府以最快速度恢复俄国军力。"中心"对德国日益冷淡，经济因素也是重要原因。以里亚布申斯基为首的莫斯科纺织业大亨担心德国会进入他们在波斯的出口市场。最重要的是，农业利益相关人在杜马中占主导地位，而他们不喜欢德国的农业关税，并咒骂德国的农业补贴，靠着这些补贴，德国谷物甚至能在某些出口市场同俄国谷物竞争。[130]

"中心"内部的分歧并非围绕基本目标，而是围绕人格、策略与修辞。彼得·斯特鲁韦具备一流哲学头脑，也在欧洲知识分子精英中占据稳固地位：他认为根本性利益冲突使得俄国与德国分立，但他不排斥德国文化和思想，他自己在很多方面的思想即源于此。[131]斯特鲁韦的朋友格里戈里·特鲁别茨科伊在社会上层阶级中的地位更稳固，出于所受训练及性情原因，他

174

倾向于用更温和、更像外交辞令的语句表达看法。他也敏锐地意识到俄国面临战争风险。1906～1912 年，特鲁别茨科伊出版著作的目的之一便是教导民意了解国际现实。"十月党"政客领袖亚历山大·古奇科夫（Aleksandr Guchkov）的风格截然不同。古奇科夫出身于杰出的莫斯科"旧礼仪派"商人家庭，他很聪明，但也急切渴望名望与冒险。1899～1902 年，古奇科夫作为志愿兵参加布尔人的军队，与英军作战，崭露头角。1911～1914 年，俄国有人煽动巴尔干半岛的斯拉夫人诉诸战争，而古奇科夫是其中嗓门最大、言论最不负责任的人之一，而且他设法同样大声地一并谴责俄军没做好战斗准备。

但即便古奇科夫的狂热言辞也比不上谢尔盖·沙拉波夫（Serge Sharapov）的。20 世纪最初十年，凭借著作与自己创办的报纸《光》（*Svet*），沙拉波夫成了亲斯拉夫主义的公众意见领袖之一。沙拉波夫远不及斯特鲁韦、特鲁别茨科伊或古奇科夫富有，他的背景也不如他们显赫。或许由于这些原因，他的民族主义倾向最为强烈。1875 年，塞尔维亚人反抗奥斯曼帝国，年轻的沙拉波夫作为志愿兵参加塞尔维亚军队，这是他政治生涯的开端。19 世纪 90 年代，他为斯拉夫主义辩护，宣称未来属于俄国，因为它的社会很年轻，还被深厚的宗教和精神纽带凝聚在一起。俄国之外，欧洲筋疲力尽，盛行物质主义，被阶级分立折磨，已经不存在这种纽带。1904～1906 年的战败与革命强烈震撼了沙拉托夫。现在，他的著作中充满对俄国衰落的痛苦，以及对俄国的弱点及面临诸多敌人时处于弱势地位的担忧。敌人中最危险的是德国人，他们从各个方面压迫俄国。1909 年，沙拉波夫写道，"如果正确理解"俄国和德国的"利益，就会发现它们在一切方面始终存在冲突"。更有甚者，俄国人"总是支持对德国开战",原因之一在于德国人鄙视俄国人,认为他们是"劣等种族"。人类"原谅并遗忘一切——除了种族歧视以及源自所谓的精神优越感的傲慢",人们永远无法原谅这类态度。毫无疑问,德国人大都认为他们的传承文化比斯拉夫文化优越。但是,沙拉波夫把知识分子自身的不安与怨愤归到全体人民身上,这是民族主义知识分子的惯用手法。事实上,1914 年之前,在一切战争中实际承担大部分战斗任务的俄国农民兵很少憎恨德国人,甚至对德国都没多少概念。[132]

1911 年 6 月,谢尔盖·沙拉波夫去世。战争爆发前三年,弗拉基米尔·博布林斯基（Vladimir Bobrinsky）伯爵接替他,成了维也纳和柏林眼中最富挑衅性的俄国公众意见化身。博布林斯基家族是俄国最富有的贵族家族之一,他们是叶卡捷琳娜二世的直系后代。博布林斯基不仅在莫斯科大学受过高等教育,还曾在巴黎和爱丁堡学习过。他的军旅经历是禁卫骠骑兵（Life Guard Hussars）,这可能是俄军组建的最昂贵的部队,且一度由尼古拉大公指挥,尼古拉二世年轻时也曾在该部队服役。正如可以想到的那样,与沙拉波夫相比,博布林斯基在某些方面更欧洲化,缺乏本土色彩。无论如何,当涉及俄国在世界上的地位时,两人都被同样的恐惧与观感驱动。最重要的是,1905 年以后,他们都认为俄国虚弱、落后,面临巨大威胁。

1908 年,弗拉基米尔·博布林斯基初次造访位于匈牙利王国境内喀尔巴阡山脉的小块飞地"卢森尼亚"。此后数年,捍卫这一区域内的俄罗斯特性成了博布林斯基的重要事业,这使得他与他建立的加利西亚－俄罗斯社会同哈布斯堡政府的冲突日益升级。正如本书第二章所言,卢森尼亚人是一小群农民,政治、宗教及经济压力驱使他们被周围更大、更强力的文化（匈牙利、德意志、波兰与乌克兰文化）吸收。对博布林斯基和大部分俄罗斯自由帝国主义者来说，拯救卢森尼亚的俄罗斯特性是更广泛的重大斗争的一部分，即捍卫被俄国上流社会称为"小俄罗斯人"、被敌人称为"乌克兰人"的整个群体的俄罗斯特性的斗争。1914年之前数年，越来越多的俄国人认为，这不仅是同乌克兰民族主义与其美国庇护者的斗争，也是同柏林领导下欧洲境内的"日耳曼"势力进行更广泛竞争的一部分。博布林斯基如此总结他力图保护卢森尼亚的"小俄罗斯"身份之举的实质："乌克兰运动……是'东进'（Drang nach Osten）的前锋"。温和地说，此言是夸张。1914年，德国核心决策者几乎不会考虑到乌克兰。事实上，哪怕是1917年布尔什维克革命后，泛德意志主义的英雄埃里克·鲁登道夫（Erich Ludendorff）将军都已经做好了将大部分奥属加利西亚地区交给俄国的充分准备，以图为德国换取波罗的海省份。[133]

176　　博布林斯基的看法说明俄国公众越发多疑，并倾向于认为维也纳纯属柏林的附庸。此举是用流行的种族语言理解国际事务。它也源自俄国对奥地利孱弱的鄙视。俄国对德奥关系的看法在欧洲很普遍，并引起很多误解，其中一项重要误解涉及奥地利帝国政府对自身特殊安全的考虑。这些因素大大加深了俄国公众意见对德意志帝国日益增长的敌意，但它们并非敌意渐深的唯一原因。某些情况下，德国与引起敌意的争议事项全无关系。战前十年，英国驻圣彼得堡大使馆密切关注这一动向。1910年9月，代办（chargé d'affaires）休·奥贝恩（Hugh O'Beirne）评论称，尽管为了应对特殊事件，对德国的敌意减弱了，暗中涌动的敌意却已存续多年。他把这种情绪归结为："欧洲东南部正在上演的斯拉夫民族与日耳曼主义的种族斗争；对德国的文化、能量和道德品质的优越性的嫉妒；德国对俄国的工业入侵；德国在近东和中东的很多地区挫败了俄国；德国显然已变成太过强大的邻国，似乎会不时滥用它的优势力量。"这则评价本身很公正，但在很多方面过于冷静、理智。奥贝恩未考虑到俄国在关键时刻公开讨论对外政策时过于狂热，缺乏现实性，这种局面的形成在很大程度上是因为 1905 年的败仗与革命造成了深深的不安全感。[134]

　　民族主义与斯拉夫主义的公共意见主阵地在《新时代报》，该报在俄国政治和对外政策中占据独特地位。1913 年，《新时代报》发行了 10 万～15 万份，但其地位的取得与其说是源自发行量，不如说是因为它的读者包括俄国政坛内外最具政治影响力的人物，其中有尼古拉二世本人。同样重要的是，外国政府也视《新时代报》为半官方刊物，当《新时代报》批评外国政策时，他们便会激烈地抱怨。某位见识广博的英国观察者评价说，这种看法是错误的，"它（《新时代报》）的观点并非始终代表政府观点。它的观点更能代表官方意见和民意的审慎平衡"。[135]事实上，这番评价本身太过简单，因为俄国政府的意见很少是完全一致的，而《新时代报》在政府部门有偏爱对象、泄密者，甚至还有匿名赞助人。某种程度上，政府内部斗争通过媒体对外呈现。一般说来，外交部受报纸伤害最大。1905 年以前审查制度尚未废除，即便如此，由于《新时代报》在大多数内政问题上支持政府，它便获得批评对外政策的宽泛权限。1905 年以后此趋势继续存在，但无论如何，此时的《新青年》已有足够资源，当政府打算用仅存的虚弱手段控制媒体时，《新时代报》能忽视他们的任何行动。[136]

177

《新时代报》对政策的看法并非始终如一。它不是党媒，某种程度上，它旨在取悦读者，在保守和民族主义的框架内为读者提供不同观点。《新青年》的最重要目的是让公众意见"更爱国"。就对外政策而言，1907～1914 年，社论导向始终是支持团结法英，从而应对被视为俄国利益的主要威胁的德国以及德国称霸欧洲的危险。它对斯拉夫事业的支持更坚定，这既是出于地缘政治考虑，也是俄国历史和身份的要求。此外，《新时代报》最著名的专栏作者米哈伊尔·缅希科夫（Mikhail Menshikov）不是亲斯拉夫主义者，对德国还怀有相当大的好感。1908 年，缅希科夫与沙拉波夫之间进行过一场著名论战。缅希科夫强调对德作战的危险，并强调德国与俄国的利益不存在严重冲突。1912～1913 年巴尔干战争中，他重提此事。缅希科夫了解大国运用现代技术发动的未来欧洲战争的规模与恐怖。1914 年年初俄国与德国的"媒体战争"中，他保持冷静，强调和平对双方人民的利益都很重要，而他们的能量正在寻找合适的宣泄口。相反，战争会将欧洲在上一个世纪取得的成就置于险境，它至少会像 17 世纪的"三十年战争"一样漫长且具有破坏力。[137]

如此说来，缅希科夫与《新时代报》的言论看上去具备温和的理智。事实截然相反，缅希科夫经常激怒德国的奥地利盟友，因此他对德国的克制态度毫无意义。就连缅希科夫也忽视奥地利的正当安全顾虑，更不用说《新时代报》的整体立场。更有甚者，《新时代报》的总体社论导向对德国的敌意往往要比缅希科夫的文章大得多。1908～1909 年的波斯尼亚危机中，这一基调已然奠定——《新时代报》主张坚决捍卫俄国的荣耀与斯拉夫的利益，完全忽视国际现实和俄国面临的巨大战争危险。[138]1912～1913 年的巴尔干危机中，不现实、不负责任的类似腔调也常常很明显，当时俄国外交经常因怯懦与缺乏爱国主义精神被批评。1914 年，《新时代报》迎接新年的主要文章集中反映了其基本路线。这篇文章总结了《新时代报》最喜欢引用的类似历史事件之一，即 1806 年普鲁士败于拿破仑后重整旗鼓，并号召俄国爱国者付出同样的努力，从 1905 年的灾难中恢复过来。文章的结尾呼吁："实施大国政策，这是我们祖先进行爱国主义教育的最佳学校，毫无疑问，它至今仍是我们时代的最佳学校。必须相信俄国！必须振奋大俄罗斯民族的精神！它仍然急切渴盼伟大，必须满足它的愿望……祖国的光荣是人民幸福的权利。"[139]

本章的证据清晰地表明，尽管沙皇与大臣制定俄国对外政策，但他们并不能也没有忽视公众意见，原因远远不只是陆军与海军的预算一定程度上由杜马决定。[140]19 世纪 80 年代，如果说亚历山大三世认为爱国的俄国人对国家对外政策的支持十分关键，那么在 20 世纪头十年，由于公众意见的呼声与重要性已然大大增强，亚历山大的儿子也很难持有不同意见。对日战争的失败全面反映了在缺乏公众支持时开战的危险，也严重损害了政权合法性。新宪政秩序的基础任务（raison d'être）是重建政权、有产上层阶级与受过教育的俄国社会之间的桥梁。原则上，对外政策与国防是最明显的桥梁。诚然，尼古拉二世质疑杜马的智慧，更不用说所谓的杜马代表俄国人民的说法。沙皇更怀疑媒体在对外政策上的影响，他的理由也更充分。这并不是说，尼古拉制定对外政策时不会充分考虑受过教育的爱国公众的意见。代表保守与民族主义的《新时代报》的意见之所以重要，原因之一恰恰是沙皇是它的读者，他认为《新时代报》

179

是"我国最严肃、最重要的"报纸。同样的，1912 年，当尼古拉的堂亲尼古拉大公反映爱国军官与斯拉夫主义者的意见时，沙皇也予以关注。这导致 1912～1913 年《新时代报》大肆抨击俄国对外政策与斯拉夫主义。这些非议对外交大臣谢尔盖·萨佐诺夫来说尤为危险。[141]

1906～1914 年，俄国的两任外交大臣亚历山大·伊兹沃利斯基与谢尔盖·萨佐诺夫都是自由保守派，他们支持杜马，原则上也相信对外政策需要反映民族情感。身为外交大臣，伊兹沃利斯基对媒体与公众意见的看法与前任弗拉基米尔·兰布斯多夫伯爵截然不同。某报纸提到，伴着"庄重的威严"，兰布斯多夫疏远公众。[142]与兰布斯多夫相反，伊兹沃利斯基上任前在日记中写道："俄国公众意见的支持（raspolozhenie）……万分重要。"[143]新官上任后，他的三把火之一就是在外交部建立由亚历山大·吉尔斯领导的媒体局。随后，伊兹沃利斯基结交《新时代报》的业主兼编辑阿列克谢·苏沃林（Aleksei Suvorin），他甚至造访这位老者的办公室与其商谈。长期以来，苏沃林这位"俄罗斯民族主义领袖"对外交部来说是最大祸害，如今外交大臣向他展示了超出寻常、史无前例的敬重，资深俄国外交官对这种做法嗤之以鼻。[144]

谢尔盖·萨佐诺夫不像伊兹沃利斯基那样虚荣，因此也不那么在意自己的公众形象。然而，就算他想忽视公众意见，他的连襟彼得·斯托雷平也不会允许他这样做。正如我们将要看到的那样，萨佐诺夫不时遭到民族主义公众意见的激烈抨击，特别是 1912～1913 年巴尔干战争期间，因为据说他对斯拉夫事业的支持力度很小。然而，若是认为萨佐诺夫代表的俄国同社会及公众意见严重脱节，就会犯错。像大部分外交大臣一样，萨佐诺夫十分厌恶《新时代报》，但他对杜马的态度要友好得多。1907～1914年，杜马的大多数成员与外交官一样来自上层地主阶级，这一点也起了作用。萨佐诺夫的兄弟是杜马代表，其他杰出外交官的近亲亦然。毫无疑问，同终生致力于管理地产并为地方政府效力的亲戚们相比，外交官们认为自己在外交事务上更专业。然而，他们和亲戚们秉持相同的根本价值观以及对俄国历史与尊严的看法。此外，伊兹沃利斯基与萨佐诺夫对温和的自由宪政主义抱有好感绝非反常现象，主导外交部的上层阶级中的绅士普遍如此。统治阶级中很多人怀有深深的自由保守主义的情感。此外，俄国外交官常在欧洲国家生活，这些国家已然接纳维多利亚时代自由主义的很多基本原则，认为它们在礼仪社会中几乎是不证自明。

　　本章已然指出，1912年8月，萨佐诺夫任命格里戈里·特鲁别茨科伊公爵为外交部近东部主管。特鲁别茨科伊犹豫再三后才答应，其中一个原因是不久前他未能成功入选1912年的新一届（第四届）杜马。[145] 1914年，鲍里斯·诺尔德（Boris Nolde）男爵接任特奥多尔·马滕斯（Theodor Martens）的旧职，即外交部首席顾问。诺尔德写道，对特鲁别茨科伊的任命是战前俄国社会一定程度上接管俄国对外政策的关键一步。诺尔德是聪明绝顶、消息灵通的观察者，他与萨佐诺夫、特鲁别茨科伊等外交部主要人物相当熟识。尽管如此，我们也不需要把他的意见当作俄国对外政策与公众意见间妥协后的最终结论。诺尔德本身是立宪民主党人，他或许夸大了"社会"的影响力。萨佐诺夫之所以任命特鲁别茨科伊，不是因为他代表公众意见，而是因为他是老道的外交官，并且非常了解巴尔干与奥斯曼事务。对于特鲁别茨科伊的意见与提案，萨佐诺夫并非始

180

终同意，也不会马上同意。尼古拉二世、弗拉基米尔·科科夫佐夫等人也在制定俄国对外政策时发挥了重要作用。与其说是"公众意见"或"自由帝国主义"接管政府，我们不如更准确地说，是外交部主导力量与主流公众意见在对外政策基础上达成共识。[146]

在欧洲环境中，这丝毫不意外。恰恰相反，正如前几章所述，在这个年代，欧洲所有外交部越发受媒体、公众意见和迅速发展的市民社会影响。一如以往，大部分市民表现出对国际关系的断续兴趣与欠佳理解，导致一国对外政策特别容易遭到特殊利益集团与游说团攻击，更不用说民族主义政客。德国和俄国的宪法恰恰向最容易擂动民族主义战鼓的政治利益倾斜，因而两国的事态格外糟糕。然而，哪怕是在更民主的社会，类似的情况也容易出现。民族主义游说团把意大利卷入一战，尽管议会代表大都反对参战，更不用说意大利人民。近年来，研究英德关系的历史学家强调，两国媒体用戏剧化手法描写冲突，煽动彼此的恐惧与怨愤，造成恶劣影响。在英国和德国，党派、游说团和特殊利益集团利用骇人听闻的媒体战赢得选举、增加军事预算，甚至仅仅是唤醒公众，让公众认识到上层阶级某些成员视为危险的外在政治现实。[147]

所有这些仅是更广泛现实的关键一部分，这一现实是不断发展的现代化对欧洲政治与国际关系产生影响。在这方面，媒体与市民社会在能够更深刻地动摇国际体系的力量背后发挥作用，如种族民族主义的兴起，它不仅威胁某些大国的稳定性，还关乎其生死存亡。研究通往 1914 年战争路径的理智历史学家不会忽视这些因素，也不会撰写局限于国家外交关系的传统历史。但重要的是，不能过分强调另一方向。国家和外交官制定对外政策。更有甚者，如果潜在结构因素很重要，那么个人、事件和纯粹的机会也很重要。本书后半部分即围绕此展开，并描述 1914 年之前十年间俄国和欧洲如何走向战争。

第四章　三国协约的出现（1904～1909）

从日俄战争到波斯尼亚危机

　　1904 年 2 月 8 日，日本海军进攻阿瑟港，日俄战争爆发。俄军太平洋舰队与日本海军势均力敌，双方都有可能取胜。眷顾日军的不只是运气，还有地理因素：日军占据内线（横跨俄国在太平洋的海军基地阿瑟港与符拉迪沃斯托克港之间的海上交通线）、更好的基地，在本土也有更优越的维修设备。整体而言，日军也得到了更好的领导，船只的设计往往更好。1905 年年初，随着阿瑟港陷落，俄军太平洋舰队残余力量也被消灭。波罗的海舰队奋力进行环绕世界的航行来拯救太平洋舰队，而此时，单凭他们自己很难击败日军。尽管波罗的海舰队与日军舰队的纸面规模不相上下，但实际上，日军已给自己上了一堂战争课，且他们有数月时间来休息、训练、重新装配，因此济诺维·罗热斯特文斯基（Zinovii Rozhestvensky）将军的舰队处于劣势。波罗的海舰队连续航行几个月，沿途没有一处可以休息的基地，这损耗了罗热斯特文斯基的船只，也累坏了缺乏经验的船员。1905 年 5 月，罗热斯特文斯基的舰队在韩国与日本南部之间的对马海峡（Tsushima Strait）被歼灭。

　　与此同时，一开始就寡不敌众的俄国陆军屡战屡败，这彻底打击了他们的士气。指挥官阿列克谢·库罗帕特金（Aleksei Kuropatkin，原陆军大臣）是睿智人士与合格管理者，但他缺乏信心，也不具备战场指挥官的气质。1905 年 2 月至 3 月，在中国东北地区的奉天①，他的军队在长达三周的大战中落败。从军事角度看，这场战争还远没有失败。大批高素质援军已在赶往前线的路上，但尼古拉二世担心国内革命，决定求和。自从在克里米亚战败后，俄国还未曾遭受如此屈辱。然而，在克里米亚战争中，战胜俄国的至少是两个欧洲大国，而不是单单一个亚洲敌国。[1]

德国对这场冲突不负责任，但它鼓舞了俄国在太平洋地区的野心。[2]很多俄国人随后宣称，柏林利用俄国的困境，在 1904 年缔结的"俄德贸易条约"争取了更好的条件。事实上，地缘政治因素对德国政府来说更重要。只有俄国尽可能久地被战争束缚，尽可能远离欧洲，柏林才会高兴。战争爆发时，似乎最有可能的情况是战争持续一段时间，然后双方战平，或者俄国取得有限胜利。这两种结果都不大可能驱使俄国长期关注亚洲事务。倘若出现看起来较小的可能性，即俄国战败，那么俄国至少会被严重削弱。然而，抛开这些长远考虑，日俄战争似乎让德国有机会立刻削弱法俄同盟，甚至可能摧毁它。

法国是俄国的盟友，英国是日本的盟友。1903～1904 年，巴黎与伦敦达成所谓《友好协议》（entente cordiale）。至少就英国而言，达成友好的初衷是减少殖民地冲突和欧洲之外的任务。即便英法共识没有超出此范畴，没有发展成更接近于同盟的产物，柏林也注定不会欢迎巴黎和伦敦的和睦，因为这意味着柏林不可能再操纵英法对抗。德国外交大臣立刻认识到，这大大压缩了德国施展策略的空间及获取海外殖民地的机会。日

———————

① 今沈阳。——译者注

俄战争期间，柏林给予俄国很多帮助，包括为环绕世界航行的
罗热斯特文斯基将军的波罗的海舰队装煤。威廉二世对俄国表
亲强调，德国帮助了俄国，相形之下，法国怯懦地逃避对俄国
的盟友义务，还拍英国的马屁。不止尼古拉二世，几乎整个俄
国上层阶级都认为是英国鼓励日本拿起武器。1904 年 10 月 21
日，罗热斯特文斯基的舰队误以为北海的英国渔船是日军鱼雷
艇，击杀多名船员，引发混乱。英国与俄国之间，一度面临爆
发战争。紧接这场危机之后，1905 年 7 月在芬兰湾，德国皇帝
与俄国沙皇在比约克（Björkö）举行著名会晤，德皇力劝表亲
与德国建立对抗英国的防御同盟，然后"劝说"法国参加这一
大陆势力集团。巴黎将不得不在圣彼得堡和伦敦之间选择。《友
好协议》或法俄同盟中必有一个被毁。[3]

俄国外交大臣弗拉基米尔·兰布斯多夫伯爵与驻柏林大使
尼古拉·冯·德·奥斯滕 - 萨肯（Nicholas von der Osten-
Sacken）伯爵十分清楚德国的狡猾目的。1904 年冬天，兰布斯
多夫设法优雅地回避德国的建议。然而，1905 年 7 月在比约
克，德国皇帝和俄国沙皇碰面时，身边没有任何外交政策顾问
在场。来赴会的威廉二世口袋里装着俄德防御条约，他急迫地
说服俄国表亲签署条约。原则上，与德国和法国结成大陆同盟
符合俄国的利益，但法国绝对不会愿意加入这一阵营。即便圣
彼得堡想对巴黎施加影响，1905 年也是最糟糕的时机。法俄同
盟缔结前的那些年，法国热切地对俄国展开追求，俄国是不情
愿的新娘。同盟结成后的头十年，即 1894 ~ 1904 年，俄国一直
更强大的伙伴。1904 ~ 1905 年的战败与革命改变了同盟内部的
力量天平。而《友好协定》至少让巴黎有望从伦敦获取可替代
俄国的支持，这也促使天平改变倾斜方向。然而，为了先向尼

古拉二世阐明法国不可能加入大陆阵营，然后尽可能不受损害地退出在比约克签署的盟约，兰布斯多夫、俄国首相谢尔盖·维特（Serge Witte）、俄国驻巴黎高级大使亚历山大·涅利多夫（Aleksandr Nelidov）花了好几周时间。

在这几周，兰布斯多夫致驻柏林大使奥斯滕与驻巴黎大使涅利多夫的信表明：他决心捍卫他视为俄国安全与独立重要保障的法俄同盟，与此同时，和德国继续保持尽可能友好的关系。他的政策主要根植于经典的权力制衡思想，但也源自对德国目标和战术的怀疑。他写道，德国显然希望在法俄之间播撒不信任的种子，它的手段不排除向媒体泄露圣彼得堡和柏林达成的任何协议。在比约克，威廉二世"粗鲁地试图"利用沙皇尼古拉对俄国安危的担忧，这体现了德皇惯有的"无所顾忌"。[4]德国试图破坏俄国与法国、英国的关系，从而孤立俄国，强迫它与德国结盟。从国力差距看，这只会是不公平的同盟。兰布斯多夫致信涅利多夫："根据我的多年经验，我相信，若想同德国真正结好，我们必须与法国结盟。否则我们就会丧失独立性，我不知道还有什么能比德国的奴役更繁重。"[5]

对安全与权力制衡的传统顾虑始终是俄国主张同巴黎结盟的关键因素，但是1905年秋天圣彼得堡急需国外贷款，这一点也相当关键。俄国为日俄战争花费了22.5亿卢布，这几乎相当于当时国家年收入的三分之二。与此同时，俄国国内爆发革命，这影响了政府收入，也导致私人存款外逃。俄国政府面临破产与收支平衡危机，它足以迫使卢布偏离金本位制度，让俄国的国际信贷变得一文不值，并削弱政府大力促进经济发展的战略（俄国的经济发展一定程度上依靠外国投资）。更糟的是，1905年10月，尼古拉二世为了结束革命，向人民承诺建立议会。

185

186

弗拉基米尔·兰布斯多夫伯爵

1906 年 4 月，议会即将召开。俄国大臣都不会忘记 1789 年破产又倒霉的法国旧王朝（ancien régime）在三级会议上的遭遇。只有外国贷款能拯救沙皇政府，让它免于类似的灾难。19 世纪 90 年代，俄国已经同法国金融市场建立起密切联系，对该市场也存在一定依赖性。哪怕抛开这些联系以及巴黎和圣彼得堡的政治同盟，法国的高储蓄率以及对国内工业的低投资水平，也让它在很大程度上变成俄国最可能的大额贷款来源。俄国人知道浮动利率贷款需要法国政府的支持，在 1905 年更是如此，因为俄国国内革命与破产的威胁令法国银行家和投资者深深感到不安。大使涅利多夫无须详细阐明如下论点：鉴于俄国急需法国的金融和政治支持，现在不适合向巴黎施压或者做出任何令人怀疑俄国对同盟忠诚度的举动。[6]

俄方的贷款事宜首席谈判人是弗拉基米尔·科科夫佐夫。1905年和1906年之交的冬天，法国部长们向他承诺会全力支持贷款。若是俄国政府垮台或破产，面临风险的不仅仅是法国的安全，还有法国的投资。然而部长们坚称，除非消除正在酝酿的由摩洛哥危机引起的对战争的恐惧，否则不可能有机会在巴黎市场上成功投放数额巨大、风险很高的浮动利率贷款。此言很可能没错。此外，法德于1906年1月16日在阿尔赫西拉斯（Algeciras）召开会议，试图解决两国就摩洛哥未来的争议，因此法国提出的贷款条件也能有效确保俄国全力支持法国在会议上的立场。于是乎，俄国在会议上的核心利益是尽快结束会议，让会议消除一切对战争的恐惧，然后凭借俄国对法国的支持在巴黎市场投放那笔至关重要的贷款。德国人固执己见，阿尔赫西拉斯会议迟迟不见进展，于是圣彼得堡越发感到失望与紧张。

187

争论的焦点是法国正逐渐接管摩洛哥。为此目的，摩洛哥的头号贸易伙伴大不列颠在达成《友好协议》的谈判中支持法国的行为。柏林力图表明，未经它与其他大国通过协议赞成，不得瓜分全球任何一片土地。具体而言，柏林声称，根据1880年的《马德里条约》，摩洛哥的未来牵涉所有签约国，德国也是签约国之一。不论是对普遍事项，还是对摩洛哥的具体事项，柏林都有其理由：英法已拥有广袤殖民地，但两国还是擅自通过纯双边条约增加自己的猎物，所以德国人有充分理由感到不满。德国声称这是关键所在，然而欧洲国家的政府都不相信这种说法。人们认为，德国的政策试图向法国证明，面对德国时，英国不愿也不能保护它，并借此打破《友好协议》。时机掌握得恰到好处。战争与革命意味着俄军被移出了权力均衡的方程式。英国海军无法保卫巴黎。人们普遍认为，德国人在会议上的表现是试图恐吓法国，强迫它考虑优越的德国国力的现实。出席会议者大都怨恨德国的策略。[7]

兰布斯多夫给俄方高级代表阿瑟·卡西尼（Arthur Cassini）伯爵下达的指示，确立了俄国在阿尔赫西拉斯会议上的立场。[8]这些指示承认德国经济日益繁荣，因此安全的出口市场对德国来说很重要，柏林完全有权利在摩洛哥的市场和资源上获得准入便利及公平竞争。然而，兰布斯多夫认为，柏林动用1880年条约来反对法国行动的做法令人起疑，德国人的真实动机尚不明朗。

威廉二世在比约克告诉尼古拉，德国对摩洛哥没多少兴趣，无意极力主张在摩洛哥的权利，这必然增加俄国的疑心。[9]德国在会议上的策略越发令人失望，俄国又急于获得法国的贷款，于是俄国进一步明确地表示支持法国。法国媒体很快走漏了这一消息。此后不久，德国表示妥协，会议结束，战争阴云消散了。法国政府不出所料表示感谢，俄国成功取得浮动利率贷款，避免在破产状态下召开杜马会议。然而，日俄战争期间柏林曾支持俄国，如今俄国却全心全意地支持法国，德国政府特别是德皇对俄国的"忘恩负义"感到愤怒。德国人的怨恨在很大程度上没有根据，它体现了针对外交失败的失望，但失败的原因是柏林自身判断失误、头脑糊涂。尽管如此，此后数年，此事仍是俄德关系的一条重要路线。

1906年4月，驻柏林的一名俄国外交官写道，俄国大使奥斯滕－萨肯伯爵阅读稍显尖锐的卡西尼指令时比雪还纯洁，指令的内容后来被法国媒体披露了。[10]十八个月来，奥斯滕－萨肯

第一届杜马召开时，群众在议院外集会，骑马的警察与骑兵警惕地注视他们

一直警告：对德国的难解行为的一种可能解释是，它担心《友好协议》可能演变为两侧的大国（法国、英国和俄国）结成的三国同盟，这会"危及德国利益，对帝国的安全构成威胁"。[11]柏林对阿尔赫西拉斯会议失败的反应促使奥斯滕进一步警告道，"我们和德国的关系"处于"非常紧要的关头"，最重要的原因是"出现了德皇威廉对俄国的个人态度或将发生180度大转弯的预警"。对于日俄战争期间的俄德关系，皇帝本人的看法是自私的，他认为自己顶着德国国内的批评与英国的敌意特意帮助俄国，得到的回报却是俄国在阿尔赫西拉斯会议上强烈支持法国，而且披露这件事的法国媒体还用了贬低德国尊严的措辞。萨肯写道，威廉一定程度上一直遵循霍亨索伦与罗曼诺夫家族的长期友谊传统以及君主间团结意识的指引。威廉的随员中，更别提德国社会中，很多颇具影响力的人告诉他，这些感情很

危险，因为比沙皇俄国更强大的新俄国出现了，它早就抛弃了传统的王朝忠诚感。鉴于俄国目前十分虚弱，它很有必要避免沦为德国失望情绪的替罪羊，并避免那位对柏林的战争与和平做最终决定的人相信这类"背信弃义"的论调。[12]

1905～1906 年，欧洲国际关系与俄国对外政策产生的背景是：俄国面临君主制快要被推翻的革命危机。从 1905 年 10 月尼古拉二世承诺签署宪法，到 1906 年 7 月第一届杜马会议成功召开，这几个月是最危险的时期。自由派大都对 10 月的宣言授予的有限权利感到不满，不相信政府会在任何情况下尊重他们。更严重的是城市里的罢工与暴动浪潮，以及革命社会主义已牢牢把控住俄国工人思想的显著证据。与此同时，农民在很多地方省大肆破坏，他们烧毁庄园宅邸，要求没收非农民所有的土地。在非俄罗斯地区，社会主义往往同激进民族主义相结合。最糟的是，政权不能继续指望大部分海军士兵和很多陆军士兵的忠诚，而后者是决定其存亡的最后一根救命稻草。

1905 年和 1906 年之交的冬天，政府内部意见分歧与丧失自信本身也严重威胁政权的存亡。那几个月中，内政大臣彼得·杜尔诺沃动用可畏人格重塑政府权威。只要我们阅读那几个月中包括俄国外交官在内的俄国上层阶级的日记和书信，就会立刻察觉到他们相当不确定政权能否存续。他们中大部分人承认，主要由征召来的农民组成的军队的忠诚度不好把握。第一届杜马会议集中反映了农民的很多愿望，并呼吁征收私有土地。1906 年 6 月，俄军团级单位的典范普列奥布拉任斯基禁卫团（Preobrazhensky Guards）的第一营哗变，于是最乐观的将军亚历山大·基列耶夫（Aleksandr Kireev）也在日记中写道："就是这样。"后来农民运动平息，1906 年 7 月杜马解散后军队的忠诚度也不再受到怀疑，此后大部分观察者才相信政权能存活下来。[13]

国内危机不可避免地产生国际影响。1905～1906年的冬天，很多外国大使馆向外交部呼吁保护本国侨民的生命与财产。最危险的是波罗的海省份的无政府状态及其对波罗的海德意志人构成的威胁，而其中很多人与柏林渊源颇深。当年冬季，就连里加（Riga）的英国领事也要求皇家海军出面干涉，并由英国海军登陆部队保护当地英国侨民免受拉脱维亚革命影响。他说拉脱维亚革命十分容易诉诸暴力、武装到牙齿，且拥有广泛支持。[14]大使馆不敢率先召集军舰保护侨民，他们十分清楚这会伤害俄国的尊严。德国宰相伯恩哈德·冯·比洛也持此观点。与大部分同时代人一样，比洛看待俄国事件时是以法国大革命为参照。他记得1791～1793年国外干预让法国政坛激进化，因此他不愿表现出德国会以同样方式插手俄国内政的任何迹象。[15]

然而，德国与欧洲可能被迫插手。威廉二世对波罗的海德意志人在柏林的首要代言人特奥多尔·席曼（Theodor Schiemann）教授承诺，如果俄国君主制倒台，德国不会放弃波罗的海居民。格里戈里与叶夫根尼·特鲁别茨科伊认为，一旦社会主义者在俄国掌权，外国很可能会干涉。[16]哪怕是1906年7月第一届杜马解散后，驻伦敦大使亚历山大·本肯多夫伯爵仍然会做外国可能干涉俄国的噩梦。破产与无力支付外国债务或将导致此结果。社会革命亦然。1906年7月，他在伦敦写道："这儿的人一直担心德国会干涉。他们对此闭口不谈，但我确定他们是这样想的。我相信恐惧的源头是巴黎，但他们传播了恐惧。（假如外国干涉，）无法预测结果，但我认为会出现以英法同盟为基础的新的国家阵营。这与战争还有多大区别？我不确定。无论如何，我认为考虑这些随时会爆发的问题并不算为时过早。"[17]

最终，君主制战胜了革命。事实证明，本肯多夫的担心站不住脚。尽管如此，1905～1906 年君主制可能垮台，外国也可能干涉，仔细考虑这两件事的后果是有益的。国内与国际政策紧密相连。19 世纪和 20 世纪的欧洲，国内革命的命运往往受制于外国的干涉。另外，大国爆发革命时，国际体系会受到巨大冲击——法国和俄国的例子已然阐明了这一点。倘若民族与社会革命控制了波罗的海省份，德国必将用某种方式干涉，这是不可避免的。如果革命暂时摧毁作为大国的俄国，建立某种激进的社会主义政府，抑或威胁欧洲国家在俄国的大量投资，德国之外的欧洲国家也不可能坐视不理。本肯多夫写道，假如1905～1906 年发生革命与国外干涉，后果很难预测。此言不错。这些后果可能彻底改变俄国和欧洲 20 世纪的历史。

1906 年 5 月上旬，亚历山大·伊兹沃利斯基接替弗拉基米尔·兰布斯多夫出任外交大臣。新的大臣来自富裕的绅士家庭，但其祖上没有富人，也无人在宫廷或政坛发挥过突出作用。不过，伊兹沃利斯基的父亲是高级地方总督，20 世纪初，他的两个堂亲也当过农业部长和法官。他的妻子生下来就是托尔（Toll）伯爵夫人，她为婚姻营造了温暖与友善的氛围，抵消了伊兹沃利斯基本人的拘谨与乏味。她有很多重要人脉，其中包括沙皇的母亲玛丽太后。太后是她父母的朋友，她也庇护伊兹沃利斯基的职业生涯。伊兹沃利斯基以第一名的成绩毕业于皇家亚历山大学院，从来没有人质疑他的智力。此外，他博览群书，求知若渴，喜欢宽泛地讨论历史问题。一方面，他又有以自我为中心、谄上欺下、过分关注自己的公众形象的名声。同大部分俄国外交官一样，亚历山大·伊兹沃利斯基的任期很短，而且这段任职经历是他在圣彼得堡的官僚政府的职业生涯的开端。另一方面，就外交职务而言，他拥有几乎独一无二的丰富经验：他不仅去过巴尔干、罗马和德国，还曾在日本与美国任职。伊兹沃利斯基的继任者谢尔盖·萨佐诺夫说，他"很有才华，虽然表面上冷淡，但本质上是个好人"，但对他来说，"政治生活和私人关系中发生的一切都带有个人偏见或对他本人怀有恶意，哪怕它们只能给他造成最微不足道的影响"。[18]

亚历山大·伊兹沃利斯基

俄国档案馆至今尚存伊兹沃利斯基在就任外交大臣四个月前写的日记。伊兹沃利斯基在日记中写道，他对未来的工作准备不足，因为只有派驻大国的俄国大使才会随时获知整体对外政策，并收到关键急件的副本。在他看来，更合理的做法是让广受尊敬的时任驻巴黎大使亚历山大·涅利多夫当几年外交大臣，在他的任期中，伊兹沃利斯基可以学习如何处理俄国外交

193 　大臣面临的问题。考虑到伊兹沃利斯基日后在德国为人憎恨的
　　程度，我们需要说明，他担任外交大臣前写下的文字，不包含
　　丝毫反对德国或反对英国的感情。此外，威廉二世喜欢并尊重
　　他，希望他担任驻柏林大使。伊兹沃利斯基本想任命十分亲德
　　的贵族克诺林（Knorring）男爵担任关键的外交部大臣办公厅
　　主任，但他的候选对象以身体健康状况不佳为由推辞。从伊兹
　　沃利斯基的日记来看，他最坚定地投身的事业领域是内政而非
　　外交。按照沙皇任用大臣的标准，伊兹沃利斯基是自由派，他
　　强烈支持吸收杜马政客甚至立宪民主党的杜马政客进入内阁政
　　府。他认为政府应向俄国受过教育的社群妥协，并尊重后者的
　　自治与意见。这些自由价值观对对外政策也有影响。正如本书
　　第三章所言，伊兹沃利斯基与媒体交好，认为获得公众意见支
　　持对俄国对外事务来说很重要。他也理解民众对对外政策胜利
　　的呼吁，这种胜利或可缓解 1904 ~ 1906 年的屈辱。[19]

　　　　1907 年 2 月，伊兹沃利斯基在国防会议上发表演说，详细
　　阐明自己就任外交大臣后对对外政策以及俄国在世界上所处地
　　位的看法。俄国在东亚的弱势地位以及日本军力的进一步增长，
　　困扰着伊兹沃利斯基面前的一群将军。与此同时，国防会议的
　　海军成员费奥多尔·杜巴索夫（Fedor Dubasov）将军提到 19 世
　　纪 90 年代被经常提及的论点：从地缘政治、人口与经济的趋势
　　看，俄国的未来在西伯利亚和太平洋。[20]

　　　　伊兹沃利斯基完全不同意他们的看法。他说，要想成为真
　　正的亚洲大国，俄国需要一支能通过战斗征服太平洋的舰队。
　　在任何可预见的未来，这都是不可想象的。此外，对外政策不
　　可能脱离更深层的社会与文化因素。在这些方面，俄国的重心
　　在欧洲。如果俄国领导人真的想把亚太地区置于俄国对外和军

事政策优先考虑的位置，他们首先要做的是把首都东迁至鄂木斯克（Omsk）或车里雅宾斯克（Chelyabinsk）。在一段卓越的陈述中，伊兹沃利斯基也否认现在的或者历史上的日本政策特别具备侵略性、特别反对俄国。直到 1900 年之后很久，东京都愿意让步，从而完全满足俄国的真正利益。是俄国错误地拒绝接受东京的提议，于是日本或多或少被迫与英国结盟，发动战争。绝不允许历史重演。外交大臣表示，他坚信东京的主要人物会再度愿意同俄国达成合理妥协。是否接受他们的提议，取决于俄国。

伊兹沃利斯基称，欧洲和近东的情势仍然是俄国利益和全球力量的主要焦点。"接下来的十至十五年，在欧洲，奥地利、土耳其问题等全球性重要问题将被提上议程，还有可能获得解决。俄国在这些问题上必须强烈发声。""要记住的关键一点是，"伊兹沃利斯基继续说，"在西方和近东，历史进程并非取决于我们的希望，哪怕就在这个春天，近东都可能发生我们无力阻止的大事件。与此同时，我们根本不可能既置身事外，又不至于沦落到波斯的境地。相反，在远东，正如我之前所说，我们对事件进程的掌控力要大得多。倘若存在善意，我们也愿意的话，我们可以避免战争爆发。"[21]

伊兹沃利斯基曾任驻东京公使，在与日本人最初的艰难谈判过程中，这段经历帮助了他。日俄战争刚刚结束，两国都对对方的野心感到紧张，怀疑便成了常态。正如俄国某位驻新罕布什尔的朴次茅斯的和平会议代表承认的，某些和约条款语焉不详，留下很多需要解决的棘手问题。[22]关于渔业协议的达成尤其艰难，因为这类问题是技术性的，此外，关键性数额很庞大，安全问题也被牵扯进来。1906 年秋天，双方愤怒地争论不休，东京指责俄国回避条约条款。伊兹沃利斯基在必要地方做出让步，并且把谈判提升到更广泛的共同利益可被承认的层面上来，于是他解决了这一问题。当然了，他之所以能成功，只因日本人的确和俄国人一样，希望这一地区保持稳定。东京需要时间来巩固它对朝鲜和中国东北等地的控制。更有甚者，战争严重破坏了日本财政。俄国与日本的盟友英国重归于好，这大大促成了协议。要是日本对俄国太过强硬，它在国际关系中就会被孤立。若是日俄冲突得以解决，俄国的关注点会被引回欧洲，这对法国也很有利。1907 年 7 月，日俄签订协议，在此之前，日法签订条约，法国对日本政府开放资金市场。[23]

195

在 1907 年 7 月迈出第一步后，日俄关系逐渐强化。当美国插手，试图让中国东北地区的市场对所有外国企业开放时，俄国和日本联合起来抵制美国。东京和圣彼得堡都认为，倘若同美国"公平"竞争，两国的出口业务将无法存续。两大帝国都想在保护主义的高墙下建立强大的工业经济。就此原则达成一致后，日俄得以在 1910 年和 1912 年的秘密条约中将中国北部边境地区划为日本与俄国的利益范围。1911 年，清王朝被推翻，帝国解体，俄国便在蒙古建立被保护国，且成功取得唯一有可能反对他们的国家，也就是日本对此的同意。与日本的和解无疑是俄国外交的重大胜利，但它不能改变地缘政治的长期现实。日本已在亚洲大陆站稳脚跟，与俄国隔着一条绵长边境。新的日俄"友谊"是政治便利的内容，不具备文化或意识形态的深层根基。这段"友谊"随时可能结束，而这将严重威胁俄国的长期安全。于是，1905～1914 年，俄国斥巨资巩固亚洲领土。修筑铁路耗资最巨，但并不影响俄国将仅剩的太平洋基地符拉迪沃斯托克改造为一流要塞。据估计，俄国为此耗资达

2.5 亿卢布。[24]

　　亚历山大·伊兹沃利斯基一再强调，与日本的和解以及由此而来的俄国在东亚地区的安全，其重要基础之一是与英国的协议。此言不虚，特别是在 1905~1910 年的背景下。然而，面对德国人以及对伊兹沃利斯基政策的俄国批判者时，此言亦可有效地证明英俄协议的正当性。为了达成与英国的协议，他与俄国驻伦敦大使亚历山大·本肯多夫伯爵结成牢固同盟。本肯多夫是战前十年中唯——名始终在岗的俄国大使。他比伊兹沃利斯基和萨佐诺夫更资深，肯定对二人施加了影响。他的观点很能体现出战前十年奠定了俄国对外政策基础的思想。1906 年4 月，伊兹沃利斯基上任，他对俄国对外政策的看法相对开放。作为外交大臣的最初三年，他试图在伦敦与柏林之间搞平衡。相形之下，1906 年春天，本肯多夫已然全力支持与英国结好，他认为此举不仅能解决殖民地争议，还能促成欧洲境内权力均衡，从而保持俄国相对于德国的独立地位。在很多方面，他对欧洲政治的见解与弗拉基米尔·兰布斯多夫相差不大。然而，本肯多夫认为，事到如今，哪怕是想维持法俄同盟，都需要与伦敦建立密切联系。[25]

　　亚历山大·本肯多夫戴着单片眼镜、大礼帽，身上的晨礼服一尘不染，看着像是旧王朝的典型外交官。他的俄语书面语很差，因此他所有的信都是用法语写的，这在 1800 年的俄国外交官中很常见，但一个世纪之后，还这样做的几乎只剩他一人。本肯多夫由其母克罗伊（Croy）公主在西欧抚养长大，所以在他身上，秉持世界主义信念的欧洲贵族特征远超作为俄国人的特征。他的政治观与社会观在自由的西欧大贵族（grand seigneur）中很典型。战前，奥地利驻伦敦大使门斯多夫（Mensdorff）伯爵、

196

德国驻伦敦大使利赫诺夫斯基（Lichnowsky）亲王都是本肯多夫的表亲。他迷人的举止、生动的话语以及对乡村运动的热爱，不仅打开了结交英国贵族的门，还为他开辟了通往王宫的道路。爱德华七世喜欢俄国大使并与之交好。像很多欧洲贵族一样，本肯多夫仰慕英国上层阶级的价值观，也享受他们的生活方式。

本肯多夫的俄国批评者指责他"变成了"伦敦"当地人"。[26]此言有一定道理。大使将与英国的友好视为自己的终身事业，并坚决捍卫它，有时他的倾向性太明显，以至于不愿在英国对圣彼得堡的看法上施压。他也变得太过信任英国的动机，以及英国对友好状态的长期承诺的分量。在伦敦时，本肯多夫对国际关系的看法一定发生了急剧变化。1900 年，他写道，主要问题是，此前一个世纪中英国是唯一重要的殖民国度，已习惯于认为自己有权获得全球所有"未被占领的土地"。它正花时间适应其他欧洲国家已加入殖民竞赛的惊人事实。[27]十一年后，德国成了他主要的担心。"在一切根基上，"他写道，"我见识了德国扩张的巨大力量，随之而来的有它的影响力，必定还有它的旗帜……这股扩张主义的力量不一定说明柏林内阁一定会刻意采取进攻性政策，但它会引起其他国家的应对措施，难免引发冲突。"[28]

本肯多夫的转变或许缘于他长期浸染于英国的生活，但是对任何受过将权力均衡等同于欧洲安全教育的俄国外交官来说，1905 年俄国的战败和黯然退场必然会引起极大恐慌。本肯多夫认为，俄国的虚弱意味着在不久的将来，它在西境的安全取决于它的法国和英国盟友，且首先取决于英国——国际关系在很大程度上围绕英国国力展开。本肯多夫等很多俄国外交官都认为，关键点是德国不怎么害怕法国或俄国，却的确害怕英国，因为英国拥有领先世界的海军力量，与英国开战一定会破坏德国在海外的广大利益与资产。[29]与大多数同僚一样，本肯多夫的看法很大程度上源于现实政治，他却也认为，俄国政府不能简单地忽视历史的要求，以及公众舆论在巴尔干和近东政策上的亲斯拉夫感情。[30]此外，尽管本肯多夫努力保持客观，但当见识到德国人那粗鲁、威吓、不圆滑的举动后，他十分恼火："只要给他们一根手指，他们就想要整条手臂，并且伴着完全与此相关的圆滑。"[31]

1907年8月的英俄协议明确包含两处关键地区——阿富汗与波斯。二者之中，阿富汗对俄国的重要性要小得多。俄国在该国的真正利益纯粹是地方性的，核心是跨境交易以及避免袭击者、难民和疾病越过边境。此前数十年，阿富汗的关键性作用是构成对印度的威胁，吓唬英国。1906年，俄国在亚洲事务上最受尊敬的外交官伊万·济诺韦伊（Ivan Zinovev）声称，此种威胁纯是"幻想"，但它能服务于俄国的利益。构成了"大博弈"的英俄敌对关系持续数代，在此期间，英国可以对俄国发布海上贸易禁令，并对其领土发起水陆进攻，从而给俄国造成重大打击。对于英国在欧洲的利益，俄国一点儿办法也没有，但它可以刺激英国对印度帝国安全的那根敏感神经。印度帝国根基很不稳固，只具备有限的正当性，税收基础薄弱。因此，统治者非常害怕俄国铁路向中亚延伸，以及英国对邻近的阿富汗失去控制力。1906年，伦敦的主要要求是由它主持阿富汗的一切对外事务。俄国人或多或少愿意接受英国这个半保护国。问题在于，与帝国内经常出现的情况一样，就算是半保护，埃米尔们也不愿接受，英国两度花费巨大代价施加控制，皆以失败告终。1907年的英俄协议禁止俄国与埃米尔建立直接联系，

198

但实际上，若是俄阿边境出现问题，英国不能代表俄国对阿富汗施加任何影响，这免不了引起怨言，但还不至于严重到威胁英俄关系。

总之，波斯的问题更加严重，因为它是俄国的重要出口市场，而且俄国与波斯的边界超过 2000 公里，将今人所谓的阿塞拜疆人几乎均分。1905～1914 年，俄国人和波斯的阿塞拜疆人都陷入了混乱，因此边境安全对俄国来说至关重要。数年来，英国一直提议做一笔交易，将波斯划分为北部（俄国）和南部（英国）两个利益范围。在此基础上，两国于 1907 年达成协议。圣彼得堡认为，此前在波斯南部同英国的竞争超出了俄国资源的承受能力，而且几乎取胜无望。

1907 年的协议缓和了英国与俄国在波斯的竞争，但远远没有终结它。原因之一是残余的嫉妒，以及双方在当地的官僚的行为。波斯中部的"中立"地区也存在争议，更基础的问题是如何控制保护国。波斯人讨厌"被保护"，他们试图让英俄鹬蚌相争，并讨好其他国家特别是德国。最重要的是，波斯陷入了混乱：宪政运动正削弱沙（shah）①那残存的渺小权威，但又无力奠定新的秩序。俄军开进波斯北部境，保护俄国人的财产、安全与生命，于是英国公众舆论哀号：俄国开始悄悄吞并波斯了。俄国反驳道，是英国对宪政主义的支持导致波斯无法被管理。1907～1914 年，英俄在波斯问题上关系时好时坏，这成为对两国友好关系的持久威胁。[32]

1907 年 8 月前，在促成英俄和约的这段时间，亚历山大·伊兹沃利斯基格外注意不去疏远德国，并强调谈判只涉及

① 旧时波斯国王称号。——译者注

英俄双方在亚洲的特殊利益，绝不会危害德国利益。[33]他诚恳地指出，协议旨在减少俄国的义务与不稳定因素，如果缓和与伦敦的紧张局势，反而会加剧与柏林的紧张关系，那么协议只会收到十足的反效果。这种担心影响了他在大小事务上的决断。俄国驻柏林大使奥斯滕－萨肯伯爵向伊兹沃利斯基充分汇报了德国的敏感处境，因此1906年他甚至拒绝访问英国。1907年，各国在海牙举行第二次国际和平会议，会上他明显支持德国对裁军的意见，触怒俄国代表团领队特奥多尔·马滕斯。伊兹沃利斯基对马滕斯承认，在会上，"德皇威廉放肆地进行国际敲诈……他利用我们的艰难处境，想在我们和英格兰之间挑拨离间"。伊兹沃利斯基补充道，无论如何，俄国必须保持耐心，因为目前它无力自卫，要是德国皇帝愿意，他可以"随时夺取波兰等我们的西部边境地区"。[34]1906年，伊兹沃利斯基不肯着手与英国认真商谈，直到他去柏林平息当年早些时候阿尔赫西拉斯会议留下的愤怒，并"完整精确地找出"被德国视为自身利益，因此必须被英俄双边协议排除在外的东西。伊兹沃利斯基与德国的会谈很成功，而且看起来十分友好，德国宰相也公开发表声明，称柏林完全不反对以伊兹沃利斯基的条件为基础确立的英俄协议。在那之后，这位俄国外交大臣才开始准备推进与英国的谈判。[35]

伊兹沃利斯基的努力取得了短期成功，但长远来看，它并不能让德国满意。原因之一是俄国媒体经常抨击德国，抵消了伊兹沃利斯基凭借圆滑取得的成功。不出所料，亲斯拉夫派领袖谢尔盖·沙拉波夫率先羞辱德国人，宣称"英俄协议对世界来说十分重要，是喜悦与冷静的源泉"，因为它"必将孤立德国，毁灭它的威望，阻止它的胜利前进"。[36]就连十分反对德国

200

的波兰民族主义领袖罗曼·德莫夫斯基（Roman Dmowski）"也非常震惊地发现，同样的厌恶之情在整个俄国蔓延并迅速站稳脚跟"。德莫夫斯基补充说，若是这种厌恶情绪"在俄国广泛扩散，沙皇政府将被迫重视它"。[37]英国大使馆指出，俄国媒体"总是怀疑德国的意图，这成了某种固有观念，就连严肃作家也不例外"。[38]尼古拉二世评价道："地震、暴风雨等在帝国偏远省份发生的一切都会立刻被归咎于德国。……他……无法弥补这种事态，除非不时向媒体发布官方公报，但一般说来，此举收效甚微。"[39]如果说英国人、波兰人与沙皇一致认为俄国媒体对待德国的态度不公平，那么德国人自己就更是如此了。事实上，德国外交大臣经常抱怨俄国媒体，对此伊兹沃利斯基只能回答，在新的宪政秩序下，政府无法再控制媒体。[40]

德国社会与政府已然对自身被孤立的状态，以及英国人试图通过一系列协议来包围他们的恶毒战术深感紧张，伊兹沃利斯基的回答必然无法改善事态。奥斯滕·萨肯伯爵经常向圣彼得堡汇报这方面的情况。[41]俄国大使指出，德国媒体大都认为英俄协议的签订预示着俄国重新确立了在欧洲的权力，这必将与德国利益产生冲突。一些报纸认为协议可能存在秘密条款，比如说，可能确保英国支持对俄国军舰开放海峡。德国的担心有一定道理。[42]俄国人和英国人说，他们的正式协议只涉及波斯、阿富汗与西藏地区。他们说的也都是实话。另外，两国消除了旧日隔阂，此举引起的善意肯定会波及整个英俄关系。在非正式场合下，外交大臣爱德华·格雷爵士向俄国承诺，英国传统上反对俄国军舰经过海峡，现在他们会改变这一方针。[43]奥斯滕－萨肯提醒伊兹沃利斯基，不论具体议题为何，柏林一直认为，"我们和英格兰的冲突奠定了德国全部政策的不变现实基础"。

英俄的敌对给予柏林安全感与机会，因此德国肯定害怕并讨厌两国敌对状态的结束，哪怕德国官方礼貌地表示自己的善意，掩藏怨愤。[44]

回过头来看，对伊兹沃利斯基政策的最佳评价，或许出自英国驻圣彼得堡大使阿瑟·尼科尔森（Arthur Nicolson）爵士。1908 年 1 月，他写道，俄国的基本目标似乎是与所有人保持友好，"这种路线需要不计一切时间来追求它的一些技巧和纯熟，关于它是否切实可行则是存疑的"。[45]尼科尔森或许会进一步补充说，对俄国这种目前虚弱无力的国家来说，这种钢丝上的舞蹈要更难。伊兹沃利斯基没那么悲观。1907 年对他和俄国对外政策来说是不错的一年。与日本签订的协议结束了远东危机。与英国的协议巩固了日俄协议，也大大降低了英俄在亚洲爆发冲突的风险。考虑到波斯正在上演的混乱，这就更令人愉悦了。它也排除了英俄冲突可能削弱法俄同盟的重大风险。与此同时，阿尔赫西拉斯会议后曾降到低谷的俄德关系看上去已经恢复了。耐心和体贴的外交安抚了德国对英俄就波斯问题与阿富汗达成协议的担心。1907 年 8 月，德国与俄国君主在斯维内明德（Swinemünde）① 举行友好会晤，没有出现严重不和，俄德间紧张态势的很多源头问题看上去消除了，就连一向不安的奥斯滕‐萨肯也欣慰地松了口气。[46]伊兹沃利斯基也认为，他与奥地利就巴尔干稳定问题的合作尝试也进展得不错。1907 年 9 月下旬，他拜访维也纳，弗朗茨·约瑟夫皇帝授予他圣斯蒂芬骑士大十字勋章，表彰他对奥俄友好关系的忠诚。伊兹沃利斯基与奥地利外交大臣埃伦塔尔（Aehrenthal）男爵谈了很久，然后他

① 今希维诺乌伊希切（Świnoujście）。——译者注

们联合发表了引人注目的声明，在维护巴尔干局势稳定这项事业上强调巩固奥俄的团结。[47]

伊兹沃利斯基当然很清楚巴尔干半岛面临的潜在威胁，但他相信自己的能力，也相信和他刚上任时相比，俄国能更好地处理这些危机，或许他的自信过头了。奥斯滕－萨肯伯爵认为，通过平衡德国与英国阵营的关系，俄国或许可以利用自己对其中一方的支持做一笔有利可图的买卖。伊兹沃利斯基可能认真思考了这个意见。[48]毫无疑问，他也压根儿没忘记爱德华·格雷爵士曾承诺会友好对待有利于俄国的海峡协议的修订。阿瑟·尼科尔森爵士记载，听到格雷说完这些话后，伊兹沃利斯基脸上洋溢着喜悦，"我很少见到伊兹沃利斯基先生如此自得又满足"。在海峡问题上的胜利可为伊兹沃利斯基增光，也可鼓舞俄国民心，巩固沙皇政权的众多支持者所渴求的政权合法性。公平地说，如果伊兹沃利斯基修订海峡协议的计划成功了，俄国在黑海地区的脆弱状态，以及战前数年由此引发的俄国领导人的疑惧也会大大缓解。[49]

正如伊兹沃利斯基所预言的，1908 年，巴尔干和中东地区开始分裂。年初，俄国总参谋部已然敏锐地察觉到外高加索地区的危机。他们认为土耳其人正试图吞并波斯边境的重要战略地带，并建立侵入俄国领土的进攻力量。1908 年 2 月，总参谋长费奥多尔·帕利岑呼吁动员整个俄国的军队来应对威胁。这说明，对日战争的失败及由此导致的国家战略弱势地位使军队高度紧张，也体现了俄国领导人眼中高加索地区面临的具体威胁。帕利岑认为俄国在该地区的驻军兵力太少，而且它经常被移用于处理内部治安问题，影响军事训练，不止一个人持有类似观点。俄国军方领导人始终认为，与"东方人"打交道时，关键要使对方对保持良好帝国风格的俄国国力感到恐惧，但俄国被日本战胜的屈辱和革命的混乱急剧削弱了这种恐惧感。[50]

千年之中，高加索地区一直是敌对帝国间斗争的焦点。[51]几个世纪以来，信仰东正教的俄罗斯帝国在这一地区同逊尼派的奥斯曼帝国、什叶派的波斯帝国竞争。当地社群的混杂也让地缘政治情况更为复杂，大批"不忠诚"的少数民族远离前线，准备靠起义支持他们在国外的教友。如果说这些是俄国（和奥斯曼帝国）的常年忧虑所在，那么1904～1906年的事件让形势严重恶化了。在俄国，1905年革命在高加索地区影响最广，暴力程度最高，镇压时间也最久。1908年，帝国警务部首长写了一份长篇备忘录，说在革命的那几年，一个准独立的社会主义亚美尼亚国家已在俄国领土上形成，它有自己的民兵、法庭和行政机关。俄国政府也暂时失去对很多穆斯林居住地区的控制。完全是因为地方社群彼此仇恨，政权才得以恢复统治，但它的权威性仍然十分微弱。倘若与奥斯曼帝国爆发战争，穆斯林聚居地必然起义。假如俄军出师不利，这些起义会迅速蔓延至整个地区。[52]

首相彼得·斯托雷平感到恐惧，1908年2月他阻止了将军们的计划，并警告伊兹沃利斯基不要在对外政策上进行任何冒险。俄国驻君士坦丁堡的最资深大使伊万·济诺韦伊的建议帮助了斯托雷平。在俄国高级外交官中，济诺韦伊的出身很罕见，他是农民的孙子。他的父亲一开始的职业是教师，最后成为俄国一所著名大学的主任。在父亲令人惊叹的家教计划指导下，儿子们尚未进入青春期就通过了升入高中的考试，此后开启了辉煌的职业生涯。即便如此，伊万·济诺韦伊也根本不可能通过在时尚的欧洲使馆任职登上外交职务的顶峰。可是他十分聪明、擅长言辞，又了解当地情况，因此 20 世纪初，他是俄国政府在奥斯曼帝国和巴尔干事务上最受尊敬的专家。[53]

1908 年 1 月，济诺韦伊提醒将军们，在他的职业生涯中，绝不能说这是错误情报第一次导致俄国太过恐惧土耳其在高加索的企图。现在和以前一样，看土耳其军事文件时需要注意：与其说它们体现了确切的现实，不如说它们是部下为了自身目的讲给苏丹的故事。济诺韦伊原则上不反对严厉地提醒土耳其人俄国仍然很强大。然而他自己的调查表明，奥斯曼帝国在高加索地区的军力远没有将军们担心的那样多。处理奥斯曼－波斯边境的军事危机时也需要考虑到，就连奥斯曼帝国也没有真正控制该地区的库尔德部落，更别提波斯了。济诺韦伊写道，更切中要害的是，土耳其在高加索的军事筹备说明他们害怕巴尔干半岛爆发战争——若是战争爆发，俄国就可能入侵安纳托利亚（Anatolia）。大使强调，俄国应该关注巴尔干半岛特别是马其顿，因为这里存在真正的危机。他补充道，罪犯并非土耳其人，而是塞尔维亚人、希腊人，首恶则是巴尔干政府，他们出于自己肮脏的党派政治目的鼓励马其顿的革命与内战，牺牲欧洲的稳定以及当地社群成员的生命。[54]

就巴尔干和马其顿而言，俄国首要处理的是奥俄关系。在我们一头扎入奥俄关于马其顿问题的谈判细节之前，有必要先花时间后退，观察影响两大帝国核心关系的更基础要素。1914 年 7 月战争爆发，直接原因正是奥俄关系破裂。幸运的是，在俄国档案馆内，19 世纪与 20 世纪之交的两套文件可以让我们洞察当时俄国如何看待哈布斯堡君主国。第一套文件是 1899 ~ 1900 年时任外交大臣米哈伊尔·穆拉韦夫（Mikhail Muravev）与其副手弗拉基米尔·兰布斯多夫以及一些俄国大使的讨论。

讨论的背景是：德国宰相贝恩哈德·冯·比洛提议与俄国缔结协议，以防奥匈帝国解体。参与讨论的一位大使是列夫·乌鲁索夫（Lev Urusov）公爵，1905 年他来到维也纳主持俄国大使馆。第二套文件中包括给他的一份长篇指示。

1899 年，德国的做法有点儿令俄国困惑。因为在他们看来，尽管内部危机折磨着奥地利帝国，但在短期内它不大可能解体。然而穆拉韦伊承认，帝国之所以凝为一体，在很大程度上是因为弗朗茨·约瑟夫皇帝本人及其威望，一旦他去世，帝国确有可能瓦解。列夫·乌鲁索夫公爵当时在巴黎，他报告称法国政坛中很多人赞成此观点。四名参与讨论的外交官一致同意，倘若奥地利解体，俄国无意吞并哈布斯堡的领土。任何吞并都不会带来利益，只会引起新的争议和花销，给痛苦的俄国纳税人增加额外负担。穆拉韦夫引用（并信任）比洛的说法——德国没有领土野心，他总结道："看来强大的俄国和德国君主国都不希望看到邻国奥匈帝国解体，这理应在一定程度上保证欧洲这片地区维持现有政治秩序。"乌鲁索夫不及穆拉韦伊乐观，但他完全赞同外交大臣的某一观点，即哈布斯堡的解体是"最让人不愿看到的事"。大使认为，即便比洛本人反对吞并说德语的奥地利领土，但事实将证明，柏林会出现要求吞并的压倒性压力。霍亨索伦的国家现在领导着德意志民族主义以及德意志民族争取全球力量与地位的奋斗。假如哈布斯堡帝国真的解体，这一现实会迫使柏林越过南部边境出手干涉。[55]

列夫·乌鲁索夫接管维也纳大使馆时，给予他的指示明确了他该如何处理未来奥地利帝国解体等纯理论问题，但并未涉及俄国对对手帝国的潜在态度。指示的开篇指出，自 1866 年战败以来，曾经强大的哈布斯堡帝国越发变成"其强悍征服者的顺从盟友"，也就是说变成了德国的顺从盟友。国力是衡量国际关系的最高尺度，由于意识到奥地利国力衰退，俄国自然有些看不起它。俄国外交大臣指出，尽管奥地利在德国和意大利有影响，但它只可能对波兰和巴尔干半岛怀有大国雄心，最有可能的对象是巴尔干半岛，而"俄国在这片地区存在长期影响"。随着奥地利的野心完全转到该地区，奥俄政府间的传统友谊变得"更冷淡"了，但依然处在"正确"的轨道上。

指示称，哈布斯堡采取了给予人民更多自治权的路线。用今天的观点看，这或许是帝国最吸引人、最蕴含希望的方面，也是其他帝国或可效法的模式。俄国统治阶级中没人这么想，最重要的原因是权力政治因素。乌鲁索夫收到的指示指出，"君主制即将向联邦制转变"，奥地利之所以不能进入巴尔干半岛、发挥帝国的潜在力量，关键原因是它没有维持强大的中央集权的统治体系。指示补充说，由于中央政府被削弱，不同民族间的不和被释放出来，这又会严重削弱奥地利的军事和外交力量。这份文件承认，这种局面不会一直持续：联邦可以变得非常强大、非常帝国化，如美国一般。可以设想，奥地利或将发展成联邦，在这个联邦中，信仰天主教的斯拉夫人的力量越来越强大，自治权限越来越大，这会对包括沙皇臣民在内的全欧洲的斯拉夫人构成危险的吸引。然而，这是预言未来。就眼下而言，乌鲁索夫必须留意奥地利的虚弱迹象，密切关注狡猾的奥地利人通过牺牲俄国在巴尔干地区的地位来获利的任何举动，但无论如何，他要维持既存政策，即通过奥俄合作以维持巴尔干半岛的现状。[56]

合作始于1897年。俄国致力于经营东亚，奥地利被内部的种族冲突折磨，如果能在支持巴尔干地区的稳定和既存秩序上达成一致，这会有利于两国的利益。从 1902 年开始，奥斯曼马其顿出现骚乱，这让两国的和解更显重要。在维也纳和圣彼得堡，不用提醒，人人都知道巴尔干地区的稳定十分脆弱，一旦它崩溃，巴尔干地区差不多会爆发全面战争，两大帝国非常容易被卷入其中。于是，1903 年在奥地利的米尔茨施泰格（Mürzsteg），奥地利与俄国政府一致同意资助并监督马其顿的警察、司法与行政机关的改革，这让该省更易于被管理，并安抚当地基督教人口的失望情绪。

1903～1908 年，尝试实施这项改革计划是奥俄关系的核心。但问题是，这项任务不可能完成。奥地利与俄国正确地认识到，除非改善地方状态，否则马其顿基督教徒日后肯定会发动进一步的起义。批评改革方案的德国人同样认识到，这会激怒该地区的穆斯林，削弱奥斯曼帝国政府的权威，在苏丹阿卜杜勒－哈米德二世的（Abdul Hamid II）合法性最重要的层面——在苏丹派驻巴尔干的军官眼中——动摇其合法性。若是想抓住任何机会劝服苏丹配合改革，两个大国就得团结。这是不可能的，因为从 19 世纪 90 年代开始，德国奉行的政策就是支持奥斯曼帝国政府不受外国干涉。与此同时，在国内基督教游说团的驱使下，英国政府力主的改革方案比其他国家提出的更激进，阿卜杜勒－哈米德就更不可能接受了。维也纳的行动被德国盟友牵制，亲斯拉夫的公众意见又力劝俄国政府采取伦敦的政策，这必将威胁奥俄间的合作。[57]

无论如何，保加利亚人、塞尔维亚人、希腊人与马其顿人的暴力冲突不断升级，这不可避免地困扰着议题。这些冲突在 1903～1908 年导致约 8000 人丧生，但它们绝不是巴尔干民族之间传统仇恨的产物。另外，马其顿人的种族边界并不明确，数代以来，大家和平地在农村毗邻而居。无论如何，大致来看，若论种族，大部分农民是"马其顿人"，而非保加利亚人、塞尔维亚人或希腊人。然而，彼此敌对的民族主义知识分子——在马其顿，其领导者大多是教师——主张对该省宣布所有权，试图控制人民和领土，这引起了社区之间的谋杀。希腊、塞尔维亚、保加利亚政府支持并在很大程度上煽动这些行动，上述政府都屈服于民族主义狂热及国内游说团。在这种情况下，若是奥俄能取得任何成功，或保持任何程度的团结，那都是奇迹。然而，两大帝国间的紧张关系不可避免。[58]

1906 年，伊兹沃利斯基与俄国驻维也纳大使乌鲁索夫公爵完全支持与奥地利和解。两人都害怕巴尔干地区不稳定，也知道俄国现在很脆弱，需要和平与时间来复原。大使注意到了德国日益增长的经济实力、哈布斯堡帝国的文化生活以及这对俄国利益可能造成的威胁。乌鲁索夫认识到，从长远来看，奥地利斯拉夫人会是俄国的有益盟友。但他决定不做任何可能破坏奥俄良好关系的事，也不说任何可能破坏这段关系的话。奥地利人提到巴尔干国家时口气很傲慢，往往还带着恐吓，这惹恼了本身是斯拉夫人的乌鲁索夫，但他最担心的是这会激怒俄国的斯拉夫主义者，打破两国的友好状态。尤其令他担心的是，1906 年奥地利与塞尔维亚的贸易谈判破裂，两国开始打贸易战。关于此事，乌鲁索夫责备奥地利谈判者总是展示他们用武力对巴尔干领导人施压，他也责备奥地利媒体的大声叫骂，他认为这些行为体现了"德意志与马扎尔人骨子里对斯拉夫人的敌意"。奥地利与塞尔维亚的谈判彻底破裂后，乌鲁索夫写道："面对比自己弱小很多的国家时，奥地利－匈牙利政府习惯于忽视对方的利益和尊严。"[59]

乌鲁索夫见到的是一个帝国试图通过经济压力，在可能构成麻烦的邻国建立被保护国（这是个失败案例），尽管他本人没有用上述术语给此事下定义。奥地利帝国上层阶级与邻国对话时带着贵族、德意志人以及大国领袖的十足傲慢，认为邻国在国力、地位、文化和种族上皆不如自己。1903 年，塞尔维亚国王亚历山大·奥布雷诺维奇（Alexander Obrenović）与妻子被谋杀，场面骇人。弑君者扶持敌对的卡拉乔治维奇（Karageorgevic）家族复辟，多年来，该家族在塞尔维亚政府和政治中保持重大影响力。维也纳觉得，在与贝尔格莱德的关系中，自身代表着与野蛮主义对立的文明，弑君事件进一步强化了维也纳的这种想法。如果奥地利帝国想证明控制塞尔维亚愿望的正当性，它不仅可以举出常规的帝国地缘政治和意识形态作为理由，还可以说它害怕塞尔维亚成为君主国内南斯拉夫人的宣传基地。

在帝国主义高度发展的时代，奥地利人对其他种族的傲慢并不令人奇怪。在这个时代，英美新教徒非常自信地站在文明阶梯顶端俯瞰所有人。德国人正在快速上升，但他们的优越感仍然缺乏像对手国英国那样的自信，因此其上升之路会变得更加崎岖。俄国人知道在西方人眼里，他们在文明阶梯上的位置很靠下，这或许能解释当时存在的俄国文化与社会中的暗流。俄国人鄙视虚弱、野蛮、不信仰基督教的土耳其人，把自己与他们相比，从而确认自己属于世界上由欧洲文明大国组成的排外俱乐部。奥地利人的问题在于，事到如今，在欧洲以外开展帝国游戏要容易得多。1906 年，俄国驻布达佩斯领事评论说，维也纳对塞尔维亚上等阶级说话时仍像对待旧日的农民。维也纳也不明白，和上一代相比，为何民族主义在塞尔维亚社会的

根茎扎得更深了。这也是贯穿全球 19 世纪和 20 世纪历史的主
题在奥地利的变体。本书已经强调过，对帝国来说，不论是直
接统治殖民地，还是间接控制被保护国，"管理"贵族和农民
组成的前现代社会要比调和现代都市人口、让他们接受统治简
单得多。然而，虽然某种意义上奥地利与塞尔维人的困境是所
有现代帝国最终都会面临的问题，但维也纳的地缘政治环境格
外不佳：他们在巴尔干统治的种族有潜在的俄国保护者，俄国
保护者与这些人之间可能不仅存在战略利益关系，还怀有对日
耳曼文化傲慢的怨恨。[60]

　　1907 年 9 月，外交大臣伊兹沃利斯基去维也纳与奥地利外
交大臣埃伦塔尔勋爵协商，当时奥俄关系看起来完全没有问题。
然而，表层之下是矛盾，其中一些是私人的。埃伦塔尔和伊兹
沃利斯基都很顽固，极易动怒。此外，埃伦塔尔是极端保守派，
梦想在君主政权团结一致的基础上恢复奥地利 - 德国 - 俄国同
盟。他鄙视伊兹沃利斯基的自由主义，认为他会阻碍自己实现
计划。在维也纳，伊兹沃利斯基告诉埃伦塔尔，他希望修订海
峡协议，允许俄军战舰通行。愤怒的埃伦塔尔立刻给德国通风
报信。当然，埃伦塔尔自己也有盘算。多年内乱削弱了奥地利
的精神面貌与威望，因此他希望推行更积极的对外政策。他决
定重启将铁路延伸至巴尔干地区的计划，此举曾在世纪之交引
起维亚纳和圣彼得堡的摩擦。埃伦塔尔没有事先告知伊兹沃利
斯基，于 1908 年 2 月向奥地利和匈牙利的议会代表宣布了这项
计划。[61]

　　埃伦塔尔的声明几乎像晴天霹雳，伊兹沃利斯基听闻后大
怒，他说这是把炸弹扔到他脚下。他的反应可以谅解。在伊兹
沃利斯基看来，更糟的是埃伦塔尔曾任驻圣彼得堡大使，他应

该知道此举会在斯拉夫主义圈子里造成多大的麻烦。[62]伊兹沃利斯基花了很多工夫让俄国公众舆论冷静下来。俄国驻维也纳武官米特罗凡·马尔琴科（Mitrofan Marchenko）上校一向消息灵通，他的报告也不能宽慰伊兹沃利斯基。这份报告预言奥地利会马上吞并波黑，还说埃伦塔尔已放弃支持巴尔干地区的现状，转而采取"牺牲俄国利益"的积极政策。[63]

尽管如此，尘埃落定之后，伊兹沃利斯基回到埃伦塔尔身边，向他保证俄国会继续忠于友好关系。在 1908 年 7 月 2 日的备忘录中，伊兹沃利斯基在两大帝国的核心利益问题上向埃伦塔尔提出进行可行的交易。这笔交易的核心是修订 1878 年的《柏林条约》。尽管伊兹沃利斯基明确表示这需要取得所有签字国的同意，但他建议两大帝国一致支持奥地利吞并波黑，俄军战舰有权在某些严格条件下通过海峡。这项提议被披露后，斯拉夫主义者大肆攻击伊兹沃利斯基，理由是他把斯拉夫人的土地交给了奥地利。他受到的更广泛非议则是指责他天真地相信埃伦塔尔，沉溺于高危冒险。

鉴于埃伦塔尔的为人以及两国政府之间近来出现的紧张态势，试图与维也纳达成秘密交易的伊兹沃利斯基的确是在冒险。伊兹沃利斯基的前任及后任都不会冒如此风险。弗拉基米尔·兰布斯多夫太谨慎，谢尔盖·萨佐诺夫太道德化、太亲近斯拉夫。毫无疑问，虚荣起了作用：在海峡问题上的胜利可为俄国外交大臣增光。然而，伊兹沃利斯基的政策不只是冒险和虚荣。俄军军舰的自由通行权很重要。1908 年，公众意见鄙视这一事实，但是三年后，公众意见却不得不接受它——土耳其开始在英国定做军舰，以图终结俄国在黑海的统治权。维也纳自 1878 年起便统治波黑，它正式吞并波黑后不会造成很大变化，甚至可能帮助奥地利的斯拉夫事业，因为更多斯拉夫人将成为君主国的正式臣民。奥地利在波斯尼亚的统治也允许引入宪法、改革治理。最重要的是，伊兹沃利斯基认识到，巴尔干地区的现状维持不了多久，倘若奥俄想保持友好关系，两大帝国就得为自身利益以及欧洲的和平与稳定达成更积极的方案。

伊兹沃利斯基于 1908 年 7 月 2 日写了备忘录。三周后，戏剧性事件出现，证明现状的确无法维系：一场革命推翻了阿卜杜勒 - 哈米德苏丹的政权，奥斯曼帝国和巴尔干的历史翻开了崭新的一页。埃伦塔尔此前乐于慢慢行动、欲擒故纵，现在他认为，若想把奥地利在波黑两省的政府置于稳定的宪政基础上，吞并波黑就很关键，于是他乐得接受伊兹沃利斯基的提议。9月 16 日，两位外交大臣在布赫劳（Buchlau）的公馆（属于奥地利驻圣彼得堡大使利奥波德·贝希托尔德［Leopold Berchtold］伯爵的地产）会面，以图达成协议。会面的后果是灾难性的，它破坏了奥俄关系，留下的阴影一直影响到 1914 年 7 月。如果想在弗朗茨·斐迪南大公遇刺前找出对 1914 年战争起了最关键作用的一天，那就是 1908 年 9 月 16 日。这天，埃伦塔尔和伊兹沃利斯基想在海峡和巴尔干问题上达成共同政策，但是他们搞砸了。[64]

波斯尼亚危机

贝希托尔德伯爵在布赫劳的乡间住宅其实是一座宫殿，配备有精美的会客室、富丽的两层画廊。更有趣的是，家族原有的庄园宅邸位于附近的山上，里面收藏有珍贵的历史服装及家具等物品。若是换作其他场合，亚历山大·伊兹沃利斯基会沉溺其中，但他在布赫劳的逗留短暂且充满压力。双方仅用一天便达成协议，就在当晚，筋疲力尽的伊兹沃利斯基给副手尼古拉·恰雷科夫（Nikolai Charykov）写信，和他说了此事。[65]

从那以后，关于两人在布赫劳达成了什么协议以及哪些地方没有达成一致，坊间流传着各种猜测。为了在俄国公众舆论中挽救自己，伊兹沃利斯基假装这是一次理论探讨，没有明确的时间表或承诺。伊兹沃利斯基说谎了，他担心奥地利公开发布的文件可能戳穿他的谎言，大大加剧此后维也纳和圣彼得堡的紧张关系。布赫劳会议没有正式会议记录，双方甚至没有形成任何文字性记录。尽管如此，根据会议之后不久奥地利和俄国的说法，我们可以清楚地猜到发生了什么。不出所料，俄国同意奥地利吞并波黑，奥地利支持俄国军舰获得海峡通行权。双方又多了一些事后考虑：俄国盼着吞并行为让奥地利在巴尔干国家变得不受欢迎，而维也纳认为它做了一个轻松让步，因为英国和土耳其很可能会封锁海峡。虽然伊兹沃利斯基提出请求，但埃伦塔尔不愿向塞尔维亚提供任何领土补偿，不过双方的确在针对保加利亚的政策以及很多更次要的问题上达成一致。[66]

关键在于，尽管双方或多或少同意了未来协议的条款，但 212他们几乎没有提到时间表以及达成目的的手段。然而，从埃伦塔尔的书信来看，伊兹沃利斯基提出需要组织某种形式的会议，从而让1878年《柏林条约》的所有签署国达成一致。埃伦塔尔显然接受了他的意见。奥地利外交大臣唯一（且未说出）的条件是，他想先取得土耳其对吞并的同意，再出席征得大国同意的会议。哪怕是在与埃伦塔尔谈判时，伊兹沃利斯基也十分清楚，他达成的交易可能在伦敦和俄国公众舆论中引起轩然大波。他从布赫劳致信恰雷科夫，说凭借运气与技巧，现在有机会取得自由通行权，即便还无法取得英国的正式同意，与奥地利的正式协议（以及可能衍生出的与德国的正式协议）对未来的情势仍有价值。他也警告恰雷科夫，想让俄国公众舆论接受这笔交易可谓"困难重重"，需要立刻着手谨慎地引导民意。[67]

1908 年 10 月 4 日，伊兹沃利斯基到达巴黎，和法国政府谈判，然后他会去伦敦。巴黎的一位外交官同僚回顾了这幕场景："在大沙龙一端是所有人关注的焦点伊兹沃利斯基先生，他和善地向那天巴黎最漂亮、最有魅力的几位参政女性解释他的外交政策和形势，她们是让·德·卡斯特拉内（Jean de Castellane）伯爵夫人、让·德·蒙特贝洛（Jean de Montebello）伯爵夫人、格雷菲勒伯爵夫人。"[68] 光鲜景象之外，严峻且可能致命的问题正处于紧要关头。到达巴黎后，伊兹沃利斯基发现埃伦塔尔的来信已经在等他了。这封信告诉他，奥地利会在三天内宣布吞并波黑。此后，埃伦塔尔似乎在吹嘘，关于声明的确切时间表他骗了伊兹沃利斯基。[69] 若果真如此，那也只差了几天，因为俄国大臣离开布赫劳时已然知道 10 月末奥地利会宣布吞并一事。然而，伊兹沃利斯基尚未来得及同法英两国商谈此事，哪怕再拖几天，这份声明也会免于给他造成爆炸性影响。更糟的是，奥地利大使把消息透露给了法国，还强调说圣彼得堡与维也纳达成了共识。伊兹沃利斯基立刻发现，此时巴黎和伦敦都不会支持他和埃伦塔尔达成的交易。爱德华·格雷爵士容忍了此事，他告诉伊兹沃利斯基，时机恰当时，他先前做出的支持俄军获得海峡通行权的保证仍然有效，但是奥地利吞并波黑、打击新生的土耳其"自由"政权违反了国际法，激怒了英国公众，目前英国人民绝不会容忍给君士坦丁堡施加额外压力。伊兹沃利斯基优雅地让步，与伦敦和巴黎一致，他同意推出一项政策，其核心是呼吁《柏林条约》签约国开会解决吞并问题，并补偿塞尔维亚人和黑山人。[70]

这项政策或许满足国际法的要求以及俄国境内斯拉夫主义者的意见，但在维也纳和柏林遭到断然反对。埃伦塔尔从一开始就拒绝给予塞尔维亚人任何有意义的补偿。阿尔赫西拉斯会议后，柏林再也不愿参加国际会议，它认为自己在会议上总是被投票否决。德国十分清楚自身在国际上被孤立的状态，决定在此问题上完全支持它唯一的盟国奥地利。更重要的是，1905年俄国没有支持柏林，而是支持伦敦，德国人很高兴能有机会让它明白它要为此付出何等代价。伊兹沃利斯基与法国和英国达成了一致政策，然后才把政策呈给德国，供其讨论，这使德国更愤怒。此外，当俄国外交大臣声称圣彼得堡没有在英德对立中支持英国时，德国也可以当面冲他抱怨。从1908年10月到1909年3月"波黑危机"最终解决，欧洲外交一波三折，但本质问题很简单。英国和法国不会为它们达成的政策而战，俄国军力太弱，无力作战。相反，如有必要，奥地利会为挫败英法俄三国的政策而战，德国也已准备好支援它。然而，德国和奥地利都清楚现实情势，认为不需要真的诉诸武力便可达成目的。[71]

对于伊兹沃利斯基与埃伦塔尔的交易，如果说英国的反应令俄国外交大臣失望，那么圣彼得堡的反应则是更大的打击。布赫劳谈判前，伊兹沃利斯基与尼古拉二世在策略上达成一致，但是斯托雷平首相和其他大臣都不知情。从宪法角度说，这是正确的，但从政治角度看，它是愚蠢的。1908年2月，斯托雷平与财政大臣科科夫佐夫已然愤怒地指出，俄国外交官和将军会瞒着政府秘密实施骇人又危险的政策。2月，两人阻止了总参谋部让俄国参与对土耳其发动潜在战争的计划，现在他们面临由于外交大臣同奥地利商谈秘密交易而引起的危机。伊兹沃利斯基处理谈判的方式以及他同埃伦塔尔达成交易的条件令斯托雷平大为光火。斯托雷平指出，对大臣会议与公众意见来说，为了与奥地利达成交易而牺牲斯拉夫利益是无法接受的。国务会议和公众意见听说了吞并"斯拉夫领土"的消息，还听到奥地利声称它与俄国政府已就此事达成协议，于是他们出现骚动。斯托雷平很快使尼古拉二世相信，公众的愤慨让伊兹沃利斯基的政策无法推行。

大臣会议想立刻召回外交大臣，听取解释，但是沙皇坚称，应该允许伊兹沃利斯基造访柏林，完成在欧洲的谈判。这次访问让外交大臣高兴不起来。德国毫不动摇地支持奥地利。或许更糟的是，伊兹沃利斯基在柏林与《新时代报》高级记者 A. A. 皮连科（A. A. Pilenko）长谈。自从上任后，外交大臣一直勤恳地致力于与这份有影响力的报纸结好。事到如今，他的政策能否推销给俄国公众，在很大程度上取决于《新时代报》采取的路线。然而面谈之后，皮连科公然嘲讽伊兹沃利斯基。他告诉一位俄国外交官："别费心多说了，你的论证统统没用。现在我们的目标是摧毁外交部，无论如何我们都会这样做。"[72]

对伊兹沃利斯基来说，这是历时数月的媒体与公众舆论对其抨击的开始。由于很多原因，在此时承认外交大臣背叛斯拉夫利益，时机会显得尤为不对。1908 年 6 月，四十多年来的首届全员斯拉夫人代表大会（All-Slav Congress）在布拉格召开。这场会议的推动力与其说来自俄国，不如说来自哈布斯堡帝国内部。奥地利境内，斯拉夫与德意志社群之间蔓延的紧张态势要求斯拉夫人团结一致，这种呼声在布拉格格外响亮。1907 年奥地利实行全民普选，这让斯拉夫联盟首次有机会在议会中占据多数席位。就此而言，关键在于同波兰人达成协议。奥地利的斯拉夫人呼吁俄国和波兰为了斯拉夫团结的事业和解，这符合波兰对谢尔盖·萨佐诺夫、格里戈里·特鲁别茨科伊公爵等俄国斯拉夫主义者的强烈忠诚感。布拉格会议让一些俄国人产生了恢复斯拉夫人团结的巨大希望。在东亚的失败让俄罗斯民族主义者重新关注巴尔干地区，至于那些一直强调俄国是斯拉夫人领袖的人，他们的威信也因此增长。于是，吞并引起了超常的愤怒。斯拉夫社群委员会主席 P. D. 帕连索夫（P. D. Parensov）将军写了本小册子，提醒俄国人别忘了他们对斯拉夫人和自身历史所肩负的使命。如果日耳曼政权试图强迫俄国承认波斯尼亚的政变，他们就应该认识到，在这种情况下，俄军不是在远东作战，而是在俄国土地上为俄国事业而战。1908 年 11 月，英国驻圣彼得堡大使馆报告称："各界对巴尔干问题反应很强烈，只要它影响到斯拉夫利益和塞尔维亚的命运，所有阶级和各个党派都在这个问题上团结起来。每天都有关于巴尔干问题的演讲以及讨论此情势的集会。"[73]

巴尔干危机期间，俄国公众舆论风暴不只出于对斯拉夫事业的单纯热情。关键一个因素是，以《新时代报》为首的俄国媒体极其不负责任。英国大使馆严肃地指出："比起维持和平的重要性，俄国媒体显然更专注于捍卫斯拉夫利益。"[74] 报纸对公众传播幻想，使政府面临采取危险政策的巨大压力。因为此事，英国在俄国问题上的最杰出专家唐纳德·麦肯齐·华莱士（Donald Mackenzie Wallace）爵士与《新时代报》的所有者阿列克谢·苏沃林交涉，苏沃林仅仅回答，他已把对编辑的控制权交给年轻一代，政府如此软弱，只有媒体才能为俄国事业做主。

215

亚历山大·吉尔斯此时已是圣彼得堡电报局局长，波斯尼亚危机期间，他在伊兹沃利斯基指导媒体的行动中发挥关键作用。事后，他写了一篇颇具洞察力的备忘录，解释他为何失败。在他看来，在远东的惨败已让俄国人民深感耻辱，他们身为大国的自豪感受损，因此怨恨并怀疑政府。除此之外，俄国人普遍有危机感与失望情绪，比起内政事务，这种情绪在对外政策上往往能更轻易地找到发泄口。媒体反映了这些情绪，它们太强大了，无法被转移或压制。[75]

216

俄国境内当然有更理智的声音，但它们很少有机会盖过意见激流，被人听取。前远东总司令阿列克谢·库罗帕特金将军写道："社会陷入紧张情绪，不能冷静地思考。"俄国人和巴尔干斯拉夫人在性格、价值观和利益上存在很大不同。这体现了一个事实：数世纪来他们各自生活，有了截然不同的变化。库罗帕特金写道，事实上，"就心理而言，兴奋又狂热的塞尔维亚人与安静的俄国居民的相似处还不及俄国人与德国人的相似处多"。俄国从穆斯林统治下解放了那些斯拉夫人，它已经完成了自己的使命。它没有义务从德国的文化霸权下进一步解救他们，无论如何，德国的文化霸权往往对他们有利。俄国必须顾及它自己的利益和身份特性。俄国的利益与亚洲的未来联系在一起；俄国的身份特性需要包括非斯拉夫人臣民，他们在沙皇的臣民中占三分之一，但他们对俄国来说远比外国人重要。俄国在欧洲没有多少真正重要的利益，这些利益与奥地利和德国的核心利益也不冲突。斯拉夫主义者描绘的幻象会轻易地把俄国人民拖入与德国、奥地利的战争。库罗帕特金激烈地质问，倘若爆发战争，一开始就会有700万俄国人、德国人、奥地利人作战，这会导致俄国毁灭，为了斯拉夫梦想，这样做值得吗？这些都是睿智的观点。遗憾的是，阿列克谢·库罗帕特金未能从远东战场凯旋，因此他的话缺乏共鸣和正当性。[76]

1908年11月7日，大臣会议决定了俄国对此后的波斯尼亚危机采取的策略。伊兹沃利斯基承认，他低估了吞并对俄国舆论的影响，尽管舆论的激动在很多方面毫无道理，但它仍是政府需要尊重的现实。外交大臣的坦白需要用粗体字强调，因为它直指对公众意见在俄国外交中作用的争论的核心。伊兹沃利斯基说，既然公众不同意与奥地利达成交易，唯一可行的办法便是坚持他同法国和英国达成的会议协议。他补充说，尽管此举存在危险，但至少比正面抗议吞并安全得多，它也的确蕴含着俄国未被孤立的意思。大臣会议同意了他的路线，希望可以避免承认吞并，稳住势态。大臣们几乎都没有外交经验。正如人们预想到的那样，他们的讨论主要围绕如何应对危机的国内影响，如何避免与杜马正面冲突。在这方面，事实证明，他们的策略相当成功。1908年12月25日，伊兹沃利斯基在杜马发言，他的话得到了惊人的支持，这让政府大大松了口气。伊兹沃利斯基没有说出他和奥地利谈判的全部真相，并声称始于19世纪70和80年代的奥俄协议承认奥地利有权吞并这些地区，这束缚了他的手脚。这些话帮助他赢得支持。[77]

可想而知，政府路线在对外事务上的成果要小得多。俄国希望与土耳其一起反对吞并理论上的土耳其省份。对土耳其的支持也在英国针对埃伦塔尔的抗议中发挥关键作用。然而，1909年1月，土耳其原则上接受了奥地利提出的补偿。比起徒劳地追求早已丢失的省份，新的土耳其政权面临更严峻的挑战。此外，尽管新政权一开始亲英，并怀疑德国（因为德国曾支持阿卜杜勒-哈米德苏丹），但它很快认清潜在的地缘政治和历史

217

的真相，对俄国的恐惧和厌恶在其认识中上升到突出地位。土耳其驻圣彼得堡大使对德国驻圣彼得堡大使说，海峡是最重要的问题。俄军军舰自由通过海峡的主意"触及土耳其的心脏"。[78]

俄国对塞尔维亚的政策也未收获更好效果。每个塞尔维亚民族主义者都认为祖国有权拥有波黑，因为塞尔维亚人是当地人口最多的民族，而且中世纪时当地曾属于塞尔维亚的领土。吞并波黑的图谋无疑激起了塞尔维亚的民族情绪，没有哪个政党或政客能压制这种感情。只要有俄国、英国和法国打算召开会议并补偿塞尔维亚的希望，塞尔维亚人自己就不可能放弃这类希望。无论俄国政府给予塞尔维亚什么样的保持克制的建议，俄国媒体和公众都用对立的高声支持将这些建议淹没了。俄国驻贝尔格莱德公使瓦西里·谢尔盖耶夫（Vasili Sergeev）恐怕不是应对这种挑战的恰当人选，奥地利驻贝尔格莱德公使称，谢尔盖耶夫是个"讨人喜欢、受认可的同事，但他胆小寡言"，渴望逃到慕尼黑或斯德哥尔摩的清闲职位上去。[79]

塞尔维亚人越发愤怒，与此同时，俄国驻维也纳武官马尔琴科上校报称，整个秋季和冬季，越来越多令人担心的证据表明，奥军在塞尔维亚边境集结。这些报告不但上交给陆军部，也传给斯托雷平，有时甚至也传给尼古拉二世。马尔琴科准确地报称，奥军领导层强烈支持现在就毁灭塞尔维亚。国际形势也极为有利：俄国尚未从 1904～1905 年的战败中复原；意大利的注意力和资源都集中于对近日墨西拿（Messina）地震的善后。摧毁塞尔维亚，既能消灭巨大的未来风险，也能让哈布斯堡帝国的内敌与外敌相信维也纳仍然强大。11 月，据马尔琴科说，军工厂夜以继日地生产，以填充弹药库。1909 年 2 月，奥

218

地利忙于为炮兵旅重新装配新大炮。马尔琴科报称，奥地利计划集中五个军对付塞尔维亚，但它相信俄国不会干涉，甚至未在加利西亚边境做任何准备。12 月，奥地利在南部边境展开第一轮大规模兵力部署，第二轮和第三轮预计将于 3 月展开。马尔琴科越发坚持己见，他强调，奥地利的全部军事准备都是为了在 1909 年 3 月上旬以后随时对塞尔维亚发动压倒性的强大攻击。德国和奥地利的军方将领一致认为这是最佳进攻时机。奥军总参谋长康拉德·冯·赫岑多夫（Conrad von Hötzendorff）将军想迅速取得决定性胜利，他认为持久战是危险的。[80]

面对奥地利这些令人警觉的迹象，俄国请求柏林约束其盟友。伊兹沃利斯基与尼古拉二世都努力了，但劳而无功。1909 年 2 月 5 日，奥斯滕－萨肯伯爵递交了一份关于德国能力和意图的分析报告。此时，俄国在柏林部署的人员不仅有大使馆外交官，还有陆军武官、海军武官及财务专员，以及尼古拉二世在威廉二世的宫廷私人代表伊利亚·塔季谢夫（Ilia Tatishchev）将军。奥斯滕－萨肯充分地融合了他们的智慧与眼光。

219

奥斯滕－萨肯提交的文件中，两份最全面的报告来自财务专员和陆军武官亚历山大·米赫尔松（Aleksandr Mikhelson）上校。米赫尔松的报告格外详细、消息灵通、富含智慧，任何总结都无法很好地概括它。米赫尔松写道，德军的人员素质超过所有军队。就士兵的训练、爱国主义情感以及指挥官和参谋官的专业性和素养而言，此言不虚。军事交通、军事组织以及重炮的数量和质量德军也很优越。1905 年摩洛哥危机时，德军甚至没有足够的滑膛枪，这对俄国来说是非常幸运的。当时德军野战炮甚至比俄军的还差，更别提法军了。这是前任陆军大臣海因里希·冯·戈斯勒（Heinrich von Gossler）犯下的错误。可是现在，这些装备上的劣势不仅得到弥补，而且德军已用新武器训练了一年多。米赫尔松提醒读者，18 个月来他一直指出，在 1909 年春天，德军会做好对法俄开战的最充分准备。

是否会爆发战争在一定程度上是政治问题，米赫尔松把这个政治问题留给了大使奥斯滕－萨肯。他指出，大部分军官只谈论战争的来临，并满心地期待战争。他复述了和一位高级将领的谈话，此人渴望为被乏味的物质主义主导的德国社会恢复"新鲜空气"。米赫尔松也指出了取胜的显著优势：摧毁作为大国的法国；打破"泛斯拉夫"迷梦；在长期和平后重振军队自身的荣耀。他也指出了现在进攻的不利之处："德国人很清楚，在欧洲大陆，时间对他们不利，却对俄国和斯拉夫民族有利。"站在军事角度，米赫尔松认为，维护和平还是发动战争，在很大程度上取决于德国对英国行动的预测。如果柏林真的认为英国会参战，它就会担心皇家海军对德军造成损害，这很可能会导致德国人"平静地坐下，不敢同任何欧陆国家开战"。[81]

220　　财务专员的报告也分为两部分，一部分是德国的能力，另一部分是德国的意图。他指出，很难判断任何一个国家在财政上对现代战争所做准备的充分程度，最为重要的因素是政府的税收和信贷，其他因素包括政治和财政机关应对现代战争给贸易和工业造成的重大打击的能力。他指出，德国最近费了很多工夫使其财政体系为战争做准备。德国有众多未开发的税收和信贷来源，他估计政府能在战争第一年募集 10 亿马克以上的资金，并在第二年募集 7 亿马克以上的资金："这些数字表明，德国会尽一切可能速战速决。"此外，哪怕只是考虑对俄国开战，由于德国的贸易和工业与俄国经济存在密切联系，"只要战争延长"，德国的贸易和工业"就会遭受非常严重的损失，面临崩溃危险"。至于德国的意图，财务专员指出，金融圈认为，日俄战争时德国给予俄国慷慨的政治和财政支持，但俄国恩将仇报。德国资本家当然明白媒体并不总能准确反映社会的感受，但是俄国媒体对德国的敌意如此持久广泛，这必然反映俄国读者想听到什么。除此之外，还有德意志人和斯拉夫人在奥地利君主国和东欧的冲突。因此德国金融界认为，"俄国社会支持激进的斯拉夫运动，它正威胁每个德意志人都为之骄傲的历史悠久的德意志文化"。[82]

2月5日，奥斯滕 - 萨肯伯爵写了两封信，内容涵盖上述备忘录。此前，他在报告中说，俄国在阿尔赫西拉斯会议上的行为和此后的行为让威廉二世感到不公平与背叛。奥斯滕 - 萨肯在信中指出，他不会重复这些话。波斯尼亚危机中，柏林如此明确地表示愿意支持维也纳，这对俄德关系来说当然是新的深层担忧。武官描述的军事筹备或许只是德国针对恼人的孤立与不安全感采取的防御措施，但也可能预示更危险之事。1908年秋天，皇帝接受英国报纸《每日电讯报》采访时表现得不谨慎，奥斯滕 - 萨肯强调了此事在德国境内引起的强烈攻击对皇帝的影响。德国境内普遍认为君主说话不靠谱，威廉二世接受外国媒体采访时透露情报，这更强化了他们的看法。更糟的是，威廉声称，1899～1902年战争期间，他向伦敦提供了关于打败布尔人的最佳方式的建议，这激起了民族主义情绪。奥斯滕 - 萨肯写道，贝恩哈德·冯·比洛未能保护威廉不受攻击，与君主关系密切的圈子认为此举几乎等同于叛国。一些高级将领认为，只有战场胜绩才能稳固君主动摇的威信，并转移要求国内政治改革的巨大压力。大使补充道，国际环境也鼓励德国入侵，因为在德国存在一种诱惑：趁俄国仍处于虚弱状态，应一

221

劳永逸地"摆脱斯拉夫问题的噩梦"。俄国要么战斗，要么放弃在巴尔干地区的传统立场，在二者间游走需要极大的谨慎。[83]

尼古拉二世公正地评价说，奥斯滕－萨肯收集的报告"全面且有趣"。它们也令人警觉。1909 年 2 月下旬，奥地利完成了军事筹备，其外交大臣遂采取攻势。埃伦塔尔致信比洛，声称他的目标是粉碎一切关于未来的、更伟大的塞尔维亚的梦想。有时候战争或许是达成这种目标的必要手段，但就此事而言，还没到如此地步。奥地利情愿和平地实现目标，它应该存在轻易达成的可行性——现在光给塞尔维亚一个严厉的教训，日后再利用保加利亚对付塞尔维亚。3 月，埃伦塔尔打算告诉塞尔维亚政府，奥地利不再接受它对于吞并的抱怨，贝尔格莱德必须裁减军备，并保证日后同君主国保持和睦友邻关系。与此同时，维也纳会把这件事告诉其他大国，虽然不会特意请求它们干涉贝尔格莱德，但埃伦塔尔认为其他大国会力劝塞尔维亚保持理智。除非塞尔维亚人不接受奥地利的条件，并放弃关于赔偿和波斯尼亚自治的一切主张，奥地利才会下达最后通牒。埃伦塔尔补充道，他不希望挑起同俄国的战争，也相信俄国渴望和平。然而，这在很大程度上取决于德国人如何利用他们在圣彼得堡的分量。与此同时，为了进一步加强对事态的控制，埃伦塔尔指示驻圣彼得堡大使向斯托雷平递交一些书信，它们能证明伊兹沃利斯基率先就吞并问题与奥地利接洽，并明确承诺会支持吞并。此举意在提醒俄国，维也纳掌握的文件能够颠覆伊兹沃利斯基在俄国的形象，让他在俄国和斯拉夫公众面前成为十足的骗子。[84]

势态的演变如埃伦塔尔所愿，很可能也如他所料。俄国请求比洛介入维也纳，阻止埃伦塔尔披露这些文件。比洛承诺，倘若俄国介入贝尔格莱德，努力让塞尔维亚人安静下来，他就介入维也纳。如果伊兹沃利斯基愿意如此承诺，比洛就乐于讨论危机解决步骤，让俄国可以避免因被迫太过公然地放弃此前的政策而受辱。比如，最近土耳其对吞并的认可，或许可以被视作其他大国对维也纳行为的一种书面承认。然而，除非圣彼得堡对德国做出将有力地干涉贝尔格莱德的"有约束力的承诺"，否则柏林会让盟国奥地利采取它认为恰当的任何行动。奥军在南部边境集结，威胁显而易见。比洛将这封信交给德国驻圣彼得堡大使弗里德里希·普塔莱斯（Friedrich Pourtalès）伯爵。1909 年 3 月 14 日，普塔莱斯将它转交给伊兹沃利斯基。[85]

　　3 月 19 日（周五）晚 6 点，尼古拉二世在皇村的郊区宫殿召集大臣会议，讨论德国的提议。会议持续了近两个半小时。然而，最终的决策是事先定好的。会议开始时，亚历山大·伊兹沃利斯基的报告解释了最近的外交交换，并强调，如果爆发战争，俄国不能指望法国的支持，更不用说英国的。他补充说，德皇威廉二世渴望有机会进攻俄国，无论如何，俄国都无法从"设法摧毁塞尔维亚民族"的奥地利手中挽救塞尔维亚。不出所料，在伊兹沃利斯基请求大臣同僚决定俄国应如何行动后，会议陷入了"令人不安的长久停顿"。俄国大臣会议并非基于对政策集体负责的意识凝聚成的内阁。俄国大臣们对外交事务既无经验也无责任，让他们当着沙皇的面就和平还是战争的问题发表意见，是史无前例之举。更尴尬的是，唯一负责任的答案还得承认军队的虚弱，并导致俄国蒙受屈辱，而沙皇讨厌这两点。更糟的是，会议没有主持人，因为斯托雷平身患重病。出席会议的资深大臣是弗拉基米尔·科科夫佐夫，他（照例）率先说了长长一段话。然而，他的发言是久经考验的俄国官僚主义风格的说辞——换言之，他只说了战争的财政后果，这属于他作为财政大臣的责任范围。当然了，出席者都清楚战争对国内政治的威胁，但对此负责的大臣，也就是内政大臣斯托雷平不在，于是无人提出这个问题。

关键人物必然是陆军大臣亚历山大·勒迪格将军。同僚们请他解释军队状态以及俄国军备。勒迪格"发表了长篇演说，他说俄国缺少士兵、火炮和要塞！因此俄军完全无法作战"。这不可避免地引发一个疑问——这些年陆军大臣拿着拨给陆军的巨额经费干啥去了？勒迪格解释道，自1905年战败后这笔钱便被用于恢复军力。文职大臣不大可能在纯军事问题上质疑将军的话，何况他传达坏消息时要负全责。最后，沙皇询问军队是否如勒迪格所述一般完全缺乏准备。陆军大臣在职的日子已经没几天了，但他的发言体现了一贯的诚实和道德勇气。[87]

大臣会议基本上做出了决定，尽管仍存在一些外交障碍。会议后，伊兹沃利斯基回复比洛，称俄国会尽可能友好地答复维也纳的请求，从而正式认可吞并，但他仍旧对奥军似乎还是一心求战表示抗议。他也没有明确放弃此前同意举行欧洲会议的承诺。[88]后来，一些俄国人说，柏林对此的回应是德国的最后通牒。3月22日，柏林承诺，它会建议奥地利向其他大国递交希望其正式许可吞并的请求，该请求会提到奥斯曼帝国政府已经同意转让主权。然而，在德国采取这一行动前，比洛有一个要求：一旦奥地利的请求送达，俄国"必须坚决"给予其肯定的、"无保留"的回应。

德国的正式通知被呈给伊兹沃利斯基，并被尼古拉二世阅读，通知的语气坚定但有礼貌。[89]比洛发给大使的电报口吻却严厉得多。普塔莱斯告诉伊兹沃利斯基，德国需要"明确答

　　尼古拉二世与其他罗曼诺夫家族的人运送萨罗夫的圣塞拉芬的遗骨，1903年7月15~20日。
图中，沙皇、谢尔盖·亚历山德维奇亲王和尼古拉·尼古拉耶维奇作为护柩者，将圣徒的遗
体送到圣母升天大教堂。沙皇的家族对圣塞拉芬的热爱非常强烈。©TPG images

1878 年柏林会议，欧洲大国达成一致。俾斯麦代表德国举行会议，邀请各国出席，以平衡英国、俄国与奥匈帝国的利益。©TPG images

阿列克谢·洛巴诺夫－罗斯托夫斯基公爵，尼古拉二世最能干的外交大臣和"宫廷派"代表人物。©TPG images

阿列克谢·库罗帕特金将军，陆军大臣（1898~1904），远东军总司令（1904~1905）。Source：Wiki commons, public domain.

尼古拉二世在俄国第一次杜马会议开幕式上致辞，圣彼得堡，1906 年。Source：Wiki commons, public domain.

尼古拉二世（左二）和威尔士亲王（后来的英王乔治五世，右一）与各自的儿子，怀特岛巴顿庄园，英国，1909 年 8 月。©TPG images

彼得·斯托雷平。Source: Wiki commons, public domain.

弗拉基米尔·科科夫佐夫。Source：Wiki commons, public domain.

在结束日俄战争的朴次茅斯和会上，罗斯福总统将谢尔盖·威特介绍给日本的首席代表，罗曼·罗森男爵站在谢尔盖·威特后方。Source：Wiki commons, public domain.

一战时期沙皇在检阅军队。©TPG images

弗拉基米尔·苏霍姆利诺夫将军。Source：Дореволюционный журнал "Разведчик" за июль 1914 года, №1239.

海军中将亚历山大·利芬公爵。Source：http://morskoy-spb.ru/BookLibrary/00011-Bukva-L-ofitseryi/LIVEN-svetl-kn-Aleksandr-Aleksandrovich.html http://keu-ocr.narod.ru/Diana_Liven/.

弗拉基米尔·兰布斯多夫伯爵。
Source: Wiki commons, public domain.

年轻时的亚历山大·伊兹沃利斯基。Source: Wiki commons, public domain.

谢尔盖·萨佐诺夫。Source：regnum.ru, public domain.

法国总统雷蒙·普恩加莱（右）与美国总统威尔逊。Source：The World's Work, 1918-1919: https://archive.org/stream/worldswork37gard#page/360/mode/2up.

　　1906 年首相斯托雷平在圣彼得堡的别墅内遭遇暗杀，他的家人死伤二十多人，首相本人幸免于难，照片中是炸弹爆炸后的场景。Source：Wiki commons, public domain.

尼古拉·马克拉科夫。Source：
С-Петербург. Столица Российской империи.
Лики России. С-Петербург 1993, author: Karl
Bulla.

伊万·格列梅金。Source：digital
ID cph.3c35382, United States Library of
Congress's Prints and Photographs division.

彼得·杜尔诺沃。Source：Wiki commons,
public domain.

　　1899 年海牙会议上的俄国代表团。面向镜头的后排右起第三人和第二人分别是莫里斯·席林和尼古拉·巴西利（他戴着不正式的帽子）。巴西利的父亲坐在他正前方，即前排右起第二人。

Source：Wiki commons, public domain.

复——是或否……任何回避性的、不清楚的或者不合格的回答都会被视为回绝"。"回避"的范围包括国际会议的问题，比洛认为此事与答复没有关联。俄国破解了德国的外交密码，伊兹沃利斯基和尼古拉二世都读到了比洛给普塔莱斯的指示，所以他们可能更觉得被冒犯了。在生活中，不撕下交谈对象的礼貌外衣、不刺探其真实想法，结果往往更好。[90]

（3月23日）周二晚上7点，伊兹沃利斯基将比洛的要求呈给尼古拉二世。[91]在那之后，俄国同意了比洛的提议，随后正式承认奥地利吞并波斯尼亚。由于俄国退让，塞尔维亚政府只得同意奥地利的要求。表面上，外交大臣埃伦塔尔不战而胜，但他的胜利其实是皮洛士式的。他的对手受辱，但未在实际意义上被削弱或被毁灭。俄国方面，在这次危机中起决定作用的是尼古拉二世，这不仅因为沙皇在制定政策时的关键作用，也因为他的反应代表了俄国上层阶级普遍意见。他写信给母亲玛丽皇太后，声称一旦俄国面临承认吞并或旁观奥地利侵略塞尔维亚的直接选择，压抑自身的骄傲是更好的做法。"诚然，"他补充道，"德国人对待我们的方式和做法很粗鲁，我们不会忘记的。我想，他们又一次想让我们疏远法国和英国，这回他们又失败了。这种做法往往会适得其反。"[92]

第五章　危机接踵而至（1909～1913）

从耻辱中恢复

　　俄国新闻界杜撰出"对马外交"（diplomatic Tsushima）这一无力短语来形容俄国在波斯尼亚危机高潮时刻屈服于德国和奥地利的施压。这个说法过于夸张，但它反映出俄国公众舆论的氛围，以及他们对进一步失败或颜面扫地的极度敏感。这是波斯尼亚危机最重要的余波。在1912年和1913年之交的冬天，战争将在巴尔干爆发，大国都面临被拖进泥淖的威胁。一端是圣彼得堡，一端是维也纳和柏林，紧张局势已经形成。在危机爆发的当口，俄国外交大臣谢尔盖·萨佐诺夫向圣彼得堡的德国大使普塔莱斯伯爵强调，俄国寻求和平并乐意妥协，但绝不能再容忍面对最后通牒，或像1909年那样被逼到墙角。普塔莱斯和奥地利大使道格拉斯·图尔恩（Douglas Thurn）伯爵都相信萨佐诺夫的话，并将这一事实清晰地汇报给本国政府。巴尔干危机期间，图尔恩在多个场合重申，虽然俄国领导人寻求并迫切需要和平，但他们宁愿要一场几乎没有胜机的战争，也不愿继续面上无光："对任何俄国政府而言，1909年惨败留下的遗产都过于沉重，不管怎样和平地处置，若这一事件重复，它都无法幸存。"俄国正面临在战争或屈服于更专横、更让自己丢脸的奥德同盟的挑战二者中做出选择，直到1914年7月都没有
任何改变。在圣彼得堡，同盟国的大使做着他们的工作，但他

们在柏林和维也纳的上司选择忽视他们。[1]

波斯尼亚危机直接而不可避免的结果之一，就是坚定了俄国政府尽快恢复军事力量的决心。波斯尼亚危机爆发时，大臣会议已经讨论了各种陆、海军武装方案。1910年，大臣会议同意未来十年给俄国陆、海军增加14.13亿卢布的军费，这超过了他们目前的年度财政预算。有些人指出，俄国军费的大幅增长拉开了军备竞赛——它导致1914年以前的国际紧张局势严重加剧——的序幕，这"不仅破坏了东欧的军事平衡，甚至殃及整个欧洲"。这显然不是当时俄国看待问题的角度。波斯尼亚危机和丢尽脸面的收场，本质上是俄国已羸弱得不堪一击，而它的敌手对此如指掌。之后，意大利外长称俄国是一个"大而无能的国家"，奥地利驻罗马大使1909年年底评论，"俄国武力衰弱已经众所周知"。任何负责任的俄国政府都不会容忍这种看法及支撑着它的事实。俄国重整军备，反映出它深深陷入羸弱与耻辱之感，不顾一切地寻求安全和地位。但这也是一种重要的方式，1904～1914年，俄国国力迅速下降，又得到恢复，欧洲国际关系因此失衡。俄日战争的余波中，柏林和维也纳推行的政策默认俄国虚弱无能，而在聪明的"管理手段"下，俄国恢复了大国地位，这被证明是一种反击。[2]

俄国外交官对波斯尼亚危机的解读各异。驻巴黎大使亚历山大·涅利多夫是法俄同盟的强烈拥护者，并且在危机开始之前就对德国抱有深深的怀疑。在这场耻辱的危机结束后几天内，他写信给伊兹沃利斯基，称在最近的事件中柏林"如果不是领导者，就必然是关键角色，尽管德国自己的直接利益并无危险"。由此证明，"争议中的问题……在德国人看来，是整体政治和历史趋势的一部分：让斯拉夫附属国转而亲德，后者向南

227　推进，以便通过奥地利在巴尔干赢得霸权"。德国人和匈牙利人视斯拉夫人为"能够驱为附庸并加以毁灭的贱民"，他们同样是德国南进地中海东部地区的障碍。"中欧帝国的崛起，不仅损害了我们的利益，还殃及我们的友邦和盟国——法国和英国。"因此必须巩固三国之间的关系。斯拉夫世界的联盟同样至关重要，德国人正试图对此加以瓜分、征服。斯拉夫联盟将是关键的"力量因素……在我们手中，可以用它来构建抵御德意志入侵的稳固屏障"。[3]

涅利多夫的看法因俄国最近脸面尽失而变得尖锐，这也基本是俄国新闻界和大众的观点。许多（可能是大多数）俄外交官同意涅利多夫对德国目标的分析，对俄国政策也有类似的结论，但也有人持反对意见。涅利多夫看法中的一个要素是，支持斯拉夫人对保卫俄国在君士坦丁和黑海地区的地位至关重要。我们已经看到，格里戈里·特鲁别茨科伊作为自由帝国主义代言人，是这一看法的坚定拥护者。另外，俄国外交的传统之一是强调应追求在海峡的纯粹俄国利益，而不是用斯拉夫民族情感联合诸国。1912 年，伊万·济诺韦伊年逾八十且已退休，但因为他曾是外交部近东局领头人，并担任驻君士坦丁堡大使多年，他的看法还是很有分量的。同年 12 月，他写信给刚上任的近东局主事者特鲁别茨科伊，明确地将一封已故沙皇亚历山大三世的信包含在内，信中强调只有海峡才是俄国利益所在，巴尔干各民族对俄国的利益和价值观毫无忠诚可言，不应让他们影响俄国的决策方针。尼古拉二世敬畏其父的理念，这使济诺韦伊的信变得尤为重要。我们已经在第三章读到了俄国驻黑山公使亚历山大·吉尔斯的看法。在诸多方面，他们试图采纳并适度改变济诺韦伊的看法，以应对 1911～1914 年俄国在近东地区和巴尔干地区面临的新挑战。[4]

　　俄国驻柏林大使尼古拉·冯·德·奥斯滕－萨肯伯爵并未非常反对圣彼得堡的对外政策，但提供了更具德国视角的微妙看法。奥斯滕－萨肯总是被当作反动的波罗的海德意志贵族而不被理睬，1908 年他已年至耄耋。尽管大使确实年老体弱，不足以占据如此关键的职位，他的看法却时常充满洞察力，且不应忽视。翻看这时期的俄国档案，最大好处就是，它提供了更加平衡的对俄国未来前景的解读。之前人们觉得，伊兹沃利斯基、萨佐诺夫和驻伦敦大使亚历山大·本肯多夫的看法主导着俄国外交，不仅仅因为他们的政治路线获胜了，也因为他们之间的通信和回忆录得以出版。档案揭露了其他选项，这些看法常常并不愚蠢。

　　奥斯滕－萨肯伯爵并不为德国的政治策略辩护，但他的确试图理解德国的做法和它的担忧。在他看来，德国人的心理很复杂——怀着嫉妒与畏惧，与英格兰竞争。在伯爵眼里，这扭曲了德国对国际关系其他方面的看法。他承认这种心理荒唐无稽，但也在试图找一些合理的解释。在奥斯滕－萨肯看来，以史为鉴，像德国这样敢于挑衅“不义的阿尔比恩”的国家，有理由深深畏惧英国的无情和伦敦马基雅维利式的狡诈，它巧妙地利用欧洲大陆强国之间的分歧，服务于“伟大的英格兰”。因此，他认为，德国人有真正的理由（或许大大夸张了）惧怕英俄之间达成谅解，就像他们已经有些担忧、怨恨时下俄国新闻界和公众的看法一样。但是奥斯滕－萨肯也强调，德国国内政治的影响和斯拉夫人与德意志人在奥地利的冲突，都是会加深柏林对俄国的敌意。[5]

　　1912 年春，奥斯滕－萨肯死前最后的重要信件几乎就是一

228

首哀歌。他写信时的态度就像命运已然让俄国与德国站在对立的政治阵营。虽然两方政府都渴求和平，但"彼此间的不信任"和柏林方面"某种程度上的厌恶"，此时让双方很难进行基本的坦诚政治交谈，尽管双方早前取得过成功。这说得没错，可参考君士坦丁堡、海峡、俄土关系这类尖锐问题。现在，无论相信德国在土耳其政策上的保证，还是坦诚地讨论俄国在近东的预期，都是危险的。柏林很可能会充分利用俄国人的信任，然后在君士坦丁堡或大国之间毁灭它。部分原因在于，德国看到了土耳其作为未来盟友的可能性。因为德国是历史上没有染指过奥斯曼帝国领土的"唯一欧洲国家"，奥斯滕－萨肯写道，土耳其人自然会对它抱有好感，这将导致俄德之间的不信任进一步加深。[6]

229
奥斯滕－萨肯的看法很关键，因为这位前大使毫无反德之意，而且事实上是德俄友好的支持者。他完全准确地指出，在奥斯曼帝国问题上的对抗将变成俄德互相猜忌中的关键因素。考虑到俄国的巨大经济利益和历史情感都岌岌可危，德国在君士坦丁堡影响力的扩大不可避免地会给俄德关系制造巨大困难。但是，如果能够理性和冷静地坐下来谈，俄国的关键要求——在黑海和海峡地区的安全，与德国的核心目标——为本国出口商品确保土耳其市场，二者其实并不矛盾。俄国将来在黑海地区获得经济主导权——这在俄国公众舆论中颇为流行——简直是痴人说梦：俄国出口产品能在土耳其或近东市场上与德国相抗衡的那一天遥遥无期。获得海峡的野心更加实际，也更加危险，这确证了君士坦丁堡甚至整个欧洲对俄国的恐惧，加剧了国家之间的紧张与不安。本书前面提到，虽然俄国的野心在帝国主义时代并非特别邪恶，但他们大大夸大了俄国通过占有海峡能够获得的利益，更不用说从君士坦丁堡了。经过残酷的流血杀戮，海峡之争终于通过 1936 年的《蒙特勒公约》（Montreux Convention）尘埃落定，公约既承认土耳其对该地区的主权，也允许俄国军舰通过。当然，将 1936 年同战前欧洲截然不同的状况等量齐观是非常危险的。但是，话说回来，就俄国在海峡的根本利益而言，并不需要与德国正面硬碰硬，而且并不值得为了获得海峡控制权而发动一场俄德战争。

将两大帝国在土耳其的利益争端置于更广阔的背景——和平、俄德经济关系对两者的巨大重要性——来看待，这一点就格外真切。不幸的是，在 1914 年之前的十年中，俄德经济关系却成为两国关系剑拔弩张的又一根源。尤其是，俄国人相信，1904 年的贸易条约——它是在俄国最软弱易欺时签订的——明显偏向德国。试图弄清这一说法是否真实堪比噩梦。俄国官方统计数字显示，贸易很大程度上偏向德国，但柏林方面坚决反对，他们说俄国的统计是不可靠的，而且大量俄国农产品通过第三国（特别是荷兰）港口进入德国。

或许，俄国人对的可能性更高。在德国内部，他们的领导人同意，贸易条约相当有利，而且在 1914～1917 年将续约看作主要战争目标。但关键的一点是，德国与俄国的经济都从对方身上获益良多，两个帝国之间发生战争无疑是疯狂的自杀行为。即便是在 1912～1914 年，如果担任驻柏林大使，谢尔盖·威特或弗拉基米尔·科科夫佐夫（Vladimir Kokovtsov）都可能重申这种主张。二人都曾是大使这一职务的候选人，虽然他们都不错，但出于这样或那样的原因都没被选上。就外交事务而言，他们都比 1912 年接替奥斯滕 - 萨肯的谢尔盖·斯韦比弗（Serge Sverbeev）好，后者在俄国外交事务上被朋友点评为埋头苦干的实诚人。[7]

但是，斯韦比弗是外交大臣谢尔盖·萨佐诺夫的多年老友，萨佐诺夫宁愿让一个忠诚的平庸之人去柏林，也不愿让更为强大且有独立做事能力的人当这个大使。不管怎样，作为外交界一员，萨佐诺夫实在过于因循守旧，不愿让"局外人"出任最高外交职位。至于德国宰相特奥巴尔德·冯·贝特曼·霍尔韦格，他更欢迎一个只会埋头干活的俄国大使：奥斯滕-萨肯很受威廉二世的喜欢，他有时成功地背着君王的智囊团将意见甚至文件偷偷呈递给威廉二世。诚如奥地利驻柏林大使拉斯洛·瑟尔杰尼伯爵（László Szögyény）在斯韦比弗在场时解释的那样，"在柏林的人认为，如果国王不与他谈论政治，将会是巨大的优势"。当1914年"七月危机"爆发时，谢尔盖·斯韦比弗像往年夏天一样，接连数周在遥远的俄国中部检查他的产业，没人想起他。[8]

自波斯尼亚危机以来，亚历山大·伊兹沃利斯基就一直渴望逃离外交部，寻找一个高薪又没那么多风险的大使职务。1910年秋，亚历山大·涅利多夫一死，他就抓住机会当上了驻巴黎大使。他的职务由他的副手谢尔盖·萨佐诺夫接替。萨佐诺夫身材矮小，又有点儿斜眼，看上去像个东方人，是俄国历任外交大臣中少有的最宽宏、最正派的人之一。不像伊兹沃利斯基那样自私又野心勃勃，新的外交大臣是个温和、友善又诚实的人。萨佐诺夫并不愚蠢，他学识渊博，又懂礼节，在他的时代算得上受过良好教育的欧洲绅士。他有着既纯正又深沉的爱国主义情结和东正教信仰。他性格的一个弱点是，容易受影响且容易激动：在出现外交危机时，他情绪的不稳定让外国大使甚至自己的同僚感到不快。萨佐诺夫更致命的缺点是观念过于传统，无法进行系统性或创新性思考。他几乎不会去质疑关于自己所处阶层、国家或地区的种种假设。[9]

　　亚历山大·伊兹沃利斯基已经让他的副手准备了一年有余，谢尔盖·萨佐诺夫上任时已经准备充分，并且能够担此大任。然而从经验或胜任大臣之位需要的才干来说，他远非俄国外交官中的最佳人选。虽然他从年轻时就跟随大臣左右，但就肩负大臣的政治和管理责任而言，他几乎毫无准备。[10]与几乎所有俄国外交人员一样，萨佐诺夫处理本国事务的经验甚少。与尼古拉二世的众多外交大臣不同，阿列克谢·洛巴诺夫－罗斯托夫斯基是唯一在内政部举足轻重的人，因此同其他外交大臣相比，能够更加平衡地理解俄国整体利益问题。但萨佐诺夫正相反，他对国内事务的理解是浅薄的，甚至在回忆录中他还愚蠢地指出，1917年革命之前，所有俄国民众想要的是继续斯托雷平的土地改革政策，以及让官僚主义干预从生活中消失。这就是把自己所处阶层的希冀等同于整个社群的愿望，在战前的欧洲社会精英当中，此类想法并不罕见。更不寻常的是，作为外交大臣，萨佐诺夫的外事经验也很有限，他只担任过三年海外使团团长，之后于梵蒂冈担任外交官，这个职位相当无足轻重。与伊兹沃利斯基不同，他的任职范围从未超出欧洲大陆，连巴尔干都没去过。作为他的好友兼盟友，格里戈里·特鲁别茨科伊写信说，萨佐诺夫从来没有真正了解过巴尔干半岛和他的人民，这也是近年来俄国外交大臣的通病。这位大臣怀有多多少少单纯和理想化的斯拉夫主义，如果能更深入地了解巴尔干的现实，就会从中受益。[11]

　　萨佐诺夫成为外交大臣，还有部分消极原因：俄国大部分高级外交官——换句话说，大使们——没有能力也不愿意担任

232

这一职务。亚历山大·涅利多夫已经于1910年逝世,尼古拉·冯·德尔·奥斯滕－萨肯伯爵和列夫·乌鲁索夫公爵也行将就木。亚历山大·本肯多夫伯爵倒还硬朗,但他根本不愿意离开伦敦。不管怎样,外交大臣需要面对杜马里的民族主义情绪,新闻出版界和圣彼得堡社会。本肯多夫——连俄语都说不好的罗马天主教徒——要是当了大臣,迟早会成为冤大头。在很多方面,俄国外交官中从头脑和经验来说最合适大臣一职的无疑是罗曼·罗森男爵,他在华盛顿的任期也接近尾声。乌鲁索夫公爵实际上向伊兹沃利斯基推荐罗森接替他的驻维也纳大使一职:他敬佩罗森的才智,以及此人在反对尼古拉二世的东亚政策上表现出的道德勇气,而且预言了东亚政策的灾难性后果。然而,无论罗森担任驻维也纳大使,还是担任外交大臣,都是对俄国外交政策的根本性改变,因此是不可思议的。即便在俄国二线外交官——换句话说,前往非强国的使团团长——中,萨佐诺夫也并非最众望所归的选择。萨佐诺夫当选的一个重要因素是,萨佐诺夫是1910年掌控俄国对外政策的彼得·斯托雷平的姐夫。另一个原因是,萨佐诺夫与杜马中的那帮政治家有着紧密联系。可能于他最有利的一点是,他曾经在伊兹沃利斯基和本肯多夫——到1910年为上在俄国外交事务中最有权力的两个人——手下工作过。通过对萨佐诺夫的成功上任,伦敦和巴黎的大使能确认他们对俄国外交政策还是有影响力的,而且俄国的亲英、亲法路线仍会得到遵循。[12]

这个算盘打对了。萨佐诺夫坚定不移地忠于"三国协约",而且比本肯多夫更加亲英。虽然本肯多夫和伊兹沃里斯基都是俄国在巴尔干地区传统角色的维护者,但萨佐诺夫将一种本能的斯拉夫主义带到了这个承诺中,这种斯拉夫主义根植于他对

谢尔盖·萨佐诺夫

"身为俄国人意味着什么"的理解。在俄国高级外交官中，最直言不讳的斯拉夫主义者就是尼古拉·哈特维希（Nikolai Hartwig）了，作为驻贝尔格莱德的新任大使，他给萨佐诺夫写了一封上任贺信，指出："大多数斯拉夫新闻社谈到你时都深表赞许。它们评论说，从现在开始，在俄国强有力的保护下，那些被土耳其人和奥匈人压迫的斯拉夫人将看到光明时代来临。"但具有讽刺意味的是，用不了多久，不仅哈特维希，甚至大多数俄国斯拉夫主义者都开始咒骂他们这个新大臣在巴尔干战争中对巴尔干的斯拉夫人保护不力。与萨佐诺夫强烈的东正教信仰和斯拉夫主义认同感相对的，是他对土耳其人根深蒂固的偏见，他认为他们是不开化的野蛮人。这种偏见不光反映在他任外交大臣期间的通信中，回忆录里甚至写得更加清楚。后来到了战时，土耳其对亚美尼亚人的大屠杀，当然验证了他对土耳其野蛮行径的所有最糟糕看法——虽然俄国革命和内战的残酷杀戮发生在萨佐诺夫写回忆录之前十年，但由此可以清楚地看出，就野蛮而言，穆斯林并不是唯一的。[13]

234　　萨佐诺夫对自己是俄国人倍感自豪。他也被有同样想法的朋友和关键政策顾问围绕着。他的副手阿纳托利·涅拉托夫（Anatolii Neratov）的童年大半是在莫斯科度过的，而且也是萨佐诺夫的朋友、皇家亚历山大学院的同学。大臣办公厅主任莫里斯·席林（Maurice Schilling）男爵，是在莫斯科周边地区长大的，在罗马时曾在萨佐诺夫手下工作。他们中"最莫斯科主义"的是格里戈里·特鲁别茨科伊公爵，通过童年伙伴席林的介绍，他在1912年8月被萨佐诺夫召入外交部，领导近东局。某种程度上，萨佐诺夫欣赏特鲁别茨科伊的聪明才智，这增强了外交大臣心中的斯拉夫认同感和外交政策方面的直觉。特鲁别茨科伊在回忆录中说，感觉萨佐诺夫有时对他太信任了。这个好友四人组吸纳的无一例外都是诚实、富有荣誉感和善良的人，而且都有强烈的爱国情操。这个好友四人组被个人和政治上的认同紧密联系在一起，掌控着俄国战前几年里对外政策的制定，与本肯多夫和伊兹沃利斯基站在同一战线上。就国内政策而言，他们所有人都站在精英统治阶层的自由主义一端。[14]

　　1910年10月，谢尔盖·萨佐诺夫接替伊兹沃利斯基没几天，就跟着尼古拉二世造访波茨坦和柏林，与德国皇帝和宰相会谈。抛开在波斯尼亚危机期间对德国人行为的厌恶之情，所有俄国高级官员都决心重建与柏林关系的桥梁。对沙皇和斯托雷平来说正是如此，甚至对伊兹沃利斯基来说也是，至少在他清醒的时候——克服了自己对1908～1909年冬埃伦塔尔变节的厌恶。俄国的领导人惧怕战争，当年冬季他们觉得战争已经依稀可见了。他们惧怕奥地利在巴尔干的挺进，部分是因为对自身弱势已有明确感知，而另一部分是他们相信奥地利将来的行动是引发欧洲冲突的最可能原因。俄国人被柏林在波斯尼亚危机期间对奥地利入侵一事的明确、空前支持（俄国人就是这么看待的）吓坏了。他们的主要目标是，确认柏林未来将恢复保护奥地利免受俄国进攻的传统角色，同时限制维也纳自己的任何进攻性举动。早在1909年5月，波斯尼亚危机刚刚平息，俄国外交大臣就已经开始起草与德国的协定大纲了。协定的核心，于德国方面是不再支持奥地利在巴尔干地区的任何举动，于俄国方面是要在英、德冲突时保持中立。协定中的一个重要内容是德国承认英俄在波斯问题上的协定，这意味着在波斯北部，德国不得不留在俄国影响区域之外。[15]

虽然最初草案向俄国利益倾斜较多，但它的潜在主题是萨佐诺夫与德国领导人于1910年11月的成功谈判。和其他许多欧洲人一样，俄国领导人高估了英德之间因海上和经济冲突引发战争的可能性，而且他们决定自己不牵扯其中。德国宰相特奥巴尔德·冯·贝特曼·霍尔韦格和外交大臣阿尔弗雷德·冯·基德伦－韦希特尔（Alfred von Kiderlen-Wächter），同样因打消萨佐诺夫的疑虑而感到高兴——他们保证，柏林将不会支持奥地利今后在巴尔干的任何行动。起初，两个人都相信奥地利不会有进一步入侵行动，而且会致力于维持半岛现状。在波斯尼亚危机中证明了对盟友奥地利的忠诚后，他们迫切地重申德国的自主性，甚至在对奥政策中要在哪里给予必要的限制。因此，大体上说，萨佐诺夫和贝特曼·霍尔韦格在政策上是一致的。他们彼此喜欢，讨论中一个没有宣之于口的因素是，在

235

摆脱亚历山大·伊兹沃利斯基无休止的揭伤疤和对过去委屈的哀怨后，所有人都松了一口气。

达成关于波斯的协定更加困难，因为在这里，德国和俄国的利益存在真实冲突。像英国在印度一样，俄国人担心他们边境的领地安全，并尽最大可能封锁附近的所有铁路。经济利益上的冲突强化了战略上的重视。问题是共通的。德国想要"门户开放"和对波斯出口的平等贸易权，就像在摩洛哥和世界其他地方那样。只要有可能，俄国就想"关上大门"，因为知道自己的制造业没有竞争力。当前，俄国出口贸易掌控着波斯北部市场，因为俄国的铁路到目前为止提供了最便捷的通路，而且通过对经由铁路运输的所有外国商品收取全额进口关税，来避免外国竞争。俄国对伊朗进行经济、军事援助的一个条件是，伊朗国王同意禁止别国修建铁路。

236 俄国反对在土耳其和波斯修建铁路，德国人可以将其当成阻碍当地发展、限制自由经济竞争的极好例证。一方面，他们已经准备承认，俄国的战略和政治关注是由于它作为邻近伊朗的帝国，边境安全得不到保障，穆斯林臣民也难以驾驭。在此基础上，双方最终达成协定。俄国不再反对德国修建从君士坦丁堡开始，经美索不达米亚，最终止于波斯湾的巴格达铁路。俄国人自己也将修建一条支线，在适当的时候连接土耳其境内的德国铁路，通往伊朗首都德黑兰。另一方面，德国将承认俄国在波斯北部的优势，并不会试图在该地区兴建铁路。萨佐诺夫明白德国在这次斡旋中占优，但他只能接受，谁叫他有一手烂牌。他希望波斯铁路的建造拖得越久越好，宁愿妥协也不愿与柏林发生冲突。[16]

俄德关于波斯的协议在 1911 年 8 月签署，当时柏林与巴黎就摩洛哥问题爆发了新危机，欧洲战争的阴云已经笼罩好几周了。就俄国方面来说，时机纯属意外，但也足以表明用意。在波斯尼亚危机高潮时，巴黎曾与柏林签订协议，并让俄国人清楚，为了欧洲整体安全，它不会因为边缘性的、无足轻重的巴尔干问题开战。现在，俄国反其道而行之。1911 年 8 月初，情况看上去很危急，北非地区的冲突可能不久就会引发全欧洲的大战。7 月，英国财政大臣戴维·劳埃德·乔治（David Lloyd George）发布通告，宣布伦敦公开介入法德冲突："如果把这种情况强加给我们：只有放弃用几个世纪的英勇和成就赢得的伟大与有利的地位，才能维持和平，并任由不列颠被当作无足轻重的国家，生死受他人左右，那么我就要强调，这种代价下的和平对我们这样伟大的国家来说就是难以忍受的耻辱。"这番言辞甚至连《新时代报》都会自豪，特别是因为，至少在表面上，德国适当在非洲分一杯羹的声明，几乎不能对英国生死攸关的利益造成明显威胁。谢尔盖·萨佐诺夫后来的话还是有一定道理的，他说，如果伦敦在 1914 年"七月危机"中也能把话说得这么明白，世界大战很可能就会避免。[17]

在巴黎关注着这些事件，亚历山大·伊兹沃利斯基写信给彼得·斯托雷平，表示他非常担心，俄国将可能因与本国利益毫无关系、对俄国人民无益的殖民地冲突而被拖入欧洲战争。如果柏林选择战争，那么作为盟友的俄国除了参加别无选择。倘若他们不履行义务，那么就没人再信他们的话了，而且他们的大国地位也将永远丧失。作为外交公使，伊兹沃利斯基补充道，他的选择只有两个：是与法国结盟，还是回到 19 世纪 80 年代的立场，重新与德奥结盟。但历史证明，第二个选择——"德皇威廉在 1906 年秋用含糊的方式向我们表达过"——意味着"德国和奥地利拥有绝对控制权,俄国则要绝对服从"。这意味着,"将毁掉俄国全部遗产和所有历史传统,参与和日本、英格兰的无休止斗争,一言以蔽之,彼得大帝和叶卡捷琳娜女皇的辉煌俄国将到此为止。沙皇陛下已经屈尊接受了完全不同的俄国政策路线,可能会降低安全性,但对它的过去和伟大来说是值得的。一旦我们与法国结盟,非常有必要通过与同一战线上的国家签订协约以尽可能巩固同盟。这一政策也会对俄国的国际地位、在巴尔干的利益和在亚洲的安全大有裨益"。伊兹沃利斯基继续写道:"但让俄国免于欧洲战争,超出了我的能力。"从逻辑上说,德国不会因为殖民地冲突开战。如果他们想要战争,1908~1909年开战的胜算要比此时大得多。伊兹沃利斯基接着写道:"因此人们希望并认为,德国所有极端粗鲁、恃强凌弱的行为都不是在挑起战端,现阶段的危机会和平解决。"但人们永远不能确定,德国的领导人是出于国内政治的需要,还是国际关系的逻辑,才不选择战争。[18]

战争得以避免,这让俄国统治者大感宽慰,但摩洛哥危机对法俄同盟产生了巨大影响,而且俄国的外交处境也在1914年急转直下。虽然法国政府不打算放弃与俄国的盟友关系,但他们确信俄国在日俄战争和1905年革命中损失惨重。因为在截至当时的所有欧洲战争中,大半负担会落到法国身上,这成了巴黎拒绝参与任何与俄国核心利益无关的战斗的很好理由。随着1911年俄国军力的恢复和经济的复苏,俄国一定程度上重回巴黎的视野。这反过来也影响法国对自己责任的看法——身为俄国的盟友,它一定要承担。由于在摩洛哥危机中受到德国威胁,法国高涨的民族主义情绪让势态发生了决定性转变。雷蒙·普恩加莱(Raymond Poincaré)和中偏右的共和主义者当政,维护

法国总统雷蒙·普恩加莱访问圣彼得堡

法国的尊严，并对抗德国的暴行。他们政纲中的关键内容已经迅速得到执行，就是将兵役年限由两年增加至三年。

　　俄国外交官和士兵们很快察觉到了法国态度的转变。驻巴黎武官格里戈里·诺斯蒂茨（Grigorii Nostitz）伯爵 1912 年 1 月报告说，法国的高级将领"从 1870 年至今从未如此重视战略地位。军队状态正佳……财务状况好得不能再好，而且从上一年事件看，民众的爱国情感完全靠得住。法国有两个强大盟友，而……同盟国这边都貌合神离"。巴黎此时相信，倘若战争爆发，英国的远征军将会抵达，而且协约国军队的兵力甚至在西线也会超过德国。最重要的是，19 世纪 70 年代那代人渐渐离场，对普鲁士的本能畏惧随之消退，"法国人现在不再惧怕普鲁士人了"。俄国驻巴黎大使馆 1912～1913 年时提醒道，长远来看，同德国相比，法国的人口和工业方面的优势很快就会被削

239

弱，而且人们不能指望 1911 年的爱国主义热情能长久持续。因此，上文所述的乐观情绪被冲抵了。但就此时来说，法国掌权的领导人对德国的态度强硬得多，而且较之前更乐意支持俄国在巴尔干的利益。[19]

1918 年以后，法国对俄国的广泛支持——特别是在巴尔干地区——变成了争议巨大的话题。在法国内外，普恩加莱的反对者称，这助长了俄国的侵略野心，并因此引发第一次世界大战。但他的支持者看法正相反，认为他所做的一切都是为了恢复 1905～1911 年受到致命削弱的法俄同盟，而这对法国国家安全而言不可或缺。随着奥斯曼帝国欧洲部分解体，整个巴尔干地区成了欧洲力量均势体系中可以随意攫取的部分，任何法国政府都不可能忽视。普恩加莱的维护者认识到，这并不意味着法国给了俄国一张空头支票，在 1912～1914 年这个关键时刻，巴黎已经遏制了圣彼得堡采取危险而有侵略性的行动。即便这样，1912～1914 年法国的政策甚至在俄国主要外交人员中也引起了焦虑。1912～1913 年，在伦敦的职位上观察欧洲外交，亚历山大·本肯多夫得出结论："在所有国家中，我不能说法国是真正想要战争的，但法国可能是最乐于见到它发生的。"本肯多夫写道，无论对错，法国领导人对军队都倍感满意。德国的政策激起了法国人的民族主义情绪，并唤起了阿尔萨斯－洛林的陈年之耻。出于很多原因，"法国能充分感觉到，当前情势较日后更为有利"。另几份俄国报告解释了这个"很多原因"，可能是：长期的经济和社会趋势显示，法国国力正处于巅峰，而且未来与欧洲众国的关系有疏远的可能，尤其是与俄国的关系。[20]

240   1912 年初秋，在巴尔干战争苗头已经隐约可见时，时任驻巴黎大使亚历山大·伊兹沃利斯基报告了普恩加莱的看法：虽然法国像俄国一样渴望和平，但法国总参谋部确信，如果战争现在爆发，"协约国正处于非常棒的环境中，并很有机会取胜"。普恩加莱又对伊兹沃利斯基保证，如果奥地利进军巴尔干导致先是俄国再是德国的介入，那么法国将毫不犹豫地加入战争，以履行身为俄国盟友的责任。大使评论道："我不能不提及普恩加莱在我谈及法国履行盟友责任、给我们军事援助的可能性时的冷静和坚定。这与1908年法国政府紧张不安的态度截然不同，当时图沙尔上将（Admiral Touchard）奉命告诉我，法国公众舆论不允许法国卷入由巴尔干地区事件所引发的战争。"伊兹利斯基的评论切中要害。1908～1909年，巴黎明确表示，如果奥地利出兵塞尔维亚，法国不会向圣彼得堡提供任何军事援助。到1912年，法国已经改变主意，而且在1914年7月的危机中仍坚持这一政策，并投身于第一次世界大战。从巴尔干战争开始的1912年秋到1914年7月，对"如果巴尔干冲突演变为欧洲战争，法国将会支持俄国"的信心是影响俄国整体对外政策的关键因素，尤其是就圣彼得堡的意愿——坚决维护它的塞尔维亚附庸——而言。[21]

第一次巴尔干战争

在德国与法国针对地中海西部的冲突几近引发欧洲大战之时，本来就紧张的局势又因地中海中部的危机而恶化，意大利正等待时机，从奥斯曼帝国那里攫取利比亚。在这种局势下最危险的地区可能就在地中海东部和巴尔干，马其顿仍是不安定的关键因素。由于君士坦丁堡新政权的集权承诺和土耳其民族主义，让各省中的冲突比1908年之前还要尖锐。没人相信马其顿现状会长久持续。在马其顿，穆斯林（大多是阿尔巴尼亚人，但绝不只是他们）、希腊人和斯拉夫人间时常爆发冲突。格里戈里·特鲁别茨科伊写道，大多数马其顿斯拉夫人目前既不是正统保加利亚人，也不是正统塞尔维亚人。他们的身份认同倾向于哪边，取决于控制这一地区的是保加利亚还是塞尔维亚政府和知识分子，这加剧了索非亚和贝尔格莱德政府之间紧张的竞争局面。这一地区的所有政府是完完全全的民族主义性质，政权的合法性和大部分当地政治家的身份认同感正源于此。政府试图以此来展现自己的治国之才和中庸之道，但这让他们备受本国大批知识分子诟病。最糟糕的是，这一地区所有国家的军官团都充斥着极端而具有侵略性的民族主义愚忠和狂妄。希腊、罗马尼亚和保加利亚的国王是外国人：他们很可能会受到叛国的指控。但即便是塞尔维亚和土耳其两个由本土王朝统治的国家，这些年里，它们的国王也在军事政变中被推翻。[22]

除非各强国——尤其是奥地利和俄国——联合起来，巴尔干诸国必然会相互内斗以争取它们的支持。这增加了该地区的不安定因素。但奥俄绝不可能长久地恢复1908年以前的政策，以单纯支持现有局面。圣彼得堡和维也纳将要面对的挑战更加艰难，即就这一地区怎样发展出后奥斯曼稳定性达成共识。无论在何种情况下，这对奥地利人和俄国人来说都是个难题。两国政府在波斯尼亚危机时的公开争吵让共识此刻几乎不可能达成。

直到1910年3月，奥俄关系仍处于冰封期，之前两政府几乎停止了一切交流。虽然在这个月两国恢复了常规外交往来，但双方的交流都局限在巴尔干现状问题上，它们的关系依旧冷淡而且互不信任。维也纳大使馆的报告强调了1909～1910年奥地利不同民族间冲突的增多，注意到"德意志和斯拉夫民族之间的敌意不可调和"，眼下这已经深深扎根，特别是在德意志人和捷克人心中。大使列夫·乌鲁索夫公爵报告了威廉二世在维也纳的讲话，将其概括为"奥德同盟可以依靠所有德意志人民领袖的支持，而且德国与奥地利的同盟有着德意志民族联盟的特性"。乌鲁索夫还写道，在奥地利控制下的加利西亚，乌克兰民族主义情绪正在高涨，它们却是"奥地利人刻意制造的"，而且口号是："脱离俄国，成为独立的乌克兰国家。"至于外交政策，大使馆承认维也纳可能不会通过挺进巴尔干来介入近期的混乱。但大使馆补充道，对现有局势的威胁存在于方方面面，大使埃伦塔尔自己也相信局势可能随时失控。在维也纳工作六年后，乌鲁索夫在告别信中写道，"危机随时可能爆发"，当巴尔干现有局势失控后，维也纳自然会采取"前进"策略，这将会损害俄国和斯拉夫民族的利益。将要离职的大使因此强调，需要始终谨慎留心和观察那些"狡猾的"奥地利人。更令人担忧的是俄国驻维也纳武官马尔琴科上校的报告，主要内容已由战争大臣弗拉基米尔·苏霍姆利诺夫将军转达了斯托雷平、科科夫佐夫和萨佐诺夫。[23]

根据目前的形势，俄国人和奥地利人都有理由怀疑彼此的意图。维也纳存在由参谋长康拉德·冯·赫岑多夫（Conrad von Hötzendorff）领导的强大"主战派"，这已经人尽皆知，包括俄国人。他们并不是唯一犯下这个错误的：认为康拉德的赞助人弗朗茨·斐迪南大公赞同前者的看法。1908 年奥俄关系破裂前，埃伦塔尔男爵努力使德意志人相信，他决心将这一地区"从保加利亚分割出来"，进而摧毁"塞尔维亚革命的温床"。危机结束后，他仍坚信自己的目标。1912 年 5 月，保加利亚人选择了一种典型的方式，在这个敏感时期他们在俄国的撮合下

242

与塞尔维亚商议结盟，并告知圣彼得堡：在波斯尼亚危机期间，奥地利人想借助保加利亚人的支援摧毁塞尔维亚王国。果不其然，萨佐诺夫从一位保加利亚高官口中得到了"确切声明"，奥地利试图用整个马其顿和大部分塞尔维亚领土来争取保加利亚。他觉得这"非常有趣"。[24]

243　　波斯尼亚危机结束后，俄国试图为未来奥地利挺进巴尔干半岛制造障碍。促使这一政策形成的因素之一是尼古拉·恰雷科夫试图争取土耳其人，甚至想创造他们和巴尔干诸国的攻守同盟。在这一目标指引下，恰雷科夫在1909年把他在圣彼得堡的副手之位移交给了谢尔盖·萨佐诺夫，并动身前往君士坦丁堡，接替经验丰富的伊万·济诺韦伊的大使之职。特奥多尔·马滕斯对大部分俄国外交官评价不高，但在他看来，恰雷科夫是"愚蠢之人中的极品"。格里戈里·特鲁别茨科伊附议，在给萨佐诺夫的私人信件里抨击恰雷科夫的能力和他牺牲基督徒利益来迎合土耳其的政策。然而，恰雷科夫的问题可能不在于愚蠢，而在于他天性暴躁又盲目乐观，还有强烈的"相信只要迫切想要就一切皆有可能"的倾向。即便是他，也很快接受了土耳其和巴尔干诸国毫无结盟可能性的观点。但在1911年，他决心继续推动与土耳其达成协定，这对俄国的主要好处就是可以让军舰自由通过海峡。[25]

　　此番尝试发生在土耳其与意大利进入战争状态时，后者正准备进攻海峡。亚历山大·吉尔斯评论道，恰雷科夫的行动非常不合时宜，因为俄国政府还没有确定一整套应对奥斯曼帝国的政策。尤其是，像1914年之前吉尔斯多次重申的那样，圣彼得堡还没在基本问题上下定决心：是拯救奥斯曼帝国，还是从它的衰败中渔利。想要控制恰雷科夫的狂热，即使对曾做过

尼古拉·恰雷科夫

他多年副手和（在皇家亚历山大中学的）后辈的萨佐诺夫来说
也绝非易事。但 1911 年大部分时间里，经历过大手术的外交大
臣都在达沃斯疗养。他的副手阿纳托利·涅拉托夫天性有些拘
谨，缺少萨佐诺夫作为大臣的气场，但同样是恰雷科夫在外交
事务上的副手和亚历山大中学的后辈。涅拉托夫劝说恰雷科夫
委婉而谨慎地试探土耳其人的态度。这简直就是让大象蹑脚走
路。无论如何，要想确保土耳其同意俄国军舰自由通过其海峡，
恰雷科夫就要拿出一些有同样分量的东西交换。土耳其正迫切
需要支援，来对抗意大利、保卫海峡，这提供了可能的谈判切
入点。意大利的威胁导致奥斯曼帝国政府不得不关闭海峡，因

244 此给俄国贸易造成重大损失，圣彼得堡实际上有很好的理由给土耳其以强大的支持。要做这件事，就要全方位重新思考俄国的外交政策，但是，此刻圣彼得堡实际上有招揽意大利人的打算。最终，恰雷科夫的意见遭到否决，而且被谢尔盖·萨佐诺夫从君士坦丁堡的岗位上调离。[26]

俄国对意大利的政策一定程度上受到法国的推动，它放宽了意大利与同盟国之间的交流，以便在未来欧洲战争中保持中立。随着国际关系恶化以及战争爆发的可能性加大，实施这一政策的动力不可避免地加强了。到 1908 年 11 月，杰出的驻罗马大使尼古拉·瓦列里安诺维奇·穆拉韦夫（Nikolai Valerianovich Muravev）十分肯定，在任何情况下意大利都不会站在德国一边对法国宣战，无论全欧战争是因为什么爆发。然而，自波斯尼亚危机以来，伊兹沃利斯基出于在巴尔干地区限

245 制奥地利未来任何妄动这一目的，也在试图争取意大利人。1909 年 10 月，他和尼古拉二世前往意大利，与国王和外交大臣会面。沙皇为了表明自己仍旧怪罪埃伦塔尔在波斯尼亚危机期间的所作所为，避免经过奥地利领土，刻意绕了远路。[27]

在拉科尼吉（Racconigi），俄国人和意大利人签署协议，保证联合起来反对任何其他强国涉足巴尔干地区（就是指奥地利），并支持巴尔干地区所有独立国家自由发展，并尊重巴尔干的民族国家原则。他们也互相保证，无论意大利还是俄国，都不会单独与奥地利在未来巴尔干地区事务上媾和。意大利人还保证，会进一步满足俄国人的需要，为俄国战舰开放海峡。作为回报，圣彼得堡答应意大利，支持其夺取奥斯曼帝国的一个省份（现在被称为利比亚，在当时叫作黎波里和昔兰尼加[Cyrenaica]。事实上，俄国是最后一个做出如此保证的大国。

罗马已经饱受法德冲突的影响，想获得欧洲其他首都同样的保证。意大利政府一直等到法德签署协定结束摩洛哥危机后，才在同一天决心与土耳其开战。四天后，1911 年 9 月 27 日，意大利发出了对土耳其的二十四小时最后通牒，立刻宣战。[28]

　　意大利与奥斯曼帝国的战争很大程度上加剧了各国之间的紧张态势，破坏了巴尔干地区的现状，并导致欧洲在 1914 年爆发世界大战。在这个帝国主义时期，主导意大利政策的动机同欧洲的国际政治关系密切。意大利人在争夺非洲领土的竞争中损失惨重，在埃塞俄比亚颜面尽失，1896 年被当地人打败。接下来的几年里，法国加紧巩固对突尼斯和摩洛哥的掌控。随着英国在埃及的扎根，利比亚成了北非最后一块有价值的土地。意大利总理乔瓦尼·乔利蒂（Giovanni Giolitti）知道，如果本国政府允许利比亚落入他国之手，那么国内政治就会使政府甚至国王毁灭。民族主义知识分子赋予占领利比亚以正当理由，引出了完全虚伪或异常夸张的观点。除了提升意大利在地中海中部地区的战略地位，利比亚对意大利最大的好处可能就是它的石油，但在当时没有人知道或重视。利比亚落入意大利之手，很大程度上是因为没有其他大国真正重视它。

　　导致利比亚战争的主要是乔利蒂对国内政策的算计。他是欧洲东部和南部边缘的政府领袖中几乎最民主的一位。部分是由于这个原因，他政策上的妥协和以金钱讨好让民族主义知识分子不满，因为这远远没能达到他们所期望的意大利的责任和使命。去殖民地冒险可以缓解意大利政治中的这种压力，而且乔利蒂试图为他那乏味的自由主义政权获取引人注意的关键元素。以同时代的欧洲政治标准来看，这并不是很不寻常或邪恶的。尽管不像在撒哈拉以南的非洲或亚洲的帝国主义冒险那样，

246

但利比亚战争威胁了奥斯曼帝国，也因此动摇了欧洲政治的稳定性。换句话说，这里离他们本土太近了。之后，罗马方面很吃惊地发现，镇压利比亚的抵抗并不容易，因此他们1912年在海峡和爱琴海问题上威胁向土耳其施压，以迫使战争尽早结束，结果导致巴尔干的政治温度直逼沸点。[29]

对于这个问题，俄国人要负主要责任。在他们消除奥地利觊觎巴尔干半岛之野心的策略中，一个关键因素就是，试图促成塞尔维亚与保加利亚之间达成协定。因为它们是巴尔干地区两个主要东正教和斯拉夫国家，感情在这里发挥了一定作用，但权力政治更为重要。罗马尼亚看上去站定了奥德阵营，而且俄国看上去永远不可能为赢得土耳其的支持去对抗德国，更不用说英国。另外，保加利亚不属于任何阵营，而且作为巴尔干地区最强大的国家，对俄国人和奥地利人来说都极具诱惑力。波斯尼亚危机后，塞尔维亚第一步行动就是试图向保加利亚靠拢。德国人知道了塞尔维亚的做法，也相信他们肯定失败。德国驻索非亚公使评论道，任何塞尔维亚－保加利亚同盟都需要各方在马其顿利益基础上达成共识。他又补充说，保加利亚人不愿意与任何人分享马其顿，至少不是塞尔维亚。他的这个预测从长远角度看是对的，而且在1913年直接导致了第二次巴尔干战争。短期来看，他也说对了，塞尔维亚的想法被断然回绝。[30]

但是在1911年年底，保加利亚国内的氛围发生了改变。恰恰因为保加利亚是巴尔干地区最强大的国家，1911～1912年，奥斯曼政权在马其顿境内支持塞尔维亚和希腊人诱导当地人改宗。因此，保加利亚议会主席评论说："保加利亚元素（在马其顿）正逐渐失去。"[31]最重要的是，与意大利的战争使土耳其变得特别脆弱。保加利亚人想抓住机会，但他们知道不能单独行动。1912 年 5 月格里戈里·特鲁别茨科伊写给莫里斯·席林的私人信件反映了当时在保加利亚精英阶层中弥漫的情绪。

仍是平头百姓的特鲁别茨科伊，在罗马遭到保加利亚大臣、激进民族主义者迪米塔尔·里佐夫（Dimitar Rizov）问询。里佐夫义正词严地说，无论要冒多大风险，保加利亚都不能放过当前土耳其衰落的时机："肩负起国家使命——这意味着将要抵制我们赖以生存的一切，并且不再是保加利亚人！时不我待！"回顾近期土耳其关闭海峡而给俄国造成的经济损失，特鲁别茨科伊称，俄国有自己的使命，"目前的情况是土耳其对我们整个南部地区关上贸易大门，这对一个大国来说是绝对不能容忍的"，但现在俄国必须耐心等待，而保加利亚也须如此。此时，欧洲国际关系中大多数牌都握在德奥同盟手中，俄国需要和平，因此，俄国和保加利亚不得不等待恰当的时机出现。特鲁别茨科伊说，举个例子，仅仅去年，欧洲的和平已经被摩洛哥危机终止，时机可能已经出现。[32]

塞尔维亚－保加利亚谈判贯穿了整个 1911 年冬季，直至 1912 年春季。俄国人扮演着关键的中间人角色，甚至可以说，如果没有他们，双方的共识会延迟或根本无法达成。整个谈判过程中，俄国驻索非亚公使阿纳托利·内克柳多夫（Anatolii Nekliudov）提醒道，虽然塞保同盟是奥地利挺进巴尔干地区的强大路障，但这有鼓励同盟者抓住时机进攻土耳其的严重危险。鉴于俄国人轻而易举就在马其顿的利益范围内与其他方达成共识，这就更有可能了。如内克柳多夫所言，一切都依靠俄国对盟友行为的控制——"这才是症结所在"。驻贝尔格莱德的俄国公使尼古拉·哈特维希是这一协定的坚定拥护者，并且他保证会阻止塞尔维亚任何形式的铤而走险。[33]

谢尔盖·萨佐诺夫没有将关于协定的任何疑虑宣之于口，而是给予祝福，它于 1912 年 3 月最终达成。在俄国档案馆，我没有找到任何尼古拉二世反对萨佐诺夫路线的材料，也没有任何有关 1911 年 9 月斯托雷平遇刺后，新首相弗拉基米尔·科科夫佐夫看法的文件。就任后，科科夫佐夫保证，沙皇签订的任何有关重大国际政策的协议都要经过大臣会议讨论，但他在回忆录中并未提及巴尔干同盟的形成。当时，科科夫佐夫仍在"试探"萨佐诺夫：相较于有权有势的妻弟，外交大臣可能不愿意居于他这个新首相之下。科科夫佐夫还有许多国内事务要操心，因为他同时承担着财政大臣与首相的职责。1912 年春，新的杜马选举耗费了他大部分时间。尤其在 1912 年 4 月中旬，在遥远的西伯利亚，勒拿河（Lena）金矿工人罢工，被军队镇压，200 名工人身亡。造成杀戮的部分原因是当地警察粗鲁无能的处理方式。工业方面平静无事五年后，勒拿河的事故激起了新的罢工浪潮，一直到 1914 年 8 月战争爆发，罢工一直在持续，且规模相当大。对科科夫佐夫来说，更为严重的是内政大臣亚历山大·马卡罗夫（Aleksandr Makarov）并没有很好处理杀戮及其余波。马卡罗夫曾是科科夫佐夫提名的接替斯托雷平出任大臣的人选，沙皇毫无热情地接受了他。马卡罗夫在勒拿河屠杀事件中的表现让他位子不保。这对科科夫佐夫来说是个大威胁，因为作为首相，如果没有依附于他的内政大臣，那么就失去了对国内政策核心的掌控。[34]

毫无疑问，不光谢尔盖·萨佐诺夫，整个俄国政府都乐意看到他们多年来的野心——一个受俄国保护的塞保同盟——终于成为现实，它看上去既满足了俄国的现实政治需要，也满足了亲斯拉夫主义者情感上的需要。在之前的所有战争中，巴尔

1911 年在基辅，身穿白色束腰外套的彼得·斯托雷平陪同尼古拉二世。这张照片拍摄于斯托雷平遇刺前一晚。斯托雷平右后方的留白胡子的人是弗拉基米尔·苏霍姆利斯基将军

干诸国若想打败土耳其，除非有俄国的支持。可能正是这个原因，才让圣彼得堡要求盟友不得有挑衅土耳其的企图，而要听从它们的俄国"大哥"的建议行事。条约的秘密附文必然给予俄国否决任何针对土耳其的联合行动的权力。然而，作为"塞保协定之父"，萨佐诺夫被指责为愚蠢和判断失当，这可能反映出特鲁别茨科伊的看法：这位外交大臣缺乏处理巴尔干地区事务的经验，"他完全不了解这一地区政治阶层的心理和当地的氛围"。1912 年 8 月，当特鲁别茨科伊同意回到外交部领导近东局后，据他回忆，在第一次看到协定条款时，他吓得几乎当场辞职。[35]

公正地说，塞尔维亚－保加利亚同盟的危险性在 1912 年夏天要比春天更加明显。希腊在没有俄国协助、俄国不知情，也

没有就马其顿地区利益与保加利亚达成共识的情况下，加入了同盟。同时，黑山人在苏丹治下的阿尔巴尼亚引发骚乱，尽管他们与俄国的协定中有不打破巴尔干和平局面的义务。这显示了巴尔干诸国太过强势和妄自尊大，已经没有任何大国能够掌控它们。

250 　　即将来临的战争威胁将俄国人与奥地利人暂时拉到一起。双方都十分惧怕战争，并且迫切希望巴尔干地区的现状能够维持下去。它们试图劝说苏丹政府承诺在马其顿地区进行基本变革，给予各民族广泛的自治权，以争取时间。鉴于土耳其民族主义新政权对外界干涉内政的抵抗非常强烈，这一尝试收效甚微，德皇对此毫无怜悯之心。威廉二世认为，普鲁士用"铁和血"解决德意志民族问题的手段，是时候用到巴尔干诸国身上了。如果它们用唯一正确的方式——即战争——宣示主权，它们就是值得被认可的；如果失败了，那么失败能让它们安静几年。不论怎样，德皇相信巴尔干地区现状不会维持太久，而且若它在德奥军事力量仍为欧洲翘楚时崩溃，对德国来说是有利的。[36]

　　奥地利人和俄国人有充分理由不那么乐观。他们清楚，若巴尔干战争爆发，对他们自身利益以及欧洲和平来说是非常危险的。随着局势恶化，维也纳和圣彼得堡都在劝说巴尔干诸国维持和平。俄国强调条约中的义务，警告索菲亚和贝尔格莱德，若它们执意开战并被打败，圣彼得堡是不会伸出援手的。奥地利和俄国都宣称，无论战争的结果如何，几大国不会允许巴尔干领土现状发生任何改变。但是，巴尔干地区的领导人都明白，怎么说和实际怎么做之间有很大的鸿沟。胜利可以在这片列强缺乏手段、团结，也没有决心颠覆的土地上创造一切。而且，无论萨佐诺夫说什么，索非亚和贝尔格莱德的领导人都相信，俄国议会和新闻界事实上都不会允许帝国政府放任巴尔干地区的斯拉夫人自生自灭。尼古拉·哈特维希支持此观点。驻维也纳大使尼古拉·吉尔斯抨击哈特维希有"不可救药的恐奥症"，并指责他的亲斯拉夫目标与俄国利益、对和平的迫切需要相悖。哈特维希曾为《新时代报》写过文章，而且与俄国新闻界保持着密切联系。因此，吉尔斯向彼得堡抱怨驻贝尔格莱德大使的举止像个"不负责任的记者"的言论相当率直尖锐。在俄国杜马政客中，"十月党"领导人亚历山大·古奇科夫是怂恿塞尔维亚和保加利亚并向它们承诺俄国援助的主要人物。[37]

251

　　日益升温的奥俄关系使维也纳燃起了就巴尔干问题达成长期协定的希望。埃伦塔尔于 1912 年 2 月去世，而他的继任者是前驻圣彼得堡大使利奥波德·贝希托尔德伯爵。新的外交大臣乐意与俄国建立更密切的关系，但也告诫同僚不要抱太大希望。传统上，俄国对巴尔干斯拉夫诸国的支持根深蒂固，这与奥地利的利益有着根本冲突。同时，奥地利最近推行的支持乌克兰人——他们称为罗塞尼亚人（Ruthenes）——的政策同样是睦邻友好的一大障碍。在大臣会议中，贝希托尔德称："他完全明白，不可能否认四百万罗塞尼亚公民的平等权利和民族文化特性，仅仅是因为俄国将镇压相同民族的人视为国家需要。但我们也要理解，俄国认为我们的罗塞尼亚政策是在鼓励他们反对俄国中央政府，并以此动摇俄国目前政治秩序的根基。无须过多解释，这种看法不仅会成为双方达成协定的障碍，甚至可能轻易激化事态。"贝希托尔德也提醒同僚，虽然就维护巴尔干地区和平而言，两国政府会全心全意联手，可若是他们失败或者战争爆发，那么俄国就会在这一地区推行与奥地利利益相抵触的政策。他的判断是贴合实际的，而且事实上，谢尔盖·萨佐诺夫也持同样看法。[38]

10月初，巴尔干战争爆发之时，萨佐诺夫的首要任务是避免奥地利直接介入，即入侵塞尔维亚。否则，作为维也纳的敌人，俄国从冲突中得不到任何好处。参谋长康拉德·冯·赫尔岑多夫提出采取这项行动，但贝希托尔德给出了一堆反对理由，关键理由就是整个欧洲不确定谁会赢得战争，而且不知结果如何。一些旁观者希望巴尔干同盟赢，但也有一些行家里手把宝押在土耳其身上，理由是奥斯曼帝国拥有的资源多得多，之前巴尔干冲突的历史上，赢家也大多是土耳其。另一种可能是，同最近的土耳其－意大利冲突类似，这会是一场漫长而不知谁会笑到最后的斗争。伊兹沃利斯基写道，战争爆发后不久，三种可能——某一方获胜或陷入僵局——中，在他看来巴尔干同盟取得决定性胜利的可能性最小，然而对"整体和平"来说这最危险。因为如果战胜奥斯曼帝国，重拾信心的巴尔干诸国及巴尔干民族主义者会将野心对准奥地利，斯拉夫的胜利"将在其整个历史发展进程中提出这一问题：斯拉夫主义不仅仅是针对穆斯林，而且针对德意志。在这种情况下，人们几乎不用再想着会有什么缓和余地了，而必须要为一场大规模的、决定性的全欧战争做准备。"[39]

伊兹沃利斯基的评论反映了这一时代的许多地缘政治和种族假设。有必要强调的是，他表现出的是一种恐惧而非希冀。仅仅说未来两年他的努力是为了筹备战争而非维护和平，这是不公平的。但是，战争爆发不可避免，如何立于不败之地成了更重要的议题。面对巴尔干冲突，伊兹沃利斯基认为可能性最小但最危险的结果不久就会成为现实。战争爆发没几天，巴尔干盟国的军队就在战场上对奥斯曼帝国取得了决定性胜利，而且几乎占领了整个马其顿和色雷斯，实际占领的土地比他们战前最乐观的估计还多。

他们胜利的众多极端结果中，某些似乎以特定方式确认了本书第三章谈到的当时的种种危险假设。胜利如此之快，且具有决定性意义。在国家权力和被民族主义知识分子赋予使命的事业中，"铁与血"再次取得胜利。（据说，）受民族主义热情激励的征募兵，猛烈进攻了由敌人装备先进的步兵和炮兵火力掩护的坚固阵地。头几天确实起了决定性作用，就像大多数欧洲总参谋部认为的那样，那几乎是现代战争的样子。土耳其很大程度上已丧失先机，因为他们的敌人动员又快又有效。最终，巴尔干盟国把自己的意愿强加于土耳其人，绝不允许他们从初期的失利中恢复，并用完全可以接受的代价获得了激动人心、有历史意义的胜利。换句话说，战争是合算的。在1914~1918年，几乎所有这些教训都被证明是灾难性的错误。[40]

但在1912年10月和11月，这类长期考量的时间仍未到来。各国政府正忙着处理由战争引发的种种危机，并震惊于奥斯曼帝国欧洲部分解体的速度如此之快。像往常一样，海峡问题才是俄国人最先考虑的。1912年11月初，保加利亚军队进攻了君士坦丁堡前面的最后一道防线——距离首都只有40公里的卡塔尔卡（Chataldja）防线。驻圣彼得堡的土耳其大使告诉萨佐诺夫，防线无法守住，君士坦丁堡将会陷落。[41]实际上，他太过悲观：霍乱在保加利亚军中肆虐，他们攻克土耳其防御工事的尝试失败了。然而三周时间里，整个欧洲都屏息以待，期盼君士坦丁堡在被穆斯林统治四百五十余年后重回基督教怀抱。

俄国政府不同意保加利亚的斐迪南自封为沙皇，以及他的

253

军队进入君士坦丁堡。他们完全认定保加利亚人不能留在君士坦丁堡，而且也不打算允许保加利亚人占领马尔马拉海沿岸任何土地，因为这会让他们的大炮有能力阻止任何黑海与地中海之间的船只往来。俄国的主要贸易生命线不能仰仗变幻莫测的保加利亚政局和它诡计多端的"沙皇"，每个欧洲政府都不相信这位"沙皇"的野心和狂想。[42]如果君士坦丁堡陷落，俄国战舰第一时间可以提供5000人，在不可避免的混乱中保护基督教居民和教堂。倘若巴尔干同盟占领君士坦丁堡，他们身后将跟着整个黑海舰队，舰队会围城而泊，以确保俄国与海峡有关的重要利益不会被忽略。1913年2月，1912年12月签订的停战协议终止，君士坦丁堡陷落的危险重新出现，军事准备又开始了，但由于土耳其的抵抗，再次无用武之地。[43]

君士坦丁堡有可能陷落，海峡的未来和整个奥斯曼帝国的归属也将随之提上日程，圣彼得堡不得不就俄国根本利益和这一地区的计划进行讨论。一份格里戈里·特鲁别茨科伊所写、日期为1912年11月12日的备忘录引发了讨论，他此时已经回到外交部并领导近东局。[44]备忘录不仅涉及近期的外交军事问题，还涵盖历史、宗教事务和国内政治。写出这样优秀的文件，对大臣来说都是极为罕见的，对区区一个部门负责人来说就更是如此，特鲁别茨科伊赞同一旦君士坦丁堡陷落便派出海陆军事力量进行干预的主张，也同意采用决定性手段让保加利亚人与君士坦丁堡和马尔马拉海保持安全距离。他警告，要提防伦敦让此地保持中立、海峡上所有防御工事都要被夷平以及让君士坦丁堡受国际管理的建议。在和平时期这或许可以接受，但一旦战争爆发，这实际上是方便地中海舰队夺取海峡，并通过博斯普鲁斯海峡进入黑海。如果同时允许俄国占领博斯普鲁斯海峡沿线工事，这一解决之法才有商量余地。即便这样，特鲁别茨科伊还是建议应该谨慎，因为他不想要任何可能成为俄国实现长远目标和利益的绊脚石的国际协定。

在特鲁别茨科伊看来，"最彻底"和最有吸引力的长久解决之道就是俄国同时掌管君士坦丁堡和海峡：

> 此解决方案符合历史赋予我们的国家使命。俄国将掌握世界贸易的一个重要中心和通往地中海的钥匙。出于战略考量，与保加利亚缩短陆地边界和在卡塔尔卡设立坚固防御体系是非常有利的。与达达尼尔海峡可以轻易巩固防御的自然地理优势相加，这能为俄国国力的空前增强提供完善的新根基。另外，将君士坦丁堡交予俄国手中，将有效地巩固俄国对巴尔干诸国的明确领导地位。一言以蔽之，这将赋予俄国付出两个世纪以来全部努力牺牲而应得的世界地位。这项雄伟的计划以及它在宗教、文化、经济和政治问题上的结果，将使我们的内政复苏，并给予政府与社会以目标及热忱，团结他们为至关重要的国家大业服务。

然而当前，仍有一些不可逾越的障碍挡路。若俄国在海峡有所行动，就会招致其他大国索要补偿，特别是会导致奥地利向巴尔干西部挺进。这对斯拉夫的利益是致命的，而且对巴尔干诸国同盟的存续非常不利。如此牺牲斯拉夫民族利益是为道德所不容的，也与俄国在近期危机中作为巴尔干同盟的领袖对抗同盟国的需求相悖。[45]

格里戈里·特鲁别茨科伊的备忘录以最纯粹的形式体现了俄国的亲斯拉夫主义立场。一位刚刚自"公民社会"上任的高级官员能写出这份文件并非偶然，因为绝大多数"正统"外交官出于谨慎考虑，不会写甚至不会经常思考这方面的问题。特鲁别茨科伊的想法在 1915 年得到实现，英国和法国接受了俄国对君士坦丁堡和海峡的要求。有必要强调，特鲁别茨科伊从未为实现这一目标蓄意引发战争。英国和法国都不会支持冲突，更不用说，此时引发战争对俄国而言存在巨大风险，特鲁别茨科伊是个有良知的人，不会冷血到发动战争去实现他的目标。然而，他的想法对俄国战前政策产生了影响，因为它阻碍了所有同意达成俄国在海峡地区最低限度安全政策的企图，这样的政策对其他大国，甚至是对土耳其人来说都是可以接受的。即便如此，人们也不应该夸大特鲁别茨科伊想法的重要性。在第一次世界大战爆发前，无论尼古拉二世还是萨佐诺夫，都不认可他"得到君士坦丁堡将对俄国有利，或许应当将其列为俄国政治目标"的看法。事实上，萨佐诺夫根本不准备让俄国寻求对海峡的控制权。但具有讽刺意味的是，当时最让特鲁别茨科伊失望的是俄国海军对他建议的反应。海军总参谋部（general staff）对俄国未来国力所持的观点通常过于夸大，但这次没有。特鲁别茨科伊在回忆录中抱怨，他们的司令利芬公爵，"拥有真正的高贵品格和人格魅力，而且看上去就是一个出色海员——但不是政治家"。[46]

256 海军上将对特鲁别茨科伊的答复，体现在 1912 年 12 月 8 日的备忘录中。利芬对君士坦丁堡只字未提，而是集中在如何最大限度保护俄国在黑海和外部世界的海上贸易。俄国之前在旅顺港海军基地战斗的记忆使他产生了上述想法，当时基地由一小块腹地掩护，被日本人连同军舰一锅端了。战争中，利芬本人在旅顺港指挥一艘巡洋舰，这段经历可能左右了他的看法。海军总参谋长坚称，如果俄国想要占领博斯普鲁斯海峡，出于安全考虑，它就必须掌控色雷斯和西小亚细亚大部分区域。利芬断言这是不可能实现的建议，会对俄国的军事和财政资源要求过高。但他又说，任何现代工事若没有这样的腹地，都是非常容易受到攻击的。利芬继续分析道，虽然占领博斯普鲁斯海峡是很有用的，但此举对于维护俄国在黑海的利益并不是必需的，除非俄国舰队足够强大。在这种情况下，他不相信会有其他大国冒险让舰队进入黑海，如果真是那样，他们就更要担心自己的船只被俄国攻击。因此，他的解决之道就是建立强大的黑海舰队，通过外交协定使海峡向所有国家的船只开放，并摧毁海峡和博斯普鲁斯沿岸的所有工事。如果这可以实现，他很乐意接受这一地区在众大国保障下的中立地位。利芬上将的观点深受专业领域——与要塞论相左，主张建立强大的公海舰队——的影响。不过，倘若它未来几年内一直是海军的官方认知，那么也可能为有关海峡未来的国际协定带来更宽广的可能性。[47]

1912 年 11 月，随着保加利亚军队停滞在卡塔尔卡防线前，危机焦点转移到了塞尔维亚（和黑山）打算占领的亚德里亚海沿岸阿尔巴尼亚省份上。塞尔维亚总理尼古拉·帕西奇（Nikola Pašić）用典型的战前欧洲口吻称，没有亚德里亚海岸线，"这个国家的存在不可想象"。[48]另外，奥地利人决定在他们自己的战略后院建立一个作为附庸的阿尔巴尼亚国家，以阻止塞尔维亚的进一步扩张。维也纳的一些圈子仍希望把塞尔维亚变成经济从属国，并且视塞尔维亚控制亚德里亚海港为这一目标的致命威胁。他们始终担心，塞尔维亚的港口早晚有一天会成为俄国海军基地。如果获得亚德里亚海港控制权失败，将鼓

257

励塞尔维亚人在马其顿地区寻求更多的领土，并因此爆发与保加利亚人的冲突，维也纳很乐意看到令人厌恶的巴尔干同盟瓦解。客观地讲，奥地利十分愿意指出塞尔维亚和黑山全然不顾自己宣称的忠于民族主义的原则，打算吞掉讲阿尔巴尼亚语的居民的领土。因为塞尔维亚和黑山的军队在向亚德里亚海岸行进时，对阿尔巴尼亚公民实施了诸多暴行，且被广泛报道，它们的虔诚声明——两国宪法保障少数民族权利——在欧洲得到的回应，照礼貌的说法，就是怀疑。俄国驻贝尔格莱德大使哈特维希反驳说，塞尔维亚人的行为不比希腊人和保加利亚人糟糕多少。这可能是对的，但于事无补。[49]

最初，萨佐诺夫支持塞尔维亚的主张——至少获得亚德里亚海岸一小块领土和一个港口。当意识到不仅奥地利，还有意大利和德国断然反对时，他改变了方针，觉得确保阿尔巴尼亚领土上的贸易通道就足够了。为了支持他的这一温和路线，外交大臣在 11 月 12 日向尼古拉二世递交了一份备忘录，指出所有同盟国成员决心建立一个自治的阿尔巴尼亚政权，控制整个亚德里亚海岸，并愿意用"极端手段捍卫他们的立场"。因为英国和法国都不支持塞尔维亚的要求，外交大臣写道，他和大臣会议主席都相信继续在这一问题上推进是愚蠢的，"一定程度上会加大欧洲战争的风险"。像萨佐诺夫信中暗示的那样，巴尔干危机此刻让首相科科夫佐夫投身于外交事务，而且外交大臣十分乐意在反对沙皇和他那些军事顾问的鲁莽决策上寻求他的支持。[50]

很不幸，尼古拉二世不同意，他在备忘录上写道："我不同意阿尔巴尼亚自治。"这有助于解释为什么之后萨佐诺夫支持塞尔维亚的立场再次强硬了，让奥地利（及其他国家）的外交官大为警觉。而且，只有当达成对塞尔维亚人更有利的妥协的进一步努力失败、战争爆发的风险增大时，萨佐诺夫才会重回早期路线，并试图将贝尔格莱德带入秩序当中。他绕着弯儿的做法，最终难免无益于他想做的事情。12月的第二周，他命俄国驻贝尔格莱德大使阐明：俄国不会给塞尔维亚人决定欧洲战争是否爆发的权力，而且如果他们这么做，是让自己国家陷于完全孤立。迫于此威胁，贝尔格莱德只得屈服，并放弃索要亚德里亚海岸。[51]

　　萨佐诺夫与沙皇之间的分歧部分基于这一事实：与众多受过教育的俄国人一样，尼古拉二世已经被热情——这是被勇敢并咄咄逼人的巴尔干军队戏剧性而又不可思议的胜利激起的——冲昏了头脑。尼古拉也意识到顺应俄国公众意见的必要性，对他来说，这主要指的是为俄国历史自豪，并经常与武装力量联系在一起的保守斯拉夫派圈子的"公众意见"。这个群体的非官方领导和象征人物是沙皇的堂弟尼古拉大公，他与沙皇1912年11月在位于俄属波兰斯帕拉（Spala）的狩猎小屋会面，陪同沙皇打猎、用餐，并在11月10日向后者做了报告。为了了解来龙去脉，我们需要记起：1912年，尼古拉二世在斯帕拉这处狩猎小屋停留的时间比往常长得多，因此同大臣们相隔绝。因为他的儿子（也是他的继承人）遭到了险些致命的意外，阿列克谢殿下试图跳进在斯帕拉一处湖泊中泊靠的船里，结果这个八岁的血友病小患者出现了严重内出血。孩子在10月19～23日正值病重，但刚过了11月中旬，沙皇一家就冒险用火车把他带回了在圣彼得堡郊区的皇村行宫。[52]

　　尼古拉大公因时机大好而激动，显然他陶醉于巴尔干斯拉夫事业的胜利。然而，他也对近期的法国之行充满无限热情。

258

驻巴黎的俄国武官诺斯蒂茨伯爵报告，法国军队圈子里将巴尔干军队战胜土耳其，看作法国大炮和军事理论对土耳其从 19 世纪 90 年代就开始依靠的德国理论和武器的胜利。这让法国对未来欧洲战争结果的预测也积极了起来。尼古拉大公在法国特意出席了军事演习，并在 11 月 10 日带着强烈个人感情给沙皇做了非常乐观的报告：爱国又能干的陆军部长亚历山大·米勒兰（Alexandre Millerand）是法俄同盟"坚定的支持者"；法国将军们自信、受过良好教育又能言善辩；普通士兵给他留下了"完美印象"——法军的一切都让大公印象深刻。他在报告中总结道："综上所述，我确信法国军队素质非常之高，配备了最尖端的技术，有可以随时应对任何临时状况的出色将军和军官，但首先及最重要的是有极强的道德感，所以才能对战争毫无惧色，并能带着热情和欢愉投入战斗。从司令官到最底层的士兵，每个人都有这股热情。"[53]

259 1912 年冬，尼古拉二世被证明是谢尔盖·萨佐诺夫的一个包袱，而俄国驻贝尔格莱德大使是另一个。起初，俄国为了维持奥俄达成的协定，在贝尔格莱德派驻了温和的瓦西里·谢尔盖耶夫作为大使，而且没有做任何怂恿塞尔维亚人野心之事。但波斯尼亚危机导致该政策结束。谢尔盖耶夫的继任者尼古拉·哈特维希是俄国外交部的"猛虎"之一。他是一个自信、充满攻击性又傲慢的人，在波斯不遗余力地维护俄国利益，使英俄协定陷入危机，因此被调往贝尔格莱德。他恼怒于这次调动，而且他的暴脾气还是因为持续被君士坦丁堡大使馆忽略和身体状况越来越糟。哈特维希体重严重超标，还有心脏问题。大使是个热情的亲斯拉夫主义者和俄罗斯民族主义者，他相信领导和团结斯拉夫人是俄国的使命。

人们常说——即便只是假设——第一次世界大战爆发的关键原因是贵族精英的幸存和他们在权力中心的价值观返祖（atavistic values）。专业、聪慧而又"现代"的中产阶级，在某种程度上被认为更自由、更温和。这对 21 世纪的旁观者来说是令人欣慰的，但往往是错误的。纯正的保守派贵族常常远不及那些在权力、历史、种族甚至男子气概上都有"时髦"看法的聪颖的专家和知识分子有危险性，尤其是当这些"新人"能熟练操纵大众政治时。[54]尼古拉·哈特维希就是最好诠释。作为中产阶级，他是在 1914 年之前左右俄国外交政策的最危险人物之一。没人质疑他的才智和有关巴尔干问题的学识。他出身卑微，通过努力爬上职业阶梯，但在外交部并不受欢迎。哈特维希在亚洲部门担任领头人多年，甚至获得了令人畏惧的谢尔盖·威特的尊敬。外交部的一名年轻官员写道，作为部门领头人的哈特维希，在与大臣们就外国政策进行争论时泰然自若，觉得双方平起平坐。这么一个人对于任何外交大臣来说都难以掌控。哈特维希有充分理由认为，自己比萨佐诺夫更适合处理巴尔干事务。对驻贝尔格莱德大使抨击外交大臣和他的政策、纵容塞尔维亚领导阶层从中作梗的抱怨，如洪水般涌进外交部。据说，塞尔维亚人对他建议的重视程度要比对来自圣彼得堡的警告高得多，这也就解释了他们为什么总是非常迟缓地向俄国的希冀靠拢。这些抱怨，有来源于俄国内部的，也有外国的。它们导致萨佐诺夫与哈特维希不合。[55]

但是，外交大臣想要摆脱哈特维希也是非常困难的，因为后者在任职期间与圣彼得堡建立了极好的联系。另外，他曾长期赞助《新时代报》。如果说谁能比哈特维希更强有力，非他的妻子莫属，这位圣彼得堡社交圈中的前美人是尼古拉大公的

260

尼古拉·哈特维希

261　好友——有人说他俩之间是超友谊关系。哈特维希在贝尔格莱德的助手瓦西里·斯特兰德曼（Vasili Strandman）将她描述成"一头退居二线却依然牙齿锋利的母狮"。这层关系在圣彼得堡决策圈子中给了哈特维希强有力的保护，而这个圈子对萨佐诺夫1912～1914年的政策而言至关重要。他们为哈特维希对塞尔维亚人私下做出的保证——俄国公共舆论不会允许帝国政府放弃他们的事业——增加了可信度。

　　即使外交大臣可以将哈特维希调走，他可能也不会去做。奥地利驻贝尔格莱德大使厌恶哈特维希，不过却认可他在波斯尼亚危机后重振俄国声望的方式，而且他对塞尔维亚政府的掌控也是有力的。在哈特维希看来，对塞尔维亚明确予以支持是控制其外交的最好方式。他称塞尔维亚曾是俄国在巴尔干地区最忠实的附庸，强调帕希奇总理既是坚定的亲俄分子，也是唯一可以控制混乱的塞尔维亚政局、使之符合俄国利益的政客，并以此证明他对帕西奇总理义无反顾的支持是正确的。萨佐诺夫认为，这两个看法都是实情。斯特兰德曼不喜欢他的上司，而且在一直未出版的回忆录中证实了很多关于哈特维希吹毛求疵甚至间或干预政策的传闻。虽然斯特兰德曼指责哈特维希对萨佐诺夫不忠诚，而且认为他在一定程度上是对俄国急切渴望的和平的威胁，但也从未建议圣彼得堡把如此令人畏惧又有价值的人调离贝尔格莱德。[56]

在 1912 年 11 月和 12 月初，随着塞尔维亚的巧辩甚嚣尘上，奥地利军队在帝国南部边境大量集结，欧洲的和平似乎摇摇欲坠。塞尔维亚在亚德里亚海港问题上的让步，以及维也纳同意在伦敦由爱德华·格雷爵士主持确定新的阿尔巴尼亚国家边境的大使会议，对俄国政府来说是极大的安慰。同时，伦敦成为土耳其与巴尔干同盟停战和会的东道主。因此，前所未有的重担就落在了俄国驻英国大使亚历山大·本肯多夫的肩上。大使会议的第一次会晤在 12 月 16 日举行。谢尔盖·萨佐诺夫希望，在确定阿尔巴尼亚与塞尔维亚、黑山的边境时，俄国在塞尔维亚掌握亚德里亚海港问题上的让步，会使奥地利采取同样的灵活态度，但实际上，维也纳在阿尔巴尼亚领土问题上寸土不让。最关键的是由黑山军队包围的斯库台（Scutari）的命运。意大利和德国方面暗示萨佐诺夫，如果步步紧逼，维也纳可能在这点上让步。他们错了。面对奥地利的决不妥协和英法两国冷漠的支持，萨佐诺夫被迫接受该城归阿尔巴尼亚而非黑山。斯库台的居民是纯粹的阿尔巴尼亚人的事实，并没有使他免于俄国民族主义群体的疯狂责难。[57]

爱德华·格雷爵士和奥地利驻彼得堡大使都认识到，萨佐诺夫绝不可能第三次在奥地利决不妥协的两个阿尔巴尼亚－塞尔维亚边境小城——Diakovú 和 Dibra——归属问题上让步。[58] 1913 年 3 月 19 日，奥地利人在这一问题上最终妥协，萨佐诺夫大大松了一口气。他们这么做，某种程度上是因为柏林私下施压。德国大臣贝特曼·霍尔韦格写信给贝希托尔德伯爵，称如果大使会议谈崩，最可能的结果就是奥地利与塞尔维亚之间爆发战争。假如那样，贝特曼·霍尔韦格相信俄国也会被卷入。他指出，许多比尼古拉二世更为强势的君主在过去都屈服于斯拉夫主义的施压。结局几乎必然是一场蔓延整个欧洲的战争，德国将面对三国协约的联合力量。德国领导人从战术角度看，认为这是极其愚蠢的。柏林方面相信英俄协定已经过了蜜月期，而且再过一段时间就会走下坡路。相反，英德关系正在改善，部分是因为双方一同化解了巴尔干危机。英国在未来欧洲战争中扮演中立者角色的机会一直在增加。在贝特曼·霍尔韦格看来，如果在可预见的未来，在"有利得多的条件下进行战斗"会有不错的前景，那么现在就与协约国爆发战争是"巨大的错误"。[59]

从 1912 年 10 月巴尔干战争爆发，到 1913 年 8 月签订《布加勒斯特和约》、战争结束，萨佐诺夫一直承受着俄国公众舆论连续而疯狂的压力。虽然没有证据表明尼古拉二世考虑过撤掉他的外交大臣职务，但沙皇时不时展现给亲斯拉夫主义者和民族主义者的微妙怜悯，使他们相信他可能会这么做。所有这些问题中隐藏的秘密，一如既往地激发了诸多谣言，并夸大沙皇每一个动作的重要性。直到 1913 年 6 月 18 日，所有谣言才平息下来。尼古拉二世在一份前所未有的官方声明中称赞萨佐诺夫，并强调沙皇认可自己的大臣在巴尔干危机期间的出色工作，心怀感激。此外，尼古拉强力支持和平解决与欧洲大国间的所有争端。[60]

彼得堡斯拉夫慈善协会——俄国最古老的斯拉夫派团体之一——将这场战争称为"十字军东征"，奠定了公众舆论的基调，并强调"除了少数极端政党，所有俄国社会阶层一致强烈同情那些为自己的权利和自由而斗争、信仰基督教的民族"。这种言论完美而又非常自觉地将保守派的宗教偏好与自由派对权利的强调相结合。俄国的斯拉夫"小弟"的胜利，缓和了俄国人最近由于军事和外交上的挫败而受到的耻辱，并让他们对德国经济和文化力量的优势产生警觉。由东正教会、诸多斯拉夫委员会、红十字会以及其他组织筹集的善款和药物援助已经被送至巴尔干。[61]

报刊文章、宴会活动甚至民族主义示威都在持续给政府施压。这类号召接二连三出现：支持斯拉夫主义；相信俄国人民的爱国心；并意识到柏林必然会避免与协约国交战，否则他们的贸易、经济福祉和政治秩序将会迅速瓦解。从绝对意义上说，参与这类活动的人并不多，但包括了社会和经济界的大批精英——换句话说，就是政权要依靠的那些群体。杜马政客们在运动中扮演了重要角色。1913 年复活节期间，杜马主席米哈伊尔·罗江科（Mikhail Rodzianko）告诉尼古拉二世："我们必须利用广泛的热情。海峡必须是我们的。战争将被欣然接受，而且只会增加皇权的威信。"罗江科哀怨地抱怨，警察正在阻止俄国爱国者的示威，他们在集会中歌唱帝国赞美诗、支持国家事业。沙皇已经容忍民众运动很久了。到了 1913 年 4 月底，街头示威游行大大增加，而且有大量军官开始参与公众集会，他才动手镇压。"最近所有泛斯拉夫主义活动的最高赞助人"尼古拉大公因失宠而离开圣彼得堡，前往位于克里米亚的城堡，但有谣言称他十分开心，可以避开喋喋不休的黑山妻子。与此同时，内政大臣尼古拉·马克拉科夫动用了紧急权力，并禁止了一切宴会和示威活动。[62]

因两国政府之间的争吵而紧张的事态，以及俄奥两国民众的激动情绪，招致了 1912～1913 年秋冬这两个帝国军备增加这一特别危险的举动。俄奥两国的军事准备开始于 1912 年 10 月巴尔干战争之初。奥地利在塞尔维亚边境大量屯兵以备入侵的消息很快传入俄国战争部。在加利西亚的奥俄前线，局势更为紧张。奥地利人否认在此地做过任何超出将军团恢复正常和平时期水准的事情，就算如此，"正常和平时期水准"也逊于俄国。俄军总参谋部称，实际上，奥地利的举动远超于此。时隔多年，已经不可能证明谁对谁错，但俄国军事及外交档案馆里的文献记录了大量细节，精确到奥地利部队营一级的番号及部署。关于这一点，要谨记当时俄国在奥地利军队中安插了很多间谍，一些人甚至可以接触到与调兵有关的最高机密文件。除了经由战争部长苏霍姆利诺夫呈递给科科夫佐夫和萨佐诺夫的大量军事情报外，俄国的政治警察和边防卫队也递交了从奥属加利西亚和边境的线人那里得来的详细报告。部分信息涉及军队部署和番号，但更多的是关于一旦战争爆发，奥地利会在俄属波兰计划暴动的消息。[63]

俄军领导人起初对这番筹备没有特别重视，至少在与法国人的谈话中是这样的。俄国军事情报部门负责人尼古拉·蒙克维茨（Nikolai Monkevitz）少将在 1912 年 11 月 28 日告诉法国公使，他认为奥地利的行动就是虚张声势。甚至两周后，他仍认为奥地利的局部备战根本不可能发展成后续针对俄国的顺畅军

事动员："当一台庞大的机器正要或已经启动时，想要阻止特定　265
齿轮的运行，不可能不冒着影响全局的风险。这正是奥地利人
正在做的事。"蒙克维茨的看法与俄军总参谋部在1914年"七
月危机"中的立场十分相关，当时后者称俄国的任何局部动员
都会让之后的整体调动陷入混乱。[64]

　　俄军总参谋部冷静的态度引起了巴黎深深的担忧，也遭到
了法军总参谋部的警告，他们认为就军事准备而言，奥地利更
胜俄国一筹，而且迫在眉睫的奥地利入侵塞尔维亚似乎会导致
欧洲战争，俄国却毫无准备。巴黎给圣彼得堡施加的压力——
加快军事准备——增大了欧洲陷入战争泥潭的风险，但不能说
他们是有预谋的好战分子。在巴尔干冲突中，法国坚定地站在
俄国一方，他们一如既往地执着于敦促俄国进行战备，战争一
爆发便迅速武装介入对抗德国。这是马基雅维利式的不择手段，
但如此解读并非不切实际：事件暗示着，俄军总参谋部可能不
介意用法国人去刺激俄国的文职大臣。最终，俄国承认有六个
完整的奥地利军在南部前线部署，其中有五个完全备战。俄国
军事情报部门相信，驻扎在加利西亚的三个军全部悄无声息地
进入备战状态，而且至少有51个步兵营和57个骑兵中队已秘
密从奥地利本土进入加利西亚。俄国政府在1912~1913年冬严
正抗议，称奥地利在伦敦大使会议期间的行为是用枪顶着其他
大国的脑袋进行谈判，一旦谈崩，它的军队会随时入侵塞尔维
亚。维也纳没有否认此事，并声明它不会削弱武装力量，直到
巴尔干战争结束以及塞尔维亚军队撤出所有阿尔巴尼亚领土。[65]

　　俄国自身的军事准备始于1912年10月中旬，苏霍姆利诺
夫将军号召额外增加拨款，以便军队应对新的紧急情况。但势
态发展并没有让战争大臣过于警觉，他认为在冬季过去之前不

266 太可能进行大规模战争。谢尔盖·萨佐诺夫支持苏霍姆利诺夫，他在 10 月 23 日写信给科科夫佐夫，称战争的结果不可预知，但在战局推进、和平协议即将签署的时候，有必要阻止土耳其、奥地利或罗马尼亚的军事威胁。科科夫佐夫的回答，就像一个一本正经的维多利亚时期的保姆面临要求提高每月甜食定量的请求。他写信给苏霍姆利诺夫，称"假如……将巨额钱款拨予战争部，而我们的军队还是没有充分备战"，那么国库当然必须拨款，但只有在战争部提供对军队需要采取措施的详尽分析，以及已拨款项用在何处的明确账目后才可以。读过科科夫佐夫信件的人不难看出，他为什么会被这么多同僚厌恶，并同时招致财政大臣和首相的怨恨。[66]

俄国 1912 年的主要军事部署是 11 月 4 日决定的，让应征入伍多年的士兵至少在部队服役到新年。此举让 35 万名额外士兵留在军中，虽然他们遍布各军区，自波罗的海到高加索。随着 11 月的流逝和关于奥地利备战的证据增多，俄军领导人向沙皇施压，以求进一步采取对抗之策。在儿子康复、从斯帕拉返回很短时间后，尼古拉二世于 11 月 23 日在圣彼得堡郊外的皇村宫殿召集他的军事、文职顾问进行临时会晤。弗拉基米尔·科科夫佐夫在回忆录中生动还原了会晤场景。根据他的描述，文职领导人完全震惊于尼古拉二世在将军们的建议下，宣布决定"动员"整个基辅军区和部分华沙军区，并且做好准备，随后亦可能动员敖德萨（Odessa）军区。科科夫佐夫对自己角色的描述是，几乎独力劝谏尼古拉二世放弃决定，如果情势所迫，代之以推行将高年资应征士兵服役期推迟到 1913 年年中的政策。科科夫佐夫的记录给历史学家以巨大影响，部分是因为他极富戏剧性地描述了当时的场景，部分是因为他的回忆录被翻译成了英文，但最重要的是因为档案之前无法读到，其他原始资料很少存留。某种意义上说，科科夫佐夫的记述是准确的：他的确扮演了反对危险军事准备的关键角色。即便这样，他的描述需要置于当时的环境下去看待。[67]

值得注意的是，对"动员"一词要非常慎重。这个词的意 267 思远没有它看上去那么清晰；了解这一点，对理解 1912~1913 年巴尔干危机和更关键的 1914 年"七月危机"来说十分重要。动员一个军区，在最低限度上意味着号召所有在乡军人返回军队。接下来的行动，显然就是利用这些在乡军人驻扎于各军区的部队，恢复他们在战争时期的兵力。很不幸的是，德奥前线上的三个主要边境军区中，有两个充斥着波兰、犹太、立陶宛军团，他们既不服从军法，也不遵守乡俗。因此，当地在乡军人最初可能被投入所谓的操练营。人们必须记得，与当时所有军队一样，俄国军队仍全部依靠马匹运输：大量马匹需要被调派到边境军区。这比召回在乡军人更耗时间，而且更麻烦。即使驻扎在军区的团恢复了战时兵力，他们仍需要集合成师和军，并随后进行战争初期的部署。在这一进程完成前很久，全副武装的部队会被派至边境，掩护调遣和主要兵力部署，应对敌人的骚扰性进攻。天真的读者可能会得出结论：如果所有本段列出的准备工作都完成了，那么俄国边境军区就已经备战完毕。没有比这更不切实际的了。要使一个边境军区备战完毕，所有俄国内部的军团都要动员，并且全员向边境行进，这是俄国所谓的战争动员中最具挑战性和最耗时的。[68]

另一个要谨慎地将科科夫佐夫的论述奉为圭臬的原因更加平凡。众所周知，回忆录都不太可靠，而且从历史角度看，它都是在抬高作者自己并贬低敌人。在科科夫佐夫身上，这个看法当然是对的，特别是他与苏霍姆利诺夫彼此水火不容。抛开这点，历史文献显示，科科夫佐夫的说法存在一些问题。首先，根据总参谋长尼古拉·亚努什科维奇（Nikolai Ianushkevich）的说法，沙皇下达"将军中高年资士兵服役期延长至1913年上半年"这一命令的时间是1912年12月24日——换句话说，在科科夫佐夫所描述的会晤整整一个月后。另外，充足证据显示，部分动员命令绝对不可能像科科夫佐夫回忆录中所写的那样，在11月23日的会晤中就确定。[69]

1912年12月7日，弗拉基米尔·苏霍姆利诺夫劝说尼古拉二世同意在奥地利前线采取额外的军事措施，声称："就准备程度来说奥匈帝国已经在军事上对我们有了巨大优势，何况动员和集结俄国军队需要的时间显然比协同调动奥地利军队耗费的时间要长。"主要措施就是从两个接近奥地利的军区（华沙和基辅）调动大约三个满编骑兵师到边境，包括将两个俄军骑兵旅自内陆部署到奥地利边境。部署骑兵的军事逻辑是阻止奥地利的任何进攻，他们可能截断从帝国内部通向两个军区的铁路线。这些铁路和轨道末端接近边境，十分危险，也容易受到奥军攻击。例如，在克拉希尼克（Kraśnik）的铁路交叉点，部署四个整编军团十分重要，但这里与奥地利边境的距离不到35公里。如果奥军能迅速地动手，抢在俄军部署之前获得优势，迫使俄军集结在俄属波兰后方，这将打乱俄国进军加利西亚乃至东普鲁士的计划，进而直击俄法战争计划的要害。这将会为奥地利军队入侵、引发波兰暴乱敞开大门。俄军最高统帅部因这些威胁而忧心不已，因为他们清楚，如果奥地利和俄国同时动员相同规模的兵力，不出十天，哈布斯堡的军队就将在数量上明显超过它的敌人，因为大量俄国在乡军人需要奔赴边境军区，

268

而和平时期部署在内陆的师仍在路上。此外，将骑兵向边境部署的考虑是，苏霍姆利诺夫计划的第一步是通过将在乡军人召回操练营，使华沙和基辅军区的兵力恢复到战时状态。换句话说，这听上去非常像在 11 月 23 日会议后因讨论而可能遭到撤销的那种调动。[70]

首相科科夫佐夫坚称，大臣会议在 1912 年 12 月 12～17 日这些调动实施前进行了讨论。起初，除了科科夫佐夫和萨佐诺夫，所有大臣都支持苏霍姆利诺夫的观点。他们的看法有一定道理，但可能也反映出对沙皇原则上已经批准的军事决定的厌恶情绪。大臣们完全不相信奥地利的和平保证，并且相信维也纳在伦敦大使会议期间的行为是在争取时间，以抢先开始对俄国采取军事行动："在军事上准备更充分的国家，在会议中总是占主导地位的，而且将会对最终决策产生巨大影响。"因为会议可能谈崩，在备战方面落后于奥地利是非常危险的。另外，所有大臣都赞同科科夫佐夫和萨佐诺夫避免战争的意愿，只要能用一种与俄国的"尊严"相配的方式解决。[71]

另一方面，首相和外交大臣强调了"特别紧张"的当前国际情势，以及任何不谨慎的调动都冒着与奥地利爆发战争的极大风险，这必会引来德国的介入。这将是一场"确定无疑的灾难"，尤其是在这方面俄国不能依靠三国协约整体的军事支持。此外，"我们缺少在波罗的海有影响力的海上力量，军队还没有完全准备好，国内的局势距离这种爱国热情——人们满怀强大的民族斗志，以及广大人民群众对战争有坚定承诺——还有很长的路要走"。最后，会议决定延期召集在乡步兵，但允许苏霍姆利诺夫从已经部署在两个军区的骑兵中调遣一部分，向边境部署。在是否部署额外两个骑兵旅（他们是苏霍姆林诺夫希望从莫斯科军区调出的）的问题上，他们将决定权交给了尼古拉二世。沙皇决定听从萨佐诺夫和科科夫佐夫的建议，并选择谨慎处置。[72]

大臣会议讨论的问题，是近东局领头人格里戈里·特鲁别茨科伊公爵最关心的。俄国外交政策的目标是，寻求一个能让它的巴尔干附庸满意，同时避免战争的和平解决办法。最重要的是，圣彼得堡希望维持巴尔干同盟作为一个阻挡奥德支配近东地区有力屏障的现状。特鲁别茨科伊强烈支持巴尔干同盟，但从不否认其脆弱性。甚至在伦敦和会开始前，塞尔维亚代表团领队就公开宣称，应给予塞尔维亚更多的马其顿领土，以补偿它没有得到亚得里亚海港的损失。因此，特鲁别茨科伊私下写信给驻维也纳使团代表尼古拉·库达舍夫公爵，询问外交大臣贝希托尔德或康拉德·冯·赫尔岑多夫以及"主战派"是否在维也纳当权，以及俄国是否应当进行部分自身兵力的动员，来抵消奥地利在和平会议上施加的军事压力。他毫不隐瞒，认为大使并没有足够坚定地维护俄国的地位，这当然是他为什么接近库达舍夫而非大使尼古拉·吉尔斯的原因。特鲁别茨科伊的批评是公正的。吉尔斯被派到维也纳的任务是缓和奥俄之间的紧张气氛，并恢复随着波斯尼亚危机而瓦解的双方互信。无论从性格还是从信念上说，他都不是个积极捍卫亲斯拉夫主义对外政策的人。可以肯定的是，通过用这种方式写信给库达舍夫，格里戈里是支持苏霍姆利诺夫而反对萨佐诺夫的，他在暗地里不仅操控着驻维也纳大使，还有自己的外交大臣。更可能的是，萨佐诺夫本身就在寻找给奥地利施压的方法，并默许特鲁别茨科伊非正式地接触库达舍夫。[73]

库达舍夫是个聪明人，也是一个非常得力的外交官。他对奥地利现状和心态的理解是正确的。他评论道，一种越来越深的绝望笼罩着维也纳。库达舍夫拥有的忠诚和纪律在俄国外交官中非常罕见，他告诉特鲁别茨科伊，自己不得不显示出对大使的倚靠，因为起码后者知道他的下属对外交部说了什么。关于特鲁别茨科伊质询的本质，库达舍夫写道："军方迫切想和塞尔维亚开战。康拉德告诉赞克维奇（Zankevich，俄国武官）塞尔维亚问题对奥地利来说关乎存亡。他担心进攻塞尔维亚必然会引起与我们的战争，这也是为什么奥地利朝我们前线（实际上各处都是）增兵的原因。显然，贝希托尔德只有皇帝一个支持者，后者称，他想不惜一切代价维护和平。"库达舍夫不相信贝希托尔德有尝试裁撤康拉德·冯·赫尔岑多夫的想法。如果俄国也宣布动员，那么战争的危险就会大大加剧。

因为如今无论是我们还是他们，都不可能在不严重损 271
害尊严和声望的情况下全身而退。这样的撤退对奥地利显
然比对我们更加致命，因为这事关生死，然而——感谢上
帝——我们离死还远着呢。但正因为如此，奥地利显示出
的坚定并不意味着它在力量上与我们真正等同。如果我们
也不让步，之后要么是战争，要么是奥地利政治危机。如
果我们不能指望后者，那么只要老皇帝还活着，我们就有
盼头。他一生经历了众多垮台危机，因此——可以指
望——比起与俄国开战，他宁愿再垮一次台。不管怎样，
这是一场势均力敌的游戏，而结果会是骇人的。[74]

最后，危机解决。弗朗茨·约瑟夫皇帝派出前驻圣彼得堡的奥地利武官戈特弗里德·霍恩洛厄－希灵菲斯特（Gottfried

Hohenlohe-Schillingsfürst）亲王，与尼古拉二世和俄国文职、军事领导人对话。霍恩洛厄在长期留俄期间深受尼古拉二世喜爱。他被沙皇接见了两次，第一次在 1913 年 2 月 4 日。他也与萨佐诺夫、科科夫佐夫和苏霍姆利诺夫有过会面。他造访的一个有用方面就是，能告诉维也纳，大使——外交部认为已经"本土化"的图尔恩伯爵——并未夸大俄国的愤怒和战争的危险。霍恩洛厄告诉贝希托尔德，在他看来，除非裁军问题和阿尔巴尼亚边境问题在六周到八周内解决，否则战争可能随着冬季的结束而爆发。[75]

德国也施加压力以实现双方妥协，虽然过程缓慢且折磨人，维也纳与圣彼得堡在细枝末节上斤斤计较，协定最终达成了。1913 年 3 月 11 日，两国政府宣布，俄国将 35 万名服役期满军人遣散回家，奥地利将缩减部署在加利西亚的军队，恢复到和平时期的"正常"规模。俄军总参谋部尖刻地抱怨，他们通过报纸才知道协定的消息，而且这仍让奥地利处在备战程度高得多的优势地位。奥塞战争的直接风险因 3 月 21 日奥地利在 Dibra 和 Diaková 两城问题上的妥协而降低。最后和最紧急的危机随着 5 月 5 日黑山最终撤出斯库台而化解，这也解除了奥地利用武力驱逐他们的威胁。奥斯曼帝国的关键要塞城市阿德里安堡（Adrianople）于 3 月 26 日落入保加利亚手中。此前六周，巴尔干诸国与土耳其之间的战争已经大致终止。3 月 30 日，巴尔干诸国与土耳其签订和约，结束巴尔干战争，这似乎意味着，欧洲各使馆人员在经历连续数月的危机和欧洲战争一触即发的危险后，可以重回平静。但实际上，这个间隙非常短。[76]

第二次巴尔干战争及余波

巴尔干同盟的瓦解和新冲突的爆发近在眼前。鉴于有不小机会洗劫他们的土耳其邻居和实现民族主义使命，希腊、塞尔维亚和保加利亚这些老对手凑在一起。在马其顿，使命导致冲突。战争——甚至还有戏剧性的胜利——进一步激发了政府、军队和知识分子阶层的民族热情。希腊人和保加利亚人没有就分割战利品事先达成协议。结果是，他们的军队为萨洛尼卡（Salonika）展开争夺，最后希腊以微弱优势获胜。保加利亚参与了大部分战斗，不管怎样，他们都以巴尔干地区的霸主自居，不会甘心失去萨洛尼卡。

塞尔维亚和保加利亚已经提前瓜分了马其顿，除了一小块交给俄国裁决的领土。但在 1912 年 12 月，塞尔维亚大臣开始宣称他们应该分得更多的马其顿领土。他们声称，塞尔维亚被奥地利剥夺了长期渴望的亚德里亚海港，而同时保加利亚在色雷斯获得了意料之外的战利品。他们所说的不无道理，而且受到很多俄国斯拉夫主义者支持，尤其是当他们攻击萨佐诺夫在维也纳懦弱妥协时。但是格里戈里·特鲁别茨科伊相信，塞尔维亚总理尼古拉·帕西奇从未下决心在马其顿问题上寻求共识，还想着寻求修正协定，哪怕塞尔维亚已经成功获得部分亚德里亚海岸。[77]

如果说第一次巴尔干战争的胜利方对这个结果不甘心，那么对土耳其来说必然也是如此。尽管穆斯林难民如潮水般涌入土耳其，恶化了动荡的政局，但土耳其仍可能接受失去马其顿。另一方面，阿德里安堡是个彻头彻尾的伊斯兰城市，也曾是奥斯曼帝国在欧洲的第一个首都。任何土耳其政府都不可能在失去它的情况下侥幸存活。土耳其政府迫于强权，将该城在 1912～1913 年冬季割让给保加利亚，唯一的后果就是爆发军事政变，有激进民族主义倾向的土耳其青年党重新掌权。俄国驻

273

君士坦丁堡大使米哈伊尔·吉尔斯在土耳其政变后的报告中说："在新政府眼里，我们是土耳其最邪恶的敌人，他们将所有希望寄托在德国身上。"没人否认，一旦巴尔干同盟瓦解，土耳其就会抓住机会，重新占领阿德里安堡。[78]

罗马尼亚在第一次巴尔干战争中保持中立，尽管土耳其试图把它拖进冲突，作为对抗保加利亚的盟友。关键是布加勒斯特惧怕保加利亚在巴尔干的霸权。在其他巴尔干国家狼吞虎咽地享受战利品时，罗马尼亚民族主义者决心不再置身事外。在第一次巴尔干战争爆发时，罗马尼亚政府已经明确说明：如果保加利亚获得大片领土，那么罗马尼亚就希望得到补偿。它的目标是位于罗马尼亚和保加利亚中间地带的锡利斯特拉（Silistria）市和地区。罗马尼亚曾是奥地利和德国的长期盟友，可能因此担心俄国将站在其附庸保加利亚那边，而且如果罗马尼亚试图违背俄国人的意愿，可能会遭到报复。但实际上，圣彼得堡接受了罗马尼亚的正当要求，并试图从中调停，使两国达成妥协。1913 年 4 月，萨佐诺夫在圣彼得堡主持召开大使会议，锡利斯特拉被划给了罗马尼亚，因为同盟国对此比俄国更坚定。在强权的重压下，当地民众的意愿和种族身份认同根本不值一提。[79]

最初，俄国的策略是坚决阻止罗马尼亚介入第一次巴尔干战争，对抗保加利亚。拒绝罗马尼亚的请求，可能也会加深与它的德国和奥地利保护者进一步对抗的危险。但最重要的是，圣彼得堡认为这可能会让罗马尼亚离开同盟国，并确保它在未来任何欧洲战争中保持中立。鉴于俄国与罗马尼亚有漫长的边境线，这么一来，大批驻军就可以转而直面奥地利和德国，因此的确是个不小的收获。法国认为圣彼得堡盲目乐观地追求着罗马尼亚人，但 1912 年 8 月到布加勒斯特担任使团长的尼古拉·舍别科不那么认为。

在到任仅仅一个月后的一封私人信件里，舍别科评论道，广为流传的假设是罗马尼亚人厌恶俄国，并坚定地站在对手阵营，这个假设对他来说是错的。他注意到，虽然罗马尼亚国王查理——他出身霍亨索伦家族——仍亲德，但民众的看法开始明显向俄国一方倾斜。即将到来的战争可能会导致布加勒斯特忠于条约义务并站在同盟国那边战斗，除非俄国戏剧性地提出，倘若战争胜利，他们会把奥匈帝国的特兰西瓦尼亚省（Transylvania）给罗马尼亚，这是维也纳绝对不会给予的好处。但即便不这样做，舍别科也相信，凭借老练的外交手腕和公众舆论几乎不可避免的影响，罗马尼亚迟早会脱离奥德的掌控。虽然罗马尼亚人仍对 1878 年失去比萨拉比亚一事怨恨俄国，但特兰西瓦尼亚"更大，人口更多，更富有，而且更文明"。最重要的是，匈牙利政府试图使省内讲罗马尼亚语的人"匈牙利化"，在罗马尼亚招致了极大仇恨。[80]

随着巴尔干国家之间的战争威胁在 1913 年 5～6 月隐约扩大，俄国试图在塞尔维亚和保加利亚之间调停。塞保同盟是巴尔干同盟的核心。因为它们是巴尔干半岛的两个主要斯拉夫国家，它们的同盟也密切关乎俄国民众的情感。不出所料，驻贝尔格莱德大使尼古拉·哈特维希激烈地宣称，塞尔维亚是个比保加利亚可靠得多的附庸，因此支持它符合俄国利益。他是有理由的：即便是在 2 月，俄国驻索菲亚武官也认为，倘若欧洲战争爆发，保加利亚几乎不可能站在俄国一方作战。[81]然而，萨佐诺夫拒绝放弃保加利亚和巴尔干同盟。1912 年塞保条约给了俄国一个调停者的角色，而萨佐诺夫在 1913 年 6 月准备接受这

个不值得羡慕的差事。在一番争论后，保加利亚和塞尔维亚总
理同意前往圣彼得堡并接受俄国调停。哈特维希称帕西奇将诚
恳地接受俄国的评判，但如果圣彼得堡试图剥夺塞尔维亚军队
在马其顿已经占领的区域，那么任何试图接受这个决定的政府
都会被塞尔维亚军队和人民推翻："内部灾难不可避免。"他的
警告是对的，因为有明确证据显示，圣彼得堡企图维持 1912 年
塞 - 保条约的原始领土划分，只做了极小改动。[82]

保加利亚军队领导人和极端民族主义者的愚蠢自大，在许
多方面都拯救了哈特维希和萨佐诺夫。保加利亚人拒绝向任何
周边国家妥协。反之，他们在 1913 年 6 月 29 日攻击了马其顿
境内的希腊人和塞尔维亚人。在初期非常短暂的胜利后，保加
利亚的进攻被击溃。两周后，土耳其军队——他们自己都不敢
相信他们的运气——入侵了色雷斯，7 月 25 日他们重新从保加
利亚人手中夺回了阿德里安堡。同时，罗马尼亚军队从东部入
侵了保加利亚，几乎没有遇到任何抵抗地朝索非亚推进。

在 1912 ~ 1914 年这段时间，对俄国利益和欧洲和平的最大
威胁就是奥地利伺机入侵塞尔维亚并进军巴尔干。研究奥地利
对外政策的主流历史学家写道，当第二次巴尔干战争在 1913 年
6 月底爆发时，从奥地利国内经济和财政看，这种情况出现的
可能性不大。他补充道，弗朗茨·约瑟夫和他的继承人弗朗
茨·斐迪南大公都反对这样的行动。也许是这样，但在 7 月 4
日——战争爆发四天后，外交大臣贝希托尔德警告他的德国和
意大利盟友，塞尔维亚的大捷将会激起全体塞尔维亚人的荣誉
感，并将是对奥地利核心利益的巨大威胁。贝希托尔德因在第
一次巴尔干战争中的消极态度而在维也纳备受指责。这次，他
写道，如果保加利亚惨败，而且它的盟友难以避免欧洲战争的

威胁时，奥地利将不会坐视不管。宰相贝特曼·霍尔韦格回应了柏林惯常的温和建议，称维也纳在阿尔巴尼亚和拒绝给塞尔维亚一个亚德里亚海港问题上做得很好，再者，巴尔干同盟的解体非常符合奥地利的利益。宰相补充道，奥地利对塞尔维亚更大威胁的恐惧感被夸大了，而且目前唯一明智的政策就是冷静审慎。[83]

意大利的回复更富戏剧性。一直温和的意大利外交大臣使用按旧时代标准而言非常强烈的外交语言，声称："在基于守势的声明下想要激起欧洲战争，就需要有对君主政体的直接威胁，而非来自附庸的假定威胁。"圣·朱利亚诺（di San Giuliano）侯爵补充道，奥地利的存亡面临的威胁并不重大，更不急迫，至于未来可能出现的塞尔维亚威胁，可以用战争之外的方式解决。奥地利驻罗马大使汇报了圣·朱利亚诺的论断："我们对塞尔维亚的进攻将被彻彻底底视为威胁，而且我们将承担这一行动给欧洲和历史带来的后果。"如果贝希托尔德是真心想入侵塞尔维亚以支持保加利亚，那么德国盟友的忠告会阻止他。意大利的回应解释了，为什么维也纳在1914年7月计划进攻塞尔维亚时对罗马守口如瓶。[84]

由于奥地利无法介入、敌军从四面八方开进，不久保加利亚人被迫求和，最终于1913年8月10日在布加勒斯特签订和约。保加利亚被迫向它所有的敌人做出领土让步。直到1912年，保加利亚被公认为是巴尔干地区最强大的国家。在《布加勒斯特和约》后，塞尔维亚同它不相上下。由于战争，塞尔维亚的领土面积几乎翻了一番，人口也增长了三分之一。俄国外交大臣谢尔盖·萨佐诺夫劝说塞尔维亚克制，并尽最大努力限制希腊在保加利亚之事上获利。然而，真正激怒他的是土耳其重获阿德里安堡。

外交大臣试图动员各强国以驱逐土耳其，还威胁说俄军会在小亚细亚采取单边行动，这可能会引发欧洲战争。他的恼怒部分缘于政治考量：俄国只有替保加利亚人拿回阿德里安堡，才有机会和他们维持盟友关系、保障巴尔干同盟存续。此外，圣彼得堡认为，自1908年革命后，土耳其政府一直对俄国利益心怀敌意。但萨佐诺夫对土耳其人的态度有更深层的原因。土耳其大使在圣彼得堡时，告诉外交大臣，土耳其与巴尔干其他国家的行为完全相同。萨佐诺夫回应道："罗马尼亚和保加利亚之间的冲突关乎两个基督教国家的人民，但俄国不会——绝对永远不会——接受土耳其重新征服基督教领土。"奥地利驻圣彼得堡大使图尔恩伯爵写信说，他在土耳其的同僚"倍受萨佐诺夫先生态度的影响"。这很有可能。在萨佐诺夫眼里，土耳其作为一个伊斯兰国家的三流地位以一种侮辱性的清晰方式展现出来。阿德里安堡显然是土耳其城市，在萨佐诺夫宣扬基督教道德优越性的同时，希腊、保加利亚和塞尔维亚军队正对基督教和穆斯林公民施加同样的暴行。[85]

萨佐诺夫视《布加勒斯特和约》为斯拉夫和俄国大业的灾难，并尽力把它往有利于保加利亚的方向修正。伊兹沃利斯基看待问题更加清晰。他比萨佐诺夫更聪明，完全不受后者斯拉夫主义认同的影响。身处巴黎，他也远离俄国公众舆论的攻击，那些人残酷地指责外交大臣，因为他没有实现斯拉夫主义者的梦想——在俄国保护下的巴尔干同盟。1913年8月中旬，伊兹沃利斯基写信给萨佐诺夫，称以他在巴尔干地区的所有经验看，马其顿问题绝对不会和平解决。保加利亚的野心是巨大的，索非亚一如既往地为了实现目标而缓慢向维也纳靠近。至于俄国的调停，"这个任务是根本不可能完成的，而且将会把我们连同所有巴尔干国家拖入泥淖"。俄国应该非常乐意见到保加利亚在巴尔干的霸权主义幽灵——它觊觎君士坦丁堡——被永久摧毁。伊兹沃利斯基也没看出否认阿德里安堡属于土耳其有什么好处。相反，圣彼得堡应接受无论如何都无法将土耳其人从该城赶出去的事实。在他看来，通过给他们一个无论如何都无法被拒绝的优雅让步，俄国可以劝说土耳其在俄国对海峡的关切上表现出善意。[86]

随着《布加勒斯特和约》签署，和平在疲惫的巴尔干地区，更在欧洲疲倦的外交官群体中诞生了。巧言善辩的萨佐诺夫甚至开始琢磨奥俄协约的问题。某种程度上，强国外交有理由感到满意。奥斯曼帝国欧洲部分的消亡在没有发动欧洲战争的情况下已经发生了。在危机的关键时刻，伦敦甚至巴黎都限制过俄国的举动。德国的领导人同样限制过奥地利。然而，没人幻想战后对巴尔干问题的处理会一帆风顺。希腊和土耳其就爱琴海岛屿的归属问题仍在激烈地争吵。任何保加利亚政府都不会接受《布加勒斯特和约》，索非亚试图颠覆政权的消息不断传入圣彼得堡。但对俄国来说，最危险的总是奥塞关系，因为这会直接导致欧洲战争。塞尔维亚人是巴尔干战争的最大赢家，但迫切需要从战斗损失中恢复，并吸纳已经征服的领土和人口。因此，人们期待贝尔格莱德一段时间内至少保持安静。然而，关于阿尔巴尼亚问题，又爆发了新的争论。

1913 年 9 月，维也纳严正抗议塞尔维亚军队入侵阿尔巴尼亚。塞尔维亚人接下来声明说，他们只是保卫边境不受阿尔巴尼亚人劫掠。奥地利发出最后通牒命令撤军，塞尔维亚人退回了国境线后。至少这是人们惯常听到的故事，但档案馆的文献资料显示了新的、更戏剧性的转折。1913 年 9 月末，哈特维希正在休假，而他的副手瓦西里·斯特兰德曼负责率领在贝尔格莱德的俄国使团。塞尔维亚总理尼古拉·帕西奇也离开了，外交部由他的首席对外政策顾问米罗斯拉夫·斯帕拉伊科维奇（Miroslav Spalajković）打理。斯特兰德曼极端厌恶斯帕拉伊科维奇，尤其是因为他批评萨佐诺夫没有骨气，并夸口说哈特维希给他看了所有与圣彼得堡的通信。在回忆录中，这个俄国外交官回忆说，他发现与斯帕拉伊科维奇谈话感觉非常不舒服，每次他离开塞尔维亚外交部，都很享受回到新鲜空气当中。[87]

即便如此，瓦西里·斯特兰德曼对 1913 年 9 月 26 与这位塞尔维亚外交官的会晤没有完全准备好。斯帕拉伊科维奇告诉他，贝尔格莱德意图通过支持曾在奥斯曼帝国军队服役的一名前阿尔巴尼亚将军发动政变，暗中破坏春季在伦敦达成的有关阿尔巴尼亚的领土安排。考虑到这番安排是几个月外交斡旋的结果，刚好成功阻止了欧洲战争，斯特兰德曼受到了适当的警醒，并且他着重提醒斯帕拉伊科维奇，俄国还没准备好开战。斯帕拉伊科维奇厚颜无耻地回嘴道，塞尔维亚人"不会满足于伦敦指定的边境，这是奥地利为阻挠塞尔维亚和平发展而设的"。斯特兰德曼补充称，"在他所深陷的情绪中"，斯帕拉伊科维奇"无法对我隐瞒上述计划的特定细节"。结果就是斯帕拉伊科维奇的计划徒劳无果。由于斯特兰德曼的通风报信，圣彼得堡得以告知塞尔维亚人即刻中止行动。帕西奇回到贝尔格莱德后，他向大国们保证，塞尔维亚不打算改变 1913 年《伦敦条约》中有关阿尔巴尼亚边境的安排。[88]

不过，斯特兰德曼的提醒还是有用的。这并不奇怪，塞尔

维亚激进民族主义者不会关心他们眼中的国家大义会将整个欧
洲拖入战争，更不用说将俄国作为"塞尔维亚保护者"这一身
份的存续置于险境。正如俄国外交大臣评论的那样，斯帕拉伊
科维奇至少会注意到正让自己的国家面临怎样的危险。他在与
俄国代办的谈话中每时每刻都在强调这点，塞尔维亚高级参谋
军官对俄国武官说，他们的国家绝对需要三到四年的和平时间。
他们坚持，塞尔维亚军队需要从巴尔干战争给武备和训练有素
的军官造成的巨大损失中恢复。最重要的是，考虑到塞尔维亚
领土和人口的巨大增长，军事组织要从根本上改变。需要设立
大量新的部队单位，还需要更多的训练有素的军官和士官，大
量新兵将给军事管理带来沉重负担，尤其是在接下来的两年。
塞尔维亚军需部将领说，在五年时间里，倘若战争爆发，塞尔
维亚和黑山需要有 50 万训练有素的军人被派上战场。他补充
说，关键问题是维也纳会不会给塞尔维亚这个时间。答案显然
是：如果斯帕拉伊科维奇自行其是，塞尔维亚就不太可能获得
缓冲之机。[89]

斯帕拉伊科维奇谈话的另一方面更让人警觉。在向斯特兰
德曼吐露秘密后，为防止泄露，斯帕拉伊科维奇请求他不要把
贝尔格莱德的计划告诉圣彼得堡。[90]斯特兰德曼当然无视了他的
请求，但事实是，在贝尔格莱德，窃窃私语中甚至都可能包含
关于俄国外交策略的惊人消息。塞尔维亚人已经惯于与哈特维
希这位俄国代表打交道，他与塞尔维亚人分享秘密，但并不总
是告诉圣彼得堡在塞尔维亚所发生之事的实情。俄国充当塞尔
维亚的保护者，应对始终存在的奥地利入侵威胁的庇护人，无
疑是将自己置于危险境地。英国驻贝尔格莱德大使帕勒夫·佩
吉特（Palph Paget）爵士在 1914 年年初的报告中认为，在塞尔

维亚政治圈子里，俄国是至高无上的，"在我三年的任期中，塞
尔维亚从来没有忤逆过俄国大使"。他认同奥地利的看法，即
"塞尔维亚，实际上是俄国的一个省"，而俄国因此要对它的行
为负责。实际上，佩吉特夸大了俄国的力量和塞尔维亚的奉承，
然而不少人同意他的看法，俄国的境地因此更加危险。[91]

　　为了降低目前处境下的内在风险，圣彼得堡必须知道在贝
尔格莱德发生了什么，才能够进行有力控制。事实上，它甚至
无法完全控制自己的代表。反过来，哈特维希寄所有希望于帕
西奇能控制塞尔维亚政局，并使塞尔维亚对外政策符合俄国利
益，在过程中考虑到俄国的需求，至少延缓战争风险。斯帕拉
伊科维奇是帕西奇在外交方面的亲密盟友。斯帕拉伊科维奇与
斯特兰德曼的谈话暗示着，哈特维希很可能夸大了帕西奇的温
和态度或对其他政治参与者的掌控程度。如果塞尔维亚总理连
他的朋友兼盟友斯帕拉伊科维奇都不能控制，他也就几乎不可
能限制塞尔维亚政治及军事世界里其他参与者的活动。这个世
界是敌对派系的蛇窝，有些还与极端民族主义者相关联，后者
致力于使用包括恐怖在内的一切手段，破坏奥地利在波斯尼亚
的统治。[92]

　　关键的极端民族主义组织是个秘密社团，官方名字是"团
结或死亡"（Unification or Death），被普遍认为是黑手党。它的
领导人是德拉古廷·迪米特里耶维奇（Dragutin Dimitrijević）上
校，塞尔维亚参谋部军官，也被称为"阿匹斯"（Apis），这个
名字是为了纪念古埃及的一位神明。"阿匹斯"和黑手党要为
弗朗茨·斐迪南大公遭到谋害，从而引发第一次世界大战负部
分责任，因此，塞尔维亚政府失去对他们的控制一事关系重大。
俄国人了解很多关于这一组织的事。在 1911～1912 年冬，俄国

驻贝尔格莱德武官维克托·阿尔塔莫诺夫（Viktor Artamonov）上校向圣彼得堡呈交了一份关于黑手党起源和行动的详细报告，还包括与这一组织有关的《皮埃蒙特报》（Piedmont）。就像报纸名字显示的那样，黑手党的目标就是效仿皮埃蒙特，并将所有塞尔维亚人团结在一个由贝尔格莱德统治的王国内。1912~1913 年战争后，巴尔干地区所有塞尔维亚人都被贝尔格莱德统治，余下的任务就是团结目前受哈布斯堡统治的塞尔维亚人，他们大部分生活在波黑，然而不仅仅在那里。阿尔塔莫诺夫认同黑手党的爱国主义理念，但不赞同组织本身。他同样相信，它的领袖常常受纯粹的私欲和个人野心驱使。他写道，黑手党背后的那些人应当成立一个政党，而不是作为一个部分在军队之内、威胁塞尔维亚军纪和政治稳定性的秘密组织。阿尔塔莫诺夫在 1912 年 1 月的报告中说，黑手党通过中间人想和他接触，"但我当即断然拒绝了与秘密组织成员会谈的邀请，不给他们把骚乱罪名加在俄国身上的机会"。[93]

281

然而，阿尔塔莫诺夫写道，打听黑手党的消息并不难，因为在贝尔格莱德，很多人都想与俄国代表交谈，以获取同情。阿尔塔莫诺夫对黑手党行动的叙述实在太冗长复杂，不能在这里具体复述。他自 1903 年的军事阴谋写起。那一年，亚历山大·奥布雷诺维奇（Alexander Obrenović）国王被杀，卡拉乔杰维奇家族（Karageorgevics）的彼得国王重回塞尔维亚国王宝座。打那之后，军中分成了"阴谋派"和"反阴谋派"，而且这种拉帮结伙也影响了文官政治生活。军队和政党派系开始纠葛在一起，但某种程度上很难追踪，因为党派会分裂、变化，原因可能是时间推移，也可能是对特殊问题、腐败丑闻、贝尔格莱德政治和军事世界里每天上演的为获得权力和地位的斗争的回应。例如在军中，"阴谋派"因升迁和贪腐问题出现分裂，年轻、聪慧又有野心的亚历山大皇储涉足军事、政治领域，这些使问题更加复杂化。有时，迪米特里耶维奇上校和黑手党是帕西奇改革党的盟友，而他们平日里是敌人。1912 年 1 月，阿尔塔莫诺夫将最近的情势解读为：文官政府不是无力反对黑手党和其他极端民族主义，而是实际上相信能利用"阿匹斯"的支持达到自己的目的。他们似乎达成了一个协议：黑手党不插手国内政治，而全神贯注于"爱国主义活动"。[94]

阿尔塔莫诺夫的长篇报告中，有两个重点值得注意。他写道，黑手党似乎与黑山和保加利亚有联系，但没有提及其在哈布斯堡领地的活动。他也描述了由塞尔维亚政府发起的对黑手党的官方调查如何出现了"奇怪的转折"，被同情这一组织的人接管了，其中包括战争大臣。他们"尽一切可能终止调查，没有把责任推给组织成员，反而惩罚了那些要为传播虚假谣言负责的人，以及那些提供了'黑手党'招募新成员（这是在军官团中进行的）证据的军官"。阿尔塔莫诺夫补充说，那位揭露了现役军官加入黑手党的报纸编辑被驱逐出了塞尔维亚。此时的官方立场是，塞尔维亚的敌人正试图通过散播虚假传言来抹黑塞尔维亚军队。[95]

阿尔塔莫诺夫、哈特维希和亚历山大·吉尔斯均在 1914 年上半年向圣彼得堡报告了黑手党的情况，但他们的关注点是黑手党对总理帕西奇和塞尔维亚政治秩序的威胁，而不是在奥匈帝国领土上的可能行动。1914 年 1 月，英国驻贝尔格莱德代办向伦敦报告，黑手党的影响力已经如此之大，以至于塞尔维亚政府感到除了与之保持联系外别无选择，虽然它尽力挣脱。他补充道，现任战争大臣是这一组织的"活跃成员"。俄国武官无疑在塞尔维亚精英分子中有相较于英国同行更好的消息来源。阿尔塔莫诺夫作为武官的部分任务就是接触塞尔维亚军事精英，而1914年他们的上司正是"阿匹斯"上校本人。这不可避免地招致了对阿尔塔莫诺夫与黑手党狼狈为奸的指责。在这一组织涉嫌谋杀弗朗茨·斐迪南大公后，这些指责开始变得严厉，而且具有重大政治意义。[96]

在贝尔格莱德，最了解阿尔塔莫诺夫的人可能非瓦西里·斯特兰德曼莫属，他们之间有着密切而互信的关系。在斯特兰德曼初次抵达贝尔格莱德时，阿尔塔莫诺夫就曾警告他，黑手党拥有多大的权力和势力。在回忆录中，斯特兰德曼写道，所有指责武官了解暗杀大公阴谋的都是纯粹的谎言。在俄国档案中没有任何俄国涉嫌在奥地利土地上搞阴谋活动的证据，但有人相信这些证据是存在的，布尔什维克后来用这些诋毁沙皇政权。流传下来的那几份阿尔塔莫诺夫写于1913～1914年的报告都强调，塞尔维亚迫切需要几年来休养生息；因此俄国武官罗斯军事公使能同意有勇无谋地挑衅维也纳就很令人费解，更不用说试图暗杀王位继承人这么风险滔天的事情了。我们都看到了，阿尔塔莫诺夫在早期报告中，对黑手党领袖的措辞很不客气。这一点可能也值得注意：在他关于1913～1914年与塞尔维亚军官会谈的报告中，"阿匹斯"的名字从未出现。当时阴谋正在进行，而阿尔塔莫诺夫身处西欧，享受他在贝尔格莱德筋疲力尽的三年任期后的第一个假期。直到战争前夕他才回来。实际上"阿匹斯"没有必要将阴谋告知阿尔塔莫诺夫，而且也有许多理由不这么做。圣彼得堡的军政领导人可能会对"阿匹斯"所冒的险无比愤怒。要是他们怀疑俄国军事情报资金被直接用到与俄国利益相悖的恐怖活动上，就会更加愤怒。[97]

283

阿尔塔莫诺夫有关黑手党的主要报告在 1912 年 1 月被呈递给了战争大臣弗拉基米尔·苏霍姆利诺夫，而后像对武官来说惯常的那样，也呈递给了尼古拉二世。虽然一般来说，战争大臣经驻外武官将大量报告转交给外交大臣，但这次是否这样并不清楚。圣彼得堡很难全面而均衡地观察这几年塞尔维亚的发展，换句话说，即像奥斯滕 - 萨肯在波斯尼亚危机期间呈现给政府的那种信息一样。哈特维希的个性和他对萨佐诺夫的不忠诚，使他与副手瓦西里·斯特兰德曼的关系变得紧张。与武官进行有效合作的可能性很小。在帕西奇政府和军队的激烈争执中，哈特维希支持一方，而阿尔塔莫诺夫支持另一方。管理附庸对大国来说总是一个非常艰巨的任务。俄国在 1913 ~ 1914 年对塞尔维亚的"管理"，简直是如何应对这一挑战的典型反面案例。

即便萨佐诺夫已经对塞尔维亚当前事态有了全面了解，事情也不太可能有什么根本性改变。1914 年年初，国内局势的紧张程度和对战争的异常恐惧，使圣彼得堡不敢远离在巴尔干地区的唯一可靠盟友。1913 年 12 月，萨佐诺夫写信给哈特维希，敦促他以俄国的名义告诉帕西奇，不要让他的辞职威胁变成事实，因为他是贝尔格莱德唯一一个能让那些急脾气守规矩的人。倘若萨佐诺夫对黑手党有更全面的了解，毫无疑问，他会更加坚持。虽然帕西奇的长远目标与那些泛塞尔维亚煽动者并无二致，但他更平衡，而且更谨慎地考量现实需要。圣彼得堡相信他是压制塞尔维亚激进民族主义者最合适的人，这是正确的；但在 1914 年 6 月最终证实，他还没那么出色。这并不表示贝尔格莱德的政治在 1914 年与巴尔干其他地区，甚至君士坦丁堡差异巨大。在各地，黑暗组织都存在于政府的阴影之下，很多时候军队和政府里都有恐怖分子。这些个人经常在武装团伙——在马其顿地区针对对立种族发动恐怖战争和种族清洗——中开始"事业"。在这些组织中，最声名狼藉的要数土耳其的"特别组织"（Teskilat-i Mahsusa），他们在第一次世界大战期间的亚美尼亚大屠杀中扮演关键角色。"特别组织"的成员被称为科米塔（Komitaci），巴尔干斯拉夫国家也用这个词来形容它们在马其顿的非正规组织成员，这并不是巧合。以"特别组织"的行动标准，黑手党在暗杀弗朗茨·斐迪南大公中扮演的角色简直不值一提。但俄国为塞尔维亚政治承担了一些责任，而且当它的塞尔维亚附庸失去对自己代理人的控制时，俄国冒的风险会更大，承担的责任也更大。[98]

奥俄关系在 1913 年 10 月至 1914 年 6 月十分平稳。俄国最大的危机是在 1913 年与 1914 年之交的冬季到来的，对手是德国。起因是一支新的德国军事使团，由奥托·利曼·冯·桑德斯（Otto Liman von Sanders）将军带队抵达土耳其。这一使团与先前使团的不同点在于，一是有众多军官参与其中，二是德意志将军首次被授予指挥一支土耳其大部队之权，因此，奥斯曼军团才驻扎于首都内外。土耳其和德国探讨过，如果想要根除土耳其军队在巴尔干战争中暴露出来的明显错误，必须扩大使团军官的权力。他们有一个共识：目前，俄国军事使团在黑山也做着类似的事情。[99]但俄国人正错愕于一名德国将军如今可以控制君士坦丁堡和海峡的消息，这在任何时候都会引起圣彼得堡深深的恐慌。彼时俄国人还相信土耳其政权会一朝倾覆，甚至可以轻易攫取奥斯曼帝国的遗产，那种错愕因此加倍了。

奥地利武官和英国武官都认为俄国是杞人忧天。他们相信，鉴于奥斯曼帝国的实际，德国人的权力不会有所增加。他们称，在奥斯曼帝国，一切都不依靠正式职阶或权力，而是看与核心政治领袖关系有多近，这在军中就意味着与恩维尔帕夏（Enver Pasha）的亲密程度。奥地利武官写道，实际上，土耳其军官们对利曼新地位的嫉妒与愤恨，会削弱他的真正权力并让他步履维艰。尼古拉二世在德国宫廷的代表，塔季谢夫将军在给沙皇的信中做了相同的建议，他补充说，利曼是个"特别不讨喜又野心勃勃的人"，而这对他的前途没有任何帮助。[100]

这是个很好的看法，而且部分被证明是对的。但奥地利驻君士坦丁堡大使约翰·冯·帕拉维奇尼（Johann von Pallavicini）侯爵撰写的报告中包含了同样明智的长期判断，叠加在一起，就是俄国人最可怕的噩梦。在他看来，关于土耳其帝国即将分崩离析，已经讨论得太多了。这片土地上核心的土耳其种族不会消失，而且会构成一个有影响力的国家的根基。这个国家的命运终究会落到军队手中，军队却正渐渐由德国控制。德国倒是乐意"给这个明显虚弱但尚能有作为的土耳其带来一种保护"。但是德国可能无法单独实现这一目标，于是奥地利不得不将注意力集中到帮助它们，和像英属埃及那样使土耳其变为受保护国。帕拉维奇尼在报告结尾处点出："这个被削弱但在军事上大得多的土耳其，将成为同盟国的南方成员，它将是巴尔干诸国的巨大威胁，所以我们不必再为塞尔维亚和罗马尼亚的扩张野心而担忧了。"[101]

在这里没必要再重复海峡对俄国的重要性。但现在有了三个新原因，让它们的命运在 1914 年深深牵动着俄国人的神经。首先，长期推行支持衰弱但独立、屈服于俄国压力的奥斯曼政权的政策，变得越来越希望渺茫。奥斯曼政权似乎不是崩溃（很多俄国观察家将其视为最可能的结局）就是重获新生，很可能是在德国庇护下。无论哪个结局都是俄国非常不愿接受的。萨佐诺夫在 1914 年的政策，归根结底是希望这一系列严重危险能够拖到那个时间点：俄国在黑海地区的军事力量恢复，足以维护自己的利益，同土耳其和其他大国相抗。但在这件事上，时间是否站在俄国一方并不清楚。倘若圣彼得堡继续推行最高纲领主义者的政策——试图占据海峡，而不是采取温和策略——在国际保证下使该地区中立，这便格外可能成真。

286

第二个以及更直接的原因是，在苏丹阿卜杜勒－哈米德二世（Sultan Abdul Hamid Ⅱ）手中衰落的土耳其海军从低迷中开始恢复。从 1910 年起，圣彼得堡就已经意识到土耳其人打算从国外订购无畏舰。最先的两艘是英国制造，在 1914 年夏天送抵君士坦丁堡。每一艘的火力都比过时的俄国黑海舰队的所有战舰加在一起还要强。俄国要直到 1916 年才重新拥有黑海上的海军优势，那时他们自己在黑海建造的三艘无畏舰可以服役了。但哪怕这一点也受到威胁：1914 年 1 月，海军参谋部报告说，土耳其仍计划购买至少一艘无畏舰。从国家破产角度的常规考量也未能阻止他们，驻君士坦丁堡海军武官的报告中提到，1913 年 12 月，所有土耳其军官的薪资都被充公，用来支付购舰费用："这一专制措施在其他国家是绝对不可能的，但在这里的民众中既未引起错愕，也未招致不满，人们以一种独特的东方冷漠态度面对此事。"此时，海峡管理体制的所有劣势都在俄国身上体现出来。它自己不可能让购自国外或驻扎在波罗的海的战舰穿过海峡。因此，俄国不得不在自己位于黑海的造船厂建造战舰，速度缓慢得多，成本也昂贵得多，每吨的成本高出 60%，而且造船时间几乎是英国的两倍。1914 年 1 月，土耳其打算订购另一艘无畏舰，它几乎完工了，是英国正在为一个南美国家建造的，面对这一令人警觉的消息，俄国人在他们的黑海造船项目上投入了更多。建立新的（第四支）俄国黑海无畏舰队的预算，将是外交部、大使馆以及领事部门一年总开支的几乎四倍。[102]

俄国对海峡问题如此敏感，终极原因是他们意识到在最近的土耳其战争中，关闭海峡给俄国经济造成了巨大损失，担心在未来的战争或危机中，海峡会再出现更大规模的关闭。英国驻圣彼得堡使团次长在第一次世界大战前夜很好解释了这一问题。休·奥贝恩写道，俄国经济近几年急速发展，也出现了大量财政盈余和贸易平衡。但有显著迹象表明，后二者中任何一个都不会持续太久。至于预算，近期巨大的军事开支是最大的问题，但是国家也需要下血本发展农业经济，提高俄国农村的教育、文化水平。几乎找不到可行的新税源，而且一些现存的税源，尤其是伏特加垄断权，正受到猛烈的政治抨击。因此未来需要增加国外借贷，这反过来要依赖"于她有利的长久而持续的贸易均势"。此时，进口业一片繁荣，这被奥贝恩描述成一个"健康的体征"，即俄国工业的飞速成长。无论健康与否，这些都会让贸易平衡承受更大压力。奥贝恩写道，"主要出口项当然是谷物，在 1911 年占了总数的近 50%"，在 1912～1913 年却远低于前三年的水准。这不是由于庄稼歉收，而是在意大利与巴尔干战争期间海峡关闭造成的。圣彼得堡会异常在意此事并不奇怪，为了防止当年局面重现。[103]

外交大臣谢尔盖·萨佐诺夫对利曼·冯·桑德斯使团的愤怒，因最近造访柏林时没人告知他这一事实而加深，他觉得受了愚弄。首相科科夫佐夫试图安抚他，称贝特曼·霍尔韦格可能不知道这一行动（它本质是军事的），或者至少他不明白其中的隐喻。总之，在 1913 年与 1914 年之交的冬季危机期间，科科夫佐夫与萨佐诺夫的分歧比在巴尔干战争期间更大，而外交大臣选择了一条更加艰难、风险更大的路。但让萨佐诺夫失望的是，他的选择余地有限。即便政治上可行，未来几年在博普鲁斯海峡的军事行动也会受到战舰以及运输船不足的限制，后者甚至更加严重，因为俄国在黑海上的所有贸易商品中，95% 都是外国商船运输的。同时，军队正沉浸于准备对德国开战，非常不愿意把兵力用在鸡毛蒜皮的小事上。

俄国的盟友也没有大用。法国和英国担心，萨佐诺夫通过占领小亚细亚领土向君士坦丁堡施压的想法会造成奥斯曼帝国的分裂和欧洲战争。不言自明的是，巴黎不可能通过经济制裁来促成萨佐诺夫的其他选择。最糟的是英国，它不愿意有大动作的原因，部分是自己的海军上将亚瑟·利普斯对土耳其海军的权力，与如今利曼在陆军中享有的大同小异。但无论如何，英国对君士坦丁堡的兴趣都小于对美索不达米亚和海湾地区，他们最近已与德国就后者达成满意的安排。一个可能的构想——英德合作，支持奥斯曼帝国——依稀出现在地平线上。最终，德国通过将利曼升职，使他不再负责指挥土耳其军队而平息了危机。虽然保住了荣誉，现实却少有改变，还伤害了圣彼得堡和柏林的感情。[104]

回看 1912~1913 年的俄德关系，人们不可能不因知道接下来会发生什么而受到影响，放大即将爆发冲突的迹象是非常危险的。但是，人们一读俄国方面的文件就不可能错过这些迹象。从某种意义上说，仅仅因为巴尔干战争就迫使德国将目光东移，并远离与英国的海军竞争，无论如何，从财政角度看他们都输了。巴尔干同盟的胜利，经常被德国人解读成斯拉夫民族和日耳曼精神之间的斗争。由于斯拉夫"兄弟"间矛盾激化导致的内讧很快就暴露出来，这简直是无稽之谈。然而，这种解读反映出同时代人倾向于用种族主义和民族主义刻板印象来诠释历史。俄国驻柏林使团注意到，1913 年 4 月贝特曼·霍尔韦格的预算演说，是"首次在议会中的政治演说中，政府代表明确地谈及斯拉夫民族对德国的敌意，并把它看作对欧洲和平的严重威胁"。这不能太责怪贝特曼·霍尔韦格，因为斯拉夫与日耳曼之间的斗争多年来已经是斯拉夫主义者和泛德意志主义者斗争的核心主题，一些奥地利小城中的政客也是如此。这一看法正传遍德国。这种感受——巴尔干战争增强了斯拉夫民族在欧洲的力量——加深了德国人的不安。就像预想的那样，当夸大地缘政治和种族幻想时，威廉二世会一马当先。奥地利外交大臣贝希托尔德伯爵记录了他在 1913 年 10 月与皇帝的谈话，其间威廉二世紧握军刀宣称："斯拉夫人天生就不是贵族，只是下人，必须让他们认清这一点。"在当时的国际关系中，远远超出外交力量的基本力量正在发挥作用。威廉补充道，而这让东方斯拉夫与西方欧洲之间的战争不可避免。[105]

奥斯滕－萨肯死后，俄国最擅长解读威廉二世思想倾向的要数伊利亚·塔季谢夫，他是尼古拉二世在德皇朝堂的私人军事代表。在利曼·冯·桑德斯事件后，他指出了威廉的紧张情绪和反俄国的糟糕幽默，但没有过于夸大，因为他之前已经见过这种情绪了。然而，德皇对和平的渴望总会成为俄、德两国衡量战争爆发可能性大小时的一个参考因素，所以他对俄国印象的任何变化都很关键。塔季谢夫向尼古拉二世报告过很多与德国军界、政界要员的会晤。他重申，哪怕是对于那些恐惧战争、对俄国友善的德国人来说，俄国泛斯拉夫主义倾向大大增长以及《新时代报》的报道和态度都给他们留下了非常糟糕的印象。1913 年，德国总参谋长赫尔穆特·冯·毛奇（Helmuth von Moltke）将军告诉塔季谢夫，没有一个德国人想与俄国开战，但在长远的未来，无休止的国际紧张局势对经济的重击是"完全难以忍受的"：与之相比，战争可能都更易接受。柏林也不能对奥地利的事态发展漠不关心，因为"我们需要奥地利存于当下，那是一个德意志国家"。俄国武官巴扎罗夫（Bazarov）上校，记录了由一位德国财政高官提出的类似观点，他冷淡地回应了"奥地利的垮台将使所有日耳曼民族团结于霍亨索伦家族之下"的说法："即便一个统一的、疆域从一片海域延伸到另一片海域的德国，也必须满足于在欧洲四国中二把手的位置，但我们也绝不会允许出现这种情况。"差不多是从柏林给尼古拉二世的最后一份报告中，塔季谢夫总结了近两年来德国态度的改变："对与斯拉夫民族之间进行种族斗争——报告里说这是难以避免的——的恐惧，已经超过了对与英国在全球进行经济竞争的担忧。"[106]

报纸是麻烦的一部分。这对本书的读者来说并不奇怪。在引言中，我已经提及，就国际紧张局势而言，民间团体总是起到负面作用。后续的章节将阐明，长期以来，新闻界如何成为俄国外交努力——抚平德国人对俄国的恐惧与敌意——的肉中刺。俄国在 1911～1914 年，尤其是巴尔干战争期间力量的恢复，导致大部分德国新闻界对俄国看法的改变，他们从沾沾自喜的自鸣得意变成了一定程度上的警惕与恐惧。1914 年 3 月，《科隆报》（Kölnische Zeitung）发动了一场俄德新闻界之间简短但骇人的斗争。军备竞赛日趋激烈，导致紧张局势恶化。1913 年，《德意志军事法案》破天荒地提出向资产阶级和上层社会

290

征税 0.5%。

俄国的 1914 年大计甚至更加庞大，因为它集中于军队和欧洲，尤其让德国紧张。1914 年年初，俄国宫廷大总管保罗·本肯多夫（Paul Benckendorff）伯爵写信给在伦敦的兄弟说："这里没人想要战争或冒险，但最近几个月，认为战争不可避免的说法越传越开，遍布各社会阶层。（战争大幕）将在我们最意想不到的时刻开启。我自己几乎已经相信了，因为除非有人打算使用这些武器，否则近期的武器措施确定是过分的，更因为现在争论的问题不用战争根本没有办法解决。法国大使德尔卡塞已经尽了最大努力发出警告，而且他可能是对的。"本肯多夫不是民族主义者或仇恨德国的人。当他的担忧在 1914 年 8 月成为现实时，他写道，忧虑了四十年的大灾难最终还是来了，他个人宁愿死也不愿目睹"欧洲文明的崩溃"。[107]

第六章 1914

1914 年在俄国内部愈演愈烈的政治危机中开始了。前半
年，罢工潮冲击了俄国多个城市，首当其冲的是圣彼得堡。通
常，这些罢工是政治性的，而且表现出许多俄国工人对政权和
现存社会、经济秩序的憎恶。政权试图将俄罗斯民族主义作为
工具来巩固其合法性，这同沙皇的许多非俄罗斯臣民日益强烈
的独立民族认同迎头相撞。很多俄国中上层人士对政府基础改
革的失败气愤不已，这些改革还是彼得·斯托雷平 1906 年初次
当政时承诺的。更糟糕的是，1905 年的"十月宣言"中承诺的
全面支持公民权利和自由也失败了。政权在农业改革、改善农
民生活、鼓励自人口过多的农业区向人口稀薄的俄属亚洲地区
移民方面做了不少工作，但即便是乐观主义者也意识到，消除
农民革命的威胁要花上一代人的时间。

普遍的不满并不意味着政权面临着革命的直接威胁。农
村——超过五分之四的俄国人生活在那里——风平浪静，而且
在几年的丰收后渐渐繁荣。即便在圣彼得堡，工人们的动乱也
仅局限在小范围。这同沙皇专制在 1904～1905 年曾面对的统一
反对战线——它由俄国社会大部分成员组成——并无相似之处。
1914 年的工人斗争遭到了雇主和政府团结而坚决的反对。军队
则是保证政府存续的最后手段，而 1914 年时，军队未显露任何
不忠迹象。但一种挫败感和不安情绪正笼罩在俄国政治生活上
空。这个国家面临深重而互相矛盾的问题，而在怎样解决这些

问题上，俄国社会分歧巨大。[1]

中央政府各机构之间陷入僵局，加剧了这种挫败感。行政机构和立法机构两院之间很难达成共识。特权阶级利用这一弱点来阻止必要的改革。更糟糕的是，政府本身缺乏团结和领导者。斯托雷平是个能领导大臣会议、魅力超凡的人物。但弗拉基米尔·科科夫佐夫就不这样了，多数同僚大臣不是他选定的，他也无从摆脱他们。他最主要的敌人是战争大臣弗拉基米尔·苏霍姆利诺夫和农业大臣亚历山大·克里沃舍因。他们都认为，科科夫佐夫控制开支的方式正在破坏对俄国的发展和安全来说至关重要的计划。克里沃舍因精心策划了让科科夫佐夫离职的行动，他称，国家对伏特加垄断权的过分依赖鼓励了大批酒鬼，抵消了他所有提升农民地位的努力。克里沃舍因的批评直击尼古拉二世和俄国社会的要害，相当重要的是他所说部分是正确的。酒鬼的确是俄国农村的大问题，但财政部的伏特加垄断权几乎不是最大的原因。[2]

1913 年，当沙皇将年轻、精力充沛而保守的尼古拉·马克拉科夫推上内政大臣的位置时，科科夫佐夫失去了对这一强势部门的掌控。马克拉科夫此时控制着各省的政府机构和帝国的警察机构，这使他可以通过行使紧急权力去限制国民权利和自由。他认为这一政策是为了保卫政权不受杜马和新闻界革命言论的威胁。尼古拉二世解决行政机构和立法机构之间矛盾的首要方案，是将杜马和国务会议变成单纯的顾问机构，将决定立法和预算的权力留给君主。就在第一次世界大战爆发前一个月，他召集高官到他在彼得霍夫（Peterhof）的夏宫商讨这一提议。大多数臣僚都很惊骇，认为这将激起俄国社会的愤慨；只有马克拉科夫支持他。同时，沙皇意图重申自身在政府中的作用，

尼古拉·马克拉科夫

这损害了国务会议主席的地位，进一步使俄国精英社会和政府高官流露出沮丧情绪，他们中少有人信任沙皇的判断。俄国至高无上的权力被这种人——人们普遍认为，他缺乏领导巨大复杂的国家机器所需的智慧和人格力量——掌控，这个事实给俄国政治生活蒙上了阴影。君王的想法和行动总是蒙着神秘的面纱，这除了助长谣言外毫无益处。被夸张放大的权力被赋予格里戈里·拉斯普京之类人物，他事实上在当时的政治中影响甚微。一位高级官员在 1914 年 1 月写给亚历山大·吉尔斯的信中说，俄国政治的关键议题是："我们国家悬而未决的问题是，事实上谁在执掌一切事务：政府，极右翼，还是名字在耳语中提及的某些未知灵媒。"[3]

伊万·戈列梅金

294　　　弗拉基米尔·科科夫佐夫在 1914 年 1 月被解职，成为克里沃舍因抨击伏特加垄断权的牺牲品。而弗拉基米尔·梅谢尔斯基公爵敦促沙皇重申自己的权力，且不允许国务会议主席将其搁置在一边。新任主席是伊万·戈列梅金（Ivan Goremykin），他曾在 1906 年短暂任职。宫廷大总管保罗·本肯多夫伯爵评价道，老迈又消极的戈列梅金上任是意料之中的，他不会展现出什么主动性，只会作为沙皇忠实的下属。在本肯多夫看来，这一削弱主席地位的方针会适时停止，"但这极度危险"，因为这会进一步侵蚀政府决策的凝聚力。戈列梅金并不期望自己能长时间在任，他把自己比作从樟脑球堆里取出的旧毛皮大衣，用不了多久就要回到它在衣橱里本来的位置。[4]

　　　至少在那时，最有权力的大臣非亚历山大·克里沃舍因莫属。倘若他想要成为主席，尼古拉二世很可能钦定他。但克里沃舍因把戈列梅金推上了候选人之位。确实，这位农业大臣在

1913 年与 1914 年之交的冬天有健康问题，但政治考量占的成分更多。如今沙皇想要恢复权力，在这种情况下担任主席，不但权威受损，甚至会被怀疑侵害君主特权。所以克里沃舍因更乐意在戈列梅金背后操控，同时把他自己的附庸彼得·巴克（Petr Bark）安插在财政部的关键位置。 295

这张照片拍摄于内战末期，同 1914 年比，克里沃舍因老了

这表明，克里沃舍因是个狡猾的操控者。他是个农民的孙子，凭借出色的管理能力、人格魅力和政治手段赢得了当权者的青睐，事业获得了成功。因为农业社会的改革关系到政权的存亡，所以克里沃舍因应对这一复杂问题的有效手段，无论如何都会得到沙皇的支持与感激。此外，我们已经提到，尼古拉

将自己视为农民的朋友与保护者，他将农民理想化了，看成俄国传统和正教情感的载体。因此，他对克里沃舍因改善俄国农业和农民生活的巨大兴趣是完全真诚的。农业大臣简单又符合常识的方式和他清晰、逻辑严谨的报告打动了沙皇。哪怕斯托雷平还在世时，尼古拉就习惯在一些超出克里沃舍因部门权限的问题上征询他的意见。这位大臣还得到了亚历山德拉皇后的青睐，皇后对农舍手工业兴趣浓厚，而且赞赏克里沃舍因在扩大这一颇有潜力的农村经济关键领域取得的成果。[5]

但与此同时，克里沃舍因正顺势与农村精英和地方自治组织结盟，与他们合作对他的农村改革战略的成功至关重要。这让他在杜马——主导者是在地方自治组织和农村社会里相当活跃的土地贵族——中赢得了许多朋友。同时，通过妻子和内兄弟，农业大臣与莫斯科商界、自由保守党知识分子中的领军人物保持着紧密联系。他是莫斯科附近阿布拉姆采夫庄园的常客，俄国艺术界和莫斯科商界的要人都会在此聚集。克里沃舍因一直以身为保守又温和的俄罗斯民族主义者而知名。现在，他正悄无声息地靠近俄国政治中心，寻求一种共识，用自由保守主义观念重新凝聚政权。这种策略因此将他推到自由帝国主义外交事务上，因为杜马和大多数俄国精英都强烈坚持此道，但无论如何，左右他的还是自己的个人倾向。他对德国的挫败感日益增加，这可能部分是因为他作为农民政策游说人的领导和发言人的身份，俄国所有经济部门中，他们对1904年俄德贸易协定和德国贸易政策最为不满。考虑到沙皇的看法和最近的情绪，克里沃舍因接近政治中心的企图不得不小心伪装。因此，尤为重要的是，通过支持坚定的保守人士戈列梅金当选国务会议主席以赢得右翼支持，而后安静地在他的背后行事。[6]

在 1913 年冬利曼·冯·桑德斯危机期间，谢尔盖·萨佐诺夫和弗拉基米尔·科科夫佐夫第一次有了重大分歧，萨佐诺夫更加强烈地主张对抗德国。因此，看到科科夫佐夫的地位——在大臣会议拥有绝对影响力——被克里沃舍因取代，外交大臣不会不高兴。然而最重要的是，科科夫佐夫的解职意味着萨佐诺夫已成为当时制定俄国外交政策的关键人物。除了尼古拉二世——他在 1914 年的观点就是萨佐诺夫观点的镜像，唯一能在外交政策上与萨佐诺夫平等交谈的只有亚历山大·伊兹沃利斯基和亚历山大·本肯多夫，他们分别是俄国驻巴黎和伦敦大使。后者在 1914 年 1 月礼貌而坚决地写信给外交大臣，指责圣彼得堡阻碍对利曼·冯·桑德斯的任命。在本肯多夫看来，萨佐诺夫的路线太有侵略性，既冒着与德国开战的风险，也有让俄国被英国孤立的危险。但在整体战略上，萨佐诺夫、本肯多夫和伊兹沃利斯基是相同的：保卫俄国利益和欧洲和平的唯一出路，就是使三国协约的团结最大化，以阻止德国的侵略。本肯多夫尤其注意到，这个战略容易引起德国的被包围妄想，并因此鼓励他们进行已经被搁置的侵略打算。但他相信，这是最不坏的可行战略，也是最可能保护欧洲和平的方式。主要问题是，在清晰的威慑政策背后，怎样实现巩固三国协约的目标。[7]

法国不是问题。在雷蒙·普恩加莱的带领下，法国 1913～1914 年整体上采取一条比俄国还强势的抗德路线，甚至冒着战争风险。考虑到所争辩的特定问题起源于东欧，对圣彼得堡比对巴黎更加涉及切身利益，这就更加值得注意了。作为他强化法俄同盟战略的一部分，普恩加莱在 1913 年 2 月指派泰奥菲勒·德尔卡塞担任驻俄大使。对德尔卡塞的任命是个特例，因为他不是外交官，而是一名法国高层政治家。他是对德国持强硬态度的有力倡导者。虽然他只在圣彼得堡一年，但还是有很大影响。1913 年 12 月，莫里斯·席林——萨佐诺夫外交部的领头人——在日记里记录了他与德尔卡塞的谈话。法国大使为自己辩护，因为有些俄国人指责他正试图将俄国拖入战争。席林写道：

298

> 德尔卡塞相信，三国同盟的益处在于三个强国在任何可能威胁它们利益的情况下会立即采取极端行动，而且会一同行动，即便不是所有国家都认同这种不妥协行为的正当性。不幸的是，在我们的政治团体内永远不会发生这种事，而且大使在这一事实中看到了严重的危险：我们对和平过多——更重要的是，过于公开——的渴望是在鼓励我们的对手。换句话说，因此，我们三国协约成员正逐步开展一场既违背我们的意愿，甚至也不是敌对阵营所盼望的战争。[8]

萨佐诺夫威慑战略的最大障碍就是伦敦。他一贯认为英国是阻止德国侵略的关键，或者说是如果需要时，在战争中打败德国的关键。他在回忆录中写道："我长久以来坚信，如果德国没有在开始的两三个月获得可以决定战争结果的胜利，那么就

299

没有胜算了。"这是因为，英国海军会使德国经济瘫痪。在 1913 年和 1914 年之交的冬天，萨佐诺夫更为明确和乐观。他提出，"对德国来说，俄国在法国背后行动并不特别危险。即便是在变幻莫测的战场上获胜，这两个强国也难以给德国致命一击。但是

一场有英国介入的战争会被证明对德国是致命的，他们清楚地知道，这场危机在六周之内就会变成国内社会的全面大灾难。"[9]

1899 年海牙会议上的俄国代表团。面向镜头的后排右起第三人和第二人分别是莫里斯·席林和尼古拉·巴西利（他戴着不正式的帽子）。巴西利的父亲坐在他正前方，即前排右起第二人

我们在第一章讨论过，虽然萨佐诺夫可能知道保罗·罗尔巴赫的预测，但关于同英国交战对德国经济的灾难性影响，伊万·布洛赫的预测同样可怕，可能对他影响最为深远。第三章中曾提到，布洛赫的著作对俄国思想界有着巨大影响。这可能同萨佐诺夫外交部领头人席林男爵和他的副手尼古拉·德·巴西利（Nicholas de Basily）有关，两人均与外交大臣关系密切，实际上曾是第一次海牙和会上俄国使团的成员。出于职责，巴西利仔细读过布洛赫的文章，写过两篇对布洛赫观点的评论，保存在俄国档案馆的席林私人文件里。出于后见之明，萨佐诺夫对德国经济在六周内崩溃的预测，乐观又无知到了荒唐的地步。外交大臣的批评者相信，他常会暴露这些缺点。为萨佐诺夫辩护时有必要谨记，英国政府的确有完善的计划，打算在六周内通过让国际商贸、财政和保险市场瘫痪来摧毁德国经济。但英国在战争爆发后不久就放弃了这个计划，部分是因为他们担心对自身经济的影响，更重要的是，担心对美国的影响。[10]

让萨佐诺夫倍感挫败的是，本肯多夫清楚地表示，根本没有机会说服伦敦，使三国协约转变为公然威慑任何德国入侵的防卫同盟。询问不列颠在未来战争中的行动时，爱德华·格雷爵士唯一的回应是，一切都会视具体情况和英国公众舆论而定。这反映出英国政策会长期维持现状，当前自由党政府内部在外交政策上存在分歧。然而对俄国人来说，格雷的消息令其恐惧。使俄国的安全和欧洲和平仰仗英国的公众舆论，无疑比将命运置于德国皇帝手中——这是他最紧张的几个月之一——还要危险。任何公众舆论，尤其是国外的公众舆论，总是变幻莫测而又不负责任的。英国公众舆论对欧洲地缘政治现状所知不多，而且深受不列颠自身独特历史带来的幻想和错觉影响。英国公众对东欧一直不感兴趣，它们的事务与不列颠安全关系甚小。[11]

1914 年 5 月，爱德华·格雷爵士写信给英国驻巴黎大使，称公众舆论在关于战和的任何决定上都至关重要。这必然是受俄国没有"自由"政权这一事实影响，而且也因为英国民众不相信在未来战争中俄国会被德国打败。英国人不喜欢沙皇专制有其道理，虽然可能不总是与地缘政治问题相关。但是，任何明智的俄国大臣都明白，俄国的力量从内部看远没有表象上那么让人信服。不管怎样，英国决策者对俄国力量的态度是矛盾的。一些人相信俄国会变得非常强大，伦敦应与圣彼得堡保持紧密联系，以保障英国在亚洲的脆弱利益。但另一些观点认为，自1905年以后重新崛起的俄国让英国有机会恢复传统政策——维持大陆国家之间"自然"力量的平衡，重塑英国对和平的影响力。因此很难预料，俄国经济和武力的增长是否会使伦敦多多少少倾向于支持俄国利益。制定一致的政策去满足英国矛盾的舆论潮流，这是不可能的。[12]

英国在1914年的处境确实艰难。伦敦既不想鼓励法俄不让步，也不想使德国做出英国在欧洲战争中必然中立的判断。在这两个目标之间达成平衡是很难的，而且模棱两可的消息几乎无法避免。确保英国在亚洲的地位和在欧洲的安全之间的紧张局面，也部分反映出它的资源已经捉襟见肘：当英国拥有至高无上地位时，形成了世界性帝国，此时则不得不对抗崛起中的竞争对手。英国公众也从19世纪继承了这种假设——要维持他们的岛国在欧洲的安全，就要保持欧洲大陆均势，并对大陆事务做出非常有限的承诺。但在20世纪，欧洲地缘政治的改变让这种看法变得危险。

从英国1914年7月的动作来看，英国政策的核心是支持比利时独立和维持法国的大国地位，后者看上去对欧洲均势和英国安全至关重要。对整体国际关系，特别是对1914年之前的大国而言，以下这些至关重要：界定核心利益，确保竞争对手明白你的界定，而且愿意并能够在必要时用武力维护这些利益。具体来说，对英国而言，必须与法国建立防御同盟；征兵，组建至少有50万兵力的军队，专门用于第一时间介入欧洲大陆战争。这样的政策有可能把欧洲从1914年爆发的战争中拯救出来。但对战前的英国来说，这无异于痴人说梦。德国总参谋部

301

入侵比利时简直蠢得让人无法原谅，因此让英国介入战争变得更加容易。面对 1912 年与 1913 年之交的冬天德国外交部的恳求——谨慎考虑"施里芬计划"，以避免刺激英国介入，毛奇将军为他的战略做了看似可行的辩护。他称英国的兵力不足为患，而出于大陆均势的考虑，无论德国是否侵犯比利时的中立，英国都会介入战争并站在法国那边。如果明确利益与意图是外交政策的最大优势，那么英国在 1914 年的外交政策就是灾难。[13]

谢尔盖·萨佐诺夫最可怕的噩梦就是英德同盟的威胁，在他看来，这会让俄国的利益与欧洲和平岌岌可危。1914 年 1 月，有些迹象显示，这样的同盟已经成为可能。英国实际上赢得了海军竞赛。就像驻柏林的俄国海军专员预测的那样，巴尔干战争使德国将兵力东移，导致陆军支出超过海军。考虑到中央政府的狭窄税基，柏林无法在应对法俄陆上武力增长的同时挑战英国的海上霸权。1913 年，伦敦和柏林在巴格达铁路，按既成事实瓜分奥斯曼帝国的中东地区，以及各自得利上已经达成共识。德国此时正重建土耳其陆军，而英国正在为土耳其海军做同样的事，这种危险甚至隐约可见——英德在土耳其和海峡未来问题上达成大致共识。萨佐诺夫确信，英德在具体问题上的和解将整体减少两国间的竞争和猜忌，就像英法同盟的情况一样。萨佐诺夫说，"我担心将会形成一个以缓和关系为基础的同盟"。[14]

1914 年英俄同盟的核心——换句话说，在波斯问题上的共识——陷入麻烦，事态进一步恶化。从英国的角度看，这是因为俄国滥用英俄共识，接管了北部波斯政府。萨佐诺夫对此有不同看法。1914 年 6 月，他在一封信中提醒本肯多夫，与伦敦的友好关系"总是我的首要政治考量"。他有牺牲俄国在波斯局部利益的打算，因为与伦敦的联系至关重要。但英国对波斯立宪主义者的空想式支持，正在摧毁波斯地区所有的权威和秩序。这对俄国贸易，尤其是俄罗斯帝国边界地区安全来说是个巨大威胁，重要原因是俄国和波斯边境分隔了同种族、同信仰的民族。萨佐诺夫把英国仅对俄国的波斯政策归结为，他们嫉妒俄国在这个国家贸易和影响力的增长快于英国。在他看来——否则很难将英国的抗议当真——英国归根到底无法通过议会机构管理自己的非白人殖民地。而且，伦敦要求并且已经在他们享有垄断特权的印度帝国周边建立了一个巨大的保护带。这不仅包括阿富汗和俾路支，也包括科威特和整个波斯湾。在萨佐诺夫给本肯多夫的信的结尾，他评论道："当机会出现时，提醒他们（就是英国人）对陷入困境国家的作用。伦敦离德黑兰太远，莫斯科和大不里士（Tabriz）的距离却没那么远。"为了应对令人沮丧的挑战——捍卫俄国在波斯的利益，同时维持英俄同盟，1914 年 6 月，萨佐诺夫决定派格里戈里·特鲁别茨科伊前往德黑兰，任俄国大使。[15]

利曼·冯·桑德斯危机和随后德国新闻界对俄国的谴责提醒了俄国精英分子，未来与德国交战的危险已迫在眉睫。因此出现了众多试图避免这一危险的尝试，尤其是由已退休的大使罗曼·罗森进行的。但最引人注目的要数 1914 年 2 月彼得·杜尔诺沃呈交给尼古拉二世的备忘录。我们已经看到，杜尔诺沃作为强有力的内政大臣，在镇压 1905 年暴动时发挥了关键作用。最后，他领导俄国上院——也就是国务会议——中的所谓右翼群体。换句话说，他成了俄国统治精英中最保守"派别"的头领。虽然身在权力巅峰，杜尔诺沃却从未完全摆脱他任警察头子的十年间获得的坏名声。秘密警察的手都不干净，但与他 20 世纪的继任者相比，杜尔诺沃还嫩着呢。他的警察事业结局非常惊人，当时他因争风吃醋而派间谍到别国外交官家里偷情妇的信。故事传到了亚历山大三世耳朵里，他异常愤怒。沙皇把这个卑劣的警察头子一脚踢进议院——负责支撑俄罗斯帝国法律的机构，这足够果戈理写一出喜剧了。

杜尔诺沃的备忘录因他在 1913 年与 1914 年之交的冬天被尼古拉二世大张旗鼓地授予大臣会议主席一职而变得更有意思。根据二手文献，杜尔诺沃拒绝了这一任命："陛下，我作为政府和内务部首脑采取的措施效果不会立竿见影，几年后才能见效。而这几年将会是完全骚乱的时期：杜马解散，暗杀，处刑，可能还有武装暴动。您，我的陛下，不会容忍这几年，而且会把我解职；在这种情况下，我掌权无法有所助益，只会带来危害。"这些文字是由前农业大臣鲍里斯·瓦西里奇科夫（Boris Vasilchikov）公爵记录的，可能不准确，但是的确反映了杜尔诺沃对沙皇的看法。他曾说，沙皇是"那种如果你找他要他最后一件衬衫，他会把它脱下来给你的人"。杜尔诺沃对尼古拉二世的坚定和可靠程度缺乏信心是可以理解的，但也很容易同情君主的困境。若指派杜尔诺沃出任政府首脑，尼古拉二世可能会受到俄国有教养阶层几乎所有派别的指责。瓦西里奇科夫讲述这个故事是为了揭露沙皇的弱点，但他的自传和他的政治忠诚清楚地表明，他也会站在指责者的阵营里。[16]

杜尔诺沃的备忘录是重要的，某种程度上来说，也是杰出的。虽然简短，但它涵盖了国际政治和经济关系、未来欧洲战争的本质和俄国国内政治。杜尔诺沃思想的敏锐度、洞察力及预言的准确性，在同时期统治精英所写的文件中独一无二。杜

彼得·杜尔诺沃

尔诺沃离开海军之后只从事过内政工作。他没有涉足外交领域，因此他的备忘录对国际关系的分析最为薄弱，就不足为奇了。

备忘录中充斥着对英国的怀疑。在杜尔诺沃看来，这个国家有长期利用大陆上的盟国对付伦敦在欧洲的竞争对手的历史。历史重演的危机迫近，因为杜尔诺沃视英德竞争为当代国际关系的关键因素，而且该竞争定会很快引发武力冲突。这是在俄国内外广泛传播的观点，而且基于对国际经济的重商主义和达尔文主义的理解。与同辈俄国精英一样，杜尔诺沃将经济看作国力要素，而不是满足个人需要和实现抱负的手段。有了这个前提，就有理由将国际经济看作一场零和博弈（zero-sum），并预料到英德竞争将导致为掌控海上贸易路线和海外殖民地而打响的战争。实际上，在1914年，英德间发生战争比俄德在哈布斯堡领地、巴尔干和奥斯曼帝国命运问题上爆发冲突的可能性要小。杜尔诺沃的备忘录既没有反映这一现实，也没有提出一个可行的策略，去缓和俄国和德国在这片广大区域里的利益冲突。[17]

备忘录中有一点让人信服得多。杜尔诺沃称，即便俄国战胜德国和奥地利，照样什么都得不到。相反，这样的胜利会将俄国的保守政权置于它主张自由主义和民主的前盟友的支配之下。对德战争不仅将损害俄国的主要贸易伙伴，破坏欧洲保守主义的重要壁垒，它的巨大开支还将让俄国靠向英国和法国借贷过活。俄国可能要承受陆上战争的主要负担，却得不到盟友的任何感谢。相反，随着德国力量的消亡，俄国对它们来说也就没用了。

这一点会变得显而易见。例如，就算俄国的战果之一是控制了海峡，控制博斯普鲁斯海峡可能对御敌于黑海之外有效，但杜尔诺沃坚称，意图守住俄国在地中海甚至大洋上的经济和军事利益简直是痴人说梦。英国海军能轻易封锁所有这样的野心，无论谁掌控着海峡。更不明智的是，俄罗斯民族主义者梦想着吞并哈布斯堡治下的加利西亚。杜尔诺沃反驳称，现阶段乌克兰民族主义者在俄国境内的威胁是完全可控的，但将任何滋生"特别危险的小俄罗斯分裂主义者，并在有利条件下使其达到全然意想不到的比例"的潜在温床引入帝国都将是致命的。第一次世界大战期间，俄国一度占领加利西亚，俄罗斯民族主义者催促将它合并。1945年，斯大林的确吞并了加利西亚，把它并入了乌克兰苏维埃社会主义共和国，但因此大大强化了苏联内部乌克兰民族主义者的潜在威胁。杜尔诺沃的预测被证明是对的：没有加利西亚，俄罗斯、乌克兰和白俄罗斯很可能会以某种东斯拉夫联邦的形式在社会主义的毁灭中幸存。[18]

杜尔诺沃对未来欧洲战争本质的预测是有先见之明的。与大多数俄国军事、民政精英不同，他认为欧洲战争会旷日持久。他是极少数反对布洛赫观点——俄国的落后将会在长久冲突中有利——的人之一。相反，杜尔诺沃写道，在欧洲战争中，工业化水平高、财政发达的国家将占有优势。俄国军队将在缺少重炮和机枪（machine gun）等在现代战场上起决定性作用的武器的情况下进入这么一场战争。更重要的是，在对军事经济至关重要的关键高科技领域，俄国仍要倚靠外国进口和外国专家。总的来说，经济基础太过薄弱，俄国无法支持与世界上最可怕的军事-工业强国之间的长久战争。举个例子，最先进国家之间的战争将会催生许多新的军事发明，但俄国没有机会在开发新武器上与德国一较高下。俄国的铁路网和轨道车辆难以满足长久且要全力以赴的欧洲战争。战时经济无法避免的危机，会因敌人控制松德海峡和水道，使俄国与西方盟友隔绝的事实而变得更糟。[19]

但是，最危险的是俄国内部的革命。杜尔诺沃确信，在战败的德国或俄国，革命不可避免。如果德国遭受革命，那么俄国即便作为胜者，被传染的风险也相当大。俄国军事上的失利也不是革命的必然前兆，即便是战争期间。战争中的需求和伤亡往往会毁掉政权对抗革命的主要壁垒——和平时期的军队。杜尔诺沃写道，基本点在于，俄国在极端社会变革面前异常脆弱。任何政治让步都不会使革命群体的狂热降温。更重要的是，大部分民众——工人和农民——是无意识的社会主义者。这是

307

俄国历史和文化的产物。欧洲价值观——以私有财产为核心——迄今对他们来说什么也不是。农民和工人对与受教育等级团结无感。随着时间推移，社会经济现代化会改变这一现状，但至少一代人会陷入阶级斗争，除非专制警察国家干预。没有它的支持，俄国的上层和中层将不复存在。在任何真正的民主选举中，他们自身、他们的价值观和他们的财富都会被扫到一边。因此，代表富有、文明俄国的杜马派别，在他们要求沙皇专制政权给自由和民主政治秩序让路时，被指责是自杀行为。

在杜尔诺沃看来，单纯的政治变革或自由政治体制在俄国根本获胜无望：沙皇专制的终结，必将导致无政府状态和某些版本的极端社会主义革命。战时无法避免的紧张，尤其是与德国这样强大的敌人作战，为社会主义革命提供了理想的温床。虽然对俄国而言，最后被打败不是必然的，但在战场上和经济上遭到重大挫折也是确凿无疑的。上层和中层俄国人会本能地把这些挫折都归于政府，而不会接受它们是经济落后和地缘政治薄弱的结果。政治变革和将权力移交给杜马的呼声，在战斗受挫和困难时期必然戏剧性地高涨。然而，在战争的巨大压力下，警察国家的任何削弱都会让革命不再仅仅是主要威胁，而是一种必然。[20]

考虑到杜尔诺沃的地位和声望，谨小慎微的沙皇可能读了他的备忘录，但这对俄国政治没有任何影响。尼古拉二世仍相信他和他的德国表兄都厌恶战争，并会阻止任何可能的冲突。在战争前六个月，沙皇还支持萨佐诺夫基于三国协约的威慑政策。像往常一样，君士坦丁堡和海峡仍是尼古拉二世的优先考量。他将利曼·冯·桑德斯使团带来的德国政策解读为对俄国利益的严重威胁，并且担心德国进一步采取行动，来巩固他们

在君士坦丁堡的地位。与大多数政治精英一样，沙皇相信俄国 　308
的利益和敏感带在近来的外交危机中遭到了践踏，而且他盼着
有朝一日不再忍气吞声。[21]

　　1914 年上半年，他致力于处理奥斯曼帝国事务，尤其是海
峡问题，沙皇就是典型的俄国决策者，对他们所有人来说，土
耳其局势是动荡而又难以预料的。萨佐诺夫在 1 月写道，新一
轮亚美尼亚大屠杀的可能性天天存在，如果它们发生，俄国与
广大亚美尼亚人民不会坐视不理。驻君士坦丁堡代办强调，对
青年土耳其党政府的不满在土耳其精英阶层蔓延。因为这个新
政权太依赖小团体领导，只需两三次暗杀，更不用说一场新的
军事政变，就会让土耳其政治陷入混乱。[22]

　　但是，俄国人的注意力正放在土耳其马上就要收货的两艘
英国无畏舰上。雅典和君士坦丁堡正在爱琴海诸岛问题上进行
激烈的口水战。这种风险很大：战舰到达后，土耳其将用它们
解决争端。在雅典的俄国海军代办向圣彼得堡呈递了令人绝望
的报告：希腊新闻界不负责任，希腊公民社会中弥漫着幻想和
狂妄。在他看来，这很可能引发与土耳其的战争，而希腊必然
会输。对俄国人来说，这场战争的一个危险就是引发第三次、
更广泛的巴尔干冲突。另一个危险就是，这可能会导致海峡关
闭，并给俄国经济造成三年内第三场重大损失。圣彼得堡下定
决心，尽一切可能阻止海峡关闭。考虑到土耳其在黑海将要获
得的海军优势，俄国的选择余地甚至会比巴尔干战争期间和利
曼·冯·桑德斯危机时还要小。[23]

　　相对于奥斯曼事务上的急迫危机，俄奥关系在 1914 年上半
年相对平稳。但本质没有改变，圣彼得堡和维也纳仍是互相猜
忌的。1913 年 12 月，在新任俄国大使尼古拉·舍别科抵达维

也纳的同一天，乌克兰议会要求贝希托尔德伯爵确认，不与圣彼得堡达成任何限制奥地利境内乌克兰民族主义自由发展的协定。"大臣直截了当地否认了这类传言，提到了以下事实：这种关于内政的问题，不可能拿到国际上来讨论。"虽然舍别科发现，哪怕是想接触奥地利决策者关心的关键问题都很困难，更不用说坦诚讨论了，但俄国领事还是提供了与奥地利内政有关的大量信息。毕竟，俄国在哈布斯堡帝国有着几乎平行运作的代理点，以圣彼得堡电报机构办事处的形式，弗谢沃洛德·斯瓦特科夫斯基（Vsevolod Svatkovsky）和他的特工遍布奥地利和匈牙利多个城镇。战前几个月，对奥地利国内政治进行整体性书面分析的是斯瓦特科夫斯基，而非舍别科。这些明智的长篇调查报告，不仅被俄国驻维也纳大使馆成员和俄国外交部传阅，尼古拉二世也看过。[24]

斯瓦特科夫斯基在 1914 年上半年强调，奥地利政府在巴尔干战争过后的一段时间部分恢复了自信和使命感，在巴尔干战争期间，它似乎因巴尔干同盟的胜利而不堪重负、陷入瘫痪。这与弗朗茨·斐迪南大公日益重要的角色有很大关系。虽然帝国内部的裂隙和瓦解不可避免，但说哈布斯堡王朝消失还为时尚早。军队的忠诚还是主流，而且行伍中不同种族间的紧张关系，只有在屡战屡败、士气崩溃时才会成为大问题。一系列严肃且总是有效的方式被用来确保对立民族之间的关系融洽。例如，维也纳迫使波兰人和乌克兰人在加利西亚教育问题上达成协议。甚至匈牙利政府都对克罗地亚人做出了重大让步。斯瓦特科夫斯基认为，这些行动无法被看作帝国朝着斯拉夫人平权和全面联邦制方向根本性转变的步骤。它们更大程度上是稳定后方的举措，要是与俄国开战的话。斯瓦特科夫斯基密切关注政府和军队中的战前状态。他的结论是：除了军官团，最有影响力的奥地利人实际上对未来战争的前景都不看好，但他们已将其视作几乎不可避免。战争明天就爆发，还是过六年再爆发，毕竟这全取决于一个人的意志。[25]

关于俄国未来与奥地利之间的关系，最重要的洞见是1914年1月由萨佐诺夫呈递给尼古拉二世的一份报告。虽然外交大臣在报告上署了名，但它的真实作者是格里戈里·特鲁别茨科伊。这份报告是外交部对俄国内政的罕见涉足。这一特殊情况的起因是，俄国上院否决了一份有关在波兰各省的自治委员会和政府部门任用波兰人而非俄罗斯人的提案。尼古拉二世支持此提案，他的内政大臣尼古拉·马克拉科夫则不然。马克拉科夫认为，这番革新尝试好比削尖的楔子，将会引起一个又一个民族发出同样的请求，这违反了俄罗斯帝国政府通用一种语言的原则。虽然仅针对一个问题，但萨佐诺夫的报告实际上是力劝，有必要给予波兰人更广泛的自治权，以及在语言、学校和宗教政策上的让步。以神圣化了的亲斯拉夫方式，萨佐诺夫和特鲁别茨科伊指出，如果俄国希望扮演斯拉夫人"命中注定的"领袖和欧洲强国的角色，就不能忽视内政和外交政策之间的联系，也不能将内政建立在"狭隘而目光短浅的民族主义"原则基础上。[26]

萨佐诺夫对介入外交部职责之外事务的解释是：战争已经不可避免，奥地利正竭力争取波兰人的支持，而俄国不得不尽一切可能获得波兰人的忠诚。关于目标，报告最重要的部分指出，面对日益崛起的斯拉夫和罗马尼亚民族主义，维也纳不久就会被迫在两个政策中做出根本性选择："是以联邦制为基础进行激进国家结构变革，还是拼死抗争，建立日耳曼和匈牙利少数族裔凌驾于帝国其他民族之上的终极霸权……到一定时候，尤其是一旦德国有此倾向，强调只有战争才可解决复杂国内问题的好战主义将在奥匈帝国占上风。"[27]

报告说明了俄国决策者的观点：奥地利主要安全问题扎根于其国内政治。如萨佐诺夫当时所提，不应该再因奥地利内部的泛塞尔维亚感情将责任推给贝尔格莱德，柏林或罗马也可能要为奥地利日耳曼人和意大利人的类似行动负责。[28]萨佐诺夫的路线是部分正确的：例如，相较于贝尔格莱德，沙皇可能给予大部分南部斯拉夫人的要更多。君主制的稳固和长存要依靠内政革新的落实，它会让这一可能成为现实。同样，匈牙利政府的国内政策则是反哈布斯堡的罗马尼亚民族主义抬头的重要原因。哈布斯堡帝国向联邦制方向的变革，可能会适时减轻它的领导人在面对民族主义威胁时的不安全感。虽然这是对的，但绝不是全部的真相。从自身经验来说，俄国统治者应该意识到帝国体制的根本性革新是多么艰难。如果他们真的相信奥地利内部的联邦制能轻易拔去塞尔维亚或罗马尼亚民族主义者的利齿，那就太天真了。

特鲁别茨科伊和萨佐诺夫均正确指出，维也纳存在有权势且非常危险的主战派。这一群体在 1914 年不仅包括军队领导，还包括不少帝国民政领导人。值得注意的是，在 1914 年俄国没有与之相当的军事或民政领导人。但同样要注意的是，奥地利主战派正确认识到，关系到帝国存亡的威胁内外皆有。俄国正通过暗示会保护他们不受维也纳伤害，同时许诺有朝一日会使其获得哈布斯堡的领土，来拉拢贝尔格莱德和布加勒斯特。亚历山大·吉尔斯写道，这种做法加深了维也纳的不安全感，而且显然提高了奥俄两国之间爆发冲突的危险性。这是正确的，哪怕不考虑俄国驻贝尔格莱德代表那些煽动性的声明和萨佐诺夫自己1914年6月锋芒毕露的声明——当时他正随罗马尼亚首相约内尔·布拉蒂亚努（Ionel Brătianu）以私人名义造访奥匈帝国治下的特兰西瓦尼亚，获得这里也是每个罗马尼亚民族主义者的梦想。

回到1900年，俄国外交大臣和主要外交官都认同，哈布斯堡帝国的崩溃完全与俄国利益相悖，因为这会在中欧引发动乱和几乎必然的战争。在这方面，1914年也没有改变，而且人们希望萨佐诺夫和特鲁别茨科伊能做类似的声明。俄国精英阶层内部会意识到，两个帝国有许多同样的特质和问题，特别是在面对民族主义时都相当脆弱，俄国对奥地利的政策也将因此获益。即便是圣彼得堡看到他们与维也纳分担着利益与威胁，可能也远远不够。愤世嫉俗者可能会说，帝国都是老虎，而老虎即便面临种群灭绝也必然不会合作。可以确定，乌克兰民族主义未来的任何发展——这是俄国长久以来最大的威胁——都必然会导致俄奥两国之间紧张局势的恶化。

问题的基本点是，整体的现代化，特别是各民族的民族主义，让帝国变得更难掌控。可能同时代人过分夸大了民族主义的力量。毫无疑问，奥地利、俄国和英国的国内政体总是加大这一问题的难度。维也纳、圣彼得堡和伦敦的政治领导人对民族主义挑战的处理通常不熟练，也是不争的事实。但是，塞尔维亚、乌克兰、爱尔兰甚至其他地方的威胁在1914年已经非常真切，而且随着现代化的成形情况越来越糟。虽然最近在历史学家中提到这一点不合时宜，但我认为它仍是对的。1914年民族主义在某些情况下已经是帝国的主要威胁，并且它是对由帝国掌控的全球秩序稳定性的重大长期挑战。

在 1914 年上半年，俄国外交部面对过多紧迫危机，不得不思考长久以来的历史倾向。短期来看，外交部事实上对塞尔维亚和奥地利关系的关注相当松懈。首先，这是因为驻贝尔格莱德的大使和陆军武官的报告强调，塞尔维亚政治、军事领导人都充分明白他们的国家对和平的迫切需求，因此决心不做出任何激怒维也纳之事。至于黑手党，不仅从贝尔格莱德发来的俄国报告，就连此地发出的都强调，它是对尼古拉·帕西奇激进政府的威胁，且比任何在哈布斯堡领土上发生的恐怖活动的威胁都大。萨拉热窝暗杀弗朗茨·斐迪南大公事件犹如晴天霹雳。[29]

第七章　七月危机

尼古拉二世和外交大臣萨佐诺夫就萨拉热窝事件向维也纳发去的吊唁是真挚的。《新时代报》上甚至刊登了 A. A. 斯托雷平的文章，此人的兄弟正是三年前死于暗杀的斯托雷平首相。他谴责对大公的谋杀是野蛮的，而且令在奥地利的斯拉夫大业蒙羞。[1]俄国官方对暗杀和奥匈帝国随后要求的回应，必然受到自身历史和政府、军事情报机构错综复杂的关系，以及遍布整片区域的民族主义地下活动的影响。[2]最近几十年里，不少俄国权贵和官员——包括一位沙皇和一位大公——死于恐怖分子之手。一些暗杀者逃到了国外，生活在别国的俄国革命党领袖们受到当地法律的保护。1914 年，列宁和托洛茨基（Trotsky）都在奥地利。

最相关的要数波兰社会党（Polish Socialist Party，又称 PPS）的行动，他们的领袖约瑟夫·毕苏斯基（Józef Piłsudski）是两次世界大战之间波兰共和国的总统。在位于奥地利加利西亚的基地，PPS 策划了对俄属波兰官员的暗杀，并准备一旦奥俄开战，就在俄国战线后方进行破坏和暴动。PPS 在克拉科夫有"恐怖分子"训练学校。毕苏斯基和 PPS 与奥地利军事情报机构有着密切联系，他们给后者提供来自俄属波兰的有用军事信息，作为回报，他们获得大量武器援助。奥地利加利西亚当地警察及其长官米哈乌·斯坦尼斯拉夫·弗拉托（Michał Stanisław Flatau），均充分知晓 PPS 的行动，却对维也纳中央文官政府知情不报。加利西亚享受半自治状态，所有当地波兰官员都不过是形式上忠于哈布斯堡当局，不愿意去揭露或阻止毕苏斯基的工作。出于这一原因，俄国向奥地利外交部周期性抗议 PPS 的活动，但毫无成效。实际上，圣彼得堡要比维也纳文官政府更清楚加利西亚发生了什么。阿尔弗雷德·雷德尔（Alfred Redl）上校是俄国在奥地利总参谋部的主要间谍，他曾接触了大量涉及奥地利军方与 PPS 之间联系的文件。此外，毕苏斯基与奥地利总参谋部的关键接洽人是奥赫拉纳（Okhrana，沙俄时期负责国家安全的秘密警察组织）的特工。确实，外国政府特工们不曾给予反俄恐怖分子用以刺杀王位继承人的武器，就像在刺杀斐迪南大公事件中那样。但在 1914 年 7 月，圣彼得堡没有人知道这已经发生：亚历山大·吉尔斯是唯一一个提出这桩罪行似乎有塞尔维亚官员参与的俄国官员，但他不是基于任何消息，仅仅是因为——如他所写——塞尔维亚军官阵营中有许多什么都敢干的"自大的罗马禁卫军"。[3]

尼古拉·舍别科自 1913 年抵达维也纳出任大使，就抱怨过有些俄国领事馆处于混乱无序的状态：波斯尼亚领事馆是极端例子，领事半死不活，而他的助手住在黑山。大使派遣使馆二秘米哈伊尔·加加林（Mikhail Gagarin）公爵前往萨拉热窝，探究刺杀斐迪南大公事件的内幕，在 1914 年 7 月 16 日将报告上呈圣彼得堡。加加林的报告准确地指出刺客就是奥地利臣民，而且奥地利当局在大公安保上显示出彻头彻尾的无能。报告对这种说法——一桩可怕谋杀阴谋，根源在国外——很感兴趣。他写道，错误的是，掷向斐迪南大公的炸弹是手工制作的。但他也声称，波斯尼亚地区的整体政治局势是稳定的，该地在奥地利治下越发繁荣，而且众多塞尔维亚要人，更不用说克罗地亚

人和穆斯林，都忠于维也纳。真正有威胁性的不满，仅限于塞 　315
尔维亚新知识分子中。⁴

　　7 月 15 日，舍别科报告说，根据他收到的风声，调查没有
揭示任何可以为维也纳和贝尔格莱德之间冲突的正当性辩护的
内容，概括来说，"这很可能是奥地利伙同保加利亚，利用首次
出现的合适机会，想出其不意地一次性解决威胁王权的塞尔维
亚问题"。事实上，调查已经发现塞尔维亚军官与边境警察卷入
其中的明确证据。如果继续追查，早晚会揭露迪米特里耶维奇
（"阿匹斯"）上校的身份——塞尔维亚军事情报头子。但指责
俄国政府没有考虑到这一点是不公平的。暗杀事件之后几周，
奥地利放出"假消息"，意在消除国外政府的疑虑。当他们最
后放出调查结果，以卷宗形式发给各大国时，已经是向贝尔格
莱德下达 48 小时最后通牒后。即使在此时，维也纳也不愿意与
外国政府讨论证据或接受任何中立的司法审查。鉴于不久之前
奥地利公然用虚假证据诬告塞尔维亚，我们不应该责备圣彼得
堡用怀疑的眼光看待奥地利声称塞尔维亚同暗杀有关的表态。⁵

　　实际上，维也纳有一个很好的条件，却没能充分利用使自
身获益。奥地利在相信塞尔维亚高级军官卷入暗杀，以及纯粹
对塞尔维亚的调查不可能发现他们牵扯其中这一点上是正确的。
如果适当加以利用，通过对萨拉热窝事件的调查就能严重破坏
塞尔维亚的事业，并进一步扩大圣彼得堡与伦敦之间的裂隙。
但维也纳意在摧毁作为独立"权力要素"的塞尔维亚，而不是
进行公正调查。维亚纳主要决策人已经相信，只有通过战争才
能实现这一结果。

　　不可否认，暗杀斐迪南大公和他妻子一事在奥地利统治阶
层里引起了愤怒。就外交大臣利奥波德·贝希托尔德而言，他

一家与遭到谋杀的夫妇走得非常近，掺杂了个人感情。其他决策人认为这件事冒犯了皇帝的威严。但真正的关键是，维也纳要员长久以来都相信塞尔维亚民族主义是对王权的威胁，而只有战争方能解决。我们已经看到，这一认知因巴尔干战争而大大强化。1913 年 10 月，奥匈联合内阁会议（Austro-Hungarian Common Ministerial Council）同意，为了恢复奥地利在巴尔干的地位、消除南斯拉夫民族主义在帝国之内危害哈布斯堡当局的危险，作为独立国家的塞尔维亚必须被摧毁。像贝希托尔德在当时解释的那样，关键难点是获得德国对此政策的支持。奥地利首相卡尔·冯·施蒂尔克（Karl von Stürgkh）伯爵补充道，胜利的关键就是"我们明确地被塞尔维亚伤害，这样就可以引发一场惩处塞尔维亚人的战争"。没有这样的借口和柏林的支持，完全不可能发起对塞尔维亚的军事行动，这也解释了为什么 1914 年 6 月，奥地利外交部在介绍巴尔干地区未来短期政策方针的关键"战略文件"里，只提及了纯粹的外交手段，而没有说到军事行动。但斐迪南大公暗杀事件恰好提供了 1913 年 10 月联合内阁会议所期盼的时机。一旦暗杀发生，维也纳大多数关键决策者将决心与塞尔维亚开战。他们故意发出了让对方无法接受的最后通牒，塞尔维亚无法全盘接受正中他们下怀，然后奥地利将立即宣战，6 月 29 日炮轰贝尔格莱德，以确保别的大国没有时间介入，阻止冲突。[6]

但最关键的决策还是要柏林做出。1913 年 7 月，奥地利提议，但德国则否决了对塞尔维亚进行军事行动的提议。德国驻维也纳大使忠于这个政策，1914 年 6 月刺杀事件后，他起先主张约束奥地利，而这招致了德皇的严厉批评。因此，海因里希·冯·奇尔施基（Heinrich von Tschirschky）成了入侵的积极鼓吹者，敦促奥地利不要浪费任何时间采取行动。决定性的时刻是 7 月 5~6 日，贝希托尔德在外交部的首席助手阿列克·霍约斯（Alek Hoyos）伯爵造访柏林，并得到德国无条件支持奥地利对塞尔维亚采取任何行动的消息。至于威廉二世，他的朋友兼盟友遭到暗杀，很大程度改变了他在奥地利对塞尔维亚采取行动一事上的立场。但在上一个秋天，德皇还在咆哮，一场条顿人与斯拉夫人之间的战争不可避免。自那时起，利曼·冯·桑德斯这一插曲和俄国的大型新军备计划进一步刺激了他对俄国的敌对情绪。但和往常一样，一旦战争真的迫近，威廉二世就开始退缩了，但已经太迟了：他释放出了已不再受自己掌控的力量。[7]

　　无须解释德国军队领导人对奥地利行动的支持，他们的立场一直未变：根据总参谋长赫尔穆特·冯·毛奇的观点，即便在 1913 年就打响不可避免的欧洲战争，这也是符合德国利益的。改变态度的是文官领导层，其中关键的是宰相贝特曼·霍尔韦格，对他来说，这也是最为重要的难题。毫无疑问，这位大臣在种族斗争问题上，在利曼·德·桑德斯危机和俄国增加军备问题上，总是摇摆不定。1914 年 7 月，他同样被压倒性的悲观和对俄国军备增长的恐惧情绪弄得萎靡不振。看起来不仅仅是威廉，甚至贝特曼·霍尔韦格也相信，如果奥匈帝国就弗朗茨·斐迪南大公遇刺一事开战，俄国可能不会参战。德皇立场的摇摆和情绪的波动简直声名狼藉，但宰相是如何成功在这件事上说服他的，仍不得而知。可能这只反映了以下事实：不管是在 1908~1909 年的波斯尼亚危机，还是后来 1912~1913 年的巴尔干冲突中，俄国外交部总是大夸海口，而当真正受到开战威胁时又疲软下来。不管怎样，宰相希望俄国无所作为的

317

想法无异于痴人说梦。在 1913 年，贝特曼·霍尔韦格写道："稍微客观地分析一下就能得出结论，（考虑到与巴尔干诸国的传统关系）俄国几乎不可能在奥匈帝国对塞尔维亚采取军事行动时保持不作为，这样会给其威望带来致命损害。"从军事角度看，相较于前一年，俄国在 1914 年的备战明显更加充分，所以很难想象，它有什么理由会较前一年更为沉默。[8]

德国在 7 月 5～6 日同意奥匈帝国对塞尔维亚采取军事行动是将欧洲拖入战争的唯一决定性瞬间。维也纳得到保证：如果俄国介入，那么德国也会加入战争，支持奥地利摧毁塞尔维亚独立的计划。然而过了将近三周，奥匈帝国才采取行动。圣彼得堡收到的第一份暗示柏林可能不会限制维也纳的消息来自英国外交大臣爱德华·格雷爵士，通过一封亚历山大·本肯多夫 7 月 9 日的来信。同他在 1914 年的整体路线一致，外交大臣的看法是，任何可能消除柏林疑虑、避免激起它的恐惧和紧张的办法都应该试一遍。[9]

真正的警报在 7 月 16 日才在圣彼得堡出现，当时它收到了两份关于大量奥匈帝国军队正向贝尔格莱德挺进的警告。一份来自尼古拉·舍别科，当天他与已退休的奥地利大使海因里希·吕措（Heinrich Lützow）共进午餐。吕措上午都与贝希托尔德和霍约斯在一起，并向俄国大使强烈暗示他们的目的。吕措本人对奥匈帝国主战派十分警惕，在他看来，他们的狂妄自大与 1866 年对普鲁士发动战争前一样蠢。这位老练的奥地利外交官相信，虽然胜仗可以将帝国再延续两代，但失败就会导致哈布斯堡王朝的终结。[10]

当晚，在圣彼得堡的一场晚宴上，意大利大使告诉莫里斯·席林这位大臣办公厅主任（head of Chancellery），如果俄国想要阻止奥地利对塞尔维亚采取激进而决绝的行动，就需要表明强硬态度，并且即刻让维也纳知晓其"明确"立场。直到"七月危机"尾声，罗马对圣彼得堡的建议仍是德国人和奥地利人确信俄国人最后会让步，也因此必须利用这次机会让他们明白俄国会用行动说话。萨佐诺夫命令舍别科警告贝希托尔德，不得对塞尔维亚的尊严和独立采取任何攻击。俄国外交大臣补充道，他从与法国领导人（当时在圣彼得堡）的谈话中得知，法国"不会放任塞尔维亚被羞辱"。萨佐诺夫本人面对奥地利驻圣彼得堡大使时，用"毋庸置疑的口吻"警告他："俄国无论如何都不会允许塞尔维亚的独立遭到侵犯。"会谈结束后，萨佐诺夫说大使"温顺得就像一只羔羊"。[11]

　　奥地利向塞尔维亚下达的最后通牒和萨拉热窝事件的调查卷宗，直到 7 月 24 日上午才由奥地利大使弗里德里希·绍帕里（Friedrich Szapáry）伯爵呈递给萨佐诺夫。但到此时，俄国外交部已经截获并破译了维也纳下达给绍帕里的命令，当然包括最后通牒文本，所以萨佐诺夫知道要发生什么。外交大臣知道奥地利的措辞会很严厉，但即便有了心理准备，最后通牒的条款和语气还是让他与爱德华·格雷爵士一样吃了一惊。奥地利人用直截了当、带羞辱性质的条款表达了他们的要求，主要分成两类。首先针对萨拉热窝事件，特别强调需要在奥地利军官参与下，对塞尔维亚参与阴谋一事进行司法调查。塞尔维亚政府很难允许，而且倘若进行深入调查，其结果对贝尔格莱德来说会是灾难性的。但最后通牒的另一半内容糟糕得多，它要求塞尔维亚取缔所有宣传反奥地利的课本、报刊和私人社团。对"反奥地利宣传"的界定是，任何支持塞尔维亚民族所有分支大团结的言论。此外，奥地利军官将参与镇压最后通牒所指的

319

"破坏行动"。所有参与反奥宣传的军事、文职官员都会被免职,维也纳提供了一份名单,列出了有待商榷之人。[12]

因为大多数受过教育的塞尔维亚人都坚信,所有塞尔维亚人最终都会团结于贝尔格莱德的领导下,这某种程度上等同于需要奥地利庇护。可能人们也会将之与冷战期间芬兰的地位——其独立既受到严格中立的对外政策限制,又不得公开批评苏联——进行对比。两场苏芬战争以及苏维埃在东欧的冷酷统治迫使芬兰人接受了这一地位。芬兰的民族认同也与众多生活在苏维埃治下的芬兰人无关。[13]

7月24日早上,俄国外交大臣给沙皇打电话,就最后通牒的条款进行报告。俄国财政大臣彼得·巴克正按惯例向尼古拉二世——每年这个时候,他通常待在彼得霍夫的夏宫,这里距离圣彼得堡有三十分钟车程——做周报。巴克的回忆录描述了尼古拉二世对萨佐诺夫这通电话的回应。尼古拉二世说,外交大臣告诉他,最后通牒用词冷酷,"塞尔维亚人不会遵从",而且显然这是柏林和维也纳策划的,意在引发欧洲战争、利用同盟国眼下的军事优势。一场席卷欧洲的冲突似乎不可避免。沙皇不太相信他的外交大臣对事件的解释。他评论道,萨佐诺夫有夸张和冲动的倾向。尼古拉二世不相信他的柏林表兄会蓄意在巴尔干问题上引发对整个世界都堪称灾难的欧洲战争。威廉二世对和平的渴望看起来总是那么真挚,不仅仅是口头上说说,更会付诸行动。而且,近年来对德国的妥协都能得偿所愿,即便是在一些非常困难的情况下。尼古拉二世又补充说,1905~1906年柏林也没有利用俄国的不设防状况,那时只要他们入侵就一定会成功。巴克写道,他相信沙皇的直觉。对他来说,柏林几乎不可能在"它成功到如此地步"的时候,毁掉德国的所有经济成就和世界范围内的利益，而且此时它完全不需要用战争来支撑其经济目标的实现。[14]

彼得·巴克

但当彼得·巴克从沙皇夏宫返回圣彼得堡后，他与莫里斯·席林进行了交谈，后者告诉他萨佐诺夫认为"战争无法避免"。替外交大臣说句公道话，保罗·本肯多夫和阿纳托利·内克柳多夫读到奥地利最后通牒时也的确是这个反应。内克柳多夫值得特别注意，因为这位驻斯德哥尔摩外交官经验丰富，他既不信任萨佐诺夫，也不信任俄国军队，他相信战争可能会导致惨败和革命。不过，内克柳多夫写道，俄国绝不会在五年内第三次向奥地利和德国的最后通牒妥协，也不会放弃在巴尔干的影响力，这可是通过前几代人的那么多努力和血汗获得的。如果俄国现在再次向同盟国的威胁屈服，"我们的公众舆论既不

321

会理解，也不会原谅帝国政府"。面对奥地利的最后通牒，本书讨论过的所有支撑俄国对外政策的方面都在疾呼，俄国要持强硬立场：对安全、力量均势、保持附庸和盟友的忠诚的考量都是至关重要的，但民族认同和国内政策同样重要，更不用说决策者自己的荣誉感和害怕被贴上懦夫标签的心理。但是，就像本书引言中所承诺的那样，让我们抛开整体看法，以自下而上的视角，讲述一些人在这恐怖的几天中的所想和所做。[15]

7月24日上午晚些时候，萨佐诺夫和英法大使一起参加了法国驻彼得堡大使馆的早午餐会。乔治·布坎南（George Buchanan）爵士向伦敦报告了莫里斯·帕莱奥洛格（Maurice Paléologue）的言论，特别指出在这一问题上，即便英国坐视不理，法国和俄国也会选择战斗。在被要求就英国立场表态时，布坎南只能说："我们在塞尔维亚没有直接利益，而且英格兰公众舆论是不会批准战争的。"对圣彼得堡来说，当天的关键时刻是下午三点的大臣会议。彼得·巴克的回忆录再次成了主要参考材料。[16]

谢尔盖·萨佐诺夫最先发言。他强调，德国"有预谋地"增强其力量，以便不仅仅在近东甚至在"所有国际问题上"施加影响。1905年以来，军事力量的薄弱使俄国被迫"总是向德国的无理要求妥协"，而且"在和谈中言辞、态度与大国地位并不相符"。很不幸，妥协和懦弱仅仅刺激了德国的胃口。如果俄国再次妥协并放任塞尔维亚的独立性遭到破坏，那么它在巴尔干地区的威望就会"遭到毁灭性打击"。过去俄国在解放巴尔干人民问题上已牺牲太多，如果现在认输并"无法履行它的历史使命，将被看作一个衰落的国家，而且从此在诸大国中处于次要地位"。如今进一步的妥协绝不能确保和平和俄国的安定，只会纵容之后的挑衅，俄国已经遭到削弱和羞辱，"但，也会介入战争"。同盟国知道，如果塞尔维亚接受最后通牒，就意味着丧失国家独立，因此它们盼望塞尔维亚拒绝。它们"决定通过吞并塞尔维亚，给俄国在巴尔干地区的权威性以决定性打击"。在外交大臣看来，即使代价是战争，要保障俄国的安全，就要对抗这一企图，但他毫不掩饰这一点："由于不清楚英国在此事上的态度，与德国开战无疑冒着巨大风险……若英国决定中立，俄国和法国的处境就会非常艰难，即便武备充分而且准备就绪。"[17]

农业大臣亚历山大·克里沃舍因随后发言。巴克写道，他的发言"对我们的决策起了最关键的作用"。他从简述战争中国内可能出现的结果开始。俄国已经面对过1905年的灾难，当时革命运动"几乎招致国家毁灭"。军队对"皇权的忠诚"挽救了局面。自那时以来，已经取得了很大成功。代议机构让公众得以参与政府管理，国家财政也得到了很好的恢复。"但是，我们的重整军备规划还没有完成，而且在现代技术效率方面，我们的陆军和舰队是否能与德国和奥匈帝国匹敌还不好说。"事实上，俄国可能在工业和文化上从未与同盟国达到过同一水平。"另一方面，在过去的几年里整体条件得到了很大改善，而大众和议会无法理解，为什么在关系到俄国切身利益的这一关键时刻，帝国政府不情愿采取大胆行动。"克里沃舍因称，"在俄国，没人渴望战争"。俄日战争的灾难性结果显示出俄国涉足战争要面临巨大危险。但他强烈认可外交大臣的警告——"让步无法保证和平"。虽然战争对俄国来说是"巨大危险"，但克里沃舍因相信，推行一条较之前几年更为强硬的路线是最有可能避免战争的方法。[18]

323 　　彼得·巴克回忆道："克里沃舍因的讲话让大臣会议印象深刻。他深深触动了我们，更不用说大臣会议最有影响力的成员。"在战争与和平问题上，战争大臣、海军大臣和财政大臣也被询问了看法。战争大臣弗拉基米尔·苏霍姆利诺夫和海军大臣伊万·格里戈罗维奇（Ivan Grigorovich）称，他们无法断言俄国的军事力量比德国和奥地利强，也无法否认重整军备计划根本没有完成。然而，自与日本的战争之后"巨大的改善"已经发生，并且军队状况使我们不需要放弃对德国和奥地利的强势立场。彼得·巴克补充道，财政大臣总是想要和平的，战争必然会给"国家财政和经济稳定性"带来打击。不过，"由于俄国的荣誉、尊严和主权危在旦夕，财政大臣应该站在大臣会议大多数人那边"。大臣会议主席伊万·戈列梅金对争论进行了总结，并宣布俄国将支持塞尔维亚，但应敦促贝尔格莱德"做出渴望调停并满足奥地利需求的姿态，以使他们不会危害塞尔维亚国家的独立"。坚定的立场看上去是最可能维持和平的，但如果有必要，俄国必须接受战争的后果。[19]

　　与大臣们在 7 月 24 日的会议中说了什么几乎一样有趣的是，他们选择对同僚隐瞒什么。会议当晚，战争大臣把大臣办公厅副主任尼古拉·德·巴西利叫到一旁，让他把俄国当前所处的真实军事地位告知萨佐诺夫："即便有法国的支持，到1917 年或者 1918 年我们就会发现，相对于德奥联合兵力，我们处于无法否认的劣势。因此，我们应该做的是尽一切可能避免战争。"后来苏霍姆利诺夫将军在回忆录中表示，情况已经较1909 年大为不同，因为俄国军队在不得不战斗时是可以作战的。苏霍姆利诺夫擅长在军事夸口的掩蔽下逃避决策的责任。在回忆录中，他写道："我是个士兵并且必须服从命令，一旦军队被号召起来为国而战，就不应该卷入争吵。"若以军事上的羸弱作为避免战争的借口，"人们就有权指责我为胆小鬼"。海军大臣格里戈罗维奇上将私下说："我们的海军在任何情况下都达不到德国海军的标准……喀琅施塔得（Kronstadt，封锁从海上进入圣彼得堡路线的海军要塞）也无法阻止首都遭到炮轰。"[20]

至于文职臣僚，会议结束后，彼得·巴克向他的"保护人"克里沃舍因表达了自己的担忧："所有源自军备优越性的有利条件都在德国一方，而我们无疑是在冒巨大风险。"可能最让人印象深刻的是内政大臣尼古拉·马克拉科夫的沉默，他负责保卫政权不被革命破坏。7月24日的会议上他没有被要求发言，而且如果他试图把自己对国内动乱的恐惧放入讨论，毫无疑问会被孤立。沙皇和所有重臣都持强硬态度，公开唱反调是毫无用处的。尽管如此，马克拉科夫和克里沃舍因之间的紧张关系，在会议一周后、协议几近达成时尤为严重。7月29日，当谢尔盖·杜布罗尔斯基（Serge Dobrorolsky）将军前往马克拉科夫处，让其在动员令上签名时，他发现大臣坐在自己的办公室里，那里满是圣像，看上去就像一个礼拜堂而非政府机构。马克拉科夫对杜布罗尔斯基谈起革命分子有多么期待战争，他补充道："在俄国，战争不可能为大众所欢迎，而革命理念对大众来说比战胜德国更受欢迎。但人无法逃避命运。"尼古拉·马克拉科夫自己的命运是作为沙皇政权高官被布尔什维克党人枪决，他勇敢地面对了死亡。他的兄弟兼政治宿敌、自由主义政客瓦西里最后把尼古拉的孩子领回了自己家。[21]

大臣会议后，萨佐诺夫会见了塞尔维亚公使米罗斯拉夫·斯帕拉伊科维奇。俄国敦促塞尔维亚政府尽可能温和但不要放弃独立自主，是塞尔维亚政府和首相帕西奇的一个极大安

324

慰。就在整两周前，7 月 10 日，俄国驻贝尔格莱德公使尼古拉·哈特维希突然因心脏病发猝死，当时他正造访奥地利公使馆，强调对萨拉热窝事件的憎恶。结果，俄国在危机期间在贝尔格莱德的代表是年轻的代办瓦西里·斯特兰德曼，"小青年"发现自己正处于迫在眉睫的世界大战旋涡中：奥地利发出最后通牒的 48 小时内，他不得不与塞尔维亚摄政者和政府进行重要对话，同时让家人和机密文件在战争开始、奥地利人进城前离开贝尔格莱德。雪上加霜的是，公使馆没有译码员，于是斯特兰德曼不得不自己动手把重要的、冗长的、复杂的文件译成密码，用电报拍回圣彼得堡。他回忆说，自己在 7 月 23 日和 24日夜里总共只睡了一个小时。斯特兰德曼还写道，电报经维也纳到圣彼得堡，大部分内容被拖延并故意篡改。

当奥地利的最后通牒于 7 月 23 日下午送到塞尔维亚时，首相帕西奇不在贝尔格莱德。在首都的高级臣僚（senior minister）拉扎尔·帕库（Lazar Pacu）读过最后通牒后立即召见了斯特兰德曼。他说的第一句话就是："没有哪个塞尔维亚政府会接受这些条款。"斯特兰德曼回忆道，当他读最后通牒时，简直不敢相信自己的眼睛，并且当即确定战争无法避免。当天夜里晚些时候，代替父亲摄政的亚历山大王储拜访了斯特兰德曼。年轻的王储十分焦虑俄国将如何回应奥地利的最后通牒，但他称无论如何塞尔维亚都会捍卫自己的独立。第二天早上八点，首相帕西奇回到贝尔格莱德后不久便造访了俄国公使馆。他的看法是塞尔维亚既不能接受也不能拒绝最后通牒，但最重要的是想办法争取时间让大国介入。[22]

无论圣彼得堡怎样建议，塞尔维亚人看上去都不可能简单地全部接受最后通牒。这种情况下，维也纳几乎可以肯定，无论何种情况，他们都会拒绝塞尔维亚的回应并将局面引向战争。如果还想着塞尔维亚人会接受最后通牒，危机就此解决，简直是幼稚。相反，实际贯彻奥地利的要求是极其困难的，并有极大可能引起冲突。至于奥地利和塞尔维亚之间关于如何执行最后通牒条款的争论将怎样影响大国关系，人们可以脑补出无数不同的剧情。例如，意大利对塞尔维亚的建议是，先全盘接受最后通牒以争取时间。维也纳的胜利将是短暂的，因为以意大利为首的大国断然不会接受破坏塞尔维亚独立和巴尔干半岛现状的行为。这恰恰是奥地利要避免的局面，它已经决定通过战争尽快摧毁塞尔维亚，然后给欧洲一个既成事实。[23]

7月25日上午十一点，尼古拉二世召开了大臣会议，以确定和补充前一天会议上的决议。文职臣僚只有萨佐诺夫、戈列梅金、克里沃舍因、巴克被邀请，这一定程度上说明了谁的意见在这个关键时刻有价值。会议在红村（Krasnoe Selo）举行，此地在首都以南，乘火车很快就可到达，因为这里是俄国近卫军和圣彼得堡军区其他部队夏季演习和阅兵的地点。每年这个时候，沙皇都住在他在彼得霍夫的夏宫，但每天都移步红村视察军队。

7月25日的会议批准了前一天大臣会议的决议：俄国将捍卫塞尔维亚的独立；诸大国应该要求奥地利给它们时间审阅随最后通牒一同呈递的证据卷宗；如果塞尔维亚认为抵抗无望，那么就应把它的命运交给诸大国；如果最终情况需要，那么动员四个军区（基辅、敖德萨、莫斯科、喀山）应对奥地利的命令也会下达；同时，战争大臣要确保军队的供给、计划和装备已经为动员准备得当。考虑到最后一点，沙皇下令正式进入备战的日期是7月26日。在"七月危机"的最后几幕中，这样的

326

军事准备无疑是破坏外交和解的关键因素，而且加快了欧洲进入战争的脚步。自 7 月 26 日进入备战状态起，俄国便开始了第一个下坡。[24]

在我们观察俄国的军事准备之前，有必要注意军方领导人在"七月危机"中扮演的整体性角色。大部分研究此危机的历史学家将注意力放在外交上，并以战争爆发作为终了。军队通常被认为是和平的障碍。军事上速战速决的计划和希望也都破灭了，这进一步使历史学家忽略了他们。但是，想要了解战争的爆发，就需要知道军方领导人在 1914 年的"七月危机"中为什么会有这样的想法和举动。

一种方式就是，揭示随后的军事行动是如何证明他们在战争爆发前几天的许多担忧是合理的。俄军领导人进退两难：他们的动员与敌人相比缓慢不少，然而他们必须尽快介入，以阻止德国摧毁法国并赢得战争。1911 年，当时的总参谋长雅科夫·日林斯基曾愚蠢地保证，俄国可以在 15 天的调动完成后进攻德国，加剧了紧张气氛。1914 年 8 月，在坦嫩贝格（Tannenberg）降临到亚历山大·萨姆索诺夫（Aleksandr Samsonov）将军指挥的第二集团军（SECOND ARMY）身上的灾难，很大程度是由于将军推进时甩下了五分之一的步兵，而且缺少骑兵侦察力量和后勤保障。有关西方主流历史学家对此战役的评论，可以举个例子：萨姆索诺夫第八军的毁灭，部分是由于骑兵的缺乏使他们"半盲"地作战。[25]

在这场哈布斯堡军队对抗塞尔维亚的战役中，从奥地利和俄国视角进行的叙述同 1914 年 7 月所发生之事关系甚至更加密切。针对奥地利在 1908 ~ 1909 年波斯尼亚危机期间针对塞尔维亚部署的六个军，苏霍姆利诺夫对法国武官说过："塞尔维亚是张王牌，保留到最后很重要。"塞尔维亚在巴尔干战争中取得的显著战绩和随后人口、领土的增长，使这张"王牌"越发珍贵。这一点儿也不奇怪。1912年11月俄国总参谋部的一次重要会议强调，绝不允许奥地利击溃塞尔维亚并进而全面对抗俄国。为达到这一目的，会议决定：首先，俄国必须即刻宣布动员，这样能多多少少与敌人的进度同步；其次，宣战必须考虑俄国武装力量的行动能否在奥地利与塞尔维亚的斗争没有结束时全面铺开。在1914年7月，军事上的优先考量对俄国政策有着巨大影响：相较于冒着失去塞尔维亚和法国盟友的危险，俄国宁愿用它目前的军备仓促前行。因此，战争爆发的可能性更大了。[26]

　　7月24日，奥地利在南部边境部署的消息一传到圣彼得堡，俄军领导人就决定不能落于人后。他们的决心获得了丰厚的军事回报。奥地利的原定计划是将军队分为三路：一路与塞尔维亚人作战；另一路控制加利西亚边境，对抗俄国人；第三路则视情况决定优先与塞尔维亚人还是俄国人作战。沉迷于粉碎塞尔维亚的奥地利总参谋长康拉德·冯·赫尔岑多夫最初把第三梯队南派，直到最后一刻才召回他们，下令向威胁骤增的俄国边境开进。缺少了这个增援，奥地利对塞尔维亚的进攻失败了。但由于最后一刻临时转向和铁路网不完善，第三梯队援军没有及时赶到加利西亚，因此没有赶上与俄国的早期战斗。其实，康拉德的不称职几乎在战争开始前就削弱了奥地利的力量，很大程度上导致了哈布斯堡军队损失惨重和惨败。如果俄国总参谋长米哈伊尔·阿列克谢耶夫最初在南部边境的计划没有被圣彼得堡搅乱，俄军可能会在1914年秋季趁着德军在别处时撕开同盟国的南部边境防线，摧毁东部边境上的奥地利军队，这很可能会左右最终战局。[27]

俄国的备战是效仿德国的。这是波斯尼亚危机的产物，与驻柏林武官米赫尔松（Mikhelson）上校的警告有关："德国军队的动员准备如此出色，以至于我们都没法指望能及时了解动员进展。"阐述这一观点时，他举出的例子是近期摩洛哥危机，德国军区司令官的行动完全没有预兆。虽然战备期法案到1913年3月才最终确定，却不是就其本身产生分歧，而是科科夫佐夫和苏霍姆利诺夫之间就军费问题争论的另一段插曲。该法案在前言中阐述了核心目标：利用威胁和平的外交危机期间采取初步行动，确保日后的任何动员和兵力集结能够顺利进行。首先，这意味着确保人员、装备和补给在动员令下达时已经就位，而且是充分的。可以有限度地召回边境地区的在乡军人，最重要的是，在俄军可能部署或集结的边境附近设置军事屏障。[28]

329 在1914年"七月危机"的背景下，不应过于强调备战决策——尤其是召回在乡军人——的重要性。俄奥前线的事态形成，是由于俄国担心奥地利早早进攻，会威胁俄军的集结和调动。建立一道厚厚的屏障以阻挡奥地利人，这似乎至关重要。但这在俄德前线几乎不成问题。德国人并不计划在边境发动进攻。柏林担忧的是，在战争竞速中，俄国取得的任何优势都可能导致其早早入侵德国东部，扰乱德军进攻法国。召回与德国接壤的边境地区的在乡军人，同这一担忧并不相干。例如，在面朝东普鲁士的维尔纳军区，法国总参谋长相信，大多数该区的在乡军人能在五天内与他们的部队会合，因为距离并不远。而俄军开进德国之前那段很长的拖延期，要归因于从大得多的内陆军区召集在乡军人所花的时间，以及随后从俄国中部调动军队到边境所花的时间，这点更加重要。这至少要花三周或更

330 长时间，而且在军队抵达前，俄方无法开始行动。但在备战期，

既没有允许召回内陆军区在乡军人，也没有从这些地区调遣军队前往边境。确实，总参谋长尼古拉·亚努科维奇（Nikolai Ianushkevich）告诉过他的下属，如有必要，他们能摆脱法案条文的严格限制，但无法采取行动召回内陆军区在乡军人。唯一能做的就是在广阔的内陆张贴红色动员海报，包括圣彼得堡和莫斯科。没人指出过，这些动员在 1914 年"七月危机"备战期间确实得到了执行。实际上，直到 7 月 29 日下午四点，德国总参谋部报告说，维尔纳和圣彼得堡军区没有一个在乡军人被召回。这一叙述进一步削弱了以下观点：俄国在备战期间采取的措施严重造成柏林方面警觉，或导致了冲突。[29]

1914 年的军方指挥官。尼古拉大公右侧是尼古拉·亚努科维奇，左侧是尤里·丹尼洛夫

至于准备向德国方向调动，备战期间最大的动作可能就是将俄国数量并不充足的火车头和车皮调度到可能需要运送部队前往边境的地点。但大多数情况下，移动全部车辆的同时还召集在乡军人，效果并不明显。1914 年 7 月，优势都被军队正驻在夏营，而且需要在备战开始前返回营地这一事实而抵消。观察者们指出的 7 月 25～29 日进行的军队调动也正是出于这个原因，而在俄国各档案馆中没有证据显示，出现了任何不寻常的，从内陆向西部边境地区的军队调动。根据总参谋长 1914 年 7 月 25 日的命令，优先执行军队从夏营返回营地的调动。[30]

备战于 7 月 26 日早上开始。接下来的两天，萨佐诺夫的情绪起起伏伏，然而总体局势进一步变差。维也纳在抗议塞尔维亚对最后通牒回应的同时，于 7 月 25 日调动军队，并于 7 月 28 日宣战。次日，奥地利炮轰贝尔格莱德，发动了战争。奥地利决心在其他强国介入之前毁灭塞尔维亚，这一点清晰可见。没有局外人能理解，为什么维也纳准备猛攻塞尔维亚却把军队部署在加利西亚，这种做法是多么荒唐和无用。俄军领导人深受记忆中 1912 年与 1913 年之交的冬季奥地利在加利西亚大规模秘密调动一事的影响。俄国军事情报机构又高估了奥地利在 1914 年 7 月初调动的规模，在危机时刻总是如此，这引发了他们"长期以来"担心被奥地利从加利西亚进攻的恐惧。这种担忧并非错觉。康德拉德·冯·赫尔岑多夫因为无能造成严重误期，幸亏俄国近卫军和第三高加索军及时赶到，将奥地利军队逐出卢布林（Lublin）的铁路枢纽。俄国 1913 年时利用过的、在奥地利军中安插的两个重要特工都不在了。不管怎样，和 1912～1913 年时不同，危机发展得太快，俄国来不及从奥地利的特工那儿及时得到准确消息。圣彼得堡也不可能从柏林获得帮助，而且俄国所有希望德国介入以放缓奥地利陷入战争速度的尝试，都被回以"冲突必须在局部解决"。换句话说，俄国不得不让塞尔维亚自己承担后果。[31]

确信维也纳只是暂时占领塞尔维亚领土也不会带来任何安慰，就像席林男爵所言，奥地利在吞并波斯尼亚前就占领了它三十年。更进一步的担忧是，获胜的奥地利可以轻易决定用塞尔维亚的领土收买保加利亚，以此赢得索非亚站在同盟国一方。奥地利如何对待塞尔维亚，对罗马尼亚来说是个强力警告：领土收复主义者的煽动会带来风险，而且俄国的保护就是空谈。同时，在君士坦丁堡的土耳其党青年领袖将会确信他们目前的观点，即德国及其盟友是欧洲最强的国家，而土耳其必须寻求它们的保护。俄国在君士坦丁堡和巴尔干的外交官们也赞同此看法。面对这样的威胁，俄国政府动员四个军区来回应奥地利对塞尔维亚的宣战，就并不让人吃惊了。在这个武力外交的年代，俄国还有其他方法展示对德国和奥地利的严正立场么？然而这么做，俄国人就在从互相竞争的备战到实际开战的下坡路上走得更远了。[32]

危机在 7 月 30～31 日达到顶点，两个矛盾的趋势互相碰撞。一方面，对立双方的军事领导人认为战争迫在眉睫，开始施加更大的影响力。另一方面，7 月 29 日夜至 30 日凌晨，柏林开始向维也纳最后施压：在占领贝尔格莱德后接受调停，并停止入侵塞尔维亚，以使塞尔维亚信守诺言。这里涉及很多考量因素。意大利明确拒绝支持它的德国和奥地利盟友。俄国的部分动员让德国明白这一事实：几乎不可能让奥地利和塞尔维亚冲突局部化了。但这并未阻止德国，大部分领导人都对与法国和俄国作战跃跃欲试。但是在对德国民众的宣传中，战争是

332

自卫性质的，而且至少大部分文职领导人都非常恐惧英国的介入。7月29日深夜，不能依靠英国中立地位的预感被一封来自驻伦敦大使利赫诺夫斯基（Lichnowsky）亲王的电报确认了。其中传达了爱德华·格雷爵士的警告：虽然英国对塞尔维亚甚至俄国的命运并不感兴趣，但如果德国与法国开战，那么英国就不可能坐视不理。因为多数德国领导人在危机之前就说服自己，连俄国可能都不会介入奥地利和塞尔维亚之间的战争。所以这一点就不让人吃惊了——在他们看来，更难预料的英国的立场暗示着，它非常不愿意因巴尔干地区的争执而被拖入战争。柏林对英国威胁介入的回应，验证了萨佐诺夫的看法——他相信伦敦握着阻止德国入侵的最好一张牌。[33]

德国前外务秘书阿尔弗雷德·冯·基德伦-韦希特尔是个会在其他外交官委婉表达时直截了当说话的人，这一习惯非常有用。1912年，在去世前不久他告诉驻柏林的奥地利大使："在由奥匈帝国与俄国冲突引发的欧洲大战中，德国联合奥匈帝国碾碎法俄并非难事，但如果第三个敌人英国加入，获胜将很成问题。"然而，等到贝特曼·霍尔韦格得知英国可能介入时，一切都太晚了。制止此时的维也纳并非易事，这会极大损害德国政府的国内名声，以及宰相的个人地位，甚至关系到柏林唯一可靠盟友的存续。不管怎样，德国军方领导人从自己狭隘视角出发，总是不如外交人士和海军对英国介入欧战更为担忧。在贝特曼·霍尔韦格开始建议维也纳克制时，德国总参谋长毛奇却正敦促奥地利人进军，并要求进行针对俄国的军事动员。[34]

毛奇的做法有点儿道理。基辅、敖德萨、莫斯科和喀山军区的动员远比战时采取的措施更有威胁性。几十万在乡军人此时将开始向俄国内陆的会合点聚拢，并从此地奔向奥地利边境的军队部署区。莫斯科军区的一些在乡军人可以被按时派到德国前线。俄国的动员必将导致奥地利在加利西亚进行反动员。这么做使欧洲战争爆发的可能性更大了，但它并非不可避免。与德国方面不同，奥地利和俄国的计划并不是要让自己的动员导致不可逆转、没有中止可能性的战争。但从柏林的角度来看，俄国的状况看上去混乱不堪：有关被动员的四个军区部队动向的报告如潮水般涌来，一些军队移向边境以作为调动屏障，一些军队仍忙着从夏营返回兵营。

实际上，事态对德国人来说并没有看上去那么令人担忧。只要圣彼得堡和华沙军区没有动员，俄国针对德国的备战就不会有太大进展。这两个军区面临着特殊的问题。动员圣彼得堡军区的近卫军，意味着从帝国纵深吸纳在乡军人。华沙军区的处境最为复杂，因为这种情况下，它需要组织三个前线：南边部署准备入侵加利西亚的俄国军队，西面入侵西里西亚，北面入侵东普鲁士。只针对奥地利进行部分动员，会给华沙军区的计划带来混乱。正如我们将要看到的，出于这个原因，此时的俄国领导人还陷于"下令针对奥地利的动员是否会削弱随后对德国的备战"的争论中。如果将军们是对的，那么具有讽刺意味的是，德国总参谋部倒是乐意看到俄国开展部分动员，并等到最后一分钟，好让不得不为之的临时调动给俄军行动带来如康拉德·冯·赫尔岑多夫的迟钝之于奥地利般的混乱影响。[35]

当然，这般判断与 7 月 29 日之前柏林所能看到的唯一现实毫无关系，俄国的主要备战工作已经开始了。由于事态发展迅速而混乱，柏林的军事观察员淡化了以下事实——截至 7 月 30 日中午，面对德国的三个俄国军区仍未动员起来。这并非用心险恶，甚至并不让人吃惊。对这几天中政客和士兵行动的评判，需要考虑他们是在极端重压之下行事，而且缺乏准确消息，时常睡眠不足。但是把造成恐惧和混乱都怪到俄国人头上是毫无意义的。相反，这是奥德战略——即刻而且迅速地对塞尔维亚宣战——的必然结果，部分人还自欺欺人地认为，这可以在没有俄国和法国介入的情况下达成，而且对试图外交介入以争取时间达成和解、及时避免灾难的打算置之不理，直到为时已晚。到7月30日柏林将机会之窗开启一条缝时，德国和奥地利已经把能使俄国领导人相信同盟国决心一战、冲突不可避免的事都做了。

在圣彼得堡，7月30～31日的主要剧情还是围绕俄国应继续针对奥地利进行部分动员还是动员全部军队展开。俄国领导层谁也不相信，如果他们动员全部军区，德国还会保持沉默。俄军可以全部调动并集结在帝国边境，长达数周。反之，"施里芬计划"——德国唯一的作战计划——将柏林局限在了这个圈子里：必须宣战，并且几乎一宣布动员就入侵比利时和卢森堡，这是给法国致命打击的第一步。由于谢尔盖·萨佐诺夫连俄国动员的实质都没完全理清，他更不能全面理解德国军事计划的"逻辑"。但即便他也意识到，动员全部俄军意味着战争爆发几乎板上钉钉。在7月29日外交部催促整体动员时，事实上他就已经得出了这个结论。

335 早在7月26日，俄国驻柏林海军武官叶夫根尼·贝伦斯（Evgenii Behrens）上尉就看出来，德国人在这件事上走得太远，已经无法抽身。他在巴尔干战争和利曼·冯·桑德斯危机期间曾供职于柏林，汇报称，在德国人看来，当前开战的可能性比前两年里任何时候都大得多。俄国驻伦敦大使亚历山大·本肯多夫在7月29日也持同样看法。危机刚爆发时，谢尔盖·萨佐诺夫就已经相信维也纳和柏林可能蓄意挑起战争，而这也关系到他对俄军领导人所提要求的态度。7 月 29 日下午，萨佐诺夫和外交部主要顾问得出结论：战争无法避免。奥地利要开足马力进攻塞尔维亚，这一点确定无疑。柏林没有做任何事来阻止，而且从俄国角度看甚至就是在怂恿。同时，在圣彼得堡的德国大使普塔莱斯伯爵刚刚将本国政府的要求递交给萨佐诺夫，称除非俄国停止备战，否则德国的动员和战争就会接踵而来。处在他们的位置，换了我也会相信战争避无可避。[36]

这一议题对萨佐诺夫和他的顾问来说无比紧急，因为俄军领导人现在正强调，任何针对奥地利的局部军事动员都会扰乱整体调动，且整体调动被认为不可避免，稍后一定会进行。7 月 24 日的大臣会议起先同意局部动员，以向奥地利证明俄国决心在不直接威胁德国的情况下支持塞尔维亚时，俄军总参谋长尼古拉·亚努科维奇没能及时指出这点。作为新手，他既缺乏知识，又没有强烈的意志，因此无法对抗萨佐诺夫——他运用军事手段来实现很大程度上属于外交层面的目标。总参谋部动员部门领头人谢尔盖·杜布罗尔斯基将军当即反对，但后来亚努科维奇已经决定支持萨佐诺夫的战略。[37]

在 7 月 24 日还只是理论假设的四个军区动员，在 28 日成为事实。也在那时，军需官尤里·丹尼洛夫（Yuri Danilov）从休假中返回，而且在部分动员将会造成致命后果的争论上，他比亚努科维奇更强硬，而且消息更灵通。时隔已久，他在当时是对是错难以判断，但没有理由怀疑，将军们全然真诚地确信，部分动员将会导致灾难。在俄国，和同时代的其他地方一样，军队的领导人垄断着所有关于军事问题的专业知识。另外，反对整体动员的是大臣会议主席伊万·戈列梅金，他 7 月 29 日早上才

336

见过尼古拉二世。但即便是积极为反对整体动员游说的退休大使罗曼·罗森也相信，到了 7 月 29 日，和平的机会极其渺茫。[38]

德国对俄国宣战后，尼古拉二世出现在冬宫阳台上

7 月 29 日下午，尼古拉二世批准了主要军事和文职顾问的恳求并决定整体动员，但在最后一分钟他改变了主意。当晚，他收到了柏林表亲威廉二世透露出微弱和平曙光的电报。"在极端动荡时期，"皇帝坚称，"应尽最大可能挽救和平。我不想为这广泛的杀戮负责。"7 月 30 日上午十一点，萨佐诺夫、农业大臣克里沃舍因和亚努科维奇凑在一起交换看法；亚努科维奇和战争大臣苏霍姆利诺夫最后尝试劝说沙皇恢复整体动员，但徒劳无功。我们没有理由责难军事或文职领导人的好战：他们发自内心地担心，拖延，更不用说连续的部分动员，会在看来不可避免的战争中给俄国造成致命打击。大臣们甚至还让杜马主席米哈伊尔·罗江科给尼古拉二世写一份敦促整体动员的备

忘录。1914年，沙皇有时被指责为"屈从"于他的将军，而这也导致俄国跌入战争泥潭。这是不公平的。尼古拉二世面对的压力不仅来自将军们，还有外交部、国内政府事实上的领袖、杜马发言人和公众舆论。不过，令人惊奇的是，沙皇居然能坚持己见这么久。[39]

最终在7月30日下午三点，萨佐诺夫到彼得霍夫与沙皇交谈一小时后，沙皇才不再坚持，他在妥协时表示"这将会让数十万俄国人送死"。尼古拉二世的一位家人回忆起危机将近尾声时沙皇的样子："我被他的憔悴惊呆了：他的面貌都变了，在他疲惫时眼睛下面才会出现的眼袋看起来变得大了很多。"当战争临近时，亚历山德拉皇后和她的女儿们用大量时间在教堂祈求和平。在德国对俄国宣战（8月1日）几个小时前，尼古拉二世也加入了她们。"在教堂，他非常诚心地乞求上帝能让祂的子民免受这临近而又无法避免的战争之苦。"当时，唯一的希望就是有奇迹发生。[40]

在德国的宣传舆论甚至有些历史学家的研究中，俄国率先开始整体军事动员，这是圣彼得堡要为战争爆发负责的证据。在当时，这对德国政府来说是一种在民众，特别是德国社会主义者面前逃避责任的重要方法。这么做，能够利用国内左翼分子对沙皇政体的憎恶，唤起德意志文化中对俄罗斯野蛮游牧民族的古老且日益加深恐惧。后来，在德国抗议《凡尔赛条约》的战争罪责条款时，责难俄国成了有用的因素。

在我看来，这些责难有正确成分，但并不多。到7月30～31日，避免战争的唯一方法就是宰相贝特曼·霍尔韦格迫使奥地利接受英国的调停建议。考虑到维也纳的情绪，只有宰相直接、持续而中肯地威胁奥地利，如果忽视德国的建议就放弃它，

338

避免战争才可能实现。实际上，德国在这两天给奥地利的压力远不及此。贝特曼·霍尔韦格对奥地利人的影响被德国驻维也纳大使奇尔施基破坏了，而且毛奇也劝说奥地利领导人忽略宰相的建议，一头扎进战争。即使贝特曼·霍尔韦格决心直接威胁奥地利，狡诈的威廉二世也不太可能在由此而生的喧闹中一直支持他。奥地利人会暴怒，在他们看来，德国人相当于背弃了无条件支持奥地利的承诺，他们1914年7月的整体战略就是基于这一承诺的。如果威廉支持贝特曼·霍尔韦格，那么这二位就会被柏林广大军事和文职领导人指责为胆小鬼，更不用说德国广大民众的看法了。俄国的整体动员，实质上使贝特曼·霍尔韦格摆脱了困境，并让他在向德国大众描述这一冲突时，将其呈现为抵抗咄咄逼人的沙皇的战争。俄国的动员不可避免地迅速招致了德国发布最后通牒，紧接着在8月1日，德国对俄国宣战。因为德国的军事计划默认法国和俄国在任何情况下都会一同作战，而且对法国会迅速取得胜利，所以向法国宣战和入侵比利时紧随其后。8月4日，英国加入了冲突，这让众多俄国人吃惊，也让萨佐诺夫很是松了一口气。[41]

如果只注重"七月危机"本身，那么战争爆发的责任就会没有争议地落在柏林和维也纳的肩上。德国的政策包含了巨大风险，还出现了基本的误判，但即便这些风险和误判在7月29日和31日被认清，它还是选择义无反顾地投入战争。到了7月29日，德国的外交开始备受备战的影响。即便如此，德国的责任也是最大的。只有在那里，动员才需要即刻宣战和跨越国境。联系当时的主导军事理论，人们就能明白著名的"施里芬计划"背后的逻辑，这使德国穿过比利时立即入侵法国。但是，这项计划从各个方面来说都是灾难。德国本可以在西线处于守

势，然后静等法国军队在无用的进攻中消耗自己。这种情况下，　339
他们就不用入侵比利时了，进而大大降低英国卷入战争的概率。
专注于东线能够轻易地挑起俄国革命，甚至比实际发生得要早，
无论结果如何，都会大大增加德国获胜并最终取得欧洲霸权的
机会。

但是，显然对某些德国领导人，尤其是贝特曼·霍尔韦格
来说，第一次世界大战事实上首先是一场预防性战争，旨在先
发制人，预防一场将来不可避免、对德国来说胜算远没有现在
大的对俄战争。因此，简要了解德国对俄国的恐惧程度很有
必要。

在回答这个特定问题前，我必须再提两个基本论点。第一
个，1914 年以前国际关系的性质让所有国家惧怕它们的邻国。
大多数强国的外交都称得上是武力外交，在它们的阴影下是暗
藏的武力威胁。1914 年的同盟体系加大了这种威胁。对法国和
俄国来说，它们联合的逻辑是显而易见又处于守势的：两个欧
洲二流国家抱团，以防止欧洲潜在霸权倾轧。从柏林的视角看，
事情必然不同。考虑到这一时期因国际关系而形成的恐惧和不
确定性，让我最吃惊的是，欧洲居然没在 1914 年之前就爆发大
战，尤其是考虑到欧洲精英们的思想，以及民间团体，特别是
新闻界和民族主义说客的影响，这些经常是邪恶的。

至于为什么没有爆发，我们需要回看第三章，来找到最好
的解释。我讨论了 1914 年之前隐藏的外交原则，而且参考了埃
米尔·布儒瓦的观点，对希望进入俄国外交部的候选人来说，
他的书可谓国际关系史的经典之作。如布儒瓦所说，考虑到前
一个世纪里欧洲越发繁荣，以及这种繁荣在很大程度上让欧陆
各民族互相依存，可知泛欧洲战争将带来灾难性后果。他又补

充说，大国政客——他们是欧洲和平、安全的最后希望——因
此不得不理解并承担这一责任。伊万·布洛赫也持此看法。在
战争爆发的前几个月，就连毛奇将军和《新时代报》都表示，
强国之间若爆发战争，将会毁灭至少一代欧洲文明。对这种灾
难的恐惧是一种很好的威慑。很不幸，1914 年的一切证明，它
还不够有力。当今的核武器对政客们是更大的威慑。我们只有
祈祷仅这一威慑足矣。[42]

第二个基本论点与德国对俄国的担忧相关。在 1913～1914
年，对俄国的恐惧和斯拉夫人与日耳曼人之间必有一战的看法
在德国广为流传。需要记得，在巴尔干战争将德国的视线东引
前，德国国内的偏执狂们已经将注意力放在英国的孤立政策和
一种可能性——英国因嫉妒德国经济和海军实力的增长而挑起
战争——上。英语读者们可能理所当然地认为，德国对英国的
怀疑毫无理由，对俄国的恐惧则事出有因。这种想法很危险。
1914 年 3 月，德国驻圣彼得堡大使普塔莱斯伯爵写道，俄国掌
权阶层中，没人想现在与德国交战，或者在可预见的未来开战、
蓄意采取会引发战争的政策。简单的事实就是，帝国主义与民
族主义在欧洲东部和中部的冲突要比英德之间的经济和海上竞
争难处理多了。但德国的偏执很大程度上源自内部，而这点不
能用德国地处中欧、暴露于东西两方的可能敌人面前来充分解
释。事实上，德国是一个非常强大和成功的第一世界民族国家。
精英们对未来的看法，在许多方面不像奥地利、俄国甚至英国
的"同行"那么偏激，这些人被迫在现代治理广阔的多民族国
家，因此面临真正严峻的挑战。[43]

现在不是否认这一点的时刻：毫无疑问，存在引发德国恐
惧的合理原因。如果俄国继续维持和平并以它当时的速度进行

340

现代化，那么在不久的将来必是欧洲最强大的国家——可能除了英国，前提是它能够采用某种可行的政体，巩固自己的白人帝国。沙皇政权集军国主义、独裁政治和领土扩张的传统于一身。在1914年没有太多迹象显示，它正从根本上改变黑暗之处，而且据一些似乎有理的说法，未来罗曼诺夫政权这么做很难幸存，至少在中短期是这样。柏林对斯托雷平首相推行民族自由主义和自由帝国主义政策，并试图让政权在俄国公众眼中合法化的危险性深有体会：斯托雷平终究还是走了俾斯麦的路。对德国悲观主义者来说，该模式在俄国不大可能顺利运作，挣扎的政权很可能通过对外政策上的胜利来寻求合法性。关键是，1914年贝特曼·霍尔韦格和毛奇都对俄国的意图持相当悲观的看法。

　　俄国的决策制定是不透明的，而且政府和民族主义公众舆论的关系总是让人难以看清。但是有理由相信，随着现代化的发展，公众舆论的影响力将会提升，政权会更加迫切地想确保自己在民族主义者眼中的合法性。1905～1914年半觉醒的俄国观察家们也不能否认俄国对德国没有敌意。毫无疑问，这很大程度上要归因于俄国对德国文化和经济优势的怨恨，更不用说经常与优势相伴的傲慢。但是，俄国的态度通常与自身的不安与愤懑关系更大，而不是德国人曾经对它做的那些事。无论未来反德情绪在俄国是高涨还是低落，德国本身都不能控制。在更短的时间内，未来几年的大规模军备计划意味着，在军事相关领域俄国在四年后必然比1914年更强大。它的塞尔维亚盟友也是如此，但在大部分德国人的看法中，奥地利不是。

　　然而，就像大多数这类预测一样，仍存在许多不确定性和与之势均力敌的趋势。俄国贸易的不平衡越发严重，让人怀疑当前的经济能否持续飞速发展。由迅速现代化引发的政治危机正在加深，毫无好转迹象。一场革命将国家和帝国的整个未来拖入未知也并非不可能。如果当前的形势没有任何改善，对国内革命的恐惧有很大可能会阻止俄国政府进行对外冒险，而非鼓励。杜马政治家们有时可能是好战的，而新闻界又夸大其词，但普塔莱斯伯爵的判断是对的：值得谨记，1906～1914 年俄国没有一个大臣想把战争作为避免内部危机的手段，而且也没有准备在可预见的未来这么做，因为对俄国来说，参加一场欧洲战争要冒的险太恐怖了。而且，虽然按照眼下推测，到 1918 年俄国将有更多的战舰和更强大、武备更好的陆上力量，但这需要远远超过四年的时间来移除组织、文化和政治上的弱点对军事战斗力的束缚，这些相比更加根深蒂固。

国际环境无论如何也没有恶化到德国悲观主义者认为的那样。如果俄国的相对力量提升，法国自然就会下降。德国仅有长期的人口和经济优势，除非柏林做傻事，否则曾将雷蒙·普恩加莱推上权力宝座的民族主义浪潮不会长久维持力量。尤其是英俄关系日趋紧张，柏林在 1912～1914 年注意到了这一点，除非德国做出什么莽撞之事来促使伦敦和圣彼得堡重归于好，否则两国关系还会继续恶化。柏林大部分决策者接受了他们无法与英国进行海军竞赛的事实，而且在扩张殖民地问题上与英国合作要好过对立。英国和德国的经济正朝着维护共同利益的方向发展和增长。俄国国力的提升更有可能导致英国公众舆论对圣彼得堡的反感而非支持。即使在外交部门，那些因担心俄国会威胁英国在亚洲的利益而倾向于反感的人，接下来十年里也快要站不住脚了，占上风的是更加"均衡"策略的倡导者。难以想象，英国会支持俄国入侵土耳其的行动，更不用说入侵

342

奥地利或德国了。柏林在 1914 年的决策非常冒险，收效却不大，除非德国的领导人实际上要建立一个欧洲帝国，未来以此为基础同美国平起平坐。如果这是他们的目的，那么他们的战术简直糟透了。实际上，虽然德国国内一些具有影响力的呼声把战争当作获取全球权力的方式，但无论是贝特曼·霍尔韦格，还是威廉二世，甚至军方领导人，都未曾有意识地推动这一策略。

第八章 战争、革命和帝国

　　俄国在第一次世界大战中的进程，和他们最聪明的"反动"领袖彼得·杜尔诺沃在 1914 年 2 月的备忘录中预测的一样。俄军相较于德军处于劣势，而且打了多个败仗，最引人注意的要数 1914 年坦嫩贝格和 1915 年戈尔利采－塔尔努夫（Gorlice-Tarnów）之战。在众多领域，德国军备的优势都是明显的，尤其是在重炮、飞机和通信技术上。更重要的是，俄国人事任用上的问题根深蒂固。他们缺乏专业军官和士官，相较于他们的德国敌人，这是个重大缺陷。俄军当中，能够胜任的指挥官和参谋官总是比他们的德国敌人少。整体而言，英国和法国的军队也逊色于德国，直到 1918 年鲁登道夫将军发起春季攻势，后者因此遭到削弱。俄军也偶尔击溃过德国军队。整体而言，他们比奥军更有优势，1914 年和 1916 年，他们都大胜奥军。而且，俄军在对土战争期间也胜英军一筹。

　　1916 年和 1917 年之交的冬季，俄军疲惫不堪，而且损失惨重，其中包括不少开小差和投降者。在一些部队中，斗志和纪律已经有涣散迹象。但此时，俄军远没到 1917 年一半的法军 暴动那种程度。俄军将官和他们的参谋总结过经验教训，若没有革命，俄军在 1917 年能为协约国联军做出巨大贡献。由于军工产量在 1917 年后下降，俄军力量对 1918 年战事的贡献可能变小，意大利和奥匈帝国也是。另外，美国的参战意味着俄国实际上不需要做太多事，就可以作为胜利方结束战争，虽然

"胜利"是否会带来西方民主阵营对山穷水尽的沙皇俄国的干涉仍未可知。[1]

就俄国而言，是后方而非前线最先出现混乱，并削弱了战争努力。在这方面，俄国和德国非常不同。1918 年，战场上的失利对德国大后方的动乱产生了关键影响。俄国大后方崩溃的主要原因则是经济问题。同时，俄国的情况要结合环境去看。如果法国，更不用说意大利的大部分外界援助被阻断，大西洋贸易航线也被切断，那么其经济也很可能支撑不了战争继续。在某些方面，1916 年的俄国经济表现得可圈可点，靠国内资源就能满足武器和军需的基本生产。俄国为了弥补丧失的外国进口，匆匆建立了新的战略产业。但是在某些军事领域，尤其是各种发动机的生产，俄国依然远远落后于德国。像杜尔诺沃预测的那样，铁路成了巨大问题，给军事行动、食品供给和工业物资运送带来了严重影响。无论铁路网还是车辆，对庞大的战争需求而言都远远不够。此外，工业大部分用于生产军事物资，结果火车头、车皮和铁路线的维修受到影响。通货膨胀打击了铁路工人的士气和纪律性，工人阶层同样受此影响。杜尔诺沃再次预测正确，俄国在战争财政方面将面临巨大困难。[2]

最糟糕的是，没人预料到俄国的食物短缺。即便是在 1917 年，俄国的食物尚能自给自足，困难在于将食物分配给人口众多的北部工业区和西部边境上驻扎的大量军队。铁路网在和平时期发挥作用，将乌克兰南部和俄国南部草原地区过剩的粮食运往南方的黑海出口港，而非北方。有一点同样应受到重视：军队、一些文职大臣和当地政府机构（zemstvos）在怎样更好地给粮食定价和采购上发生了冲突。将所产粮食全部投入市场面临劳动力短缺的困扰，1500 万劳动力被投入军队。与此同时，

345

尼古拉二世（左）和尼古拉大公

工业无法在供给军队的同时生产出质量、价格都合适的消费品——有了这些才能让农民乐意出售粮食。这也是欧洲各地普遍存在的大问题，而俄国首当其冲，且最为严重。1917 年 2 月，点燃革命的火花就是首都粮食短缺。[3]

　　就摧毁俄国的战争努力而言，政治和政府更加关键。至于食物供应问题，部分就是因为 1914 年俄国政府在农村——粮食主要生产地和人民主要居住地——的存在感太低。不管怎么说，在一系列战争中，俄国所忍受的恶劣条件远远胜过颠覆君主制的 1917 年。在战争努力背后，第一次世界大战需要空前的社会动员，这就要倚靠能将触手伸进每个家庭的公民社会和同它紧密联系、能协同合作的国家。为了有效地做到这一点，国家需要高度的合法性，而且社会中的众多群体和阶层需要有相同的价值观、信任和交流。俄罗斯帝国在各方面都准备不足的情况下投入战争，而这些在 1914～1917 年被证明是致命弱点。

政府，尤其是尼古拉二世，应该承担部分责任。战争给整个欧洲的社会和政府带来了高度紧张感。他们需要既能鼓舞人民，又能驾驭更加庞大、复杂的战时政府机器的领导人。随着速胜无望和伤亡增加，1916 年与 1917 年之交的冬季这一需求成了首要的大事。1917 年，戴维·劳埃德·乔治和乔治·克列孟梭（Georges Clemenceau）分别于英国和法国承担了这一角色。而在沙皇俄国永远不会产生——更不必说任用——这种政治领导人。在德国，威廉二世很大程度上被领导能力卓越的保罗·冯·兴登堡（Paul von Hindenburg）元帅取代，埃里希·鲁登道夫（Erich Ludendorff）将军则越来越多地操控了实际战争举措。兴登堡－鲁登道夫组合受大多数德国精英、议员和民众支持，这些人实际上要求他们掌权。他们的领导被证明是一场灾难，要不是他们失算，德国本有可能赢得战争。这是君主将权力交到公众舆论口中的英雄们手上，然而他们却毁了王朝和国家的一个实例。[4]

俄国国内最接近战争英雄和舆论楷模的，是 1914 年 8 月成为东部边境驻军总司令的尼古拉大公。他仪表堂堂，同时，罗曼诺夫家族中最杰出的民族主义者和反德意志主义者的声望，也给他的公众形象加分不少。从政府角度看，在 1915 年夏季大公暴露出三大问题。第一，他加入了杜马政客劝说尼古拉二世撤换不受欢迎的保守派大臣并向公众意见让步的阵营。第二，在大公的领导下，军队参谋部成了"小王国"，其无视大臣们的劝说，在所控制的后方广大区域自行施政，蚕食民间经济和社会。关于这一点，最极端的就是，在 1915 年春夏大撤退时，军队颁布政策，强迫大批居民离开家园移居内地。在政策推行中，还伴有诸多针对非俄罗斯人口，尤其是犹太人的暴行。第三，也是最重要的一点，大公不是个好将军，俄军在 1915 年奥德攻势下溃退时，他表现出容易惊慌和绝望。[5]

由于这些原因，尼古拉二世在 1915 年 8 月接替了他的堂亲，成为军队领袖。他的这一角色更多是形式上的，真正的指挥工作由他的新参谋长米哈伊尔·阿列克谢耶夫负责。阿列克谢耶夫比尼古拉大公及其参谋长尼古拉·亚努科维奇出色得多，在军事上这个改变起了极好的作用，也减少了参谋部与当地政府的冲突。另外，由于君主在政府和军队指挥中发挥着突出作用，因此战争每次遭遇困境或失败都会影响其合法性。如果尼古拉二世在即将奔赴前线时留下一个有能力和威望的首相并授予全权，那么这种风险就值得一冒。而实际上，俄国卷进战争时，是由一个老迈而多病的大臣会议主席领导着内部协作很差的政府，而这一模式一直延续到 1917 年。沙皇本人一直没有协调和带领政府的能力，哪怕是在他承担起指挥军队这项额外负担之前。而且他无法找到一个能够服从他的命令并推行他的既定路线的首相。聪明的官员都不再想为执行沙皇的命令而承担舆论责难了。

格里戈里·拉斯普京在政治上的影响力一直很大，即便是他 1916 年 12 月被暗杀后，也没有一点儿改变。但是这样的人物，就算仅仅出现于君主周围也是灾难性的，而且严重威胁政权的合法性。随着尼古拉二世去往前线，他妻子的影响力渐增：她用它来巩固丈夫的后方，对抗来自杜马的压力。在战时笼罩的歇斯底里的氛围中，滋生出了毫无根据的宫廷变节谣言——出身于德国的皇后是主要反派。更有疯狂而危险的谣言，指控维多利亚女王端庄的外孙女与拉斯普京有床第关系。在 1917 年

1月，君主制非但没有成为爱国主义的焦点，反而被普遍看作胜利路上的主要障碍。[6]

在内政上，决定性的时刻出现在1915年夏。随着德奥联军在戈尔利采－塔尔努夫展开攻势，俄国遭遇了一系列严重的军事失败，杜马政客中的多数派组成了所谓的改革同盟，并要求尼古拉二世成立由他们代表、为俄国社会所接受的政府。以亚历山大·克里沃舍因为首的众多大臣敦促尼古拉二世让步，但沙皇拒绝了。在1915年春，他已经对杜马政客和公众舆论做出过重大让步，包括解职主要保守派大臣。他认为进一步让步等于示弱，而且实质上是在向议会制政府妥协。议会制政府在他看来必然会导致权威被削弱，并因此招致社会和国家革命。若他同意克里沃舍因的提议，战时不可避免出现的不利局面的责任就将由政府和议会分担，那么俄国就有可能步履蹒跚地撑到战争结束而不爆发革命。而拒绝妥协后，尼古拉二世发现他越来越被孤立，独自承担战争带来的所有后果，甚至大多数最得力的高级军事将领和文职官员都不听他的。当1917年2月首都街头出现革命时，俄国精英们已经对沙皇失去了信心并背弃了他。[7]

但是，不应该将崩溃之责全推给政府和君主。杜马政客和公共活动积极分子也扮演了重要角色。自由主义政治家们充分意识到这个事实：克里米亚和对日战争的失败已经导致专制政权被削弱，并引导俄国向着他们认为必然出现的自由未来前进。他们希望俄国在第一次世界大战中的挫败能有同样的结果。到1914年，俄国各行各业已经普遍认为：政府已经无能为力，"社会"必须将公共利益的管理权掌握在自己手中。这一信条扭曲了对战争努力的认识——不管是在当时，还是在后来俄国

348

349

1914 年夏季的大臣会议。尼古拉二世右侧是尼古拉大公，左侧是伊万·戈列梅金。谢尔盖·萨佐诺夫站在大公后方，他左侧是亚历山大·克里沃舍因。从克里沃舍因开始更靠左的两名身着军服的将军是尼古拉·亚努科维奇和阿列克谢·波利瓦诺夫。波利瓦诺夫刚接替苏霍姆利斯基任陆军大臣

自由主义阶段和西方历史编纂中。现实总是不同的。战争部主导的战时军事经济，事实上远比它的批评者所说的要好。通过战争工业委员会，公众在工业动员上的贡献甚微，嗓门反而异常洪亮。虽然他们抬高了战争工业委员会主席亚历山大·古奇科夫的政治声望，却让不少钱进了私人腰包。

在 1915 年，所有参战国都陷入了军需危机，因为在战争开始前严重低估了冲突持续的时间和军需物资的消耗量。只有俄国最高统帅部和敌对政治家利用这个危机来攻击战争大臣弗拉基米尔·苏霍姆利诺夫。更让人意外的是，这些指控中不仅包括无能，甚至还包括叛国。结果就是，苏霍姆利诺夫将军死在

监狱，而他的一众同僚以捏造的间谍罪被绞死，这只能被定义
为司法谋杀。对尼古拉大公和最高统帅部来说，弹药短缺和背
叛是掩盖他们战场失利的有用解释。对指挥了部分行动的自
由－保守派"十月党"领导人亚历山大·古奇科夫来说，叛国
罪是让政府名誉扫地的工具，而且能与苏霍姆利诺夫算总账。
这给民众士气和对权威的信仰造成的影响并不难想象。[8]

与工业动员同样重要的是对食品供给的管理。改革同盟在
这里产生分歧，虽然大多数舆论倾向于排斥私人商贸并依靠公
众控制。在革命前，这产生了糟糕的影响，而且一旦"社会"
在 1917 年 3 月掌控大权，就会迅速导致食品供应系统的全面崩
溃。由选出的当地政府机构（Zemgor）向伤员、难民和其他战
争受害者提供帮助有用得多，但政府协会在经费使用上很浪费，
部分是因为它们拒绝接受对其行为的任何形式的审查。它们也
不把自己当作政府的辅助工具，而是视作与之平行的"社会"
管理者。政府协会在革命前加入了反对当局的宣传大潮中，随
后在 1917 年基本取而代之，实际上成为临时政府的执行机构，
导致了不幸后果。临时政府第一任总理就是政府协会的前领导
格奥尔基·李沃夫（Georgii Lvov）亲王，研究革命的英国著名
历史学家将其描述为"脱离现世的托尔斯泰式老梦想家"。[9]

亚历山大·克里沃舍因在 1915 年认为政府需要与杜马和舆
论共担战争责任，这是正确的。他本人很可能是受杜马政客支
持的"官僚主义－议会制"混合内阁的早期首领。克里沃舍因
是个聪明人，精明的政客，能干的管理者。但是，与众多高官
一样，即便是在最好的情况下，他也不具备特别的人格魅力和
振奋人心的演说才能。就这一点而言，彼得·斯托雷平简直是
沙皇政府精英中的罕有之人。对于一个渴望振奋人心的领导力

的民族来说，这尤为重要。"公众代表"，换言之，即杜马政客和政府协会领袖，是否愿意长期与如克里沃舍因之类的官僚主义者长期分担艰难的战争努力之责，是一个悬而未决的问题。俄国战争时期的实际状况意味着，问题必然会升温，而且很多受公众舆论偏爱的政策都会失败。在这个时期，将责任推给官僚的愿望变得强烈。像往常一样，局势因一个事实而变得更加危险：杜马政客连中间阶层都未完全代表，更何谈代表大众。1916 年 11 月，宪政民主党领导人帕维尔·米留可夫（Pavel Miliukov）在杜马谴责政府的无能甚至叛变。他的演说影响巨大，而且极度不负责任。他认为，要是无法对越发激愤的公众情绪做出反应，那么自由派领导人和他的党派就会失去全部信用。激进主义者的产生很大程度上是因为社会遭受了巨大压力，其中包括近 200 万名士兵的阵亡，以及如下事实——俄国城市因极快的战时工业增长和西部边境难民的涌入而陷入混乱。[10]

俄国在革命前夜的政策之所以愚蠢，只要分析亚历山大·普罗托波波夫（Aleksandr Protopopov）——沙皇俄国最后一任内政大臣——的角色就能很好理解了。普罗托波波夫是前任杜马副主席，他任大臣之职是由议会主席米哈伊尔·罗江科向沙皇推荐的。普罗托波波夫与工业界的紧密联系增强了他的背景。授予他此职的部分目的是尼古拉二世希望他能够掌控和安抚杜马。相反，普罗托波波夫作为大臣第一次亮相，就遭到了他在议会的前同僚如潮水般的辱骂和谴责。谣言说这位大臣是疯子，更有甚者，有人说他可能因为得了性病才精神失常。尼古拉二世的言论是可以原谅的，他评论道，因为自从他任命普罗托波波夫为大臣算起，这种病发展得非常快。在某些方面，那些指责普罗托波波夫的人是对的。和他的绝大多数议会同僚一样，

他没有能力掌控像内政部这样复杂而关键的机构，它要承担的
责任是维持国内秩序，在危急时刻对抗革命。在安抚议会情绪
的努力中，沙皇此时被迫承担杜马政客无能——升迁至远超其
能力的职位——的全部责任。[11]

　　沙皇俄国的终结发生在 1917 年 2 月底 3 月初的几天。统治
俄国近三百年的王朝一夕崩溃，几乎是悄然发生的，而非惊天
动地，因为少有俄国人愿意保卫它。危机爆发于 2 月底的圣彼
得堡街头，为了迎合战时的反德情绪，它在 1914 年改名彼得格
勒（Petrograd）。部分由于食物短缺，工人阶级生活区的大量群
众涌入城市中心。像以往一样，谣言比现实更糟，而且滋生着
绝望。食物短缺的根本原因，我们已经在这一章解释过了。雪
上加霜的是，即便按俄国冬季的标准来说，1917 年 2 月都异常
寒冷，给铁路网增加了困难。而且，罗马尼亚军队被德国击溃
后，迫切需要将数十万军队部署到罗马尼亚边境。从首都驻地
奉命前去清理市中心的军队哗变，彼得格勒命运的关键时刻到
了。征召来的士兵组成的军队，哪怕在 1905~1906 年时忠诚度
也存疑，就像我们在第二章看到的那样。到 1917 年 2 月，旧军
队已经不在了：大多数正规军官、士官和和平时期的士兵都在
1914 年投入了战争，并在随后二十个月的杀戮中丢掉了性命。
1917 年时，最心怀不满的军队不是在前线的，而是后方卫戍部
队；大批征召来的士兵们备感厌烦、满腔愤恨，而军官和士官
又实在太少，无法控制并阻止他们听信有关危机和叛国的有害
谣言——它们席卷俄国，特别是彼得格勒。第一次哗变后不到
三天，彼得格勒已经没有忠于君主的军队，首都落入革命分子
之手。

　　杜马领导人现在面临选择：或者反对士兵和工人起义——

352

有生命危险并必然会失信于彼得格勒大众；或者接受并试图控制革命力量。他们选择了后者，既是出于惧怕和政治野心，也是因为他们已完全丧失了对尼古拉二世的信心。唯一能拯救君主制的，只有前线最高统帅部采取果决而迅速的措施，粉碎彼得格勒的暴动。面对无政府主义者或社会主义者接管首都的局面，将领们可能立刻就起而反对革命。他们能不能成功并不好说。然而，得知杜马领导人或多或少控制了事态，最高统帅部选择放弃尼古拉二世，并把革命当作既成事实。非常重要的是，大多数主要将领对尼古拉二世的领导和组织后方战胜德国的能力失去了信心。显然，胜利是他们的最高目标，而且他们惧怕内战，这必然会毁掉他们获胜的机会。遭到将领抛弃的尼古拉二世，除了退位别无选择。他在 1917 年 3 月 15 日宣布退位。

　　紧随君主制瓦解而来的，是军队纪律、战时经济和食品供应系统的崩溃。即便是在和平时期，俄国革命也会急速变得偏激。这是革命的天性。就俄国而言，一旦革命不受控制，长久积累的阶级矛盾就会点燃整个国家。君主制的瓦解不可避免地导致对所有非农用土地的无偿征用。城市里雇主和劳工的尖锐冲突也不可避免，很多情况下工人试图夺取工厂。1917 年，俄国城市社会目睹了这种爆炸性的混合物——千禧年希望、阶级怨恨、工人在经济崩溃和失业中拯救自身及家庭的绝望挣扎。对俄国革命最乐观的期望，是政权将由温和社会主义团体——所谓孟什维克和社会主义革命党——掌控，他们最能代表广大俄国人民的观点和价值观，而且大多数反对任何一夕建立或用暴力建立社会主义的企图。至少短期内，通过对创建联邦政治体制持同情态度，他们可能消除非俄罗斯民族——包括乌克兰民族主义知识分子——的怨恨。

但即便按乐观的预期发展，由温和社会主义者在革命期间掌权，他们的问题也远远没有结束。白手起家建立以农业为基础的民主制，对俄国来说是个艰巨任务。在左翼，布尔什维克永远是这一政权的敌人，而且它能够获得城市工人阶级的广泛支持。解决了土地问题，民粹主义右翼更有可能煽动农民的愤恨，尤其在西部边境地区，那里的商人、放债人和企业家少有俄罗斯人，多为犹太人。随着大地产消失，农业社会因革命而逐渐瓦解，农业出口——沙皇俄国时期经济发展仰赖于此——很难再维持。供给军队的税收更难找。如果俄国遭遇规模接近20 世纪 30 年代"大萧条"时的国际经济危机，它毫无经验的民主制的稳固性也会遭到巨大考验。俄国军官们历来对政治淡漠，他们遵从国家统治者——这在旧时代就意味着君主。导致1918～1920 年白色反革命（White Counterrevolution）失败的关键原因就是它的军事领袖政治上太天真。然而，经历过革命和民主制度的动荡，几年后，就连俄国将军们也上过政治课了。倘若温和社会主义政体在革命中脱颖而出，那么之后最可能的结局就是被军事政变推翻。在两次世界大战之间的东欧和中欧，这种结局太常见了。[12]

显然，所有这些至多是合理推测。另外，无法否认的是，战争让 1917 年革命几乎不可能有一个和平、"温和"的结果。革命降临在这样一个民族头上：已经因战争时期的苦难而留下精神创伤，就像士兵已经习惯了暴力一样。战争带来了与供给国民、维持工厂和铁路正常运转有关的众多额外问题。1917 年3 月，君主制倒台期间，少有俄国人渴望和平。公众舆论强调革命是爱国主义行为，意在强调俄国的战争成果。这些花言巧语却和事实相反。自由派（也就是宪政民主党）领导人帕维尔·米留可夫，在尼古拉二世退位后担任外交部长。他很快重申，俄国的战争目标同旧政权一致，核心在于占领君士坦丁堡和海峡。温和社会主义党派的谴责和首都街头的责难很快迫使他辞职。战前的这种担忧——俄国民众无力影响国家或对外政策——得到了验证。但这并不意味着，就像有些人当时或之后宣称的那样，他们缺乏俄国身份认同和爱国之心。也不能否认，这些感情可能因1914～1917年俄国农村对战争的强烈兴趣而更加明显。但无论在俄国还是奥地利，用战争开阔农民的视野都不意味着加大对国家战争目标的支持。不管怎样，在1917年，由于大众的民族认同感，"俄罗斯人"能够轻易同"人民"画上等号，那些文化上异质的精英的俄罗斯性至多是可疑的。[13]

温和社会主义者的政策是：放弃战争中的所有侵略和贪婪行径，只保卫俄国，对抗帝国主义德国。直到1917年秋，这种观念被前线的部分士兵认同，他们已经准备好守住阵线，阻止德军前进，其实在很多情况下他们并不愿意进攻。就个人立场而言，我与士兵们想法一致：很不情愿把自己的小命奉献给海峡。但战争是个邪恶的买卖，而且团与团之间并不像辩论团队那样运行。很难把革命的要求（对社会和经济做出即刻变革）与建立国内稳定秩序（想要战争顺利进行就必须如此）结合起来。废除警察机构、军队民主化和征收私有土地，都从各个方面破坏着战争努力。农村的革命加剧了军队食品供应短缺，并进一步导致了军队纪律涣散，原本是农民的士兵们开始为了寻求充公土地或仅仅就是找吃的而开小差。和平时期的军队是革命的强大屏障。而战时，大多数军队变成了革命的急先锋。[14]

1917年，自由派和保守派社会主义团体都加入了临时政府，并支持它继续作战的决定。他们的立场是合理的。单独与德国媾和——此时实际上是唯一可能的和平——将会冒把欧洲和俄国革命的命运交到德国皇帝之手的风险。不过，随着俄国大众的厌战情绪日益高涨，社会主义温和派所处的位置给政府外唯一有组织的派别——布尔什维克留出了调动草根支持的空间。如果 1917 年布尔什维克公开主张与德国单独媾和，那么他们的事业就全完了。通过声称——甚至经常是相信——能够在不与德国单独媾和的情况下结束战争，他们避开了这一陷阱。

外国的介入是布尔什维克成功的关键因素。1917 年，列宁在德国的帮助下回到俄国。在和平时期，德国将带领欧洲介入，对抗革命。在战争时期，柏林尽一切可能鼓励俄国分裂。欧洲的有效介入还总是要倚靠德国。在战后的 1918 ~ 1920 年，西方民主国家和它们疲惫的军队进行了三心二意而无用的介入，证实了这一点。在这一介入发生后，不论战时环境怎样，都能让布尔什维克至少有一年时间守住他们的关键资源，并稳固与俄国大城市和中部省份的联系。在俄国内战中，掌控国家地缘政治核心才是决定性的。[15]

俄国在第一次世界大战期间面临的关键问题，较 1812 ~ 1814 年和 1941 ~ 1945 年更为突出。拿破仑战争发生在工业革命前。在 1812 ~ 1814 年，俄国经济完全满足前工业化时期的战争需求。君主的权威在当时几乎所有俄国人眼中是完全合乎法理的，国家很好地与政治意义上的国民——当时指的仅仅是贵族——融为一体。军队也显然是前现代的，专业的老兵对他们所属军团和祖国的绝对忠诚有助于军队变得强大。到 1941 年，20 世纪 30 年代的工业化已经发展出了较 1914 年强得多的战时经济基础。尤其是在斯大林治下，即使是在和平时期，苏维埃的计划经济多多少少都处于战时状态。斯大林在 1942 年确立了

356

众多俄国人在 1914～1917 年渴望的集权与协调制。政权得到社会的巨大支持，但也实施强力统治，让党内外所有可能的反对派都屈从了。这与 1914 年沙皇政体的反差不言自明。无论从经济、军队还是政府角度看，俄国都陷入了一个颠覆旧制度却没找到可行的替代制度的现代化进程中。[16]

但是，比较这三场战争的持续时间和发生之地还是有用的。1917 年 3 月，战争开始 31 个月后，俄国革命爆发了。1812 年 6 月，拿破仑入侵俄国 21 个月后，亚历山大一世带领俄军开进了巴黎。希特勒入侵 31 个月后，二战远未结束，而且可怕的伤亡和贫困阴云仍笼罩在苏联军队和人民头上，但莫斯科、斯大林格勒、库尔斯克的伟大胜利证实局势已经逆转，而且最终必然获得胜利。相反，在 1917 年 3 月，战争还远远望不到头。1916 年夏季布罗希洛夫（Brusilov）的攻势摧毁了奥地利军队，抓了好几千名战俘，给最后取胜带来了极大希望，但也带来了极大的伤亡和最终的失望。

这也与 1914～1917 年没有一场战斗是发生在大俄罗斯（Great Russia）有关。1812 年，拿破仑的军队开进了莫斯科，城市遭焚。希特勒深入大俄罗斯，而且他的军队对俄国民众施以诸多暴行。因此在 1812 年和 1941～1945 年，要唤起俄国民众的抗敌爱国热情，远较 1914～1917 年容易。用"为了斯拉夫人的团结、海峡的所有权，或其他真实但抽象的声明——俄国安全要倚赖所谓的欧洲力量均势，你可能死在白俄罗斯的某个战壕里"这种观点来唤起远在俄国腹地村庄、被征召入伍的农民的热情，简直是不可能完成的任务。一位审问过很多协约国战俘的德国情报高官后来写道，法国和英国士官认为自己知道为什么与德国作战，俄国士兵们则一头雾水。[17]

俄国乃至欧洲大部分后续历史都是围绕 1916 年与 1917 年之交的冬季所发生之事展开的。这些带有戏剧性而又迅速的事件展开，让人们想起把整个欧洲都拖入战争的 1914 年夏。到 1916 年秋，德国人——不仅仅是军队指挥官，也有多数议会领导人——确信，如果不尽快突出重围，那么他们将失去胜利。他们将英国看作敌对同盟的核心，并相信不可能在陆上打败它。所以他们发动了无限制潜艇战，意图在经济上给英国以重击。德国海军和陆军领导者中，悲观者认为这要花六个月，乐观者认为只需要用一半的时间英国就屈服了。但是这些预测被证明是错的。无限制潜艇战在 1917 年 4 月把美国拖入了战争，而此时在俄国爆发的革命开始削弱俄国的战争努力，更引领了一条东线单独媾和之路。[18]

即使美国没有卷入战争，德国也无法在西线击溃英国和法国，虽然它在 1918 年春已经快实现这一点了。没有美国的帮助，协约国更不可能取得胜利。到 1916 年与 1917 年之交的冬季，我们有充分理由怀疑协约国的财政是否还能支撑战争的进程。美国的介入将伦敦和巴黎从这场噩梦中拯救了出来。要是不知道大规模美国增援近在眼前，协约国军队的士气和获胜信念该如何换过多灾多难的 1917 年呢？在这些灾难中，俄国革命、法军哗变和意大利在科巴里德（Caporetto）战斗中被德奥联军击溃，尤为突出。1918 年春，在没有过多借助美国军事援助的情况下，法国和英国阻止了鲁登道夫的攻势，但是在 1918 年后半年战胜德军的反击中，美国的介入变得越发关键。如果美国不介入第一次世界大战，那么西线最可能的结果就是平局，并且双方会在无法击溃对方的疲惫对峙中最终妥协。

关键在于，对德国来说，要想彻底赢得第一次世界大战，

358

西部的胜利并不是必需的。要是在控制中欧和东欧资源的较量中德国战胜俄国，那么西线大体上的平局很大程度上就可以确保柏林对大部分欧洲的控制。基于这一点，欧洲地缘政治的框架将显露出来。在 20 世纪，只有德国和俄国有机会成为欧洲霸主。欧洲的两次世界大战，无外乎俄国和德国对欧洲大陆中部和东部的争夺，从而大体上获得制霸欧洲的权力。1917 年的俄国革命给了德国机会，1941 年，机会再度出现。德国在 1945 年的惨败，使大部分中欧和东欧地区在两代人的时间里受俄国人掌控。如果美国没有在 1945 年之后全力进入欧洲来平衡苏联的权力，那么莫斯科的扩张会向西延伸得更远，至少在一段时间里是这样。

布尔什维克在俄国掌权后便立即与德国进行和谈，最终于 1918 年 3 月 3 日签订《布列斯特－立托夫斯克条约》。俄国失去了芬兰、波罗的海各省、波兰和格鲁吉亚。德军占领了克里米亚，鲁登道夫视此地为德国未来的殖民地。更重要的是，莫斯科不得不承认乌克兰独立。实际上，与俄国在《布列斯特－立托夫斯克条约》中失去的大多数土地一样，"独立的"乌克兰只能作为德国的附庸存在。任何乌克兰政权都无法调用充足的资源和忠诚去对抗俄国。与奥属加利西亚——在那里，延续两代人的民事和政治权利使乌克兰民族主义有条件深深扎根于农村——不同，俄属乌克兰的大多数农民还缺乏民族身份认同感。本书前面章节提过，城市主要由俄罗斯人、波兰人和犹太人掌控，他们通常互相看不顺眼，甚至超过了对乌克兰民族主义的蔑视。除非柏林"保护"在基辅的附庸政权，不然莫斯科就能重返乌克兰，不仅仅利用俄罗斯的力量，甚至还会支持共产党、犹太人和在乌克兰的俄罗斯人。这并不等于说，乌克兰作为附庸的地位在某种角度上是"不合法"的。给予一定时间，这个国家就能给大多数人口灌输"乌克兰是独立国家"的认同感。《布列斯特－立托夫斯克条约》确立的国家乌克兰，无论如何都比"一战"后期英国很大程度上为了控制美索不达米亚的石油而建立的附庸——伊拉克更为"真实"。[19]

　　实际上，如果德国能巩固对《布列斯特－立托夫斯克条约》承诺的中东欧的控制，那么它就有可能赢得第一次世界大战。大体上，德国在 1917～1918 年在理论上有可能在欧洲建立帝国。但即便没有美国介入，柏林能否将这一可能付诸实际还是个问题。武力征服领土，只是构建帝国的第一步，往往也是最容易的一步。政治上的稳固才是更大的挑战。拿破仑发现了这点，1756～1783 年英国在北美也是如此。面临战争压力后，英国要巩固在爱尔兰、埃及和印度的帝国存续，这异常困难。在印度和埃及，他们在付出诸多努力和若干妥协后最终成功；而在爱尔兰，他们失败了。1918 年战争胜利后，英国扩张帝国的企图也遇到了很多问题。为了保住伊拉克，他们不仅要镇压当地暴动，还要对当地精英做出很大让步。同时，英国试图进一步间接控制安纳托利亚（Anatolia）和高加索，这导致战线过度拉长和失败。同样，德国在东欧建立新帝国也面临巨大困难。政治敏锐几乎就不是 1900～1918 年这段时间德国领导人的标志。然而，随着俄国力量在此后几年的衰弱，德国向东扩张、建立新帝国的可能性在向他们招手。德国不仅拥有军事力量，也受经济和文化力量的推动。如果运用得当，当地民族主义也可能成为德国人手上的有力武器。[20]

　　首先，德国必须保住乌克兰这一地区。在斯大林发展乌拉尔工业区前，没有乌克兰，俄国不会成为强国。继续这样发展

359

下去，德国在欧洲的霸业就指日可待了。在 1914 年，柏林显然
不是为建立独立的乌克兰而卷入战争的。就如人们认为的那样，
维也纳在这方面带了头。1914 年 11 月，外交大臣贝希托尔德
伯爵劝说同盟国应当"欢迎独立的国家乌克兰成立"。最后，
基于诸多理由，奥地利成了最不情愿支持乌克兰独立的国家。
关键是柏林和维也纳也在争取波兰人，他们认为乌克兰独立是
个灾难，而对加利西亚多地，各国仍声称自己拥有所有权，这
种竞争不可调和。即便在 1917 年 3 月沙皇政权垮台之后，德国
和奥地利的政策仍是容忍乌克兰的民族主义宣传，而不愿意致
力于乌克兰独立。[21]

　　布尔什维克的掌权和在布列斯特 - 立托夫斯克的漫长和谈
改变了局势。乌克兰在基辅的自治政府打算同意留在由温和社
会主义者掌权的俄罗斯联邦。布尔什维克治下则是另一回事。
布尔什维克掌权后，基辅宣布独立并向德国求助，以应对俄国
布尔什维克的入侵。对同盟国来说最重要的是，援助乌克兰政
府是一条途径——既能为饥饿的维也纳和柏林市民谋得乌克兰
粮食，还能迫使布尔什维克不再采用拖延战术、同意和约条款。
他们希望如此。但在这个短期目标下深深隐藏的，是利用乌克
兰独立而不断膨胀的德意志地缘政治野心。

　　在乌克兰，柏林政府很快就遇到了诸多障碍。乌克兰农村
因农民革命和渴望土地陷入混乱。与在莫斯科的布尔什维克一
样，德国人发现从农村弄到粮食特别困难。与布尔什维克不同，
德国人支持地主精英，部分是出于政治同情，但主要还是因为
这似乎是最好的获得粮食的方法。对基辅的乌克兰社会主义政
府失望后，柏林支持了一场政变，将沙皇麾下的前将军帕维
尔·斯科罗帕茨基（Pavlo Skoropadskyi）推上权力巅峰。在庞

大而又陷入无政府状态的乌克兰，统治者的变化不可能迅速组建起有影响力的政府。在暴乱中，德国的首席民事行政官试图在乌克兰推行他战前的经验——这些是从研究英国在爱尔兰推行土改和帮助管理日本在朝鲜的铁路系统中获得的，将德国在乌克兰的事业放到了恰当的帝国主义背景下。但是，乌克兰1918 年的政局即使对比爱尔兰也很复杂。与他们在俄国的白色反革命"同行"一样，乌克兰精英很少有镇压社会变革的想法。并非大多数精英成员支持乌克兰独立，甚至在斯科罗帕茨基内阁中都有不少人希望长期而言，重新同非布尔什维克的俄国统一。到 1918 年夏天，柏林的关键人物都对未来乌克兰的长期独立失去希望，而且他们认为俄国的影响力太强，难以抗衡。[22]

　　无论怎样，将 1918 年乌克兰独立的所有机会一笔勾销是危险的。在一切都未知的年月，一切皆有可能。列宁与德国皇帝签订和约，是希望德国的社会主义革命不久能打破这一和平局面。对柏林来说，赢得战争才是首要的。至于俄国，主要目的是反对白色政权，因为白色政权的胜利将让对德国心怀敌意，并且让亲协约国的俄罗斯民族主义者掌权。在这种情况下，支持布尔什维克并签订经济协定才是上策。德国在 1918 年 8 月同意与布尔什维克俄国建立更加广泛的经济合作，次月，就与乌克兰签订了更有野心的条约，打算对关键经济领域进行长期控制。斯科罗帕茨基造访德国，受到赞同乌克兰独立的轰动性演讲的迎接。不管怎样，对德国政策的所有评判都要考虑美国介入战争给他们带来的绝望。如果美国不介入，德国就能有更多时间和资源去根据《布列斯特－立托夫斯克条约》在东部巩固成果。某些时候，柏林几乎不得不在支持乌克兰独立和与俄国

361

恢复邦交之间做出选择。很难说该选哪条路。原则上，就德国出口贸易而言，俄国的市场始终比乌克兰大。此外，布尔什维克治下的俄国没有像 1913 年沙皇俄国时那么富裕的市场，更不用说出现一个发达的资本主义俄国了。长远来看，一个获胜的德意志帝国是无法容忍一个社会主义的俄国政权的。此外，乌克兰政府会用一种莫斯科政权绝对不可能有的安全方式来倚靠柏林。[23]

到头来，美国的介入和协约国军队在西线的胜利，意味着德国在乌克兰和俄国边境的统治没有时间扎根。诚如已经指出的，如果没有美国介入，第一次世界大战将会以偏向德国的平局告终。这一妥协的和平是否会比《凡尔赛和约》重塑的和平秩序维持得更长久，是个有趣的问题。《凡尔赛和约》带来的重大欧洲秩序问题，如果没有美国的介入将不会出现。美国在战后退回"孤立主义"，破坏了和平所依赖的力量。随着英国也半撤出欧洲事宜，维持《凡尔赛和约》的义务就落在了并没有能力单独担此重任的法国身上。[24]

即便没有美国的不干涉政策和英国专注于欧洲以外的帝国事务，在东欧的凡尔赛秩序也会是欧陆和平的最大威胁。这部分是缘于哈布斯堡帝国的消失，让欧洲中东部地缘政治出现了巨大真空。法国费了很大力气想让哈布斯堡王朝的继承国家联合起来，成为有影响力的盟友，这个努力却失败了。即便联合，这些国家也无法成为强权。无论如何，它们从未联合过，反之却遭受内外民族主义冲突的折磨。在 1918 年哈布斯堡帝国崩塌前数十年，奥地利政治家就警告过，君主制的倒台将使德国和俄国为争夺对中东欧的控制，进而掌握整个欧洲大陆而发生面对面的冲突。这一预言在 1933 ~ 1945 年成了真。

凡尔赛秩序的一大弱点就是，它是针对德国和俄国而定的，二者均是第一次世界大战的战败者，而且在和会中没有发挥任何创造性作用。因为德国和俄国仍是欧洲潜在的两大最强国家，这让战后秩序建立在一个极其脆弱的基础上。当德国在 20 世纪 30 年代重新对欧洲和平构成威胁时，最直接的回应就是重建 1914 年前曾夹击柏林的同盟（俄、法、英）。就算英国逃避欧洲大陆事宜，如果俄国参与和平协议的制定，而且与法国结盟稳固战后秩序，那么希特勒可能在他成为欧洲和平真正的威胁前就早早停住脚步。至于为什么这些事在 20 世纪 30 年代没有发生，原因有很多，其中之一是布尔什维克革命。[25]

1918 年后，俄国与德国一样，无疑由修正主义者掌权，甚至在领土问题上也一定程度是这样。在 1939 年与斯大林签订互不侵犯条约时，希特勒可以用俄国在第一次世界大战中因落败而失去的领土——波罗的海各省、波兰东部和比萨拉比亚（Bessarabia）来贿赂斯大林。作为《凡尔赛和约》的结果，俄国同中欧的联系被波兰和罗马尼亚截断了。这两个国家的统治者均视俄国和共产主义为他们的主要敌人，而且极不情愿让苏维埃军队以任何理由通过他们的领土。他们完全有理由认为，当不需要他们时，绝对不可能指望他们自行离开。因此，苏联介入对抗希特勒的能力被大大削弱了。更重要的是，在英国和法国眼里，苏联从来都不是维持欧洲秩序的可靠保证人。准确地说，巴黎和伦敦相信与斯大林的任何同盟在莫斯科看来都只是权宜之计，直到德国的威胁消失和社会主义革命再次临近。西方盟友们都有轻视苏联力量的倾向，尤其在 1937 年大清洗削弱了军队和苏联外交力量之后。但他们相信的这一点是事实：战前那些年里，希特勒正威胁着数百万人的生命，苏联则已经

363

清洗了数百万人。

斯大林确实是个强人，他对国际关系的看法深受列宁影响，他把自由主义同法西斯画上等号，而且对伦敦和巴黎的每个举动冷嘲热讽。不管怎样，斯大林在1939年的外交政策和马克思主义一点儿都不沾边。当德国在20世纪30年代重新构成威胁时，苏联政府在很多方面都处于与1914年之前尼古拉二世相似的困境，虽然此时的选择要比二十年前更为清晰和严酷。它既可以与法国和英国联合限制德国，也可以通过与柏林达成一些协议把德国的野心西引。

在1939年，斯大林选择与希特勒做交易。某种程度上，他的理由是源自彼得·杜尔诺沃和米哈伊尔·缅希科夫的做法。一整代德国人都会被牢牢拴在与英法的战斗中，远离俄国边境。在这一时期，俄国能够开发自己的资源、稳固政治，并成为相对而言强大得多的国家。法国安全地躲在马其诺防线后，英国军队还没准备好发动大陆战争，俄国的领导人比1914年更有理由相信，如果加入英法同盟，他们要承受大部分战争压力。斯大林的预估犯了大错：希特勒六周就解决了法国，将英国驱逐出大陆，并且处于一种动用大部分欧洲资源对抗俄国的状态。但是，斯大林的失算是可以理解的。希特勒的胜利不仅让法国和英国人震惊，而且让大多数德国将军吃了一惊。1941年6月之后，苏联几乎是独力面对德国的猛攻，最终获胜，但也损失惨重。[26]

认为在与德国对抗还是跟它一伙的选择上，俄国政府于1914年之前和1939年都犯了错误，这个观点是有待商榷的。显然，1914年之前的威慑战略和斯大林主义的偏向战略都导致了意外的结局。1914年之前对抗德国的企图，导致战败、革命、内战和布尔什维克掌权。1939 年与希特勒的交易，最终使俄国处于自 1811 年以来从未有过的脆弱境地。对俄国领导人来说，在 1914 年之前和 1939 年采取相反的战略都导致了灾难，这表明，选择非常艰难，而且代价巨大。对俄国人民来说，这场巨大悲剧中的一个关键就是，通过使俄国脱离一战胜利阵营，1917～1918 年的革命和战败使得第二次冲突更可能发生。

后 记

365　　　1914 年，对俄国和对德国来说，都是新纪元。第一次世界大战的灾难直接导致了更可怕的灾祸。战争引发了革命、内战、饥荒和独裁统治。20 世纪 20 年代的希望——革命政权会随着时间的推移变得温和——在 30 年代破灭了，原因是更严重的饥荒、恐怖、革命进程伴随着俄国人民。由于诸多原因，20 世纪的俄国历史可能是艰难和危机四伏的，但斯大林主义的失误显然不是不可避免的。在本书的语境中，最大的悲剧可能就是在第一次世界大战中 200 万俄国人的死没有得到很好的反思。很大程度上由于俄国脱离战争的方式和它被排除在和平协议之外，一战后欧洲的国际关系变得更加不稳固。这直接导致了第二次世界大战，葬送了 2000 多万苏联人民的生命。

　　俄国出于安全、利益和身份认同的考虑参加了第一次世界大战。安全，首先意味着巩固欧洲力量平衡，对抗日益强大的德国和可能的德意志主义扩张威胁。利益，意味着希望能在海峡和巴尔干地区占据优势。身份认同，意味着俄国作为强国和
366　斯拉夫民族领袖的地位。如上所述，安全、利益和身份认同之间的关系相当紧密。在我看来，1914 年以前俄国外交政策的批评者——彼得·杜尔诺沃、罗曼·罗森、亚历山大·吉尔斯等人——在很多方面都是对的。第一次世界大战是主要因利益冲突、恐惧和随着奥斯曼帝国、奥匈帝国的衰落产生的野心而造成的争斗。这一危机只有俄德联合才能和平解决。官方夸大了

这两者的重要性：海峡，以及俄国的假定"使命"——在一个当务之急是与德国和奥地利维持和平及良好关系的时代，领导斯拉夫民族。然而，俄国的可能选择都相当艰难，关于圣彼得堡采取的外交策略，也出现了有根有据的辩护。格里戈里·特鲁别茨科伊、亚历山大·伊兹沃利斯基和亚历山大·本肯多夫绝对不傻。谢尔盖·萨佐诺夫很大程度上遵循了他们确立的路线，是历任俄国外交大臣中最正派的之一。

要理解俄国外交政策，就必须结合国际环境并比较。例如，控制海峡的企图必须被看作世界范围内帝国主义的一种表现，之前它已经目睹了英国对苏伊士运河的占有和美国对巴拿马的控制。"泛斯拉夫主义"对俄国来说，一定程度上等同于那些能够巩固德意志、盎格鲁 - 美利坚团结的思想观念。圣彼得堡和伦敦都强烈相信，力量均势是维持欧洲安全的关键。当然，俄国政府和政策有自己的特色，但夸大其异族特性是没有意义的。这本书解释了俄国外交政策，并把它与更广阔的俄国历史、内政发展联系起来。它检视了俄国对外政策、战争和革命之间的关系。它基于一系列新史料，对这些问题进行了原创性解释。但本书的核心是，试图将导向 1914 年的国际危机作为一个整体来看待。在我看来，在这些方面俄国视角非常有帮助。值得重复的是，第一次世界大战的首要属性是东欧冲突，但是围绕着它的关键问题也出现了——帝国与民族主义、地缘政治与身份，它们是所有 20 世纪世界历史的核心。

显然，当代读者会问：在 1914 年把世界拖入深渊的力量在 21 世纪是否仍意义重大？从某些方面说，是这样。1989 年后，俄德同盟的旧有模式重新出现。苏联的解体和俄罗斯的衰弱导致了德国的统一。我们如今再次活在一个欧洲领导人只能来自

367

德国的世界。如何让那一领导阶层确有助益，且既能被欧洲人民也能被德国人自己所接受，仍是个难题。但是，已有诸多改变。安格拉·默克尔的德国与威廉二世的德国截然不同。与尼古拉二世不同，弗拉基米尔·普京统治的不是半文盲农民占人口大多数的多民族帝国。乌克兰曾经且直至现在对俄国来说都十分重要，但根据 1914 年做出推断，猜测俄罗斯如果吞并乌克兰东部"锈带"（rust belt）后将再次成为大帝国，则是空谈。乌克兰不再是欧洲地缘政治的中心，欧洲也不再是世界的中心。

从全球视角比较 1914 年之前的国际关系，总是意义重大。帝国主义时代的基本地缘政治的前提是，要真正成为强国，广阔的领土必不可少。关键的难题是，在民族主义时代如何让统治广阔领土的政权具有合法性。欧盟试图整合欧洲的资源，以确保在决定全球重大问题时欧洲人不会被边缘化。合法性和民族主义是它最大的问题。美国和印度等均不是传统意义上的帝国，但它们面临着与过去那些帝国同样的问题，这缘自治理广阔的领土和复杂、多样的民族。大众具备读写能力和政治意识觉醒，让这些难题甚至更加不易被掌控和解决。如果照这个趋势继续下去，美国式民主将无法抵御强国相对衰落过程中如影随形的焦虑。如果将沙皇制度仔细梳理，那么很可能会发现它对国际稳定性毫无贡献。在某些方面，科技也以熟悉的方式增加着地缘政治的紧张程度：在 1914 年之前，铁路开辟了新的地缘政治竞争领域。现在海床也是如此。

368　　我在日本半山腰的家中一边注视世界，一边构思和动笔写这本书。在思考第一次世界大战的同时，看着东亚升温的地缘竞争和高涨的民族主义呼声，并不是舒适的经历。关于第一次世界大战的一个不常见看法是，它是一场完全由欧洲人发动，却葬送了数百万其他大陆人民生命的战争。这是因为，欧洲在当时是世界的中心。如果东亚重蹈覆辙该有多绝望。令人沮丧的是，我相信在1914年之后的一个世纪，我们防止此类事情重演的主要手段依然是核武器的巨大威慑力。这让大国之间的战争没有赢家，且无法想象。但爆发"新三十年战争"——这会毁灭欧洲文明——的可能性本应具有足够的威慑力，不让人们跌入1914年的深渊。很不幸，并非如此。战争爆发的原因主要在于国际政治的深层结构问题——首先是国家之间的权力更迭，以及族裔民族主义对特定帝国和植根于帝国的全球秩序威胁加大。1914年7月的灾难，大部分原因也在于关键决策者的失算和推行外交冒险政策。这些因素依然是对和平的极大威胁。

译者致谢

感谢吴畋、王宸以及菱州蕉客的支持，尤其感谢王宸前辈的全面协助。

注　释

引言

1. 我在这本书里会明显更详细地讨论这些问题，见 D. Lieven, *Empire：The Russian Empire and Its Rivals*（London，2000）。

2. 首先见 R. Bobroff, *Roads to Power*（London，2006），and S. McMeekin, *The Russian Origins of the First World War*（Cambridge，Mass.，2011）。尽管 Bobroff 的著作是以更广泛的证据为基础的更平衡的叙述，说英语的历史学家却更关注 McMeekin 更具争辩性的著作。

第一章

1. 见：F. S. L. Lyons, "The Watershed, 1903 – 1907" and "The Developing Crisis, 1907 – 1914," and L. P. Curtis Jr., "Ireland in 1914," in *A New History of Ireland*, vol. 6, *Ireland Under the Union, 1870 – 1921*, ed. W. E. Vaughan（Oxford，1989）；A. O'Day, *Irish Home Rule, 1867 – 1921*（Manchester，1998）。关于拉策尔，见：S. Neitzel, *Weltmacht oder Untergang：Die Weltreichslehre im Zeitalter des Imperialismus*（Paderborn，2000），p. 112。

2. J. R. Seeley, *The Expansion of England*（London，1885），pp. 75 – 76, 300.

3. H. J. Mackinder, "The Geographical Pivot of History," *Geographical Journal*, 23, no. 4（April 1904）. 关于麦金德，见：W. H. Parker, *Mackinder：Geography as an Aid to Statecraft*（Oxford，1982）；G. Sloan, "Sir Halford J. Mackinder：The Heartland Theory Then and Now," in *Geopolitics：Geography and Statecraft*, ed. C. S. Grey and G. Sloan（London，1999），pp. 15 – 38。

4. E. J. Hobsbawm, *The Age of Empire* (London, 1987), p. 59.

5. 关于罗斯伯里的评论，见：T. G. Otte, *The China Question: Great Power Rivalry and British Isolation, 1894 – 1905* (Oxford, 2007), p. 13。

6. 关于布尔战争的背景，见：J. Darwin, *The Empire Project: The Rise and Fall of the British World-System, 1830 – 1870* (Cambridge, U. K., 2009), chap. 6。更多细节，见：I. R. Smith, *The Origins of the South African War, 1899 – 1902* (London, 1996)。

7. D. G. Boyce and A. O'Day, *The Making of Modern Irish History* (London, 1996), esp. J. Hutchinson, "Irish Nationalism," pp. 100 – 119; D. G. Boyce, *Nationalism in Ireland* (London, 1991); B. Kissane, *Explaining Irish Democracy* (Dublin, 2002), pp. 79 – 114; L. Kennedy, *Colonialism, Religion, and Nationalism in Ireland* (Belfast, 1996). 有关民族主义的著作浩如烟海，我在此无法为它们提供大致导读，然而，可参见 Breuilly 的著作中相关精彩章节，它们强调 1900 年时马克思主义阵营外人士几乎普遍相信民族主义的强大力量。见：J. Breuilly, "On the Principle of Nationality," in *The Cambridge History of Nineteenth-Century Political Thought*, ed. G. S. Jones and G. Claeys (Cambridge, U. K., 2011), pp. 77 – 109。

8. S. J. Connolly, *Religion, Law, and Power: The Making of Protestant Ireland, 1660 – 1760* (Oxford, 1992), pp. 249 – 250.

9. 关于保守党，见：E. H. H. Green, *The Crisis of Conservatism: The Politics, Economics, and Ideology of the British Conservative Party, 1880 – 1914* (London, 1996); G. D. Phillips, T*he Diehards: Aristocratic Society and Politics in Edwardian England* (Cambridge, Mass., 1979), p. 107。关于塞尔伯恩对张伯伦的评论，见：P. T. Marsh, *Joseph Chamberlain: Entrepreneur in Power* (New Haven, Conn., 1994), chaps. 14 – 20。

10. Phillips, *Diehards*, p. 107.

11. 有关内战的作品很多。关于南部邦联及其战事，开始时可阅读：G. W. Gallagher, *The Confederate War* (Cambridge, Mass., 1977)。关于 19 世纪英美地缘政治关系，见一部发人深省的著作：K. Bourne, *Britain and the Balance of Power in North America, 1815 – 1908* (London, 1967)。关于索尔兹伯里，见：M. MacMillan, *The War That Ended Peace*

（London，2013），p. 34。

12. P. Rohrbach，*Deutschland unter den Weltvölkern：Materialen zur auswärtigen Politik*（Berlin，1903），pp. 119ff. 关于本段所述问题的背景，见：A. Rose，*Zwischen Empire und Kontinent：Britische Aussenpolitik vor dem Ersten Weltkrieg*（Munich，2011），esp. pp. 279 – 299 on Anglo-American relations。另参见的一本经典著作是：A. L. Friedberg，*The Weary Titan：Britain and the Experience of Relative Decline，1895 – 1905*（Princeton，N. J.，1988）。关于英国的安抚，见：W. LaFeber，*The New Cambridge History of American Foreign Relations：The American Search for Opportunity，1865 – 1913*（Cambridge，U. K.，2012），vol. 2，pp. 114 – 119。关于鲍尔弗，见：J. Tomes，*Balfour and Foreign Policy*（Cambridge，U. K.，1997），pp. 173ff。

13. 关于英美在伦理与意识形态上的融洽，见：D. Bell，*The Idea of Greater Britain：Empire and the Future of World Order，1860 – 1900*（Princeton，N. J.，2007）；S. Vucetic，*The Anglosphere：A Genealogy of Racialized Identity in International Relations*（Stanford，Calif.，2011）。

14. Darwin 的 *Empire Project* 反复提及这一主题。

15. 关于欧洲税收，见：D. Lieven，*Russia Against Napoleon：The Battle for Europe，1807 – 1814*（London，2009），p. 547nn24，25。关于印度，见：R. K. Ray，"Indian Society and the Establishment of British Supremacy，1765 – 1818，" in *The Oxford History of the British Empire：The Eighteenth Century*，ed. P. Marshall（Oxford，1998），vol. 2，p. 522。

16. 我在 *Russia Against Napoleon* 中更详细地探讨了这些问题，关于它们的进一步讨论，尤其见第 553 ~ 554 页的注释 50 ~ 58。

17. Rohrbach，*Deutschland unter der Weltvölkern*，pp. 1 – 4.

18. Ibid.，p. 13.

19. Ibid.，pp. 3 – 14.

20. Neitzel，*Weltmacht oder Untergang*，pp. 113 – 114.

21. 英文著作中最全面的总体观点，见：T. R. E. Paddock，*Creating the Russian Peril：Education，the Public Sphere，and National Identity in Imperial Germany，1890 – 1914*（Rochester，N. Y.，2010）；R. C. Williams，"Russians in Germany，1900 – 1914，" in 1914：*The Coming of*

the First World War, ed. W. Laqueur and G. L. Mosse (New York, 1966), pp. 254 - 283。德语著作可见这些例子: F. T. Epstein, "Der Komplex 'Die russische Gefahr' und sein Einfluss auf die deutsch-russischen Beziehungen im 19 Jahrhundert," in *Deutschland in der Weltpolitik des 19 und 20 Jahrhunderts*, ed. P. - C. Witt (Düsseldorf, 1973), pp. 143 - 159。还可参见下面这本书中的很多有用片段: L. Kopelew and M. Keller, eds., *Russen und Russland aus deutscher Sicht: Von der Bismarckzeit bis zum Ersten Weltkrieg* (Munich, 2000), vol. 4. See esp. pt. 1, chaps. 1 and 2, by U. Liszkowski and M. Lammich, pp. 111 - 98, and pt. 2, pp. 427 - 521, the two chapters on the Balts by M. Garleff. P. Rohrbach, Der Krieg und die Deutsche Politik (Dresden, 1914), p. 70。

22. L. M. Easton, ed., *Journey to the Abyss: The Diaries of Count Harry Kessler, 1880 - 1918* (New York, 2011), pp. 370 - 371, 637.

23. 我在有关 19 世纪英国、德国、俄国贵族历史的著作中做了很多这类比较, 见: D. Lieven, *The Aristocracy in Europe, 1815 - 1914* (London, 1992)。关于 "绅士资本主义", 见: P. J. Cain and A. G. Hopkins, *British Imperialism*, 2 vols. (London, 1993). T. Weber, *Our Friend "The Enemy": Elite Education in Britain and Germany Before World War I* (Stanford, Calif., 2008), 尤其见第一章与第三章, 此二章强调了精英阶层男性价值观中的相同点。

24. Rohrbach, *Deutschland unter der Weltvölkern*, pp. 62 - 75.

25. F. Ratzel, *Politische Geographie*, 3rd ed. (Munich, 1923), pp. 120, 376 - 377, 466 - 471.

26. S. Conrad, *Globalisation and the Nation in Imperial Germany* (Cambridge, U. K., 2010), pp. 27ff.; Rohrbach, *Der Krieg*, p. 15; G. D. Feldman, "Hugo Stinnes and the Prospect of War Before 1914," in *Anticipating Total War: The German and American Experiences, 1871 - 1914*, ed. M. Boemeke, R. Chickering, and S. Förster (Cambridge, U. K., 1999)。关于对自由贸易的支持, 理念问题见: F. Trentmann, *Free Trade Nation* (Oxford, 2008), 利益问题见: A. Offer, *The First World War: An Agrarian Interpretation* (Oxford, 1989)。

27. 就此主题而言，关于一般情况和威廉德国情况的缜密讨论，见：D. C. Copeland，"Economic Interdependence and War：*A Theory of Trade Expectations*，"*International Security*，20，no. 4（Spring 1996），pp. 5 – 41。

28. 关于新右翼的经典著作有：G. Eley，*Reshaping the German Right*：*Radical Nationalism and Political Change After Bismarck*（New Haven, Conn.，1980）。关于保守党，见：J. N. Retallack，*Notables of the Right*：*The Conservative Party and Political Mobilization in Germany*，*1876 – 1919*（London，1988）。关于新旧军国主义，Förster 有深刻见解，见：S. Förster，"Alter und neuer Militarismus im Kaiserreich：Heeresrüstungspolitik und Dispositionen zum Krieg zwischen Status-quo-Sicherung und imperialistischer Expansion，1890 – 1913，" in *Bereit zum Krieg*：*Kriegsmentalität im wilhelminischen Deutschland*，*1890 – 1914*，ed. J. Dülffer and K. Holl（Göttingen，1986），pp. 129 – 45。Mommsen 举例证明了德国人的看法如何逐渐激进化，见：W. J. Mommsen，"Der Topos vom unvermeidlichen Krieg：Aussenpolitik und offentliche Meinung im Deutschen Reich in letzten Jahrzehnt vor 1914，" in *Dülffer and Holl*，*Bereit zum Krieg*，pp. 194 – 225。关于德国工业对自身未来影响的非常有趣的观点，见：B. Lohr，*Die Zukunft Russlands*：*Perspektiven russischer Wirtschaftsentwicklung und deutsch-russische Wirtschaftsbeziehungen vor dem Ersten Weltkrieg*（Stuttgart，1985）。

29. 关于德国的帝国主义、自由主义与激进右翼，见以下书籍中有益的导言章节：J. - U. Guettel，*German Expansionism*，*Imperial Liberalism*，*and the United States*，*1776 – 1945*（Cambridge，U. K.，2012），pp. 1 – 42；R. Chickering，*We Men Who Feel Most German*（London，1984），esp. pp. 74 – 101；H. C. Meyer，*Mitteleuropa in German Thought and Action*，*1815 – 1945*（The Hague，1955）。关于在东方的战时政策，见：A. Strazhas，*Deutsche Ostpolitik im Ersten Weltkrieg*：*Der Fall Ober Ost*（Wiesbaden，1993），and V. Liulevicius，*War Land on the Eastern Front*（Cambridge，U. K.，2000）。

30. Rohrbach，*Deutschland unter der Weltvölkern*，pp. 60 – 61；Neitzel，*Weltmacht oder Untergang*，pp. 117 – 126，144 – 164. G. - H. Soutou，

L'or et le sang (Paris, 1989), p. 64.

31. N. DerBagdasarian, *The Austro-German Rapprochement, 1870 – 1879* (Madison, N. J. , 1976).

32. Hengelmuller to Aehrenthal, Dec. 14, 1896, Dec. 12 and 19, 1899, Jan. 22, 1900, nos. 90, 137, 138, 145, in *Aus dem Nachlass Aehrenthal: Briefe und Dokumente zur österreichisch-ungarischen Innen-und Aussenpolitik, 1885 – 1912*, ed. S. Wank, 2 vols. (Graz, 1994), vol. 1, pp. 113 – 114, 179 – 182, 191 – 193。

33. 关于德裔奥地利人, 见: B. Sutter, "Die politische und rechtliche Stellung der Deutschen in Österreich 1848 bis 1918," in *Die Habsburgermonarchie, 1848 – 1918*, vol. 3, Die Völker des Reiches, ed. A. Wandruszka (Vienna, 1980), pt. 1, pp. 154 – 339; and P. Urbanitsch, "Die Deutschen in Österreich: Statistisch-deskriptiver Überblick," in ibid. , pp. 33 – 153; E. Bruckmüller, "The National Identity of the Austrians," in *The National Question in Europe in Historical Context*, ed. M. Teich and R. Porter (Cambridge, U. K. , 1993), pp. 196 – 227。

34. 关于奥地利官吏人数, 见: A. Sked, *The Decline and Fall of the Habsburg Empire, 1815 – 1918* (London, 1989), p. 245。

35. 这两段摘自: R. Okey, *Taming Balkan Nationalism* (Oxford, 2007), esp. chaps. 9 and 10。

36. 关于帕拉茨基的评论, 见: Sutter, "Die politische und rechtliche Stellung der Deutschen," pp. 166 – 167, in *Wandruszka, Die Habsburgermonarchie*, vol. 3, pt. 1, pp. 489 – 521。

37. 关于皇帝的评论, 见: Jaszi, *Dissolution*, p. 288。关于捷克人, 见: J. Koralka and R. J. Crampton, "Die Tschechen," in Wandruszka, *Die Habsburgermonarchie*, vol. 3, pt. 1, pp. 489 – 521。关于民族主义宣传者在波希米亚等地面临的困境, 见: P. M. Judson, *Guardians of the Nation: Activists on the Language Frontiers of Imperial Austria* (Cambridge, Mass. , 2006)。关于奥地利如何管理多民族的冲突, 首先见: G. Stourzh, "Die Gleichberechtigung der Volksstämme als Verfassungsprinzip, 1848 – 1918," in Wandruszka, *Die Habsburgermonarchie*, vol. 3, pt. 1, pp. 975 – 1206。

38. 关于同爱尔兰的相似处，见注释 8、9 引用的著作，亦另见：F. Campbell, *The Irish Establishment, 1879 - 1914* (Oxford, 2009), pp. 191 - 241; Koralka and Crampton, "Die Tschechen," p. 518。关于奥地利多数派，举个例子，见：J. W. Boyer, *Culture and Political Crisis in Vienna: Christian Socialism in Power, 1897 - 1918* (Chicago, 1995)。

39. 对匈牙利民族政策的公道评价，见：Sked, *Decline and Fall*, pp. 208 - 217。关于匈牙利人，见：L. Katus, "Die Magyaren," in Wandruszka, *Die Habsburgermonarchie*, vol. 3, pt. 1, pp. 410 - 488。

40. 这一术语由 Weber 创造，见：E. Weber, *Peasants into Frenchmen: The Modernization of Rural France, 1870 - 1914* (Stanford, Calif., 1976)。

41. 关于意大利的教育，见：C. Brice, *Monarchie et identité nationale en Italie, 1861 - 1900* (Paris, 2010), pp. 112 - 117。S. Balfour, *The End of the Spanish Empire, 1898 - 1923* (Oxford, 1997), p. 85.

42. 关于意大利的背景，举个例子，见：M. Clark, *Modern Italy, 1871 - 1945* (Harlow, 1996)。关于自由主义、高等文化和上层阶级，见：G. Finaldi, "Italy, Liberalism, and the Age of Empire," in *Liberal Imperialism in Europe*, ed. M. P. Fitzpatrick (New York, 2012), pp. 47 - 66。

43. Friedel 的著作提供了不错的叙述，见：F. Friedel, *The Splendid Little War* (London, 1958)。LaFeber 的著作提供了当代阐述与进一步阅读的指导，见：LaFeber, *The New Cambridge History of American Foreign Relations*, vol. 2, The American Search for Opportunity, pp. 122ff。

44. 关于这一点及英德关系，首先见：D. Geppert, *Pressekriege, Öffentlichkeit, und Diplomatie in den deutsch-britischen Beziehungen, 1896 - 1912* (Munich, 2007), 另见：Rose, *Zwischen Empire und Kontinent*, pp. 41 - 102。

45. 关于克里斯皮，见：C. Duggan, *Francesco Crispi* (Oxford, 2002)。关于西班牙政治，比如，见以下著作中的论文：F. J. Romero Salvadó and A. Smith, eds., *The Agony of Spanish Liberalism: From Revolution to Dictatorship, 1913 - 1923* (Houndmills, 2010), esp. Salvadó and Smith, "The Agony of Spanish Liberalism and the Origins of Dictatorship: A European Framework," pp. 1 - 31; J. M. Luzón, "The Government, Parties, and the King, 1913 - 1923," pp. 32 - 61; and P. La Porte, "The Moroccan Quagmire and the Crisis of Spain's Liberal System," pp. 230 -

54。关于意大利，举个例子，见：Clark, *Modern Italy*, esp. pp. 43 - 91。

46. 关于1898年与其影响，首先见：Balfour, *End of the Spanish Empire*。关于同早期帝国的对比，见：M. P. Costeloe, *Response to Revolution*: *Imperial Spain and the Spanish American Revolution* (Cambridge, U. K., 1986)。有一些同葡萄牙的有趣对比，见：H. de la Torre Gómez, "La crise du libéralisme en Espagne et au Portugal (1890 - 1939)," in *Crise espagnole et renouveau idéologique et culturel en Méditerranée fin XIXe-début XXe siècle*, ed. P. Aubert (Aix-en-Provence, 2006), pp. 117 - 135。

第二章

1. 关于俄国和普鲁士的官吏人数，见：R. E. Jones, *The Emancipation of the Russian Nobility, 1762 - 1785* (Princeton, N. J., 1973), p. 182。

2. 关于现代帝国的比较史，见：J. Burbank and F. Cooper, *Empires in World History*: *Power and the Politics of Difference* (Princeton, N. J., 2010)。我在 *Empire* 中将俄国作为帝国比较研究的中心。

3. 除了上面提到的两本著作，由 P. Bang 和 C. Bayly 编辑、2015年出版的三卷帝国史也会为比较研究做出重大贡献。

4. 关于这些主题的简短背景资料，最好的是这本著作的插图：P. Bushkovitch, *A Concise History of Russia* (Cambridge, U. K., 2012)。我在 *Empire* 中较为详细地比较了俄国与奥斯曼帝国。关于俄国上层阶级与其同君主国的关系，我在以下文字中总结了自己的观点："The Elites," in *The Cambridge History of Russia*, vol. 2, *Imperial Russia*, ed. D. Lieven (Cambridge, U. K., 2006), pp. 227 - 244。

5. 与波斯的对比，出自：R. Pipes, *Russia Under the Old Regime* (London, 1974), pp. 20 - 21。Pipes 的第一章出色地介绍了俄国政府受到的地理和气候制约。

6. 关于俄国经济活动，首先见：B. V. Ananich and R. Sh. Ganelin, *Serge Iulevich Vitte i ego vremia* (St. Petersburg, 1999), and P. Gatrell, *The Tsarist Economy, 1850 - 1917* (London, 1986)。

7. D. Mendeleev, *Kpoznaniiu Rossii* (St. Petersburg, 1906), p. 67; N. B. Weissman, *Reform in Tsarist Russia* (New Brunswick, N. J., 1981), p. 11;

E. Muenger, *The British Military Dilemma in Ireland*: *Occupation Politics*, *1886–1914* (Lawrence, Kans., 1991), p. 82. 英语世界中，首位把欠缺统治提上议程的历史学家是 S. F. Starr，见：S. F. Starr, *Decentralization and Self-Government in Russia*, *1830–1870* (Princeton, N. J., 1972)。

8. 对铁路的费用估算，出自：S. Marks, *Road to Power*: *The Trans-Siberian Railroad and the Colonization of Asian Russia*, *1850 – 1917* (London, 1991), p. 217; 1990 年俄国预算的数字，出自：George Vernadsky, ed., *A Source Book for Russian History from Early Times to* 1917 (New Haven, Conn., 1972), vol. 3, pp. 822 – 824。

9. 有关民族主义和俄罗斯帝国的参考文献浩如烟海，以下这本著作提供了不错的介绍：T. R. Weeks, "Separatist Nationalism in the Romanov and Soviet Empires," in *The Oxford Handbook of the History of Nationalism*, ed. J. Breuilly (Oxford, 2013)。整本手册提供了对比的绝佳范围，进一步提升了 Weeks 文章的价值。关于俄国对哈布斯堡帝国的看法，可参见我在第四章第一段的讨论。

10. 这些数据都来自以下这本著作中关于乌克兰的部分：*Ekonomicheskaia istoriia Rossii*: *Entsiklopediia*, 2 vols. (Moscow, 2009), vol. 2, pp. 980 – 1000。

11. 引自：O. Andriewsky, "The Politics of National Identity: The Ukrainian Question in Russia, 1904 – 1912" (PhD diss., Harvard University, 1991), p. 250。

12. 比如，见：D. Saunders, *The Ukrainian Impact on Russian Culture*, *1750 – 1850* (Edmonton, 1985), and the articles by P. Waldron, A. Miller, T. Zhukovskaya, and J. Remy, in *Defining Self*: *Essays on Emergent Identities in Russia*. *Seventeenth to Nineteenth Centuries*, ed. M. Branch (Helsinki, 2009)。

13. 引自：D. Saunders, "Russia's Ukrainian Policy (1847 – 1905): A Demographic Approach," *European History Quarterly*, 25, no. 2 (1995), pp. 186 – 187。另见：A. I. Miller, '*Ukrainskii vopros'v politike vlastei i russkom obshchestvennom mnenii* (*vtoraia polovina XIXv*) (St. Petersburg, 2000)。

14. 需阅读的两本关键著作是：F. Hillis, *Children of Rus'*: *Right-Bank Ukraine and the Invention of a Russian Nation* (Ithaca, N. Y., 2013), and

Andriewsky, "Politics of National Identity"。遗憾的是，Andriewsky 的作品仍然是未发表的博士论文。关于乌克兰农民的意识，见：S. Plokhy, *Ukraine and Russia: Representations of the Past* (Toronto, 2008), chap. 8。然而，关于革命年代的国家建设，可阅读以下这本著作的观点：S. Velychenko, *State Building in Revolutionary Ukraine: A Comparative Study of Governments and* Bureaucrats, *1917 – 1922* (Toronto, 2011)。

15. 关于缅希科夫的生平和思想，下面这本书的词条总结得不错：V. V. Shelokhaev et al. , eds. , *Russkii konservatizm: Serediny XVIII – Nachala XX veka* (Moscow, 2010), pp. 289 – 295。第 295 页的详细传记特别有用，不仅引用了他的回忆录，还引用了他的很多作品集。引文见："Dolg velikorossii," March 11, 1914, *Novoe Vremia*, reproduced in M. B. Smolin, ed. , *Pis'ma k russkoinatsii'* (Moscow, 1999), p. 463。

16. "Dolg velikorossii," Novoe Vremia, March 11, 1914 (OS), reprinted in Smolin, *Pis'ma*, pp. 460 – 473.

17. 关于卢森尼亚人，见：P. Magosci, *The Shaping of a National Identity: Subcarpathian Rus, 1848 – 1948* (Cambridge, Mass. , 1978)；关于博布林斯基，见第三章。

18. 关于加利西亚，见：P. Magosci, *The Roots of Ukrainian Nationalism: Galicia as Ukraine's Piedmont* (Toronto, 2002); A. S. Markovits and F. E. Sysyn, eds. , *Nation-Building and the Politics of Nationalism: Essays on Austrian Galicia* (Cambridge, Mass. , 1982)。以下这本著作是论述俄奥在乌克兰问题上紧张关系的关键作品，作者在第 128 页及后页讨论了普选制对加利西亚政局的影响和民族主义运动的发展：K. Bachmann, *Ein Herd der Feindschaft gegen Russland: Galizien als Krisenherd in den Beziehungen der Donaumonarchie mit Russland* (*1907 – 1914*) (Vienna, 2001)。

19. Merey to Aehrenthal, Sept. 3 and 15, 1906, nos. 305 and 306, in Wank, *Aus dem Nachlass Aehrenthal*, vol. 1, pp. 401 – 405.

20. 比如，可参阅："Zadachi budushchego," Feb. 23, 1913; "Sroki bliziatsiia," Feb. 23, 1914; "Mogil'shchikam Rossii," Feb. 27, 1914; "Dolg velikorossii," March 11, 1914, in Smolin, Pis'ma, pp. 367 – 371,

436 – 441，442 – 447，460 – 473。

21. 关于门捷列夫生平和思想的简介，见：*Ekonomicheskaia … Entsiklopediia*，2 vols.（Moscow，2008），vol. 1，pp. 1324 – 1328。关于西伯利亚的背景，见：L. M. Dameshek and A. V. Remnev, eds.，*Sibir v sostave Rossiiskoi Imperii*（Moscow，2007）。

22. Mendeleev，*K poznaniiu Rossii*；关于他的人口统计预言，见第 12 页。

23. V. Semenov-Tian-Shansky，*O mogushchestvennom territorial'nom vladenii primenitel'no k Rossii*（Petrograd，1915）. 举个例子，另见《新时代报》业主 A. 苏沃林对俄国未来的评论：*Rossiia prevyshe vsego*（Moscow，2012）。这些是他在报纸上登载的文章的复录。关于西伯利亚的地方主义，见：W. Faust，*Russlands goldener Boden：Der sibirische Regionalismus in der zweiten Hälfte des 19 Jahrhunderts*（Cologne，1980）。

24. 关于尼科尔森，见：T. G. Otte，*The Foreign Office Mind：The Making of British Foreign Policy，1865 – 1914*（Cambridge，U. K.，2011），pp. 376 – 378。贝特曼·霍尔韦格的话在其日记中有载，该日记由 Karl Riezler 编辑。关于贝特曼·霍尔韦格，见：K. Jarausch，*The Enigmatic Chancellor：Bethmann Hollweg and the Hubris of Imperial Germany*（London，1973）。

25. 关于基础教育，见：B. Eklof，*Russian Peasant Schools*（Berkeley，Calif.，1986）；关于教师相关数据，见：D. Lieven，*Russia and the Origins of the First World War*（London，1983），p. 9；关于革命团体成员，见：R. Pearson，*The Russian Moderates and the Crisis of Tsarism*（London，1977），p. 80，以及 B. Pares，*My Russian Memoirs*（London，1931），pp. 150 – 151。

26. 尤其见比较 19 世纪与 20 世纪初市民社会的一卷（包括 Laura Engelstein 论俄国的一章）：N. Bermeo and P. Nord，eds.，*Civil Society Before Democracy*（Lanham，Md.，2000）。

27. 关于"白银时代"的俄国文化，见：J. E. Bowlt，*Moscow and St. Petersburg in Russia's Silver Age*（London，2008）；关于后现代性和俄国，见：L. Engelstein，*The Keys to Happiness：Sex and the Search for Modernity in Fin-de-Siècle Russia*（Ithaca，N. Y.，1992）。

28. 20 世纪，对专制政体的最明智辩护来自革命者 L. Tikhomirov：L. A.

Tikhomirov, *Monarkhicheskaia gosudarstvennost* (St. Petersburg, 1992)；此版本由 Komplekt 出版，系 1905 年原件的复印件。我在这本著作中讨论了具有可比性的解放措施与其影响：Lieven, *Aristocracy in Europe*, chaps. 2 - 4。关于威特，首先见：Ananich and Ganelin, *Serge Iulevich Vitte*；但是对说英语的读者而言，查阅以下这本著作是有益的：Marks, *Road to Power*, chap. 8。

29. 亲斯拉夫思想家的作品非常多。有关其思想与其在俄国政治思想中地位的介绍，见：G. M. Hamburg, "Russian Political Thought, 1700 - 1917," in Lieven, *Cambridge History of Russia*。英语读者还应该参考：A. Walicki, *The Slavophile Controversy: History of a Conservative Utopia in Nineteenth-Century Russian Thought* (Oxford, 1975)。

30. 关于更完整的讨论以及进一步阅读的指引，见：D. Lieven, *Nicholas II: Emperor of All the Russias* (London, 1993)。

31. 举个例子，可见：R. C. Allen, *The British Industrial Revolution in Global Perspective* (Cambridge, U. K., 2009)。

32. 关于数据，见："Promyshlennost," in *Ekonomicheskaia ... Entsiklopediia*, vol. 2, pp. 402 - 418, esp. p. 417。

33. 关于俄国上层阶级的心态，见下列著作与其中所载的浩瀚参考文献：D. Lieven, *Russia's Rulers Under the Old Regime* (London, 1989)。从 1991 年开始，很多有趣的俄语回忆录得以出版，但是最深刻地揭示俄国社会上层阶级心态（与其对对外政策的直觉）的恐怕是：A. N. Naumov, *Iz utselevshikhvospominanii*, 2 vols.（New York, 1955)。

34. 我在 *Russia Against Napoleon* 中更详细地讨论了这一区别。

35. 内塞尔罗德在俄国一直不受欢迎，更别提在苏联了，这解释了为何他没有优秀传记，但是其子将其信件整理为多卷本：Count A. de Nesselrode, *Lettres et papiers du chancelier comte de Nesselrode, 1760 - 1850* (Paris, n. d.)。他的罕见传记资料在下面这本书中：D. N. Shipov, *Gosudarstvennye deiateli Rossiiskoi Imperii, 1802 - 1917: Bibliograficheskii spravochnik* (St. Petersburg, 1902), pp. 509 - 512。关于缅希科夫对非俄罗斯族外交官的看法，见："Pochti inostrannoe vedomstvo," Jan. 1908, in *Smolin*, Pis'ma, pp. 53 - 56。

36. 关于吉尔斯的传记细节，见：Shilov, *Gosudarstvennye deiateli*, 179 -

181；关于对吉尔斯的友善观感，见：G. F. Kennan, *The Decline of Bismarck's European Order: Franco-Russian Relations, 1875 – 1890* (Princeton, N. J. , 1979), and *The Fateful Alliance: France, Russia, and the Coming of the First World War* (Manchester, 1984)。

37. 关于对这一广泛主题的介绍，见：B. Jelavich, *Russia's Balkan Entanglements, 1806 – 1914* (Cambridge, U. K. , 1991)。

38. S. Sharapov, *O vseslavianskom s'ezde: Otkrytoe pis'mo k A. A. Borzenko* (Moscow, 1908), pp. 14 – 16. 比如，可参见 1913 年 11 月 6 日尼古拉·马克拉科夫（Nikolai Maklakov）写给尼古拉二世的信，这封信回复了放宽波兰语使用的吁请，陈述了这些观点：GARF, Fond 601, Opis 1, Delo 982, listy 1 – 2。

39. 关于俄国学术界对斯拉夫世界的研究，见：L. P. Lapteva, *Istoriia slavianovedeniia v Rossii v kontse XIX – pervoi treti XXv* (Moscow, 2012)。

40. 这本比较敏感的著作承认了一些紧张态势：Count V. A. Bobrinsky, *Prazhskii s'ezd: Chekhiia i Prikarpatskaia Rus'* (St. Petersburg, 1909)。

41. Rohrbach, *Deutschland unter den Weltvölkern*, pp. 42 – 45. Baron R. Rosen, *Evropeiskaia politika Rossii* (Petrograd, 1917), pp. 11 – 13.

42. 举个例子，N. N. 奥布鲁切夫（N. N. Obruchev）将军在 1886 年备忘录中主张夺取博斯普鲁斯海峡，并认为可通过与大国协商实现此目标。N. N. Obruchev, "Osnovye istoricheskie voprosy," in *Korennye interesy Rossii glazami ee gosudarstvennykh deiatelei, diplomatov, voennykh i publitsistov*, ed. I. S. Rybachenok (Moscow, 2004), pp. 22 – 23. "Proekt zakhvata Bosfora v 1896g," *Krasnyi Arkhiv* 47 (1931). Macchio to Aehrenthal, March 27, 1896, in Wank, *Aus dem Nachlass*, vol. 1, pp. 104 – 106.

43. 关于俄军海军的策略（及其他方面）困难，见：N. Afonin, "The Navy in 1900: Imperialism, Technology, and Class War," in Lieven, *Cambridge History*, pp. 575 – 94; A. F. Geiden (Rear Admiral Count A. F. Heiden), "Kakoi flot nuzhen Rossii," in *Rybachenok, Korennye interesy*, no. 28, pp. 383 – 422。

44. RGAVMF, Fond 418, Delo 257, listy 10 – 17, Memorandum from Lieven to Grigorovich, Nov. 25, 1912 (OS); listy 25 – 53, Nov. 13, 1912 (OS),

Draft Report by Captain Nemitz; Delo 268, June 1914, Draft Report on Future Tasks of the Black Sea Fleet, listy 1 – 22.

45. B. Sullivan, "A Fleet in Being: The Rise and Fall of Italian Seapower, 1861 – 1943," *International History Review*, 10, no. 1 (1988), pp. 115 – 116. 二战时, 面对德国和意大利的抵抗, 英国人其实无法派舰队进入地中海, 但这种情况出现在 1940 年夏天法国沦陷后, 它对 1914 年之前的人来说很难想象。

46. N. N. Peshkov, "Rossiia i Germaniia I Turtsiia," in *Rybachenok, Korennye interesy*, no. 21, pp. 219 – 249. 关于生产率, 见: P. Gatrell, "Poor Russia, Poor Show: Mobilizing a Backward Economy for War, 1914 – 1917," in *The Economics of World War I*, ed. S. Broadberry and M. Harrison (Cambridge, U. K. , 2005), p. 238; 关于贸易、贷款、铁路合同以及俄国经济对奥斯曼帝国的渗透, 见: M. Hiller, *Krisenregion Nahost: Russische Orientpolitik im Zeitalter des Imperialismus, 1900 – 1914* (Frankfurt, 1985), esp. chaps. 4 – 6; 关于俄国经济帝国主义在亚洲所遇到的普遍问题, 见: D. W. Spring, "Russian Imperialism in Asia in 1914," *Cahiers du Monde Russe et Soviétique*, 20, nos. 3 – 4 (1979), pp. 305 – 322。

47. H. Inalcik and D. Quataert, *An Economic and Social History of the Ottoman Empire, 1300 – 1914* (Cambridge, U. K. , 1995), p. 793; R. Kasaba, *A Moveable Empire: Ottoman Nomads, Migrants, and Refugees* (Seattle, 2009), p. 116; J. McCarthy, *The Ottoman Turks* (Harlow, 1997), p. 330.

48. 英文著作中关于这次危机的最详尽研究仍为: B. H. Sumner, *Russia and the Balkans, 1870 – 1880* (London, 1962)。

49. W. C. Fuller, *Strategy and Power in Russia*, 1600 – 1914 (New York, 1992).

50. H. Rogger, "The Skobelev Phenomenon," Oxford Slavonic Papers, 9 (1976), pp. 46 – 77.

51. 反映这种观点的有很多片段, 见: M. N. Katkov, Imperskoe slovo (Moscow, 2002), 比如 pp. 469 – 474; "Dostoinstvo Rossii trebuet ee pol'noi nezavisimosti," *Moskovskie Vedomosti*, no. 197, June 18, 1886。

52. 比如，可参见 1885～1887 年奥地利驻圣彼得堡大使馆寄给埃伦塔尔的一系列信件：nos. 1，14，17，18，in Wank，*Aus dem Nachlass*，vol. 1，pp. 1 - 2，14 - 15，18 - 21。Diary entries for Dec. 5 and 6，1886，in *Dnevnik V. N. Lamzdorfa*，*1886 - 1890*（Moscow，1926），pp. 7，9 - 10. 这几乎是这一时期兰布斯多夫日记的根本主题。

53. Diary entry for Jan. 6，1887，in*Dnevnik V. N. Lamzdorfa*，vol. 1，p. 36.

54. Diary entry for Feb. 24，1892，in*ibid.*，vol. 2，p. 299.

55. G. Kennan 关于法俄同盟起源的两卷本著作 *Decline of Bismarck's European Order* 和 *Fateful Alliance* 无可超越。

56. 比如，可参见亲斯拉夫主义主要宣传人亚历山大·基列耶夫（Aleksandr Kireev）将军在 1900 年 1 月的评论：RGB OR，Fond 126，k 13，ii，pp. 1 - 4。关于基列耶夫本人，见 K. A. 索洛维约夫（K. A. Solovev）出版的 1905～1910 年日记所作序言：A. A. Kireev：Dnevnik，1905 - 1910（Moscow，2010），list. 3 - 17。另见《新时代报》周刊业主 A. 苏沃林在 1898 年（儒略历）2 号刊上所作评价：Suvorin，*Rossiia prevyshevsego*，pp. 310 - 314。君士坦丁堡让苏沃林情绪激动，而阿瑟港（Port Arthur）对他来说毫无意义。

57. 关于俄国决策的最好介绍，多出自：D. McDonald，*United Government and Foreign Policy in Russia*，*1900 - 1914*（Cambridge，Mass.，1992）；关于战争起源的最详尽调查，见：I. Nish，*The Origins of the Russo-Japanese War*（London，1985）。

58. 关于瓜分中国，见：T. Otte，*The China Question：Great Power Rivalry and British Isolation*，*1894 - 1905*（Oxford，2007）。关于亚洲未来的重要性，见：A. T. Mahan，*The Interest of America in Sea Power：Present and Future*（London，1897），esp. "A Twentieth-Century Outlook," pp. 217 - 268。关于库罗帕特金，见："Iz ' vsepoddaneishego doklada voennogo ministra za 1900 god，'" in *Rybachenok*，*Korennye interesy*，no. 23，pp. 284 - 320。关于决定俄国在东亚目标的潜藏因素，见：D. Schimmelpenninck van der Oye，*Toward the Rising Sun：Russian Ideologies of Empire and the Path to*War *with Japan*（DeKalb，Ill.，2001），for ideas，and J. LeDonne，*The Russian Empire and the World*，*1700 - 1917：The Geopolitics of Expansion and Containment*（Oxford，1997），pp. 192 - 215，for geopolitics。

59. 关于食物和兵变，见：R. Zebrowski, "The Battleship Potemkin and Its Discontents," in *Naval Mutinies of the Twentieth Century*, ed. C. M. Bell and B. A. Elleman (London, 2003)。关于预算，见：G. Vernadsky et al., eds., *A Source Book on Russian History from Ancient Times*, 3 vols. (New Haven, Conn., 1964), vol. 3, pp. 822 – 824。

60. 关于这些观点，见：N. Papastratigakis, *Russian Imperialism and Naval Power* (London, 2011), esp. pp. 155 – 158。

61. CUBA, Benckendorff Papers, box 19, Paul to Alexander Benckendorff, Dec. 25, 1903/Jan. 7, 1904.

62. K. Neilson, *Britain and the Last Tsar: British Policy and Russia, 1894 – 1917* (Oxford, 1996), pp. 240 – 244.

63. K. F. Shatsillo, *Rossiia pered pervoi mirovoi voinoi* (Moscow, 1974), p. 11.

64. 关于农民，最好的介绍见：D. Moon, *The Russian Peasantry, 1600 – 1930* (Harlow, 1999)；关于乡村中的 1905 年革命，见：B. R. Miller, *Rural Unrest During the First Russian Revolution* (Budapest, 2013)；关于农村欠缺治理与混乱的状态，见：Stephen P. Frank, Crime, *Cultural Conflict, and Justice in Rural Russia, 1856 – 1914* (Berkeley, Calif., 1999)。

65. 关于俄、普、英对比，见：Lieven, *Aristocracy in Europe*, chap. 2。英国是极端个例。比如，19 世纪 70 年代的英国和威尔士，7000 人拥有 80% 的国土。1905 年，俄国绅士阶层所拥有的土地在可耕种土地中所占比例仅为 13%。关于欧洲境内更广泛的对比，见：R. Gibson and M. Blinkhorn, eds., *Landownership and Power in Europe* (London, 1991)；关于土地问题，P. Bark's 的评论切中要害，见：*Vozrozhdenie*, no. 168 (Dec. 1965), pp. 94 – 95。

66. 关于 1905 年革命，最好的英文叙述见：A. Ascher, *The Revolution of 1905* (Stanford, Calif., 1992)；另见：H. D. Mehlinger and J. M. Thompson, *Count Witte and the Tsarist Government in the 1905 Revolution* (Bloomington, Ind., 1971)。关于杜马时期，见：G. A. Hosking, *The Russian Constitutional Experiment: Government and Duma, 1907 – 1914* (Cambridge, U. K., 1973)。

第三章

1. 以下这本著作的第一卷为《基本法》：*Svod Zakonov Rossiiskoi Imperii*（St. Petersburg, 1906）。对宪法的最全面的英文研究（包括对比）多见于：M. Szeftel, *The Russian Constitution of April 23, 1906*（Brussels, 1976）。关于这个时代的欧洲宪法，另见：A. L. Lowell, *Governments and Parties in Continental Europe*（London, 1896）。

2. 有关威廉二世德国的著作甚多。比如，可参见篇幅浩大的三卷本皇帝传记：J. Rohl（vol. 1：*The Young Wilhelm*；vol. 2：*Wilhelm Ⅱ：The Kaiser's Personal Monarchy*；vol. 3：*Wilhelm Ⅱ：Into the Abyss of War and Exile*［Cambridge, U. K., 1998, 2004, 2014］）；亦可见：A. Mombauer and W. Deist, eds., *The Kaiser：New Research on Wilhelm Ⅱ's Role in Imperial Germany*（Cambridge, U. K., 2004）。关于意大利君主制，见这本对比著作：Bryce, *Monarchie et identité, and D. Mack Smith, Italy and Its Monarchy*（London, 1989）。关于西班牙，见：Salvadó and Smith, *Agony of Spanish Liberalism*。关于日本，见：D. A. Titus, *Palace and Politics in Prewar Japan*（New York, 1973）, and W. A. Skya, *Japan's Holy War*（Durham, N. C., 2009）。关于俄国右翼的最佳介绍，见：*Chernaia sotnia：Istoricheskaia entsiklopediia*（Moscow, 2008）。

3. 可参见下列著作，并在尾注中查看持类似观点的大量文献：Lieven, *Nicholas Ⅱ*；也可参见：A. Repni kov, *Konservativnyekontsepsii pereustroistva Rossii*（Moscow, 2007）, and Tikhomirov, *Monarkhicheskaia gosudarstvennost*。

4. 我在这本著作中花了更多篇幅讨论尼古拉：Lieven, *Nicholas Ⅱ*。对尼古拉人格与观念的细致后续解读，见：S. Podbolotov, "Nikolai Ⅱ kak russkii natsionalist," *Ab Imperio*, 3（2003）, pp. 199 – 223。

5. Podbolotov, "Nikolai Ⅱ," p. 205；A. A. Mosolov, *Pri dvore poslednego imperatora*（Moscow, 1992）, p. 83.

6. 关于变化了的君主国宣传形象，首先见：R. Wortman, *Scenarios of Power：Myth and Ceremony in Russian Monarchy*, 2 vols.（Princeton, N. J., 2000）, esp. vol. 2, chaps. 12 – 14。有些宣传甚至被翻译了，比如，见 Elchaninov 少将在 *Tsar Nicholas Ⅱ* 中为 1913 年罗曼诺夫王朝 300 周年纪

念准备的英文版本。尼古拉身着列兵制服的照片见第 38 页。

7. S. S. Oldenburg, *Last Tsar: Nicholas II —His Reign and His Russia*, 4 vols. (Gulf Breeze, Fla., 1975), vol. 2, p. 50.

8. MDSH, carton 7N 1535, Attachés Militaires: Russie, 1906 - 1911: Report of Colonel Matton, July 3/16, 1909, no. 47, p. 5.

9. 关于君主制的保守直觉,见:Repnikov, *Konservativnye*。

10. 首先见:Lieven, *Nicholas II*, chap. 5。大臣的很多回忆录和日记反映了这一冲突,其中具代表性的是陆军大臣阿列克谢·库罗帕特金 (Aleksei Kuropatkin) 的日记:*Dnevnik generala A. N. Kuropatkina* (Moscow, 2010)。

11. *Svod Zakonov Rossiiskoi Imperii*, vol. 1, articles 13, 14, 96. 关于尼古拉的行为造成的混乱影响,见这本优秀著作:D. M. MacDonald, *United Government*。1903 年秋天,哈特维希致兰布斯多夫的信让人深深意识到尼古拉二世的行为导致俄国外交陷入一片混乱:GARF, Fond 568, Opis 1, Ed. Khr. 406, listy 62ff., Hartwig to Lambsdorff, Sept. 17, 1903; listy 68ff., Hartwig to Lambsdorff, Sept. 20, 1903; listy 81ff., Hartwig to Lambsdorff, Oct. 8, 1903。见:G. N. Mikhailovskii, *Zapiski: Iz istorii rossiiskogo vneshnepoliticheskogo vedomstva*, 1914 - 1920, 2 vols. (Moscow, 2004), vol. 1, pp. 35 - 36。

12. 这一法令为:annex 6, pp. 131 - 134, in S. V. Makarov, *Sovet Ministrov Rossiiskoi Imperii* (St. Petersburg, 2000)。除了 Makarov, 关于大臣会议,另见:B. V. Ananich et al., eds., *Upravlencheskaia elita Rossiiskoi imperii* (St. Petersburg, 2008), pp. 603ff. 俄国前驻柏林大使彼得·萨布罗夫 (Petr Saburov) 提出了举行外交会议等其他建议:GARF, Fond 568, Opis 1, Delo 56, listy 93ff。

13. 关于高级官僚的价值观和文化演变,见:H. Whelan, *Alexander III and the State Council: Bureaucracy and Counter-reform in Late Imperial Russia* (New Brunswick, N. J., 1982), esp. pt. 2, and Lieven, *Russia's Rulers*。

14. Paul Benckendorff to Alexander Benckendorff, May 28/June 11, 1904, CUBA, Benckendorff Papers, box 19. 关于兰布斯多夫,见:Lieven, *Russia's Rulers*, pp. 166 - 167。关于"夫人",见:M. Krichevskii, ed., *Dnevnik A. S. Suvorina* (Moscow-Leningrad, 1923), p. 316。

15. Aleksandr Izvolsky, *The Memoirs of Alexander Iswolsky*（London，n. d.），p. 127. 难以对比两位大臣的私人收入，因为与经常遇到的情况一样——他们的服务记录忽略这类信息。然而萨佐诺夫的兄弟是个富裕地主，某则资料也称大臣为"富人"。记录见：RGIA，Fond 1162，Opis 6，Ed. Khr. 215（Izvolsky）and Ed. Khr. 485（Sazonov）. Anon.，*Russian Court Memoirs*（London，1916），p. 209。

16. 比如，可参见亚历山德拉皇后与陆军大臣的有趣对话：Aug. 1903：Kuropatkin，*Dnevnik Kuropatkina*，p. 167。

17. V. N. Kokovtsov，*Iz moego proshlogo*，2 vols.（Paris，1933），vol. 2，p. 171.

18. 关于巴尔干人，见：Last Tsar，vol. 1，p. 131，and Prince von Bülow，*Memoirs，1897 – 1903*（London，1931），pp. 87 – 88。关于博斯普鲁斯远征，见：O. R. Airapetov，"Na vostochnomnapravlenii：Sud'ba Bosforskoi ekspeditsii v pravlenie imperatora Nikolaia Ⅱ，" in *Poslednaia voina imperatorskoi Rossii*，ed. O. R. Airapetov（Moscow，2002），pp. 158ff.，and KA 2（1922），pp. 156 – 162。

19. 比如，可参见：N. F. Grant，ed.，*The Kaiser's Letters to the Tsar*（London，n. d.）。P. 巴克（P. Bark）有关 1914 年 6 月 24 日他与尼古拉的关键会谈的记载：Memoirs，chap. 7，pp. 1 – 3，Bark Collection，CUBA。

20. NA FO 371，1467，no. 8486，Sir George Buchanan to Sir Edward Grey，Feb. 24，1912，p. 504. 关于尼古拉的怨愤，举个例子，比如他对特奥多尔·马滕斯说的话：AVPRI，Fond 340，Opis 787，Delo 7，listy 148 – 51。

21. 首先见 1912 年 2 月与 1914 年 3 月他同伯恩哈德的谈话：NA FO 371，2092，1467，no. 8486，Buchanan to Grey，Feb. 24，1912，p. 504，and 2092，1467，no. 15087，Buchanan to Grey，March 31，1914，pp. 215 – 216。

22. K. F. Shatsillo，*Ot Portsmutskogo mira k pervoi mirovoi voine：Generaly i politika*（Moscow，2000），pp. 83 – 102. 1908 年 2 月 1 日，大臣会议特别日志总结了他们对陆军与海军对立主张的十分有趣的看法，很多内容由大臣个人手写、修正的抄本见：RGIA，Fond 1276，Opis 4，Delo 530，listy 32ff。比如，国防会议关于这一主题的意见载于一份备忘录：

listy 24 – 30。

23. 关于圣彼得堡的防务是当务之急一事，可参见帕利岑致斯托雷平的信：RGIA，Fond 1276，Opis 4，Delo 530，listy 557 – 558，May 8，1908（OS）。关于谢格洛夫，可参见他对日后一则旨在把波罗的海军舰中队移至地中海的计划的批评：AVPRI，Fond 138，Opis 467，Delo 719/778，"Extract" from Shcheglov's report to Mikhail Giers，Dec. 1913，listy 8 – 12。1914 年 4 月 1 日，海军总参谋部成员阿尔特瓦特（Altvater）上尉以开战为前提所做的海军计划与此相关：RGAVMF，Fond 418，Opis 2ii，Delo 231。

24. 关于尼古拉意识到俄国受辱，可参见基列耶夫（Kireev）的日记：RGB OR，Fond 126，K 15，list. 39i，May 19，1909。关于对俄国人生命的责任感，见：B. E. Nolde，Blizkoe i dalekoe（Paris，1930），p. 222；Vladimir Kokovtsov，*Out of My Past*：*The Memoirs of Count Kokovtsov*（Stanford，Calif.，1935），p. 349。

25. 关于亚历山德拉的一般情况以及她同维多利亚女王关系的细节，参见：Lieven，*Nicholas Ⅱ*，pp. 48 – 49。对拉斯普京的评价，见：J. Fuhrmann，*Rasputin*：*A Life*（New York，1990），p. 103。

26. 尼古拉大公的参谋长冯·劳赫（von Rauch）将军的回忆录对其人格与影响力做了赞赏但公允的评价，见劳赫的多卷手写本回忆录：GARF，Fond 6249，Opis 1，Delo 1。有关大公在军中的地位，见勒迪格致大公的信：A. Roediger，*Istoriia moei zhizni*，2 vols.（Moscow，1999），vol. 2，pp. 171 – 174。关于尼古拉之妻对未来战争的过分愿望，见法国驻圣彼得堡武官的信：MDSH，carton 7N 1478，Laguiche to Ministry of War，Nov. 12/25，1912，and Laguiche to Vignal，Nov. 10/22，1912。

27. 关于梅谢尔斯基，见：W. E. Mosse，"Imperial Favourite：V. P. Meshchersky and the Grazhdanin," *Slavonic and East European Review*，59，no. 4（Oct. 1981）；Podbolo-tov，"Nikolai Ⅱ，" pp. 206 – 212。

28. 这些笔记见：GARF，Fond 601，Opis 1，Ed. Khr. 987。

29. 我读了 1908 年至 1914 年的所有《公民报》，发现这些观点很常见。比如，见：no. 8，Jan. 31，1908，pp. 1 – 2；nos. 37 – 38，May 25，1908，p. 10；nos. 12，14，and 28，March 6 and 27 and July 24，1911，pp. 16，13，13；no. 44，Nov. 10，1913，p. 3；no. 49，Dec. 15，1913，

pp. 11 - 12。Baron M. Taube, *La politique russe d'avant-guerre et la fin de l'empire des tsars*, *1904 - 1917*（Paris, 1928）, pp. 296 - 300.

30. 关于建立大臣会议的法令, 见注释 12。

31. S. Iu. Vitte, *Vospominaniia*, 3 vols.（Moscow, 1960）, vol. 2, pp. 121 - 23, 457 - 481; vol. 3, pp. 226, 235, 246, 457, 536. P. Bark, "Vospominaniia," *Vozrozhdenie*, no. 161（1965）, pp. 85 - 87.

32. 关于俄国的贸易和工业, 见: D. Dahlmann and C. Scheide, eds. , *Das einzige Land in Europa*, *das eine grosse Zukunft vor sich hat*: *Deutsche Unternehmen und Unternehmer in Russischen Reich im* 19 *und frühen* 20 *Jahrhundert*（Gottingen, 1998）, 特别是 Joachim von Puttkamer 写的关于商业游说的章节, "Vorbild Europa?," pp. 101 - 126。另见此书中 B. Bonwetsch 撰写的章节 "Handelspolitik und Industrialisierung": *Wirtschaft und Gesellschaft im vorrevolutionaren Russland*, ed. D. Geyer（Gottingen, 1975）, esp. pp. 288 - 293. J. L. West, *The Moscow Progressists*: *Russian Industrialists in Liberal Politics*, *1905 - 1914*（Princeton, N. J. , 1975）。

33. Baron R. R. Rosen, *Forty Years of Diplomacy*, 2 vols.（London, 1922）, vol. 1, pp. 191, 209, 291, 302 - 303. 1914 年 3 月, 威特两次匿名在《新时代报》上发表看法, 见: no. 13643, March 6/19, p. 3, and no. 13648, March 11/24, p. 3。关于外交官的评论, 可以参考: Nelidov to Izvolsky, Nov. 8/21, 1906, and Nekliudov to Izvolsky, Nov. 6/19, 1907, in Aleksandr Izvolsky, *Au service de la Russie*: Correspondence diplomatique, 1906 - 1911, 2 vols.（Paris, 1937, 1939）, vol. 1, pp. 219 - 220, 230 - 233。至于尼古拉说他再也不会对威特委以重任, 见: RGB OR, Fond 126, K 14, list. 213。

34. AVPRI, Fond 138, Opis 467, Delo 266/7, listy 2 - 5, Palitsyn to Izvolsky, Jan. 17, 1908（OS）, and list. 6, Palitsyn to Izvolsky, Jan. 25, 1908（OS）. Protocol of the Conference of Jan. 21 and 25, 1908（OS）, listy 10 - 20. 伊兹沃利斯基的问题, 见: listy 18ii - 19ii。

35. AVPRI, Fond 138, Opis 467, Delo 266/7, listy 19i - 20i.

36. Stolypin to Izvolsky, July 28, 1911（OS）, in Izvolsky, *Au service*, vol. 2, pp. 304 - 305.

37. 有关科科夫佐夫的基本资料, 集中在他自己的两卷本回忆录中: *Iz*

moego proshlogo。作为补充的第三本 *Vospominaniia detstva i litseiskoi pory grafa V. N. Kokovtsova* 涉及他的童年和早年，我第一次读这本书是在哥伦比亚大学的 Bakhmeteff 档案馆，但是现在它的出版信息是：V. N. Kokovtsov, *Obryvki vospominanii iz moego detstva I litseiskoi pory* (Moscow, 2011)。关于圣彼得堡的高层官僚，见：Lieven, *Russia's Rulers*。

38. 弗利格对科科夫佐夫的简短回忆，见于 N. N. 弗利格的私人文字：CUBA。

39. RGIA, Fond 1276, Opis 4, Delo 530, listy 344 – 374, Kokovtsov to Stolypin. The memorandum, dated Jan. 9, 1910 (OS), was titled "Obshchie soobrazheniia o vozmozhnosti i poriadke udovletvoreniia novykh trebovanii Voennago i Morskogo vedomstv po organizatsii gosudarstvennoi oborony." 科科夫佐夫声称，更常出具的数字忽视了一个事实：对铁路和酒精垄断企业的政府管制让俄国获得大额净收入，所以投入到这些产业上的预算不应被视为国库的负担。对与国防负担和军事开支相关的政治有一则精彩讨论，见：P. Gatrell, *Government, Industry, and Rearmament in Russia, 1900 – 1914* (Cambridge, U. K., 1994), chap. 3。

40. Fliege, "Kokovtsov," CUBA. NA FO 371, 726, no. 30738, O'Beirne to Grey, Aug. 12, 1909.

41. 关于圣彼得堡的乡村，见：Lieven, *Russia's Rulers*, pp. 135 – 148；关于引文，见：N. de Basily, *Memoirs* (Stanford, Calif., 1973), p. 124。

42. MOEI, 3rd ser., vol. 1, no. 122, Benckendorff to Sazonov, Jan. 15/28, 1914, pp. 137 – 140; ser. 2, vol. 19ii, no. 747, Izvolsky to Sazonov, March 28/April 10, 1912, pp. 390 – 391.

43. 至今仍无专著讨论这个年代的俄国外交部，不过 A. N. Sakharov 编辑的三卷本外交部史中，第一卷主要讲革命前外交制度，第三卷花了不少篇幅写沙皇的外交大臣：*Ocherki istorii ministerstva inostrannikh del Rossii* (Moscow, 2002)。然而，这个时代的俄国外交官留下了大量回忆录，其中最好的一本是：D. Abrikosov, *Revelations of a Russian Diplomat* (Seattle, 1964), p. 93。关于舍别科 (Shebeko) 的看法，见：GARF, Fond 813, Opis 1, Delo 455, list. 55, Shebeko to Schilling, March 1/14, 1912. For Izvolsky, see A. S. Suvorin, Dnevnik A. S. Suvorina

（Moscow-Leningrad, 1923）, pp. 336 – 337, Aug. 19, 1907。

44. GARF, Fond 813, Opis 1, Delo 340, listy 44 – 45, Nekliudov to Schilling, Sept. 7/20, 1915. 关于俄国贵族外交官的精神与任职的波罗的海男爵的不同行为，在此见有趣的评论：Abrikosov, *Revelations*, p. 213。

45. 俄国、德国、英国上层阶级的对比，见：Lieven, *Aristocracy in Europe*。

46. Izvolsky to Stolypin, July 21/Aug. 3, 1911, in Izvolsky, *Au service*, vol. 2, pp. 209 – 304. S. D. Sazonov, *Vospominaniia*（Moscow, 1991）, pp. 299 – 300. *Novoe Vremia*, no. 13777, July 21/Aug. 3, 1914, p. 1.

47. 关于中学，见：Lieven, *Russia's Rulers*, pp. 108 – 116; CUBA, Kokovtsov, "Vospominannia detstva," pp. 236 – 237; N. V. Charykov, *Glimpses of High Politics*（London, 1931）, p. 84。

48. Basily, *Memoirs*, pp. 8 – 10, 27, 89 – 90, 95. V. B. Lopukhin, *Zapiski byvshego direktora departamenta ministerstva inostrannykh del*（St. Petersburg, 2008）, pp. 203 – 204. Mikhailovskii, Zapiski, vol. 1, p. 75. 另一位学员尼古拉·恰雷科夫的回忆录流露了类似情感，见：Nikolai Charykov: *Glimpses*, pp. 100 – 101, 137, 270 – 271。

49. 法国人是主要例外，见：P. Jackson, *Beyond the Balance of Power: France and the Politics of National Security in the Era of the First World War*（Cambridge, U. K., 2013）, pp. 54 – 58。有关欧洲外交官的教育，见：T. Otte, "Outdoor Relief for the Aristocracy? European Nobility and Diplomacy, 1850 – 1914," in *The Diplomats' World: A Cultural History of Diplomacy, 1815 – 1914*, ed. M. Mosslang and T. Riotte（Oxford, 2008）, pp. 44 – 45。

50. 这些文字列于此处的第 5 条（服务业准入）：*Svod rasporiazhenii Ministerstva inostrannykh del po departamentu Lichnogo Sostava i khoziaistvennykh del*（St. Petersburg, 1912）, pp. 2 – 4。

51. E. Bourgeois, *Manuel historique de la politique étrangère*, 3 vols.（Paris, 1898）, vol. 2, pp. 16ff.; vol. 3, pp. 178 – 179, 817ff. 关于布儒瓦本人，见：M. Prévost and R. d'Amat, eds., *Dictionnaire de biographie française*（Paris, 1954）, vol. 6, pp. 1471 – 1473。

52. F. Martens, *Sovremennoe mezhdunarodnoe pravo tsivizovannykh narodov*, 2

vols. (St. Petersburg, 1895), vol. 1, pp. 4 – 9, 18 – 28, 148 – 50, 178 – 183, 201 – 202, 291, 302 – 307; vol. 2, pp. 223 – 226, 472 – 476, 493 – 494.

53. Rosen, *Forty Years*, vol. 2, pp. 156 – 158. 关于（儒略历）1914 年 1 月 29 日罗森在国务会议上的发言，见：*Evropeiskaia politika*, pp. 33 – 36。关于吉尔斯的政治，见本章注 69。关于博特金，见：CUBA, Botkin Collection, box 6（包含其回忆录）。

54. 回忆录名为 *Obliki proshlogo*，一份抄本现藏于斯坦福大学胡佛图书馆，引文出自第 24 页。

55. ME, no. 31, Oct. 21, 1906, p. 29; no. 40, Dec. 23, 1906, pp. 9 – 25; no. 50, Dec. 18, 1907, pp. 31, 39; no. 43, Nov. 1, 1908, pp. 4 – 5; no. 45, Nov. 15, 1908, pp. 25, 27; no. 50, Dec. 19, 1908, p. 18; no. 49, Dec. 12, 1909, p. 11. ME 的日期皆为旧式。引文出自 G. N. Trubetskoy, "Rossiia kak velikaia derzhava," in *Velikaia Rossiia*, ed. V. P. Riabushinskii, 2 vols. (Moscow, 1910 – 1911), vol. 1, p. 104。

56. ME, no. 49, Dec. 12, 1909, pp. 7 – 18; 引文出自：p. 17; ME, no. 25, June 26, 1910, pp. 27 – 36; "Nekotorye itogi russkoi vneshnoi politiki," in *Riabushinskii*, *Velikaia Rossiia*, vol. 2, pp. 325 – 332。另见特鲁别茨科伊致莫里斯·席林的私人信件：GARF, Fond 813, Opis 1, Delo 427, listy 11i – 14i, May 11/24, 1912.

57. S. Schmitz, "Grigorii N. Trubetskoy: Politik und Volkerrecht" (PhD diss., Vienna University, n. d.), p. 189。另见特鲁别茨科伊与萨佐诺夫、席林、涅拉托夫关于海峡和君士坦丁堡的通信：E. A. Adamov, *Konstantinopol' i prolivy*, 2 vols. (Moscow, 1925 – 26), vol. 1, nos. 5 and 6, pp. 199 – 204; vol. 2, nos. 312, 313, 316, 317, 318, pp. 343 – 355。

58. ME, no. 12, March 21, 1909, E. N. Trubetskoy, "K avstro-serbskomu konfliktu," p. 4; no. 1, Jan. 6, 1907, pp. 22 – 24; no. 1, Jan. 3, 1909, p. 14; no. 9, Feb. 28, 1909, pp. 1 – 2, 4.

59. ME, no. 9, Feb. 28, 1909, pp. 1 – 6. "Rossiia v Evrope," in *Pamiati kniaz'ia Gr. N. Trubetskogo: Sbornik stat'ei* (Paris, 1930), p. 67.

60. *Velikaia Rossiia*, vol. 1, pp. 96 – 99; vol. 2, pp. 335 – 38. ME, no. 18, May 9, 1909, pp. 49 – 51; no. 25, June 27, 1909, p. 59; no. 13, March

27，1910，p. 19.

61. *ME*, no. 28, Sept. 30, 1906, pp. 20 – 27；no. 29, Oct. 7, 1906, pp. 29 – 36；nos. 26/27, July 14, 1907, pp. 11 – 17. *Velikaia Rossiia*, vol. 1, pp. 68 – 71, 89 – 90, 94 – 99.

62. Rosen, *Forty Years*, vol. 1, pp. 18 – 19, 302 – 8. 关于洛巴诺夫，见：Lieven, *Russia's Rulers*, p. 198.

63. AAA SPB, Fond 777, Opis 2, Delo 402, listy 1 – 4, Roman Rosen to Viktor Rosen, June 1/13, 1899.

64. 关于维克托·罗森，首先见：V. Tolz, *Russia's Own Orient：The Politics of Identity and Oriental Studies in the Late Imperial and Early Soviet Periods* (Oxford, 2011), chaps. 1 – 3. N. I. Veselovskii, *Baron Viktor Romanovich Rozen：Nekrolog* (St. Petersburg, 1908)。

65. Rosen, *Forty Years*, vol. 2, p. 108.

66. 备忘录题名为 "Evropeiskaia politika Rossii"，于 1917 年君主制被推翻后在圣彼得堡出版。1913 年，其删减版在法国出版，激怒了当地人士。"Les contrecourants de la politique extérieure russe," *Le Correspondent*, Sept. 10, 1913, pp. 1018 – 1037。

67. *Evropeiskaia politika*, pp. 11 – 14.

68. Ibid. , pp. 5 – 11, 17 – 18.

69. Ibid. , pp. 18 – 27.

70. 亚历山大·吉尔斯与科科夫佐夫的通信十分有趣，大多载于：AVPRI, Fond 340, Opis 597, Delo 17。比如，（儒略历）1911 年 10 月 10 日致科科夫佐夫的信：listy 51i – ii. 信中，亚历山大提到堂弟让他私下向科科夫佐夫转告 "某些担忧"。

71. 见 1906 年 4 月吉尔斯论兰布斯多夫辞去外交大臣一事的文章：GARF, Fond 892, Opis 1, Delo 90, listy 1 – 5。

72. 见 1906 年 2 ~ 3 月伊兹沃利斯基的日记：GARF, Fond 559, Opis 1, Delo 86, listy 20i – ii, 27ii。

73. 关于马滕斯对伊兹沃利斯基和吉尔斯关系的（一如既往地尖酸）评价，见其日记：Nov. 1907, AVPRI, Fond 340, Opis 787, Delo 7, listy 95i, 96ii。关于吉尔斯与伊兹沃利斯基的通信，见：GARF, Fond 892, Opis 1, Delo 27。（儒略历）1907 年 5 月，即吉尔斯上任一年后，他们

的关系仍然非常好：list. 8，Giers to Izvolsky，May 23，1907。（儒略历）
1908 年 12 月，两人关系变冷淡了，吉尔斯也急于摆脱外交职位：list.
10，Giers to Izvolsky，Dec. 15，1908。

74. AVPRI，Fond 340，Opis 597，Delo 17，list 71，Giers to Kokovtsov，Dec.
15，1911（OS）.

75. 这些年里，吉尔斯写的备忘录和文章几乎都提及这一观点，他的大部
分文章见其私人文字，载于：AVPRI，Fond 340，Opis 597。

76. AVPRI，Fond 340，Opis 597，Delo 17，listy 65i – 66ii，Giers to
Kokovtsov，Nov. 29，1911.

77. AVPRI，Fond 340，Opis 597，Delo 17，listy 79i – 81ii，draft letter to
Sazonov.

78. Memorandum byGiers，June 20，1911，AVPRI，Fond.

79. 见其备忘录末尾：April 25，1913（OS），AVPRI，Fond 340，Opis 597，
Delo 17，listy 103ff。

80. Memorandum，Dec. 16，1909（OS），AVPRI，Fond 151，Opis 482，Delo
5269，listy 1 – 4. Letter to Kokovtsov，Sept. 18，1911（OS），AVPRI，
Fond 340，Opis 597，Delo 17，listy 43ff. ; draft letter to Kokovtsov，Nov.
8，1911（OS），listy 54ff. ; memorandum，Nov. 25，1911（OS），listy
61ff. ; letter to Kokovtsov，Feb. 22，1912，listy 85ff. ; memorandum，Nov.
20，1913，reprinted in A. A. Girs，Pis'ma i zametki（Petrograd，1916），
pp. 10ff.

81. 比如，尼古拉二世的文件中保留的一份吉尔斯的电报，其中包括尼基
塔对俄国民意的呼吁：GARF，Fond 601，Opis 1，Delo 785，listy 1 – 4.
Potapov to Zhilinsky，June 3/16，1910，no. 298，in N. M. Potapov，
*Russkii voennyi agent v Chernogorii：Doneseniia，raporty，telegrammy，
pis'ma，1902 – 1915 g. g.*，ed. A. N. Sakharov and R. Raspopovich，2
vols.（Moscow，2003），vol. 1，pp. 504 – 506。1913 年 6 月波塔波夫撰
写的两篇备忘录，总结了他对黑山人在巴尔干战争中的地位以及俄国
军事前景的看法：June 16/29，1913，nos. 412 和 414，pp. 641 – 649 和
652 – 663；引文出自：pp. 644 – 645 和 660 – 662。

82. AVPRI，Fond 340，Opis 812，Delo 34，listy 6 – 9，Giers to Sazonov，
Sept. 10/23，1914.

83. 见备忘录：April 25, 1913（OS）。载于吉尔斯与科科夫佐夫的通信：AVPRI, Fond 340, Opis 597, listy 103 – 104, 但亦有重印：Girs, Pis'ma, pp. 7 – 9。

84. Girs, *Pis'ma*, pp. 14 – 16.

85. AVPRI, Fond 340, Opis 597, Delo 20, listy 12 – 14, Memorandum by Giers, June 20, 1911（OS）. Girs, Pis'ma, pp. 7, 12 – 20.

86. 对欧亚主义的出色介绍，见：Dmitry Shlapentokh, ed., *Russia Between East and West: Scholarly Debates on Eurasianism*（Leiden, 2007）。

87. 比如，（儒略历）1911 年 11 月 8 日吉尔斯致科科夫佐夫的信件草稿：AVPRI, Fond 340, Opis 597, Delo 17, listy 54ff.；关于（儒略历）1913 年 8 月 27 日萨佐诺夫在尼古拉二世面前详细反驳吉尔斯的建议，见：listy 58ff., AVPRI, Fond 151, Opis 482, Delo 134。吉尔斯致萨佐诺夫的电报罗列了其观点，见：Aug. 12/25, 1913, AVPRI, Fond 151, Opis 482, Delo 3048, list 217。

88. 有关总体军事行政管理，见此书序言：vol. 1 of A. Millett and W. Murray, eds., *Military Effectiveness: The First World War*（Cambridge, U. K., 2010）, pp. xiii – xxi。关于臃肿的俄国官僚体制，可参见：O. R. Airapetov, "The Russian Army's Fatal Flaws," in *The Russo-Japanese War in Global Perspective: World War Zero*, ed. J. W. Steinberg et al.（Leiden, 2005）, vol. 1, pp. 157 – 179。关于大臣和君主，见 1903 年 8 月库罗帕特金与尼古拉二世的对话：*Dnevnik Kuropatkina*, pp. 137 – 143。

89. 关于国防会议，见：M. Perrins, "The Council for State Defence, 1905 – 1909: A Study in Russian Bureaucratic Politics," *Slavonic and East European Review*, 58, no. 3（1980）, pp. 370 – 399。至于国防会议为何不大可能影响对外政策，见伊兹沃利斯基在国防会议上的发言与将军的回答：RGVIA, Fond 830, Opis 1, Delo 170, "Zhurnal po voprosu o voennom polozhenii na Dal'nem Vostoke"（1907）, no. 5。

90. 首先见：N. Stone, *The Eastern Front, 1914 – 1917*（London, 1975）, 此书仍是经典著作。另见：Shatsillo, *Ot Portsmutskogo mira*, esp. chap. 2。

91. 重点参考亚历山大·卢科姆斯基（Aleksandr Lukomsky）将军的回忆录：*Ocherki iz moei zhizni*（Moscow, 2012）, pp. 191 – 238。W. Fuller, *The Foe Within: Fantasies of Treason and the End of Imperial Russia*

(Ithaca, N. Y. , 2006), pp. 45 – 47, 51 – 58, 72 – 75, 80 – 86. I. K. Grigorovich, *Vospominaniia byvshego morskogo ministra* (Moscow, 2005), pp. 62 – 64. B. Menning, "War Planning and Initial Operations in the Russian Context," in *War Planning 1914*, ed. R. Hamilton and H. Herwig (Cambridge, U. K. , 2010), pp. 80 – 142; A. M. Zaionchkovskii, *Podgotovka Rossii k imperialisticheskoi voine: Ocherki voennoi podgotovki i pervonachalni'kh planov* (Moscow, 1926), pp. 279, 311 – 314. R. Marchand, ed. , *Un livre noir: Diplomatie d'avant-guerre d'après les documents des archives russes*, 2 vols. (Paris, n. d.), vol. 2, p. 423.

92. 名为 "Doklad o meropriatiakh po oborone Gosudarstva, podlezhashchikh osuchchestvleniia v blizhaishee desiatiletie" 的报告由帕利岑和 M. V. 阿列克谢耶夫于 1908 年 5 ~ 10 月撰写: RGVIA, Fond 2000, Opis 1, Delo 153。帕利岑致斯托雷平的信, 日期为 (儒略历) 1908 年 5 月 8 日, 载于: RGIA, Fond 1276, Opis 4, Delo 530, listy 557i – 558i。

93. RGAVMF, Fond 418, Opis 2, Delo 238, listy 24 – 48, "Vsepoddaneishii Doklad," Oct. 2, 1906 (OS). 关于海军, 见: I. V. Kasatonov, ed. , *Tri veka rossiiskogo flota*, 3 vols. (St. Petersburg, 1996), vol. 2, pp. 6 – 65, and Afonin, "Navy in 1900," pp. 575 – 592。

94. Roediger, Istoriia, vol. 2, pp. 276 – 277.

95. 关于这些年军事和海军力量的加强, 见: Shatsillo, *Ot Portsmutskogo mira*, pp. 234 – 262, and Gatrell, *Government*。关于海军建造的费用和时间, 见: M. A. Petrov, *Podgotovka Rossii k mirovoi voine na more* (Moscow, 1926), pp. 143, 168。关于外国对俄国军事能力的看法, 见: R. Ropponen, *Die Kraft Russlands: Wie beurteilte die politische und militärische Führung der europäischen Grossmächte in der Zeit von 1905 bis 1914 die Kraft Russlands?* (Helsinki, 1968), pp. 235ff。

96. 例如 Prince Nikolai Kudashev 在 1912 年 12 月 24 日/1913 年 1 月 6 日写给 Grigorii Trubetskoy 的信中赞颂了伯恩哈迪将军并且希望有更多的俄国高级将领都有他的战斗精神。关于 Kudashev 不是好战者的记录: AVPRI, Fond 340, Opis 902, list. 1。在后续注释中引用了的军事作家都采用了这些术语描述过战争; 关于此观点的一个经典解释, 参阅 P. V. Petrov, ed. , Voennyi sobesednik (St. Petersburg, 1910)。

97.　I. S. Blokh, *Obshchie vyvody iz sochineniia "Budushchaia voina v tekhnicheskom, politicheskom I ekonomicheskom otnosheniiakh"* (St. Petersburg, 1898). 另见: T. Haruo, "Approaching Total War: Ivan Bloch's Disturbing Vision," in *The Russo-Japanese War in Global Perspective: World War Zero*, ed. D. Wolff et al. (Leiden, 2007), vol. 2, pp. 179 – 202。

98.　其中有古列维奇上校于 1898 年在 *Voennyi Sbornik* 上发表的很多文章以及西曼斯基 (Simansky) 上校的著作: *Otvet g. Bliokhu na ego trud, "Budushchaia voina v tekhnicheskom, ekonomicheskom i politicheskom otnosheniakh"* (St. Petersburg, 1898)。

99.　Major General N. P. Mikhnevich, *Strategiia*, 2 vols. (St. Petersburg, 1899/1901); 关于布洛赫是采取持久战还是速决战的讨论，见: pp. 13 – 16 and 39 – 42 of vol. 1。关于米赫涅维奇，见: J. W. Steinberg, *All the Tsar's Men: Russia's General Staff and the Fate of the Empire, 1898 – 1914* (Baltimore, 2010), pp. 158 – 166, 217。

100.　关于苏霍京和美国内战，见: G. Persson, *Learning from Foreign Wars: Russian Military Thinking, 1859 – 1873* (Dorchester, 2010), pp. 82 – 86。

101.　比如，彼得罗夫编辑的军事选集提到了后一观点，见: Petrov, *Voennyi sobesednik*, pp. 15 – 18。B. Menning, *Bayonets Before Bullets: The Imperial Russian Army, 1861 – 1914* (Bloomington, Ind. , 1992), pp. 129 – 33, 233. 此文讨论了布洛赫和对未来战争的军事思考。

102.　A. Gulevich, "Voina i narodnoe khoziaistvo: Okonchanie," *Voennyi Sbornik*, 241, no. 6 (June 1898), p. 296. Simansky, *Otvet*, p. 33. 此书原则上与古列维奇的著作持相同观点。关于施里芬和德国总参谋部，见: S. Förster, "Der deutsche Generalstab und die Illusion des kurzen Krieges, 1871 – 1914: Metakritik eines Mythos," *Militargeschichtliche Mitteilungen*, 54, no. 1 (1995), pp. 61 – 95。

103.　Sukhomlinov to Kokovtsov, April 16, 1909 (OS), 此书附有供大臣会议参考的关于俄国战争筹备的无标题备忘录: RGIA, Fond 1276, Opis 5, Delo 522, listy 1 – 6. A. M. Zaionchkovskii, *Podgotovka Rossii k mirovoi voine* (Moscow, 1926), pp. 87 – 88, 185。

104.　Mikhnevich, Strategiia, pp. 39 – 42; Simansky, Otvet, pp. 37 – 38, 59 – 62.

105. RGIA, Fond 1276, Opis 4, Delo 530, 它收录了 1908 ~ 1910 年关于筹备战争的大臣会议通信，大部分信件令人很感兴趣。这一 Delo 的核心是大臣会议主席编辑的大臣个人对斯托雷平要求的应答: listy 430 - 65; 交通部的应答，见: listy 449ff., 农业部的应答，见: listy 456ff。

106. 关于希波夫的观点，见: RGIA, Fond 1276, Opis 4, Delo 530, listy 453 - 456。M. P. Fedorov, *Ekonomicheskie interesy zameshannye v bol'shoi evropeiskoi voine* (St. Petersburg, 1913), 比如，可见 pp. 7, 15, 27 - 41。客观评价费奥多罗夫，他的确指出了俄国经济将受影响的关键方面。战争爆发后，P. P. 米古林教授立刻在《新时代报》上发文: Novoe Vremia, no. 13777 (July 21/Aug. 3, 1914), p. 3。关于大臣会议，见其前代理秘书于 1925 年 12 月 19 日致 V. I. 古尔科 (V. I. Gurko) 的信，他在信中提到 1914 年 7 月大臣们预计了一场短期战争: CUBA, Iakhontov Papers, Gurko, p. 2。

107. A. E. Snesarev, *Voennaia geografiia Rossii* (St. Petersburg, 1909), 这是对帝国防御基本问题的极佳介绍，尤其见 pp. 11 - 22, 43 - 52。

108. Menning, "War Planning," pp. 86 - 87. Zaionchkovskii, *Podgotovka*, pp. 59 - 62, 122 - 39. MDSH, carton 7N 1535: Wehrlin, "Les caractéristiques de l'armée russe," pp. 20 - 21; Langlois, "Conférence sur l'armée russe," pp. 33 - 34; "Notice statistique," pp. 47 - 50. 关于铁路的数据，出自: *Ekonomicheskaia istoriia Rossii: Entsiklopediia*, vol. 1, pp. 777 - 782。

109. Menning, "War Planning," pp. 119 - 125. M. Alekseev, *Voennaia razvedka Rossii: Ot Riurika do Nikolaia II*, 4 vols. (Moscow, 1998), vol. 2, pp. 216ff.

110. RGVIA, Fond 2000, Opis 1, Ed. Khr. 2529, "Doklad po GUGSh. s razborom zapiski Fr. General'nogo Shtaba planakh voiny Germanii i Avstro-Vengrii protiv Rossii i Frantsii," 1911, listy 1 - 5; Ed. Khr. 2527, "Zakliuchenie byvshego russkogo voennogo agenta v Germanii Mikhelsona na zapisku Fr. Genshtaba o veroiatnykh planakh Germanii," June 4, 1911, listy 1 - 3; MOEI, 2nd ser., vol. 20ii, Ignatev to Zhilinsky, April 15/28, 1912, pp. 108 - 10.

111. 关于利芬自己的观点，见: A. A. Lieven, *Dukh i ditsiplina nashego flota*

（St. Petersburg, 1914）, pp. 11 - 14, 51 - 52, 61, 474 - 78. D. V. Nikitin, "Svetleishii," *Morskoi Zhurnal*, 33, no. 9（1930）, pp. 177 - 80。

112. 针对马汉著作中有关海权的更广泛讨论，见：*International History Review*, 10, no. 1（Feb. 1988）。太过相信从另一个年代和英国独特经历中吸取的教训，不仅仅会扭曲俄国政策。比如，关于马汉在日本的影响，见：S. Asada, *From Mahan to Pearl Harbor*: *The Imperial Japanese Navy and the United States*（Annapolis, Md. , 2006）, and D. C. Evans and M. R. Peattie, *Kaigun*: *Strategy*, *Tactics*, *and Technology in the Imperial Japanese Navy*, *1887 - 1941*（Annapolis, Md. , 1997）, esp. chaps. 4 and 5。

113. 原文副本见：AVPRI, Fond 138, Opis 467, Ed. Khr. 303/306, listy 17ff. ; 引文出自：list 18i, 以及 19ii - 21i 提及的圣彼得堡的安保。备忘录载于：*Voenno-istoricheskii Zhurnal*, 4（1996）, pp. 42 - 50。

114. Lieven, *Dukh i ditsiplina*, pp. 9, 21 - 28, 34 - 54, 60, 86 - 90.

115. 关于士官人数，见：A. Morskoi, *Voennaia moshch' Rossii*: *Predskazaniia general-adiutanta A. N. Kuropatkina I ikh kritika grafom S. Iu. Vitte*（Petrograd, 1915）, p. 86。专门就海军士官人数而言，比如可参见 P. 布拉切克（P. Burachek）中将的一系列题名为 "Zametki o flote" 的文章，载于 1911 年的 *Morskoi Sbornik*（vol. 364, no. 6, pp. 23 - 46; vol. 365, no. 7, pp. 19 - 50; vol. 367, no. 12, pp. 1 - 46）, 以及 vol. 370, no. 6（June 1912）, pp. 19 - 52。

116. 比如，可参见前远东军总司令阿列克谢·库罗帕特金的评论：*Zadachi Russkoi Armii*, 3 vols.（St. Petersburg, 1910）, vol. 3, pp. 230 - 231, 290 - 315。

117. 当斯托雷平要求各部门为俄国备战做贡献时，东正教教会首席行政官谢尔盖·卢斯安诺夫正是如此回应他：RGIA, Fond 1276, Opis 4, Delo 530, list 434ii。此书详细记载了英国人对士气、火力和动员民兵问题的争论：T. Travers, *The Killing Ground*: *The British Army*, *the Western Front*, *and the Emergence of Modern Warfare*（London, 1987）, chaps. 2 and 3。当然了，民族主义和激励的普遍观点是否正确是另一个问题，对此主题的近期争论，见：J. A. Hall and S. Malesevic, eds. , *Nationalism and War*（Cambridge, U. K. , 2013）。

118. MDSH，carton 7N 1486："Rapport du capitaine d'infanterie Jacquinot sur un stage de six mois accompli dans l'armée russe"；"Rapport du Capitaine Lelong détaché à la Brigade de Chasseurs de Suwalki sur les premiers impressions receuillies au cours de son stage"；carton 7N 1535, École Supérieure de Guerre, Langlois, "Conférence sur l'armée russe, 1912 – 1913," pp. 15, 23 – 24；"Notice statistique," pp. 14, 25 – 27.

119. RGIA, Fond 1276, Opis 4, Delo 530, listy 431i ff.（Lukianov）and listy 446ii ff.（Schwartz）.

120. D. Wright, "Preparing Citizens: The Tsarist Regime and the Military Education of Youth," in *Airapetov*, *Poslednaia voina imperatorskoi Rossii*, pp. 43 – 65. 尼古拉的话出自：Elchaninov, *Tsar Nicholas II*, pp. 77 – 78。关于尼古拉二世时君主制的"表演"，见：Wortman, *Scenarios of Power*, vol. 2, esp. chaps. 12 – 14。现存有很多关于这些庆典的精彩新闻短片，在西方，获取它们的最方便途径是 Frédéric Mitterrand 执导的多部纪录片：*Les aigles foudroyés*：*Un film de Frédéric Mitterrand*, France 2（1996）。

121. 即便在英语著作中，对这些主题的二次改编的文学作品也非常多。关于警察以及警方和革命运动的暗斗，举个例子，可见：J. Daly, *The Watchful State*：*Security Police and Opposition in Russia*, *1906 – 1917*（DeKalb, Ill. , 2004）。关于工人阶级与政治，见：R. B. McKean, *St. Petersburg Between the Revolutions*：*Workers and Revolutionaries*, *June 1907 – February 1917*（London, 1990）。关于列宁，见下列三卷本著作：Robert Service, *Lenin*：*A Political Life*（London, 1985 – 1994）。关于列宁在马克思社会主义中的地位，见：L. Kolakowski, *Main Currents of Marxism*：*Its Rise*, *Growth*, *and Dissolution*, 3 vols.（Oxford, 1978）。

122. 关于俄国海军社群，见：Shatsillo, *Ot Portsmutskogo mira*, pp. 84 – 86。关于爱国文化的弱势，举个例子，可见：P. Kenez, "A Profile of the Pre-revolutionary Officer Corps," *California Slavic Studies*（1973）, pp. 152 – 153。

123. 关于《俄罗斯世界》，见：C. Schmidt, *Russische Presse und Deutsches Reich*, *1905 – 1914*（Cologne, 1988）, pp. 17 – 20。A. J. Cohen, "Bild

und Spielbild： Deutschland in der Russischen Tageszeitung ‘ Russkoe Slovo’（1907 – 1917），” in *Deutsche und Deutschland aus russischer Sicht： 19/20 Jahrhundert： Von der Reformen Alexanders II bis zum Ersten Weltkrieg*, ed. L. Kopelev（Munich, 2006）, pp. 258 – 279.

124. 斯特鲁韦在 1909 年出版的一系列题为《里程碑》（Vekhi）的散文中借志同道合的前激进派之口阐述了这些爆炸性观点。1977 年纽约出版了英译本，由 Boris Shragin 与 Albert Todd 编辑。

125. 关于斯特鲁韦，首先参见杰出的两卷本传记：R. Pipes：*Struve： Liberal on the Left*（Cambridge, Mass., 1970）and *Struve： Liberal on the Right, 1905 – 1944*（Cambridge, Mass., 1990）。Pipes 也编辑了很有价值的多卷本斯特鲁韦选集：P. B. Struve：*Collected Works in Fifteen Volumes*（Ann Arbor, Mich., 1970）。关于作为自由帝国主义者的斯特鲁韦，见：A. Semenov, “Russian Liberalism and the Problem of Imperial Diversity,” in *Liberal Imperialism in Europe*, pp. 67 – 90。关于斯特鲁韦的一篇关键文章题为 “Velikaia Rossiia： Iz razmyshlenii o probleme russkogo moguchestva,” *Russkaia Mysl’*, 2（1908）, pp. 143 – 157。

126. AVPRI, Fond 340, Opis 902, Delo 1, listy 2i ff., Kudashev to Trubetskoy, Dec. 24, 1912/Jan. 6, 1913, and listy 7ff., Kudashev to Trubetskoy, Jan. 17/30, 1913. 有关立宪民主党和对外政策的主体文本出自 U. Liszkowski, *Zwischen Liberalismus und Imperialismus*（Stuttgart, 1974）；对和平运动的看法，参见：pp. 240ff。

127. 关于准备新的 1812 年战争，经典文本参见 Prince Aleksandr Shcherbatov, *Gosudarstvennaia oborona Rossii*（Moscow, 1912）。亚历山大·基里（Aleksandr Kiree）的日记反映了对德国意识形态的支持，以及视德国为地缘政治竞争对手的复合想法，比如，可参见：RGB OR, Fond 126, K 13, list. 1ii；K 15, listy 20i – 21ii。关于欧洲的旧派与新派右翼，见：M. Blinkhorn, ed., *Conservatives and Fascists*（London, 1990）。此文仍然值得一读：H. Rogger, “Was There a Russian Fascism? The Union of the Russian People,” *Journal of Modern History*, 36（1964。关于近年来激进右翼的俄语文学，见 Platonov 的作品，它不仅包含信息记录，也列出了有用的参考文献：O. A. Platonov, ed., *Chernaia sotnia： Istoricheskaia entsiklopediia, 1900 – 1917*

（Moscow，2008）。

128. 关于 "十月主义"，见：B. C. Pinchuk，*The Octobrists in the Third Duma，1907 - 1912*（Seattle，1974）；关于民族主义党人，见：R. Edelman，*Gentry Politics on the Eve of the Russian Revolution*（New Brunswick，N. J.，1980）。Kotsiubinskii 的著作包含近年来对俄国民族主义的更广泛研究：D. A. Kotsiubinskii，*Russkii natsionalizm v nachale XX stoletiia*（Moscow，2001）。

129. 对英语读者来说，Rieber 的著作仍是此主题的最佳介绍读物：A. Rieber，*Merchants and Entrepreneurs in Imperial Russia*（Chapel Hill，N. C.，1982）。但也可参见：S. McCaffray，*The Politics of Industrialization in Tsarist Russia*（DeKalb，Ill.，1996），and J. Grant，*Big Business in Russia：The Putilov Company in Late Imperial Russia，1868 - 1917*（Pittsburgh，1999）。对俄国读者来说，目前最详尽的介绍是这个两卷本著作：*Ekonomicheskaia istoriia Rossii*（Moscow，2008），ed. Y. Petrov。

130. 关于贸易争端的简介，见 Bonwetsch，"Handelspolitik，" pp. 288 - 293。

131. Semyonov，"Russian Liberalism，" pp. 67 - 90.

132. *S Angliei ili s Germaniei? Obmen myslei S. F. Sharapova i M. O. Menshikovym：Neskol'ko glav "Moego dnevnika"*（Moscow，1909），pp. 5 - 6，8 - 12，14 - 21，34 - 36，82 - 83. S. Sharapov，*Frantsiia I Slavianstvo*（St. Petersburg，1894），pp. 3 - 19. Sharapov，*O vseslavianskom s'ezde*，pp. 3 - 6，9 - 10，14，18. 关于沙拉波夫，见此著作中富含信息的长条目：（pp. 617 - 626）in O. A. Platonov，ed.，*Slavianofily：Istoricheskaia entsiklopediia*（Moscow，2009）。某位德军高级情报官后来写道，与法国人、英国人不同，普通俄国人（其中很多是他遇到的战俘）对德国没有敌意，参见：Colonel W. Nicolai，*The German Secret Service*（London，1924），比如，可见第 123 页。亚历山大·吉尔斯的报纸刊载了一篇有趣的备忘录，此文为一群高级军官所作。他们强调大俄罗斯的农村人口对煽动对其他民族敌意的外在措施相当无动于衷，参见：GARF，Fond 892，Opis 1，Delo 62。这篇备忘录强调呈献给沙皇，但其论证在很大程度上也适用于德国人。

133. Bobrinsky，Prazhskii s'ezd，pp. 1 - 17，20 - 30，44 - 54，55 - 65，74 -

75, 83, 86 – 105. M. Nebelin, *Ludendorff: Diktatur im Ersten Weltkrieg* (Munich, 2010), pp. 350 – 352.

134. NA FO 371, 979, no. 32998, O'Beirne to Grey, Sept. 8, 1910, p. 48.

135. H. W. Williams, *Russia of the Russians* (London, 1914), p. 107.

136. Schmidt, Russische Presse, pp. 12 – 17. D. R. Costello, "Novoe Vremia and the Conservative Dilemma, 1911 – 1914," *Russian Review*, 37 (1978), pp. 30 – 50.

137. Novoe Vremia, no. 13029, June 21/July 4, 1912, p. 3; no. 13638, March 1/14, 1914, p. 4. 在这场与沙拉波夫的论战中，缅希科夫的文章重印于: *S Angliei ili s Germaniei?*

138. *Novoe Vremia*, no. 11784, Jan. 1/14, 1909, pp. 2 – 3; no. 11859, March 18/31, 1909, p. 4; no. 11857, March 16/29, 1909, p. 2.

139. *Novoe Vremia*, no. 13580, Jan. 1/14, 1914, p. 2.

140. 比如说，在亚历山大·勒迪格的两卷本回忆录第一页，他写道："没有杜马，我就无法获得军队需要的钱。" *Istoriia moei zhizni* (Moscow, 1999), vol. 2, p. 1. 格里戈罗维奇强调管理杜马的重要性，参见: Grigorovich, Vospominaniia, pp. 64, 75, 77。

141. MDSH, carton 7N, 1535, Matton to 2ème Bureau, May 16/29, 1909. NA FO 371, 1745, no. 27327, O'Beirne to Grey, June 12, 1913, p. 348. Count V. von Lambsdorff, *Die Militärbevollmächtigten Kaiser Wilhelms II am Zarenhofe*, *1904 – 1914* (Berlin, 1937), p. 317.

142. *Slovo*, no. 483, June 9, 1906; the extract is in A. A. Giers's papers in GARF, Fond 892, Opis 1, Delo 27, list 6.

143. 关于这些说法，见伊兹沃利斯基的日记: GARF for Jan. to April 1906: Fond 559, Opis 1, Delo 86, listy 20i – ii, 23i – ii, 27ii。

144. AVPRI, Fond 340, Opis 787, Delo 7 (Martens's diary), list 141ii, Dec. 4, 1908 (OS). 苏沃林本人在日记里记载，1907 年 8 月，伊兹沃利斯基曾拜访自己，希望支持他的对日政策，参见: diary entry for Aug. 19, 1907 (OS), in Dnevnik Suvorina, pp. 375 – 376。

145. 关于莫里斯·席林试图让特鲁别茨科伊重返外交部的尝试、特鲁别茨科伊的疑虑以及他希望成为国家议会代表的愿望，参见: GARF, Fond 813, Opis 1, Delo 295, list. 5, N. A. Kudashev to Schilling, April

11/24，1912。

146. Nolde, *Blizkoe*，特别是其中关于特鲁别茨科伊的片段（pp. 226ff.），以及关于萨佐诺夫的片段（pp. 221ff.）。关于诺尔德在外交部的角色，见：Mikhailovskii, *Zapiski*, pp. 37 – 39。

147. 比如，关于意大利，见：R. Bosworth, *Italy and the Approach of the First World War*（London，1983）。关于英德关系，首先见：Geppert, *Pressekriege, Öffentlichkeit, und Diplomatie*；但另见：U. Daniel, "Einkreisung und Kaiserdämmerung: Ein Versuch der Kulturgeschichte der Politik vor dem Ersten Weltkrieg auf die Spur zu kommen," in *Was heisst Kulturgeschichte des Politischen?*, ed. B. Stollberg-Rilinger（Berlin，2005），pp. 279 – 328, and Rose, *Zwischen Empire und Kontinent*, esp. pp. 41 – 106。

第四章

1. Corbett 的著作是 1914 年之前作品的重印本，但它仍是研究这场海战的最佳英语著作，参见：J. S. Corbett, *Maritime Operations in the Russo-Japanese War*（Annapolis, Md., 1994）。关于整场战争，可参见 2005 年在东京举行的国际百年会议后呈现的两卷本论文集。在我的学术生涯中，这是我参加过的组织得最好的会议，就学术争议和用三种语言书写的出版物来说，它也是我参加过的最有价值的会议，参见：Steinberg et al., *Russo-Japanese War in Global Perspective*。

2. W. Mommsen, *Grossmachtstellung und Weltpolitik, 1870 – 1914: Die Aussenpolitik des Deutschen Reiches*（Frankfurt，1993），pp. 162 – 163. 这个时期德国对俄国的基本政策，参见：B. Vogel, *Deutsche Russlandpolitik: Das Scheitern der deutschen Weltpolitik unter Bülow, 1900 – 1906*（Düsseldorf，1973）。另见关于那几年有关德国想法的有益讨论：S. Neitzel, "Das Revolutionsjahr 1905 in den internationalen Beziehungen der Grossmachte," in *Das Zarenreich, das Jahr 1905 und seine Wirkungen*, ed. J. Kusber and A. Frings（Berlin，2007），pp. 17 – 56。

3. A. J. P. Taylor, *The Struggle for Mastery in Europe, 1848 – 1918*（Oxford，1971），pp. 417 – 426；Mommsen, *Grossmachtstellung*, pp. 168 – 172；A. V. Ignatev, "Gody voiny s Iaponiei i pervoi russkoi revoluitsii," in *Istoriia*

vneshnei politiki Rossii: *Konets XIX – nachalo XX veka*, ed. V. A. Emets et al. (Moscow, 1997), pp. 163 – 222. 这些 "经典的" 英语、德语、俄语著作对 1904~1906 年德国政策的阐释没有根本区别。关键的俄国文献, 参见: KA, 5 (1924), pp. 5 – 49。

4. 威廉很大程度上是自主行动, 违背了比洛的意图, 此事也说明德国政策前后不一。

5. 主要见: Lambsdorff to Osten-Sacken, Oct. 28, 1904 (OS), and Lambsdorff to Nelidov, Sept. 26 /Oct. 9, 1905, in KA, 5 (1924), pp. 14 – 15, 35 – 36。

6. 关于这一点的关键书信是: Nelidov to Lambsdorff, Nov. 2/15, 1905, in KA, 5 (1924), pp. 40 – 42。此外, 可参见涅利多夫与俄方在贷款事宜上的关键谈判人弗拉基米尔·科科夫佐夫的大量通信: KA, 10 (1925), pp. 3 – 35, and 11/12 (1925), pp. 421 – 32。关于法俄金融关系, 最完整的表述仍是 Girault 的著作, 参见: R. Girault, *Emprunts russes et investissements français en Russie*, *1887 – 1914* (Paris, 1973)。

7. 比如, H. Afflerbach, *Der Dreibund*: *Europaische Grossmacht-und Allianzpolitik vor dem Ersten Weltkrieg* (Vienna, 2002), pp. 538ff。意大利的立场及对这些事件的释读与俄国极为相似。

8. 这些指示复现于: "Rossiia i Alzhesirasskaia konferentsiia," KA, 41/42 (1930), pp. 7 – 15。

9. 出自尼古拉向兰布斯多夫描述的比约克会谈, 参见: GARF, Fond 568, Opis 1, Delo 66, listy 33 – 35 (July 12, 1905, OS)。

10. Prince IvanKudashev to Izvolsky, April 8/21, 1906, list. 43ii, GARF, Fond 559, Opis 1, Delo 86.

11. Osten-Sacken to Lambsdorff, Nov. 4/17, 1904, in KA, 5 (1924), p. 16.

12. AVPRI, Fond 133, Opis 470, Delo 27, list. 3, Osten-Sacken to Lambsdorff, March 16/29, 1906.

13. 关于杜尔诺沃以及政府的镇压机制负责人眼中的国内危机, 见: Lieven, *Russia's Rulers*, chap. 6, but esp. pp. 214 – 216。参见这一章有关 1905 年作品的注释, 尤其是关于 Bushell 的注释: J. Bushnell, *Mutiny and Repression*: *Russian Soldiers in the Revolution of* 1905 (Bloomington, Ind., 1988)。我在档案馆读了基列耶夫的日记, 他的

评论见：RGB OR，Fond 126，Opis 1，K 14，list. 153i。不过，这份日记后来出版了，见：A. A. Kireev：*Dnevnik*，p. 150。就连外交官的日记也是数量多得无法一一列举。在未出版的日记中，比如克诺林男爵的日记，1906 年春夏克诺林是伊兹沃利斯基的大臣办公厅主任，哪怕是在 1906 年 6 月，他的日记也流露了很多恐惧。参见："Ma nomination auprès de M. Iswolsky," in *Extraits de mon journal intime*（Vevey，1926），pp. 33，35，43。我的表亲 Serge de Pahlen 向我提供了这些没出版的匿名日记。

14. AVPRI，Fond 138，Opis 467，Delo 758/817，Backhouse reports，Jan. 16/29，1906（listy 11ff.），and Feb. 7，1906（listy 28ff.）. 这封信及很多其他外交通信被俄方拦截，必要时俄方会破译信件。

15. 关于大使馆，见：AVPRI，Fond 138，Opis 467，Delo 758/817，for example，Backhouse's comments，listy 28ff。关于柏林与圣彼得堡大使馆及德国领事的通信，见：AVPRI，Fond 133，Opis 470，Ed. Khr. 48，list. 44（Richthofen to Miquel，Nov. 12，1905），list. 80（Miquel to consuls in Rostov，Kovno，Odessa，and Riga，No. 17，1906），list. 145（Miquel to Richthofen，Dec. 26，1905）。关于德国与 1905 年革命，见：B. Vogel，"Die deutsche Regierung und die russische Revolution von 1905," in *Deutschland und der Weltpolitik des 19. und 20. Jahrhunderts*，ed. P. – C. Witt（Düsseldorf，1973），pp. 221 – 236。

16. ME，no. 15，July 1，1906，pp. 6 – 9. R. C. Williams，"Russians in Germany，1900 – 1914," in Laqueur and Mosse，1914，pp. 254 – 282.

17. Benckendorff to Izvolsky，July 12/25，1906，no. 17，in Izvolsky，Au service，vol. 2，pp. 335 – 338.

18. 介绍伊兹沃利斯基的最好文章是：V. E. Avdeev，"Aleksandr Petrovich Izvol'skii," *Voprosy istorii*，5（2008），pp. 64 – 79。伊兹沃利斯基的回忆录（由 C. L. Seeger 翻译成英文——*The Memoirs of Alexander Iswolsky* [London，n. d.]）不如他的书信有趣。不幸的是，他的日记只有一小部分尚存，见：GARF，Fond 559，Opis 1，Delo 86。很多同时代的外交官的回忆录与日记都曾刻画伊兹沃利斯基，但是萨佐诺夫和他十分相熟，我认为他的评价格外贴切，见：Sazonov，*Vospominaniia*，p. 13。

19. GARF，Fond 559，Opis 1，Delo 86，listy 20 – 27ii. Knorring，"Ma

nomination，" pp. 28 – 29，40 – 41，60. M. Krichevskii, ed. , *Dnevnik A. S. Suvorina*（Moscow，1923），pp. 372，376 – 377.

20. RGVIA，Fond 830，Opis 1，Delo 170，listy 7i – 8ii.

21. RGVIA，Fond 830，Opis 1，Delo 170，listy 3ii – 6ii.

22. 代表是特奥多尔·马滕斯，见他的日记：Sept. 22，1905（OS）：AVPRI，Fond 340，Opis 787，Delo 6，list 78ii。

23. 关于战后与日本关系，主要俄国著作为：Ia. A. Shulatov, *Na puti k sotrudnichestvu：Rossiisko-iasponskie otnosheniia v 1905 – 1914 gg.*（Moscow，2008）。

24. 对阿穆尔（Amur）铁路以及俄国远东政策的更多介绍，见：S. S. Grigortsevich，" Dal'nevostochnaia politika Rossii，" in Emets et al. ，*Istoriia*，pp. 277 – 294。1907 年、1910 年和 1912 年的协议可在此书附录中找到：P. Berton, *Russo-Japanese Relations*，*1905 – 1917*（Abingdon，2012），pp. 130 – 140。关于符拉迪沃斯托克，见：Schoen to Bülow，May 17，1907，GP，vol. 25i，pp. 53 – 56。

25. 关于伊兹沃利斯基上任前与本肯多夫的对话，参见他的日记：GARF，Fond 559，Opis 1，Delo 86，listy 34i – ii。摩洛哥危机期间，本肯多夫致兰布斯多夫的私人书信已体现了对权力均衡的强烈关心，见：GARF，Fond 568，Opis 1，Delo 326，listy 113ff. ，Benckendorff to Lambsdorff，Jan. 13/26，1905。

26. 介绍本肯多夫的主要著作为：M. Soroka, *Britain*，*Russia*，*and the Road to the First World War：The Fateful Embassy of Count Aleksandr Benckendorff*（Farnham，2011）。这本著作十分有趣，包含很多新材料，但在我看来，对这位大使批判得太过。

27. GARF，Fond 568，Opis 1，Delo 326，listy 13ff. ，Benckendorff to Lambsdorff，July 27/Aug. 9，1900.

28. Benckendorff to Neratov，July 2/June 19，1911，in MOEI，vol. 18i，no. 147.

29. Benckendorff to Izvolsky，Jan. 23/Feb. 5，1908，in Izvolsky，Au service，vol. 2，pp. 120 – 24.

30. Benckendorff to Izvolsky，Aug. 23/Sept. 5，1906，in Izvolsky，Au service，vol. 1，pp. 358 – 363.

31. Benckendorff to Izvolsky, Nov. 8/Nov. 21, 1907, in Izvolsky, Au service, vol. 2, no. 35, pp. 92 – 94.

32. 关于英俄协议的最佳研究，见：J. Siegel, Endgame：*Britain*, *Russia*, *and the Final Struggle for Central Asia* (London, 2002)。介绍促成协议的俄国想法的关键文件，见："K istorii anglo-russkogo soglasheniia 1907g," KA, 69/70 (1935), pp. 3 – 39, and "Instruktsiia A. N. Shpeieru," KA 53 (1932), pp. 3 – 37。

33. 比如，他对亚历山大·涅利多夫描述 1806 年他在柏林的会谈，见：Izvolsky to Nelidov, Oct. 26/Nov. 8, 1906, no. 13, in Izvolsky, Au service, vol. 2, pp. 215 – 217；以及他与德国大使的谈话，可见：Bülow, May 20, 1906, in GP, vol. 25i, no. 8508, p. 13。

34. AVPRI, Fond 340, Opis 787, Delo 7, listy 17ii, 30i.

35. 除了注释 34 引用的信件，还可参见他在 1906 年 8 月 21 日致波克列夫斯基 (Poklevsky) 和本肯多夫的信：nos. 34 and 41, in Izvolsky, Au service, vol. 1, pp. 382 – 385 and 394 – 395。

36. *S Angliei ili s Germaniei*?, pp. 7 – 8.

37. NA FO 371, 512, no. 28438, Bayley to O'Beirne, Dec. 8, 1908, p. 294.

38. NA FO 371, 412, no. 19622, O'Beirne to Grey, June 2, 1908, p. 412.

39. NA FO 371, 517, no. 23176, pp. 345 – 346, Memorandum by Sir Charles Hardinge, June 12, 1908.

40. 相关例子太多，比如可见：Pourtalès tel., Feb. 18, 1908, in GP, vol. 25ii, pp. 321 – 322。

41. 相关例子也有很多，可见：Osten-Sacken to Izvolsky, April 6/19, 1907, listy 111 – 112, in AVPRI, Fond 133, Opis 1, Delo 17。

42. AVPRI, Fond 133, Opis 1, Delo 17, listy 232 – 234, Bulatsel to Gubastov, Oct. 5/18, 1907.

43. 伦敦和圣彼得堡就海峡问题的相关讨论，可参见：BD, vol. 4, nos. 257, 258, 259, 265, 268, pp. 279 – 282, 287 – 288, 290 – 291, from March 15 to May 1, 1907。

44. Memorandum dated May 27, 1908 (NS), AVPRI, Fond 138, Opis 467, Delo 275/276, listy 9ff.

45. NA FO 371, 3642, Annual Report, Nicolson to Grey, Jan. 29, 1908, p.

18.

46. Osten-Sacken to Izvolsky, Aug. 4/17, 1907, in Izvolsky, Au service, vol. 1, pp. 98 – 100.

47. Brockdorff-Rantzau to Bülow, Sept. 29, 1907, no. 7381, in GP, vol. 22, pp. 76 – 77.

48. AVPRI, Fond 138, Opis 467, Delo 275/276, Memorandum of Osten-Sacken, May 27, 1908, listy 9ff.

49. Nicolson to Grey, March 25, 1907, no. 259, and March 27, 1908, no. 261, in BD, vol. 4, pp. 281 – 282, 283 – 284.

50. 关于帕利岑的观点，见：AVPRI, Fond 138, Opis 467, Delo 266/267, listy 2 – 4, Palitsyn to Izvolsky, Jan. 17, 1908（OS）; list. 6, Palitsyn to Izvolsky, Jan. 25, 1908; listy 8 – 9, Grand Duke Nicholas to Izvolsky, Feb. 3, 1908（OS）。关于他对 1908 年 1 月 21 日斯托雷平主持的特别会议的评价以及 1908 年 2 月 25 日（儒略历）国防会议的讨论，分别见：listy 13ff., listy 3ff., in RGVIA, Fond 830, Opis 1, Delo 181。

51. 比如，见：B. Dignas and E. Winter, Rome and Persia in Late Antiquity: Neighbours and Rivals（Cambridge, U. K., 2007）。

52. "Sluzhebnaia zapiska direktora dep. Politsii ot 15 avgusta 1908g," KA, 35 (1929), pp. 141 – 150.

53. 斯托雷平的观点，见：AVPRI, Fond 138, Opis 467, Delo 266/267, listy 17ff., and RGVIA, Fond 830, Opis 1, Delo 181, listy 3ff。关于济诺韦伊，见：Lieven, Russia's Rulers, pp. 62 – 64。

54. RGIA, Fond 1276, Opis 4, Delo 626, listy 2 – 5, Zinovev to Izvolsky, Jan. 8/21, 1908. 并参见随附的有关更广泛问题的历史备忘录：(listy 6 – 9, Jan. 19, 1908)。

55. GARF, Fond 568, Opis 1, Delo 74, listy 1 – 16: list. 1, undated letter of Lambsdorff toUrusov, copied to Nicholas Ⅱ; listy 2 – 4, Osten-Sacken to Muravev, Dec. 10/22, 1899; listy 5 – 8, Urusov to Muravev, April 27/May 10, 1900; listy 9 – 10, Muravev to Urusov, n. d.; listy 11 – 16, Urusov to Muravev, May 9/22, 1900.

56. AVPRI, Fond 133, Opis 470, Delo 117（pt. 2）, listy 488i – 502ii.

57. 写作本段的基础是阅读了 AVPRI 中 1905～1908 年俄国外交大臣与维

也纳使馆的全部通信。(儒略历) 1908 年 1 月 19 日，外交部向斯托雷平提交了关于巴尔干问题的有趣的长篇备忘录，它一定程度上承认了德国意见的正确性，参见：RGIA, Fond 1276, Opis 4, Delo 628, listy 10 – 19。关于奥地利与土耳其的看法，见：F. R. Bridge, *From Sadowa to Saraevo*：*The Foreign Policy of Austria-Hungary*, *1866 – 1914* (London, 1972), pp. 211 – 309, and M. Hakan Yavuz, ed. , *The Russo-Turkish War of 1877 – 1878 and the Treaty of Berlin* (Salt Lake City, 2011), esp. G. Tokay, "A Reassessment of the Macedonian Question, *1878 – 1908*," and Yavuz, "The Transformation of 'Empire' Through War and Reform。"

58. 见注释 56，另见：I. Yosmaoglu, *Blood Ties*：*Religion*, *Violence*, *and the Politics of Nationhood in Ottoman Macedonia*, *1878 – 1908* (Ithaca, N. Y. , 2014)。

59. AVPRI, Fond 133, Opis 470, Delo 117 (pt. 1), Urusov to Lambsdorff, April 21/May 4, 1905 (list. 190); Dec. 27, 1905/Jan. 9, 1906 (listy 161ff.); Dec. 29, 1905/Jan. 11, 1906 (listy 230ff.); Delo 117 (pt. 2), Urusov to Lambsdorff, Jan. 11/24, 1906 (listy 3ff.); Feb. 23/March 8, 1906 (listy 43ff.).

60. 领事利沃夫将军说他的观点反映了见识广博的匈牙利人的意见。关于他的观点，参见：AVPRI, Fond 133, Opis 470, Delo 140, listy 329ff. , Lvov to Urusov, Dec. 7/20, 1906。

61. Oct. 31, 1907, no. 7383; Bülow to Aehrenthal, Dec. 8, 1907, no. 7384; Marschall to Bülow, Dec. 14, 1907, no. 7385, in GP, vol. 22, pp. 79 – 81, 81 – 83, 83 – 88.

62. AVPRI, Fond 133, Opis 470, Delo 15, Izvolsky to Osten-Sacken, listy 28ff. , Feb. 14, 1908 (OS).

63. RGVIA, Fond 2000, Opis 1, Delo 670, Marchenko to General Staff, Jan. 17, 1908, listy 1 – 2.

64. 布赫劳会议前的四篇关键备忘录，参见：nos. 2, 3, 9, and 32 (pp. 3 – 6, 9 – 11, 25 – 34), in OUA, vol. 1。关于君主国的联合政府会议的讨论，另见 no. 75, pp. 78 – 83。

65. B. E. Schmitt, *Interviewing the Authors of the War* (Chicago, 1930), pp. 26 – 29.

66. 关于俄方，关键文件载于：I. V. Bestuzhev, "Bor'ba v praviashchikh krugakh Rossii po voprosam vneshnei politiki vo vremia Bosniiskogo krizisa," *Istoricheskii Arkhiv*, no. 5（1962）, pp. 113 – 147。关于会议本身，关键文件是会议当晚伊兹沃利斯基致恰雷科夫的信，见：no. 5, Sept. 3/16, 1908, pp. 122 – 24。关于奥方，参见埃伦塔尔的备忘录：OUA, vol. 1, no. 79, pp. 87 – 90; and Aehrenthal to Bülow, Sept. 26, 1908, no. 8934, 以及 Aehrenthal to Bülow, Oct. 15, 1908, no. 9055, in GP, vol. 26i, pp. 39, 186 – 195。

67. "Bor'ba," no. 5, Izvolsky to Charykov, Sept. 3/16, 1908, in Istoricheskii Arkhiv, pp. 123 – 124.

68. A. Nekliudoff, *Diplomatic Reminiscences*（London, 1920）, p. 292.

69. B. E. Schmitt, *The Annexation of Bosnia, 1908 – 1990*（Cambridge, Mass., 1937）, p. 24.

70. 关于伊兹沃利斯基的讨论及达成的计划，见：BD, vol. 5, no. 368, Izvolsky's memo, Oct. 12, 1908, pp. 427 – 428; no. 364, Grey to Nicolson, Oct. 12, 1908, pp. 429 – 430; no. 377, Grey's Memorandum, Oct. 14, 1908, p. 441; no. 387, Grey to Izvolsky, Oct. 15, 1908, pp. 451 – 452。

71. 关键德国文献，见：GP, vol. 26i, Bülow to Tschirschky, no. 9033, Oct. 13, 1908, pp. 160 – 163, 它列出了德国的基本政策路线。齐默尔曼（Zimmermann）的备忘录提供了补充内容，见：no. 9057, Oct. 19, 1908, pp. 196 – 198。德国对俄国的怨言被详细列出，比如可参见：Pourtalès to Bülow, Nov. 1, 1908, no. 9085, pp. 235 – 239, and William II's letter to Nicholas II, Jan. 5, 1909, no. 9188, in GP, vol. 26ii, pp. 388 – 391。

72. 尤其是恰雷科夫致伊兹沃利斯基的关于大臣们对吞并消息反应的电报，见："Bor'ba," Sept. 20, 1908（OS）, no. 10, in *Istoricheskii Arkhiv*, pp. 133 – 134。关于斯托雷平的观点，与皮连科的访谈以及对国内环境的精彩分析，见：E. G. Kostrikova, "Bosniiskii Krizis 1908 goda i obshchestvennoe mnenie Rossii," *Rossiiskaia Istoriia*, 2（2009）, pp. 42 – 54（皮连科的话引自 p. 49）。

73. P. D. Parensov, *Bosniia i Gertsegovina*（St. Petersburg, 1909）, p. 14. 关于

奥地利的背景，见：P. Vysny, *Neo-Slavism and the Czechs* (Cambridge, U. K., 1977)。关于此事在俄国斯拉夫主义者中的热烈反响，见：Bobrinsky, *Prazhskii s'ezd.* NA FO 371, 513, no. 38892, Nicolson to Grey, Nov. 5, 1908, p. 335。

74. NA FO 371, 726, no. 2214, Nicolson to Grey, Dec. 31, 1908, p. 3.

75. 关于在伦敦与门斯多夫伯爵的对话，见：Mensdorff to Aehrenthal, Feb. 12, 1908, no. 990, in OUA, vol. 1, pp. 822–823。12 月，尼科尔森写道，《新时代报》对德国的攻击太猛烈了，甚至被其他媒体批评，见：NA FO 371, 513, no. 44389, Dec. 16, 1908, p. 385。备忘录被 Kostrikova 引用，见：E. G. Kostrikova, *Rossiiskoe obshchestvo i vneshnaia politika nakanune pervoi mirovoi voiny, 1908–1914* (Moscow, 2007), pp. 50–51。

76. A. N. Kuropatkin, *Zadachi russkoi armii*, 3 vols. (St. Petersburg, 1910), vol. 3, pp. 193–217.

77. "Bor'ba," no. 15, "Protokol zasedaniia Soveta ministrov," Oct. 25, 1908 (OS), in *Istoricheskii Arkhiv*, pp. 136–140. A. A. 吉尔斯的私人文件，包括伊兹沃利斯基的演讲文本以及传送给俄国大使馆并制订俄国路线的通告，见：GARF, Fond 892, Opis 1, Delo 34, listy 11ff。

78. Miquel to Bülow, Oct. 10, 1908, no. 9004, in GP, vol. 26i, pp. 124–125.

79. Forgach to Aehrenthal, Jan. 26, 1909, no. 925, in OUA, vol. 1, pp. 770–771.

80. GARF, Fond 601, Opis 1, Ed. Khr. 755, listy 20ff., "Sekretnyi doklad voennogo agenta v Vene polkovnika Marchenko". 需要注意，Fond 601 包括致沙皇的文件。RGVIA, Fond 2000, Opis 1, Delo 670：list. 39, telegram, Nov. 20, 1908 (OS); list. 41, telegram, Nov. 12, 1908 (OS), listy 52ff., Report, Dec. 2, 1908; listy 56ff., telegram, Dec. 16, 1908 (OS). RGIA, Fond 1276, Opis 4, Delo 641, 举个例子，见：listy 43–46, Chief of General Staff to Stolypin, Nov. 7, 1908 (OS)。除了这里引用的文件，还有很多别的电报和报告。

81. AVPRI, Fond 138, Opis 467, Delo 280/281, Mikhelson to Osten-Sacken, Jan. 20, 1909 (NS), listy 4–13.

82. AVPRI, Fond 138, Opis 467, Delo 280/281, Memorandum for Osten-Sacken, Jan. 21, 1909 (NS), pp. 14 – 21. 比如，德国金融圈指出，俄国浮动利率贷款在德国市场上的浮动条件比在法国市场的更好。

83. AVPRI, Fond 138, Opis 467, Delo 280/281, Letters of Osten-Sacken to Izvolsky, Jan. 23/Feb. 5, 1909, listy 22 – 25.

84. Aehrenthal to Bülow, Feb. 20, 1909, no. 1022, and Aehrenthal to Berchtold, Feb. 26, 1909, no. 1068, in OUA, vol. 1, pp. 852 – 857, 893 – 895.

85. Bülow toPourtalès, March 14, 1909, no. 9437, in *GP*, vol. 26ii, pp. 669 – 670.

86. RGIA, Fond 516, Opis 1, Delo 28, list. 229, "Kamer-furer'skii zhurnal" for March 6, 1909 (OS).

87. AVPRI, Fond 340, Opis 787, Delo 7, listy 162 – 166. 马滕斯在日记中称，有理有据、逐字逐句地向他描述了会议上的讨论。另见下列这本书中的简洁描写：Roediger, *Istoriia moei zhizn*i, vol. 2, pp. 276 – 277。

88. AVPRI, Fond 138, Opis 467, Delo 279/280, listy 6i – 6ii, "Confidential, Verbal Communication to the German Ambassador," March 7, 1909 (OS), sent to Berlin on March 8 (OS).

89. AVPRI, Fond 138, Opis 467, Delo 279/280, list. 8. 德国的通知标注的日期为 1909 年 3 月 9 日/22 日，且档案中有尼古拉二世的标记。

90. AVPRI, Fond 138, Opis 467, Delo 279/280, list. 9：比洛致普塔莱斯的电报副本是用德文写的，上面的标记几乎可以确定是尼古拉二世的。AVPRI 保存了大量破译文件，说明沙皇刻苦地钻研过这些破译后的外交通信文件。

91. RGIA, Fond 516, Opis 1, Delo 28, list 233.

92. Nicholas to Empress Marie, March 18/19, 1909 (OS), KA, 50/51 (1932), pp. 187 – 188.

第五章

1. AVPRI, Fond 151, Opis 482, Delo 130, list. 115, Sazonov to Izvolsky and Benckendorff, Oct. 27, 1912 (OS)。萨佐诺夫称他已经把这些条款告诉了普塔莱斯。关于普塔莱斯对这次对话的评论，见：Pourtalès to

Bethmann Hollweg, Nov. 13, 1913 (NS), no. 12374, in GP, vol. 33, pp. 333 – 336。关于图尔恩的评论，见：Thurn to Ministry of Foreign Affairs, Jan. 4, 1913 (NS), no. 5109, in OUA, vol. 5, pp. 333 – 336。

2. 关于大臣会议的最终决定和科科夫佐夫的评论，见：AVPRI, Fond 138, Opis 467, Delo 290/292, listy 6ff. , "Osobyi Zhurnal Soveta Ministrov ot 24 fevr. 1910g. "。科科夫佐夫称俄国占比已经达到 35%，推行新计划后可能会达到 43%；德国和法国所占份额分别为 19.9% 和 25.1%。需要注意的是，科科夫佐夫处于党派和部门斗争中。国际预算统计也并非十分准确。D. Stevenson, *Armaments and the Coming of War*: *Europe*, *1904 – 1914* (Oxford, 1996), p. 146. Afflerbach, *Der Dreibund*, pp. 688 – 689.

3. Nelidov to Izvolsky, March 19/April 1, 1909, no. 62, in*Graf Benckendorffs diplo-matischer Schriftwechsel*, ed. B. von Siebert, 3 vols. (Berlin, 1928), vol. 1, pp. 81 – 83.

4. Zinovev's letter is in AVPRI, Fond 151, Opis 482, Delo 3048, listy 45 – 48, Zinovev to Trubetskoy, Nov. 25, 1912 (OS).

5. 奥斯滕 - 萨肯完全陷入负面报道中，部分是因为本肯多夫和伊兹沃尔斯基的信件早已被刊登，而且他们的路线获得了胜利。而且，在 1908 年后他越发老迈，见驻柏林使团次长尼古拉·舍别科夫致席林的信：GARF, Fond 813, Opis 1, Delo 445, for example, listy 38 (Nov. 30/Dec. 13, 1911), 41 (Jan. 6/17, 1912), and 44ff. (Jan. 10/23, 1912)。但应注意，奥斯滕 - 萨肯与其部下关于德国政治和政策的很多层面的报告体现了智慧：Osten-Sacken to Izvolsky, March 23/April 5, 1907 (history), and Dec. 14/27, 1907 (Persia), in Izvolsky, *Au service*, vol. 1, pp. 84 – 86, 103 – 105. AVPRI, Fond 133, Opis 1, Delo 17, listy 139 – 140, Osten-Sacken to Izvolsky, May 4/17, 1907 (U. S. – German trade); listy 180 – 181, Osten-Sacken to Izvolsky (trade in Asia); Delo 19i, list. 39, Osten-Sacken to Izvolsky, May 28/June 10, 1908 (German-Chinese relations), and listy 59 – 65, Osten-Sacken to Sazonov, Sept. 17/30, 1910, 这是一封重要信件，旨在向新任外交大臣教授德国的现实。

6. Osten-Sacken to Izvolsky, Oct. 28/Nov. 10, 1911, no. 854, in MOEI, vol. 18ii, pp. 350 – 351.

7. 关于贸易条约与贸易关系，见此书的讨论：D. Geyer, *Russian Imperialism*:

The Interaction of Domestic and Foreign Policy, 1860 – 1914 (Leamington Spa, 1987), pp. 150 – 168。此书认为俄国的主张至少是过分夸张。但另见战争期间德国领导人的意见,如: G. – H. Soutou, L'or et le sang, pp. 39 – 42, 636 – 640。此书第 41 页引用了一位德国高层人员对 1904 年条约的评价:"整体而言对我们非常有利。"关于斯韦比弗,可见尼古拉·舍别科的评论: N. Shebeko, Souvenirs (Paris, 1936), p. 129。

8. 关于斯韦比弗必须在俄国度过夏天,见: AVPRI, Fond 340, Opis 812, Delo 111, list. 9, Sverbeev to Sazonov, March 6, 1912. A. Nekludoff, Diplomatic Reminiscences (London, 1920), pp. 280 – 282。

9. Taube, La politique russe d'avant-guerre, pp. 248 – 251; Abrikosov, Revelations of a Russian Diplomat, p. 100; Nolde, "S. D. Sazonov" and "Kniaz G. N. Trubetskoi," in Blizkoe, pp. 226ff. , 221ff.

10. Sazonov, Vospominaniia, pp. 348 – 349.

11. G. N. Trubetskoy, Russkaia diplomatiia, 1914 – 1917, g. g. i Voina na Balkanakh (Montreal, 1983), p. 170.

12. Urusov to Izvolsky, Sept. 13/26, 1908, in Izvolsky, Au service, vol. 1, pp. 178 – 180; Benckendorff to Izvolsky, April 9/23, 1909, and July 20/ Aug. 2, 1910, in Izvolsky, Au service, vol. 2, pp. 221 – 226, 287 – 289.

13. AVPRI, Fond 340, Opis 812, Delo 29, Hartwig to Sazonov, Oct. 26, 1912。毫无疑问,希望是思想之父。

14. Mikhailovskii, Zapiski, vol. 1, pp. 43 – 51. Trubetskoy, Russkaia diplomatiia, p. 168. 关于席林的作用,见: GARF, Fond 813, Opis 1, Delo 295, list. 5, Kudashev to Schilling, April 11/24, 1912。

15. AVPRI, Fond 138, Opis 467, Delo 280/281, list. 30, "Outline for an Agreement with Germany," read to Nicholas Ⅱ, May 4, 1909 (OS).

16. 关于谈判,见: "Aufzeichnung," Oct. 30, 1910, no. 10151, and Bethmann Hollweg to Pourtalès, Nov. 8, 1910, no. 10155, in GP, vol. 27ii, pp. 832 – 834, pp. 840 – 842。接下来是漫长的谈判,包括如何达成并公开共识,以及关于波斯的条约条款。关于这些问题的文件篇幅很长,见: vol. 27ii of GP。最终协议和最终谈判出自: Pourtalès to Bethmann Hollweg, July 16, 1911, no. 10218, pp. 950ff。关键的俄方文

件是："K istorii Potsdamskogo soglasheniia 1911g," *KA*, 58 (1933), pp. 46 – 57。关于对俄国政策的讨论，见：A. S. Avetian, *Russko-Germanskie diplomaticheskie otno-sheniia nakanune pervoi mirovoi voiny, 1910 – 1914* (Moscow, 1985)。

17. *Times*, July 22, 1911, p. 7; Sazonov, *Vospominaniia*, pp. 45 – 46.

18. Izvolsky to Stolypin, July 21/Aug. 3, 1911, in Izvolsky, *Au service*, vol. 2, pp. 299 – 304.

19. RGVIA, Fond 2000, Opis 1, Delo 7255, listy 11ff., Nostitz to QMG, Jan. 4, 1912. 关于相应的衰退，比如，见：AVPRI, Fond 133, Opis 470, Delo 129, list. 24, Izvolsky to Sazonov, Feb. 14/27, 1913。关于普恩加莱的领导权的持续性以及民族主义浪潮，见这一部分的很多信件，尤其见：listy 73 – 75, Izvolsky to Sazonov, Nov. 21/Dec. 4, 1913。

20. Benckendorff to Sazonov, Feb. 12/25, 1913, no. 896, in Siebert, *Graf Benckendorffs diplomatischer Schriftwechsel*, vol. 3, pp. 114 – 119. 关于法国国力的巅峰和对俄国的影响，可参考驻巴黎武官伊格纳夫于1914年3月7日和4月9日对亚努科维奇的汇报：MOEI, 3rd ser., vol. 2, pp. 266 – 268。关于法国引发战争的责任，一方面见：J. F. G. Keiger, *Raymond Poincaré* (Cambridge, U. K., 1997)，另一方面见：S. Schmidt, *Frankreichs Aussenpolitik in der Julikrise* 1914 (Munich, 2009)。

21. Izvolsky to Sazonov, Sept. 27/Oct. 10, 1912, no. 969, in MOEI, vol. 20ii, pp. 414 – 415；另见 Izvolsky to Sazonov, Aug. 30/Sept. 12, 1912, no. 672, pp. 198 – 200.

22. 关于特鲁别茨科伊的意见，见：Trubetskoy, *Russkaia diplomatiia*, p. 48。

23. AVPRI, Fond 133, Opis 470, Delo 130, listy 26ff., Sverbeev to Izvolsky, Feb. 3/16, 1910; listy 121ff., Urusov to Izvolsky, May 29/June 11, 1910; listy 188ff., Urusov to Sazonov, Oct. 11/24, 1910; listy 350ff., Urusov to Foreign Minister, Sept. 16/29, 1910. 关于陆军部，可见（儒略历）1909年10月5日、1910年5月31日、1910年8月9日、1911年11月4日苏霍姆利诺夫致大臣会议主席的信：RGIA, Fond 1276, Opis 5, Delo 608, listy 1 – 2; Opis 6, Delo 464, listy 1 – 2ii; Opis 6, Delo 516, listy 1 – 3ii; Opis 7, Delo 471, listy 1 – 4ii。

24. G. Kronenbitter, *"Krieg im Frieden"*: *Die Führung der k. u. k. Armee und die Gross-machtpolitik Österreich-Ungarns*, *1906 – 1914*（Munich, 2003）, pp. 62 – 64, 85 – 87, 110 – 117, 131 – 139, 328 – 333, 351, 357 – 367. Schoen to Bülow, Sept. 5, 1908, no. 8927, in GP, vol. 26i, pp. 26 – 29; Aehrenthal to Bülow, Feb. 20, 1909, no. 1022, in OUA, vol. 1, pp. 852 – 857. GARF, Fond 601, Opis 1, Ed. Khr. 755, "Sekretnyi doklad voennogo agenta v Vene polkovnika Marchenko," listy 25 – 26. AVPRI, Fond 138, Opis 467, Delo 299/302, listy 2 – 4, Sazonov to Neklidov, May 10, 1912（OS）.

25. AVPRI, Fond 340, Opis 787, Delo 7, list 12, entry in Martens's diary for March 3, 1907（OS）; AVPRI, Fond 340, Opis 812, listy 7 – 10, Trubetskoy to Sazonov, Jan. 18, 1910（OS）. Izvolsky to Neratov, Sept. 29/Oct. 12, 1911, in Anon., *Materialy po istorii Franko-Russkikh otnoshenii za 1910 – 1914 g. g.*（Moscow, 1922）, pp. 121 – 123. 由于伊兹沃利斯基和恰雷科夫都在亚历山大中学就读并且是朋友，所以伊兹沃利斯基对恰雷科夫的"冲动"的看法很重要。

26. 比如，见（儒略历）1911 年 9 月 22 日和 29 日吉尔斯的备忘录：AVPRI, Fond 340, Opis 597, Delo 19, listy 3 – 5 and 6 – 9. 有关恰雷科夫的行动，近期发表的一篇文章显示，涅拉托夫给他的支持比传统认知的要多：O. A. Chernov, "K voprosu o 'demarshe Charykova,'" in *Voina i ob-shchestvo*: *K 90 letiu nachala Pervoi Mirovoi Voiny*（Samara, 2004）, pp. 37 – 46。

27. AVPRI, Fond 138, Opis 467, Delo 287/289, listy 3ff., private letter from Muravev to Izvolsky。穆拉韦夫是伊兹沃利斯基的表亲。

28. AVPRI, Fond 138, Opis 467, Delo 287/289。包含了与当时俄意关系和拉科尼吉背景有关的所有通信，十分有趣。尤其是伊兹沃利斯基于 1909 年 10 月 23 日致尼古拉二世的详细备忘录，其内容包括谈判进程、条款和达成共识的意义：listy 55 – 60。

29. Afflerbach, Der Dreibund, pp. 687ff. R. Bosworth, *Italy and the Approach of the First World War*（London, 1983）, pp. 97 – 106.

30. Romberg to Bethmann Hollweg, June 3, 1909, no. 9728, in GP, vol. 27i, pp. 159 – 161.

31. AVPRI, Fond 138, Opis 467, Delo 299/302, listy 2 – 4, n. d., 萨佐诺夫致驻索非亚公使内克柳多夫的信复述了 1912 年 5 月他与达内夫的对话。

32. GARF, Fond 813, Opis 1, Delo 427, Trubetskoy to Schilling, May 11/24, 1912, listy 11 – 14.

33. Nekliudov to Neratov, Sept. 19/Oct. 2, 1911, no. 512; Nekliudov to Neratov, Sept. 29/Oct. 12, 1911, no. 598; Hartwig to Neratov, Sept. 25/Oct. 8, 1911, nos. 562 and 563, in MOEI, vol. 18ii, pp. 63 – 64, 139 – 141, 110 – 114.

34. 见科科夫佐夫回忆录中关于他的首相生涯早期的描述：*Iz moego proshlogo*, vol. 2, chaps. 3 and 4。但另见亚历山大·吉尔斯写给科科夫佐夫的重要信件，其中提及科科夫佐夫在对外政策上的角色和他与萨佐诺夫的关系：AVPRI, Fond 340, Opis 597, Delo 17, listy 65 – 66, Nov. 29, 1911（OS）。注意以下这本书的精彩讨论：MacDonald, *United Government and Foreign Policy in Russia*, chap. 8。

35. *MOEI*, vol. 19ii, no. 625, pp. 262 – 268；包括 1912 年 3 月 13 日（儒略历 2 月 29 日）内克柳多夫与斐迪南大公的对话记录，以及一份包含条约与其秘密附件的附信。Trubetskoy, *Russkaia diplomatiia*, pp. 49, 170.

36. William Ⅱ to Bethmann Hollweg, Oct. 4, 1912, no. 12225, in GP, vol. 33, pp. 164 – 166.

37. Giers to Neratov, Oct. 27/Nov. 9, 1912, no. 845, in MOEI, vol. 18ii, pp. 343 – 345; Giers to Sazonov, March 3/16, 1912, no. 646, in MOEI, vol. 19ii, p. 288. CUBA, Sviatopolk-Mirsky Collection, B. N. de Strandman, *Balkan Reminiscences*（n. p.）, pp. 188 – 189, 191 – 196.

38. Record of the Common Ministerial Council, July 8 – 9, 1912, no. 3612, in OUA, vol. 4, pp. 254 – 257. 关于萨佐诺夫的同等陈述，比如，可见：AVPRI, Fond 151, Opis 482, Delo 130, listy 47 – 50, Sazonov to Izvolsky, Oct. 10, 1912（OS）。

39. Izvolsky to Sazonov, Oct. 10/23, 1912, in Anon., Materialy, pp. 289 – 291.

40. E. J. Erickson, *Defeat in Detail: The Ottoman Army in the Balkans*, 1912 –

1913 （Westport, Conn., 2008）, esp. chaps. 3 – 5.

41. AVPRI, Fond 151, Opis 482, Delo 130, list. 94, Sazonov to Izvolsky, Oct. 22, 1912 （OS）.

42. AVPRI, Fond 138, Opis 467, Delo 299/302, listy 2 – 4, Sazonov to Nekludov, May 10, 1912 （OS）; Fond 151, Opis 482, Delo 3048, "Instructions to Minister in Sofia," Oct. 1912 （OS）, list. 18; Fond 133, Opis 467, Delo 721/780, listy 63 – 65, Sazonov to Savinsky, March 20, 1913 （OS）.

43. AVPRI, Fond 151, Opis 482, Delo 3048, list. 17, Grigorovich to Sazonov, Oct. 26, 1912 （OS）; Fond 133, Opis 467, Delo 721/780, listy 58 – 59, Sazonov to Nicholas Ⅱ, March 15, 1913 （OS）.

44. 备忘录见：AVPRI, Fond 151, Opis 482, Delo 3700, listy 242 – 249。不巧的是，在我去查阅时，因为档案馆将闭馆，整个 Fond 151（他们称为政治文献）被收了起来。Ronald Bobroff 教授帮助了我，给了我备忘录的复印件，我十分感激。复印件是匿名的，但作者身份得到了特鲁别茨科伊回忆录和其孙女的研究的佐证。见：S. Schmitz, "Grigori N. Trubetskoy," pp. 155 – 160; and Trubetskoy, *Russkaia diplomatiia*, p. 69。

45. AVPRI, Fond 151, Opis 482, Delo 3700, listy 242 – 249.

46. Schmitz, "Grigorii N. Trubetskoy," pp. 158 –159.

47. RGAVMF, Fond 418, Opis 2, Delo 257, listy 10 – 17, Lieven to Grigorovich, Nov. 25, 1912 （OS）.

48. AVPRI, Fond 151, Opis 482, Delo 3721, list. 52, Hartwig to Sazonov, Oct. 27/Nov. 9, 1912.

49. AVPRI, Fond 151, Opis 482, Delo 3721, Hartwig to Sazonov, list 52, Oct. 27/Nov. 9, 1912; list 125, Nov. 6/19, 1912; listy 346 and 358, Dec. 24 and 31, 1912 （OS）. Berchtold to Szögény, Oct. 30, 1912, no. 4205, in OUA, vol. 4, pp. 727 –729.

50. AVPRI, Fond 151, Opis 482, Delo 3721, Izvolsky to Sazonov, Oct. 25/Nov. 7, 1912, list. 46; Sazonov to Krupensky, Oct. 26, 1912 （OS）, list. 51; Sazonov to Hartwig, Oct. 27, 1912 （OS）, list. 57; Sazonov to Hartwig, Oct. 29, 1912 （OS）, list 70; Sazonov to Hartwig, Nov. 7, 1912 （OS）, list. 135; AVPRI, Fond 151, Opis 482, Delo 131, Memorandum of

Sazonov to Nicholas Ⅱ, listy 101 – ii.

51. 关于尼古拉对萨佐诺夫的备忘录的少量批注，见：AVPRI, Fond 151, Opis 482, Delo 131, list. 10i. Sazonov to Hartwig, Nov. 27, 1912（OS）, listy 85 – 86。

52. 关于尼古拉的活动以及他与尼古拉大公的会面，见：RGIA, Fond 516, Opis 1, Delo 35, listy 419, 423, 428（Kamer-furerskii zhurnal）。关于阿列克谢的病，见：S. Firsov, *Nikolai Ⅱ*: *Plennik samoderzhaviia*, 2 vols.（St. Petersburg, 2009）, vol. 1, pp. 400 – 405。关于威廉，见他对塔季谢夫将军所做的关于巴尔干地区斯拉夫人胜利的热情评价：GARF, Fond 601, no. 40, listy 104 – 105, Tatishchev to Nicholas Ⅱ, Oct. 12/ 25, 1912。

53. RGVIA, Fond 2000, Opis 1, Ed. Khr. 3406, listy 94 – 95, Ignatev to Zhilinsky, Nov. 3, 1912; listy 118 – 130, "Report on French Manoeuvres... Presented to HIM by the Grand Duke Nicholas," Oct. 28, 1912（OS）.

54. 持这一观点的主要思想家是 Joseph Schumpeter, 可参考他的著作：*Imperialism and Social Classes*（New York, 1955）。但要注意，他正确地反驳了马克思的资本主义本质好战论。讨论中产阶级时，专业又机敏的小动作往往在暗地里进行，这回也不例外。至于男子气概，见：C. Clark, *The Sleepwalkers*: *How Europe Went to War in* 1914（London, 2012）, pp. 359 – 361。关于贵族和执业中产阶级应为 20 世纪历史的主要恐怖活动负责的更广泛主题，参见我在此书中的结论：Lieven, *Aristocracy in Europe*, pp. 243 – 253。

55. 唯一与哈特维希有关的传记十分慷慨，见： "Rossiiskii poslannik v Serbii N. G. Gartvig," Istoricheskii Zhurnal（1991）, pp. 182 – 191。瓦西里·斯特兰德曼的回忆录是关于此人及其在贝尔格莱德行为的最好记述：*Balkan Reminiscences*。列出所有抱怨哈特维希的人是不可能的：尼古拉·尼尔斯、瓦西里·内克柳多夫和其他大多数俄国外交官都一度谴责过他的行为。

56. Ugron to Berchtold, Oct. 11, 1912, no. 4035, in OUA, vol. 4, pp. 602 – 3. Strandman, *Balkan Reminiscences*, esp. pp. 50 – 53, 57 – 58, 76 – 77, 81, 148 – 152, 191, 197, 239 – 243.

57. 很多文件显示，德国和意大利在这件事上并不是很热衷于支持奥地利，以下这份文件是其中之一：AVPRI, Fond 151, Opis 482, Delo 132, listy 66ff. , Dec. 19, 1912（OS）。

58. Mensdorff to Berchtold, Feb. 24, 1913, no. 5927, and Thurn to Berchtold, Feb. 14/27, 1913, no. 5967, in OUA, vol. 5, pp. 813 – 814, 838 – 841.

59. Bethmann Hollweg to Berchtold, Feb. 10, 1913, no. 12818, in GP, vol. 34, pp. 346 – 348.

60. Pravitel'stvennyi Vestnik, no. 120, June 5/18, 1913, p. 1. 例如在 1913 年 2 月初，尼古拉不仅允许举办斯拉夫宴会，还致信表示支持：NA FO 371, 1743, no. 6225, Buchanan to Grey, Feb. 6, 1913, p. 527, note by Nicolson。

61. *Otchet o deiatel'nosti S-Peterburgskogo Slavianskogo Blagotvoritel'nogo Obshche-stva za 1912 god*（St. Petersburg, 1913）, pp. 3 – 4. G. I. Shevtsova, *Rossiia i Serbiia*：*Iz istorii rossiisko-serbskikh otnoshenii v gody Pervoi mirovoi voiny*（Moscow, 2010）, pp. 21 – 41.

62. 关于自由保守派的声明，见：A. N. Brianchaninov et al. , *Interesy na Balkanakh i pravitel'stvennoe soobshchenie*（St. Petersburg, 1913）。这是由一个富裕贵族兼民族党派领袖的兄弟所写的富有侵略性、特别愚蠢的小册子。AVPRI, Fond 133, Opis 470, Delo 217, "Zapiska Balashova 'O politike Rossii v poslednie veka i predstoiashchikh ei zadachakh'". M. V. Rodzianko, *Le règne de Raspoutine*（Paris, 1927）, pp. 88 – 89. Thurn to Berchtold, March 30/April 12 and April 27/May 10, 1913, nos. 6596, 6597, 6986, in OUA, vol. 6, pp. 133 – 135, 407 – 409.

63. RGVIA, Fond 2000, Opis 1, Delo 2856（"Relations with the Ministry of For-eign Affairs"）, 包括详细的报告、地图和图标，比如，见 1913 年 1 月总参谋长日林斯基致萨佐诺夫的报告，它附带很多详细的地图和花名册：listy 19ff. 另见 1913 年 2 月 11 日关于军事备战的报告，其中关于部队的细节精确到营的级别：listy 50 – 63. AVPRI, Fond 151, Delo 3717（for 1912）and 3718（for 1913）包括了内政部秘密警察部门、宪兵和省总督以及从财政部到边境守卫的报告。关于军事间谍活动，见：Alekseev, *Voennaia razvedka Rossii*, vol. 2, 以及巴尔干人给我的两份十分详尽的战前和巴尔干战争期间俄军情报部门手稿，其作者是瓦西里·卡希林博士。首先见：Bruce Menning, 'Nasledie agenta no 25,' *Rodina*, 8, 2014, pp. 32 – 35。

64. MDSH, carton 7N 1478, Nov. 15/28, 1912, Laguiche report; Nov. 23/ Dec. 6, 1912, Wehrlin report; Nov. 30/Dec. 13, 1912, Laguiche report.

65. AVPRI, Fond 151, Opis 482, Delo 130, listy 44ff., Sazonov to Kokovtsov, Oct. 10, 1912（OS）; Delo 3717, list. 47, Ianushkevich（CGS）Memorandum, Oct. 26, 1912（OS）; list. 175, Izvolsky to Sazonov, Nov. 28/Dec. 11, 1912; list. 244, N. N. Giers to Sazonov, Dec. 11/24, 1912; list. 252, Sazonov to N. N. Giers, Dec. 13/25, 1912. 关于俄国情报和奥地利强化军力的措施，见 Bruce Menning 的 "Russian Military Intelligence, July 1914."这篇将要发表的文章非常有用，作者友善地把它发给了我：The Historian, 77, 2, 2015。

66. AVPRI, Fond 151, Opis 482, Delo 3717, listy 22 – 23, Kokovtsov to Sazonov, Oct. 16, 1912（OS）, and listy 24ff., Kokovtsov to Sukhomlinov, Oct. 16, 1912（OS）, 包含了苏霍姆利诺夫认为春季前爆发战争的可能性不大的看法。AVPRI, Fond 151, Opis 482, Delo 130, listy 44ff., Sazonov to Kokovtsov, Oct. 10, 1912（OS）.

67. 关于 11 月 23 日的会议，见：Kokovtsov, Iz moego proshlogo, vol. 3, pp. 122 – 127。

68. 关于动员，见第三章注释 106 ~ 109。我阅读 Bruce 将要发表的作品时也获益良多，包括 "Russian Military Intelligence" and "The Russian Threat Estimate, 1906 – 1914" in Dominik Geppert（ed.）*The Wars Before the Great War*（Cambridge, 2015）。引用他那已出版并且将要上市的作品，不足以表达我对多年老友向我解释动员细节的感激的十分之一。

69. Ianushkevich to Sazonov, Dec. 22, 1912（OS）, in AVPRI, Fond 151, Opis 482, Delo 3717, list 302.

70. AVPRI, Fond 133, Opis 470, Delo 218, Special Journal of the Council of Ministers, Nov. 29 and Dec. 1912（OS）; 引文出自：list. 2. Kokovtsov, Out of My Past, pp. 345 – 346。关于奥地利的微弱优势估计出自与 Bruce Menning 教授的谈话以及注释 65 提到的他将要发表的文章。关于克拉希尼可，见：O. R. Airapetov, *Uchastie Rossiiskoi imperii v Pervoi*

mirovoi voine（1914 – 1917），2 vols.（Moscow，2014），vol. 1，pp. 113 – 115。

71. AVPRI，Fond 133，Opis 470，Delo 218，listy 7i – 8ii.

72. AVPRI，Fond 133，Opis 470，Delo 218，listy 4 – 14.

73. 对图尔恩太亲俄、虚弱得不能捍卫奥地利利益的抱怨，见：Berchtold to Thurn，Dec. 16，1912，no. 4936，in OUA，vol. 5，pp. 140 – 141. Szapá – ry to Thurn，Nov. 29，1912，no. 4711，in OUA，vol. 4，pp. 1075 – 76。对图尔恩和吉尔斯有大量类似评价。特鲁别茨科伊致库达舍夫的信未保存下来，但回信表明了他的问题和意见。

74. AVPRI，Fond 340，Opis 902，Kudashev to Trubetskoy，Dec. 24，1912/Jan. 6，1913，listy 2ff.

75. 关于霍恩洛厄的造访和观点，见：nos. 5675，5676，5697，5698，5699，and 5721，in OUA，vol. 5；这些是 2 月 4 日、6 日及 8 日图尔恩的电报，它们给出了霍恩洛厄谈话的细节：pp. 634 – 636，651 – 654。霍恩洛厄与亚历山大·奥约斯伯爵的谈话见：no. 5751，Feb. 10，1913，pp. 697 – 698，这些谈话总结了他的印象。关于俄国方面，举个例子，见萨佐诺夫描述的他与霍恩洛厄的对话：AVPRI，Fond 151，Opis 482，Delo 3720，listy 2 – 4。

76. 关于参谋长的抗议，见 RGVIA，Fond 2000，Opis 1，Delo 2856，listy 85ff.，Ianushkevich to Sukhomlinov，March 4，1913（OS）。

77. Trubetskoy，*Russkaia diplomatiia*，p. 151.

78. AVPRI，Fond 340，Opis 584，Delo 26，M. N. Giers to Sazonov，Jan. 14，1913，list. 8.

79. 所有关于罗马尼亚和保加利亚争议的文件，包括大使会议的记录，均见 AVPRI，Fond 151，Opis 482，Delo 3736。

80. AVPRI，Fond 151，Opis 482，Delo 3717，Shebeko to Sazonov，Nov. 24，1912（NS），listy 146ff.，and Nov. 25/Dec. 8，1912，listy 155 – 156. GARF，Fond 813，Opis 1，Delo 445，Shebeko to Schilling，Sept. 15，1912（list. 7），Oct. 11，1912（listy 79 – 80），Jan. 7，1913（listy 91ff. ）.

81. AVPRI，Fond 133，Opis 470，Delo 113，list. 56，Hartwig to Sazonov，Feb. 27/March 12，1913. AVPRI，Fond 138，Opis 467，Delo 721/780，list. 34，Sazonov to Nicholas II，Feb. 13，1913（OS），它报告了驻索非

亚武官的看法。

82. AVPRI, Fond 133, Opis 470, Delo 113, list. 222, Hartwig to Sazonov, June 2/15, 1913. 萨佐诺夫与达内夫保证将在 4 月上旬支持保加利亚铁路。Sazonov to Savinsky, March 20, 1913 (OS), AVPRI, Fond 133, Opis 467, Delo 721/780, listy 63 – 65. Trubetskoy, *Russkaia diplomatiia*, pp. 43 – 44.

83. Bridge, From Sadowa to Saraevo, pp. 355 – 57. Szögény to Berchtold, July 6, 1913, no. 7646, in OUA, vol. 6, pp. 825 – 826.

84. Merey to Berchtold, July 12, 1913, nos. 7747 and 7748, in OUA, vol. 6, pp. 881 – 883.

85. Thurn to Berchtold, July 21, 1913, no. 7904, in OUA, vol. 6, p. 980.

86. Izvolsky to Sazonov, Aug. 1/14, 1913, in Marchand, Un livre noir, vol. 2, pp. 128 – 130.

87. Strandman, Balkan Reminiscences, pp. 262 – 263.

88. AVPRI, Fond 133, Opis 470, Delo 113, Strandman to Ministry of Foreign Affairs, Sept. 13/26, 1913, list. 374; Strandman to Ministry of Foreign Affairs, Sept. 18/Oct. 1, 1913, list. 380. Strandman, Balkan Reminiscences, pp. 263 – 270.

89. RGVIA, Fond 2000, Opis 1ii, Delo 3152: Artamonov to QMG, Oct. 8, 1913, listy 8 – 9; Nov. 19, 1913, listy 10 – 11; Jan. 25, 1914, listy 27 – 28; May 25, 1914, listy 63 – 73.

90. AVPRI, Fond 133, Opis 470, Delo 113, list. 374, Strandman to Ministry of Foreign Affairs, Sept. 13/26, 1913.

91. NA PRO 371, 1748, Annual Report (Serbia 1913), Paget to Grey, no. 28340, pp. 55ff. 关于塞尔维亚的独立，见 Cornwall 先生这篇证据充分、令人信服的文章："Serbia," in *Decisions for War*, 1914, ed. K. Wilson (London, 1995), pp. 55 – 96。

92. 关于混乱状态，尤其见：V. Dedijer, *The Road to Sarajevo* (London, 1967), pp. 366 – 400。

93. RGVIA, Fond 2000, Opis 1, Delo 7371, Artamonov to QMG, Jan. 17, 1912, listy 36i – 40ii; 引文出自：list. 36ii。这是阿尔塔莫诺夫关于黑手党最全面的汇报，这份报告的重要附录内容包括媒体摘要和在议会

中对黑手党的质询。

94. 这也是注释 14 提及的报告，但另见更早期的报告：QMG of Nov. 9, 1911, and Jan. 10, 1912, listy 28 – 30 and 32。

95. RGVIA, Fond 2000, Opis 1, Delo 7371, listy 38i – 39ii.

96. 关于"阿匹斯"，见：D. MacKenzie, Apis, the Congenial Conspirator: The Life of Colonel Dragutin T. Dimitrijevic (Boulder, Colo. , 1989)。NA FO 371, 2098, 2703, Crackanthorpe to Grey, Jan. 17 and 21, 1914, pp. 259, 263. MOEI, 3rd ser. , vol. 3, no. 281, Hartwig to Sazonov, June 3/ 16, 1914, pp. 329 – 330; vol. 4, no. 105, June 23/July 6, 1914, pp. 147 – 149; vol. 5, apps. , no. 9, June 4/17, 1914, pp. 453ff.

97. Strandman, Balkan Reminiscences, pp. 55 – 56, 308 – 309. Kashirin MS, "Servia," pp. 147 – 238.

98. RGVIA, Fond 2000, Opis 1, Delo 7317, Sukhomlinov to Nicholas Ⅱ, Feb. 25, 1912, listy 48 – 50. AVPRI, Fond 151, Opis 482, Delo 3722, list. 85, Sazonov to Hartwig, Dec. 16, 1913 (OS). 关于"科米塔"这个词，见：Vincent Duclert, "La destruction des Armeniens," in *Encyclopédie de la Grande Guerre*, ed. S. Audoin-Rouzeau and J. – J. Becker (Paris, 2011), p. 367。关于塞尔维亚语的同义词，见：Dedijer, *Road to Sarajevo*, p. 196。

99. Memorandum of Potapov for Chief of the General Staff, June 16/29, 1913, no. 412, in Potapov, Russkii voennyi agent v Chernogorii, vol. 1, pp. 641ff.

100. Report by Colonel Pomiankowski, no. 9069, in OUA, vol. 7, pp. 634 – 37. NA FO 371, 1847, 54955, Mallet to Grey, Dec. 5, 1913. GARF, Fond 601, Opis 1, Ed. Khr. 746, nos. 48 and 50, Tatishchev to Nicholas Ⅱ, Oct. 24/Nov. 6, 1913, and Jan. 3/16, 1914, listy 122ff. and 126ff.

101. Pallavicini to Berchtold, Dec. 29, 1913, no. 9133, in OUA, vol. 7, pp. 685 – 688.

102. RGAVMF, Fond 418, Opis 2, Delo 195, Report by Captain Neniukov, Jan. 20, 1914 (OS), list 6. AVPRI, Fond 151, Opis 482, Delo 3048, listy 289ff. , Naval General Staff, "Memorandum for the Duma," March 17, 1914 (OS).

103. NA FO 371, 2094, 33826, O'Beirne Memorandum on the Financial Situation, July 24, 1914, pp. 69ff.

104. 俄国方面的关键文件是科科夫佐夫的报告（385～417 页）。Nov. 19, 1913（OS）, and Sazonov（pp. 360 – 376）, Oct. 24, 1913（OS）, Nov. 23, 1913（OS）, Jan. 7, 1914（OS）, to Nicholas Ⅱ, in Marchand, Un livre noir, vol. 1, and the records of the Special Conferences of Dec. 31, 1913（OS）, and Feb. 8, 1914（OS）, nos. 3 and 4, in Vestnik N. K. I. D., 1（1919）, pp. 26 – 42.

105. AVPRI, Fond 133, Opis 470, Delo 38, listy 6 – 7, Sverbeev to Sazonov, March 25/ April 7, 1913. Daily Record, Oct. 28, 1913, no. 8934, in OUA, vol. 7, pp. 512 – 515.

106. GARF, Fond 601, Opis 1, Ed. Khr. 746, Tatishchev to Nicholas Ⅱ: no. 42, Jan. 18/ 31, 1913, listy 108ff.; no. 44, Feb. 14/27, 1913, listy 113ff.; no. 52, Feb. 14/27, 1914, listy 131ff. RGVIA, Fond 2000, Opis 1, Delo 7255, Bazarov to QMG, Feb. 12, 1913.

107. 关于德国媒体和俄国，见：Paddock, Creating the Russian Peril. Stevenson, Armaments and the Coming of War, pp. 285 – 328。CUBA, Benckendorff Papers, box 19, Paul to Alexander Benckendorff, Feb. 5/ 18, 1914, July 28/Aug. 10, 1914.

第六章

1. McKean 的著作是关于这些年首都情况的均衡叙述，见：McKean, St. Petersburg Between the Revolutions。Hosking 的著作仍然是关于这个年代俄国政治的最佳英语介绍，见：Hosking, Russian Constitutional Experiment。关于对俄国的自由主义前景更新、更乐观的看法，见：W. Dowler, Russia in 1913（DeKalb, Ill., 2010）。

2. 关于整个行动，见：B. V. Ananich et al., Krizis samoderzhaviia v Rossii, 1895 - 1917（Leningrad, 1984）, pp. 528 – 534。圣彼得堡重要人物致 A. A. 吉尔斯的信解释了行动的进程以及科科夫佐夫的脆弱，见：GARF, Fond 892, Opis 1, Ed. Khr. 61, A. D. Zinovev to Giers, Dec. 28, 1913/ Jan. 11, 1914, listy 1 - 2, and Feb. 9, 1914（OS）, list. 8。也有一封日期为 2 月 6 日（儒略历 19 日）的长信，署名只有 A，但很明显是出自

一位在圣彼得堡上流社会有较高社会地位、消息灵通的人之手，见：listy 4 - 7。

3. Ananich et al. , *Krizis*, p. 534. 这部分的收集工作实际上是 V. S. Diankin 写的。更详细的分析见同一作者的著作：Burzhuaziia, *dvorianstvo i tsarizm v 1911 - 1914 gg.* （Leningrad, 1988）, chap. 4。引文出自：GARF, Fond 892, Opis 1, Ed. Khr. 61, listy 1 - 2, Zinovev to Giers, Dec. 28, 1913/Jan. 11, 1914。

4. CUBA, Benckendorff Papers, box 19, Paul to Alexander Benckendorff, Feb. 5/18, 1914.

5. 早在 1910 年，奥地利大使在宫廷的联系人就告诉大使，尼古拉对克里沃舍因持同情态度。他报告说，这位部长据说是保守派，并且支持与哈布斯堡和霍亨索伦保持紧密关系，见：Berchtold to Aehrenthal, Jan. 4/17, 1910, no. 1949, in OUA, vol. 2, pp. 657 - 658。关于克里沃舍因的主要资料，是其对父亲一生的记述和称赞，见：K. A. Krivoshein, *A. V. Krivoshein, 1857 - 1921: Ego znachenie v istorii Rossii nachala XX veka* （Paris, 1973）。

6. Krivoshein, Krivoshein, pp. 1 - 21. 例如，克里沃舍因的妻子是莫斯科大学的出色历史学者，同时是莫斯科最著名的商业家族家长季莫费·莫罗佐夫的孙女。有关克里沃舍因的策略，最好的史料来源是：*Diakin, Burzhuaziia*, pp. 133 - 219。

7. Benckendorff to Sazonov, Jan. 15/28, 1914, no. 122, Jan. 29/Feb. 12, 1914, no. 232, Feb. 12/25, 1914, no. 328, in MOEI, 3rd ser. , vol. 1, pp. 137 - 140, 291 - 294, 432 - 435.

8. GARF, Fond 813, Opis 1, Delo 127, Schilling's diary entry for Dec. 1/14, 1913, listy 3 - 4.

9. Sazonov, Vospominaniia, pp. 267 - 268. "Tri soveshchaniia," Vestnik N. K. I. D. , 1 （1919）, p. 30：Journal of the Special Conference of Dec. 31, 1913 （OS）.

10. 巴西利的备忘录见：GARF, Fond 813, Opis 1, Ed. Khr. 48, listy 1 - 10. N. A. Lambert, *Planning Armageddon: British Economic Warfare and the First World War* （Cambridge, Mass. , 2012）。

11. Benckendorff to Sazonov, Feb. 12/25, 1914, no. 328, in MOEI, 3rd ser. ,

vol. 1, pp. 432 – 435.

12. NA FO 371, 2092, 19288, Grey to Bertie, May 1, 1914, p. 313. 关于英国决策者的想法，见：Neilson, *Britain and the Last Tsar*, and Otte, *Foreign Office Mind*, pp. 375 – 392。

13. 为此目的，见 1913 年 1 月毛奇这份非常有趣的备忘录，重版于：Annika Mombauer (ed.), *The Origins of the First World War*, (Manchester 2013) no. 51, pp. 92 – 93。

14. GARF, Fond 813, Opis 1, Delo 127, list. 12：Schilling's diary entry for Dec. 15, 1913 (OS). RGVIA, Fond 2000, Opis 1, Delo 7255, listy 74 – 80：Behrens to Lieven, Jan. 31/Feb. 13, 1912. 关于英德在近东的协议，见：G. Schollgen, *Imperialismus und Gleichgewicht: Deutschland, England, und die orientalische Frage* (Munich, 2000), pp. 399 – 416。

15. Sazonov to Benckendorff, June 11/24, 1914, no. 343, in MOEI, 3rd ser., vol. 3, pp. 394 – 396. Trubetskoy, *Russkaia diplomatiia*, p. 13.

16. Kniaz' Boris Vasil'chikov, *Vospominaniia* (Pskov, 2003), pp. 224 – 225. S. E. Kryzhanovsky, *Vospominaniia* (Berlin, n. d.), p. 75. Diakin, *Burzhuaziia*, p. 172. 此书称戈列梅金和杜尔诺沃为首相的两大候选人。

17. 杜尔诺沃的备忘录最新版刊载于此书第 58 ~ 73 页：*Svet i teni Velikoy Voiny. Pervaia mirovaia v dokumentakh epokhi* (Moscow, 2014)。A. A. Ivanov 和 B. S. Kotov 写了有用的引言。英文删节版见：T. Riha, ed., *Readings in Russian Civilization* (Chicago, 1964), pp. 465 – 78。关于杜尔诺沃，见：Lieven, *Russia's Rulers*, pp. 207 – 230, 以及这本新传记：Anatolii Borodin, *Petr Nikolaevich Durnovo, Russkii Nostradamus* (Moscow, 2013)。

18. Prosveshchennyi, p. 343.

19. *Ibid.*, pp. 341 – 342.

20. *Ibid.*, pp. 351 – 355. 我在《俄国统治者》一书中的有关杜尔诺沃章节更细致地探讨了这些问题，研究基础之一是他在国务会议上的全部发言。

21. 关于尼古拉的外貌，见：Taube, *La politique russe d'avant-guerre*, pp. 364 – 365；NA FO 371, 2092, 15312, Buchanan to Grey, April 3, 1914, pp. 292 – 296。

22. Sazonov to Kokovtsov, Sukhomlinov, Grigorovich, and Zhilinsky, Jan. 2/15, 1914, no. 9, and Gulkevich to Sazonov, Jan. 18/31, 1914, no. 155, in MOEI, 3rd ser., vol. 1, pp. 10 – 11, 183 – 185.

23. AVPRI, Fond 151, Opis 482, Delo 3769, listy 87 – 90, CNGS to Foreign Ministry, June 17, 1914 (OS), 内附驻雅典海军武官的报告。这份文件是关于希腊精神错乱而且很有爆发战争可能的重要文件。但也另见 5 月 11 日驻君士坦丁堡陆军武官的关于土耳其统治集团有好战情绪的报告。正如前两年一般, 陆军和海军武官的很多报告会被送交外交部。

24. AVPRI, Fond 133, Opis 470, Delo 4 (1913), Kudashev to Sazonov, Dec. 3/16 and 16/ 29, 1913, listy 27, 31 – 35. 领事对 1913 年后期的报告, 见: VPRI, Fond 133, Opis 470, Ed. Khr. 2。尼古拉二世用他常用的蓝蜡笔批注了斯瓦特科夫斯基的大部分报告, 这些报告收藏在外交部档案馆中。

25. 1913 ~ 1914 年斯瓦特科夫斯基的大部分报告见: AVPRI, Fond 138, Opis 467, Delo 745, 我读了所有报告。他关于稳固内部的关键报告是 1 月 29 日 (儒略历 16 日)、2 月 12 日 (儒略历 1 月 30 日)、4 月 22 日、5 月 24 日的报告 (listy 54 ff., 57 ff., and 81 ff.), 但其他报告也很有趣。

26. Report to Nicholas Ⅱ by Sazonov, Jan. 7, 1914 (OS), annex, no. 8, in Marchand, Un livre noir, pp. 373 – 376. 马克拉科夫对法案的反对见儒略历 1913 年 11 月 16 日致尼古拉二世的报告: GARF, Fond 601, Opis 1, Delo 982, listy 1 – 2。

27. Marchand, Un livre noir, p. 374.

28. Buchanan to Grey, July 18, 1914, no. 60, in BD, vol. 11, p. 47.

29. 比如, 见 Hartwig to Sazonov, March 17/30, 1914, no. 119, in MOEI, 3rd ser., vol. 2, pp. 151 – 152; Hartwig to Sazonov, June 3/16, 1914, no. 281, in MOEI, 3rd ser., vol. 3, pp. 329 – 30; Artamonov to QMG, June 4/17, 1914, apps. no. 9, in MOEI, 3rd ser., vol. 5, pp. 453 ff. RGVIA, Fond 2000, Opis Iii, Delo 3152, listy 10 – 11, Arta-monov to QMG, Nov. 19, 1913。B. Jelavic, "What the Austrian Government Knew About the Black Hand," *Austrian History Yearbook*, 22 (1991), pp. 131 – 150.

第七章

1. Novoe Vremia, no. 13743, June 17/30, 1914, p. 4.

2. 包括关键且悲惨的亚美尼亚事件的以及俄土关系。关于这方面，见这本优秀著作：M. Reynolds, *Shattering Empires: The Clash and Collapse of the Ottoman and Russian Empires, 1908 - 1918* (Cambridge, U. K., 2011), chaps. 2 and 3。

3. 关键文件是：Bachmann, Ein Herd der Feindschaft gegen Russland, esp. pp. 57 - 58, 66 - 95。俄国外交部档案馆收集了俄国各种各样的抱怨，以及他们对 PPS 行动和与奥地利总参谋部关系的细致了解，比如，见：AVPRI, Fond 151, Opis 482, Delo 3717, listy 33ff., Minister of Internal Affairs Makarov to Kokovtsov, Oct. 18, 1912 (OS)。关于吉尔斯，举个例子，见 1914 年 7 月他的备忘录，重版于：Girs, *Pis'ma*, p. 14, and Giers to Trubetskoy, June 23/July 6, 1914, no. 105, in MOEI, 3rd ser., vol. 4, p. 149。

4. 舍别科致萨佐诺夫的信里包括 1914 年 7 月 3 日（儒略历 16 日）加加林给舍别科的报告，见：nos. 247 and 248, in MOEI, 3rd ser., vol. 4, pp. 298 - 311. AVPRI, Fond 813, Opis 1, Delo 445。关于俄国领事的总体失败，特别是关于驻萨拉热窝领事馆的失败，见：Shebeko to Schilling, March 27/April 9 and June 25/July 9, 1914, listy 116 and 119。

5. Shebeko to Sazonov, July 2/15, 1914, no. 236, in MOEI, 3rd ser., vol. 4, pp. 283 - 284. 关于调查，见：Clark, Sleepwalkers, pp. 381 - 387.

6. Protocol of the Common Ministerial Council, Oct. 3, 1913, no. 8779, in OUA, vol. 7, pp. 397 - 403; Matschenko Memorandum, n. d., no. 9918, in OUA, vol. 8, pp. 186 - 195.

7. 资料出自此书整体内容及其关于霍约斯任务的叙述，见：Clark, Sleepwalkers, pp. 412 - 422, I. Geiss, ed., July 1914。关于对关键文件的英文介绍，见：*The Outbreak of the First World War: Selected Documents* (New York, 1967), pp. 54 - 88。关于另一份出色的关于战争的整理和评价，见：Mombauer, *Origins of the First World War*。

8. Bethmann Hollweg to Berchtold, Feb. 10, 1913, no. 12818, in GP, vol. 34, pp. 346 - 348. Jarausch, *Enigmatic Chancellor*.

9. Benckendorff to Sazonov, June 26/July 9, 1914, no. 146, in MOEI, 3rd ser. , vol. 4, pp. 188 – 193. 1983 年，一名初出茅庐的叫多米尼克·利芬的年轻历史学者说，萨佐诺夫吃惊于奥地利的最后通牒 ［见：*Russia and the Origins of the First World War* (London, 1983), p. 140］，他至今仍在苦苦思索当时为什么会这样说。

10. Shebeko to Sazonov, July 3/16, 1914, no. 247, in *MOEI*, 3rd ser. , vol. 4, p. 298. 这不是吕措第一次对国外观察者表达担忧，见 1913 年 12 月 24 日（儒略历 1914 年 1 月 6 日）斯瓦特科夫斯基的报告：AVPRI, Fond 138, Opis 467, Delo 745, list 5. Schebeko, Souvenirs, p. 213。

11. Daily Record, July 3/16, 1914, no. 245, in MOEI, 3rd ser. , vol. 4, pp. 296 – 297; Daily Record, July 5/18, 1914, no. 272, in MOEI, 3rd ser. , vol. 4, p. 329; Sazonov to Shebeko, July 9/22, 1914, no. 322, in MOEI, 3rd ser. , vol. 4, p. 381. 关于意大利对信誉的警告，比如，见：Krupensky to Sazonov, July 11/24, 1914, no. 27, July 13/26, 1914, no. 95, and July 17/30, 1914, no. 297, in MOEI, 3rd ser. , vol. 5, pp. 49, 124, 266 – 267。

12. 最后通牒和相关的支持档案见：Berchtold to Giesl, July 20, 1914, no. 10395, and Berchtold to Austrian missions, July 25, 1914, no. 10654, in OUA, vol. 8, pp. 665 – 704。最后通牒的英文版见：Geiss, July 1914, no. 37, pp. 142 – 146。驻贝尔格莱德代办瓦西里·斯特兰德曼写道，他自己写的总结最后通牒条款的电报被奥地利人耽搁了，直到萨佐诺夫同绍帕里见面后它才到达圣彼得堡，见：CUBA, *Sviatopolk-Mirsky Collection*, Balkan Reminiscences, p. 367。

13. 以下这本书是关于哈布斯堡军队如何激进（且顽固地）试图消灭塞尔维亚民族意识的迷人叙述：J. E. Gumz, *The Resurrection and Collapse of Empire in Habsburg Serbia, 1914 – 1918* (Cambridge, U. K. , 2009)。

14. P. Bark, *Memoirs*, chap. 7, pp. 1 – 3, 25 – 26, Bark Collection, CUBA.

15. Ibid. , pp. 1 – 6. CUBA, Benckendorff Collection, box 19, Paul to Alexander Benckendorff, July 28/Aug. 10, 1914. Nekliudoff, Diplomatic Reminiscences, pp. 298 – 99.

16. Buchanan to Grey, July 24, 1914, no. 101, in BD, vol. 11, pp. 80 – 82.

17. Bark, Memoirs, chap. 7, pp. 7 – 13.

18. Ibid. , pp. 13 - 16.

19. Ibid. , pp. 17 - 21.

20. Basily, Memoirs, p. 91. V. Sukhomlinov, Vospominaniia (Berlin, 1924), pp. 284 - 286. S. Dobrorolsky, "La mobilisation de l'armée russe en 1914," *Revue d'Histoire de la Guerre Mondiale* 1 (1923), pp. 53 - 69.

21. Bark, Memoirs, chap. 7, p. 22. S. Dobrorolsky, *Mobilizatsiia russkoi armii v* 1914 *godu* (Moscow, 1929), pp. 147 - 149.

22. Strandman, Balkan Reminiscences, pp. 349 - 350, 357 - 361.

23. Krupensky to Sazonov, July 13/26, 1914, no. 95, in MOEI, 3rd ser. , vol. 5, p. 124. 路易吉·阿尔贝蒂尼相信哈特维希劝过帕西奇拒绝最后通牒。关于塞尔维亚的回应，见：L. Albertini, The Origins of the War of 1914, 3 vols. (London, 1952), vol. 3, pp. 279, 352 - 384。我不同意阿尔贝蒂尼的看法，我认为俄方的资料（尤其是斯特兰德曼的叙述）支持 Mark Cornwall 的看法，即塞尔维亚会部分拒绝最后通牒，哪怕俄国不支持他们：Cornwall, "Serbia," pp. 55 - 96。Thomas Otte 也持此观点，他用充分证据论证了自己的观点，见：T. Otte, *July Crisis*: *The World's Descent into War*, *Summer 1914* (Cambridge, U. K. , 2014), chap. 5。

24. 关于尼古拉的行动以及 7 月 25 日会议的补充，见当天的 Kamer-furerskii 日志：GARF, Fond 601, Opis 1, Ed. Khr. 1594, listy 71ff。关于 7 月 24 日的会议决议，见：no. 19, in *MOEI*, 3rd ser. , vol. 5, pp. 38 - 40。关于战前备战阶段的介绍，见 July 12/25, 1914, no. 42, in MOEI, pp. 59 - 60。

25. 关于第十三军以及俄国整体上牺牲安全换速度的行动，见：Menning, *Bayonets Before Bullets*, pp. 231, 243 - 245。Zaionchkovsky, *Podgotovka*, pp. 279, 311 - 314. A. Kersnovsky, *Istoriia russkoi armii*, 3 vols. (Belgrade, 1935), vol. 3, pp. 624 - 625.

26. MDSH, carton 7N 1535, "Armée russe: Renseignements généraux, 1910 - 1914," no. 44, Matton report, June 13/26, 1909, p. 3; Zaionchkovsky, *Podgotovka*, pp. 271ff.

27. Menning, "War Planning and Initial Operations in the Russian Context. " 第一份关于奥军在南部边境部署的报告出自 7 月 24 日驻布达佩斯总

领事普里克隆斯基的报告：Priklonsky to Ministry of Foreign Affairs, July 11/24, 1914, no. 34, in MOEI, 3rd ser., p. 53。关于东部边境，见：Stone, *Eastern Front*, and M. Rauchensteiner, *Der Tod des Doppeladlers: Österreich-Ungarn und der Erste Weltkrieg* (Graz, 1994)。关于阿列克谢耶夫，见其家人编辑的回忆录与其他文件：V. Alekseeva-Borel, *Sorok let v riadakh russkoi imperatorskoi armii: General M. V. Alekseev* (Moscow, 2000)。

28. AVPRI, Fond 133, Opis 470, Delo 14, listy 67 – 69, Mikhelson to Osten-Sacken, Nov. 14/27, 1908. AVPRI, Fond 138, Opis 467, Ed. Khr. 303/306, listy 2ff., 包含儒略历 1912 年 5 月 24 日苏霍姆利诺夫致萨佐诺夫的附信，它解释了这项立法的历史和法令文本本身。在我看来，以下这本书过分夸大了备战阶段的重要性：McMeekin, *Russian Origins of the First World War*。

29. 关于颁布的法令文本，见：CGS to Foreign Ministry, July 12/25, 1914, no. 80, in MOEI, 3rd ser., vol. 5, pp. 97ff。法国总参谋部关于俄国动员的报告非常有用，见：MDSH, carton 7N 1535, June 1912, report by Captain Wehrlin, "Les caractéristiques de l'armée russe," pp. 1 – 21, 它涉及俄军的动员和集中。比如，另见：the 1913 "Notice statistique sur l'armée russe"; the section on mobilization is on pp. 47ff。除了前面提到的两份总参谋部准备的分析文件，隶属于俄军部队的法军军官的报告也包括关于动员的有益信息。举个例子，关于维尔纳地区后备人员的数目估计出自佩舍内上尉的报告，1912 年他在此地待了 6 个月。见："Rapport du Capitaine Perchenet à la suite du stage accompli dans la circonscription de Vilna d'avril à octobre 1912," section on mobilization, pp. 1 – 5。关于 7 月 29 日德军总参谋部的报告，见下书第 293 页：Anscar Jansen, *Der weg in den ersten Weltkrieg* (Marburg, 2005)。感谢 Bruce Menning 向我提供这份资料。

30. 亚努科维奇向指挥官们下达的命令刊载于总参谋部 1914 年 7 月 12 日（儒略历 25 日）的日志：no. 79, in *MOEI*, 3rd ser., vol. 5, pp. 95 – 96。关于缺失的军队调动，见：O Enteni Geivud (Anthony Heywood), "Iiul' 1914 – 1990: Sekretnaia mobilizatsiia' v. Rossii," *Rodina*, 8, 2014, pp. 24 – 25。

31. 关于对奥军军事行动的批评，见：G. Wawro, *A Mad Catastrophe*：*The Outbreak of World War I and the Collapse of the Habsburg Empire*（New York, 2014）。关于俄国情报，见 Bruce Menning 的将要发表的文章："Russian Military Intelligence, July 1914," *The Historian*, 77, 2, 2015。作者友好地把文章草稿发给了我，并和我长谈。关于卢布林，见：Airapetov, *Uchastie*, vol. 1, p. 128。

32. 席林的日记有英文版全文：*How the War Began in* 1914：*Being the Diary of the Russian Foreign Office from the 3rd to the 20th（Old Style）of July 1914*（London, 1925），席林亲自写了序言。*MOEI*, 3rd ser., vol. 5, 这一卷中不同日的摘要复述了此记录。这是关于俄国对这次危机的看法的有益资料，未被"篡改"，见：nos. 25, 51, 121, 172, 224, 284, 349, 396, pp. 45 - 48, 67, 146, 182, 212 - 215, 256 - 258, 294, 326 - 328。席林关于"暂时"占领波斯尼亚一事的评价，见：no. 121, July 14/27, 1914, p. 146。俄国驻君士坦丁堡和索非亚代表的意见格外有趣，见：M. N. Giers to Sazonov, July 14/27, 1914, no. 154, pp. 168 - 169, and Savinsky to Sazonov, July 16/29, 1914, no. 251, pp. 233 - 234。

33. 利赫诺夫斯基给雅各的电报以及此后贝特曼·霍尔韦格给奇尔施基的要求维也纳克制的电报，见：nos. 130 and 133 in Geiss, July 1914, pp. 288 - 290, 291 - 292。

34. 基德伦的话见：Szyogeny to Berchtold, Jan. 15, 1913, no. 5392, in OUA, vol. 5, pp. 454 - 455。

35. 关于俄军的动员，法方资料再次显得无价，举个例子，见：Wehrlin, "Les caractéristiques de l'armée russe," June 1912, pp. 1 - 21。

36. Daily Record, July 16/29, 1914, no. 224, in MOEI, 3rd ser., vol. 5, pp. 212 - 215; Beh-rens to CNGS, July 13/26, 1914, no. 99, in MOEI, 3rd ser., vol. 5, pp. 128 - 130. Soroka, *Britain, Russia, and the Road to the First World War*, pp. 251 - 252.

37. For Dobrorolsky's view, see Dobrorolsky, "La mobilisation," pp. 64 - 68; Dobrorolsky, *Mobilizatsiia*, pp. 5, 93 - 95.

38. 巴西利描述了 7 月 30 日与丹尼洛夫的讨论，见：Basily, *Memoirs*, p. 99。Rosen, Forty Years of Diplomacy, vol. 2, pp. 163 - 170. 罗森写道，

7 月 30 日戈列梅金见到了尼古拉，但是 kamerfurerskii zhurnal 说是 7 月 29 日：GARF, Fond 601, Opis 1, Ed. Khr. 1594, listy 71ff。

39. Daily Record, July 17/30, 1914, no. 284, in *MOEI*, 3rd ser., vol. 5, pp. 256 – 258.

40. *Ibid.*; Sazonov, *Vospominaniia*, p. 248. GARF, Fond 601, Opis 1, Ed. Khr. 1594, listy 71ff. (kamerfurerskii zhurnal); P. Gilliard, *Trinadtsat' let pri tsarskom dvore* (Paris, n. d.), p. 83.

41. Daily Record, July 16/29, 1914, no. 224, in MOEI, 3rd ser., vol. 5, pp. 212 – 215. Bethmann Hollweg to Pourtalès, July 29, 1914, no. 127, in Geiss, July 1914, p. 285. Albertini, *Origins*, vol. 3, pp. 28 – 31. Thomas Otte 有一本逐一记录围绕俄国动员的争议的最新著作，我赞同他的很多看法，见：Otte, *July Crisis*, chap. 7。但也要注意 Dale C. Copeland 的论点，见："International Relations Theory and the Three Great Puzzles of the First World War," in *The Outbreak of the First World War*, ed. J. S. Levy and J. A. Vasquez (Cambridge, U. K., 2014), pp. 167 – 198, esp. pp. 180 – 197。

42. *Novoe Vremia*, no. 13638, March 1/14, 1914, p. 4. 关于毛奇，见他和塔季谢夫将军的对话：GARF, Fond 601, Opis 1, Ed. Khr. 746, no. 44, Feb. 14/ 27, 1913, listy 113ff.。另见此讨论：S. Förster, "Der deutsche Generalstab und die Illusion des kurzen Krieges, 1871 – 1914：Metakritik eines Mythos," *Militargeschichtliche Mitteilungen*, 54, no. 1 (1995), pp. 61 – 95。

43. 关于普塔莱斯，见：no. 15844, March 11, 1914, in GP, vol. 39, pp. 550ff。

第八章

1. Stone 的作品仍然是关于这一题材的权威英文著作，但另见 Fuller 的文章：W. Fuller, "The Eastern Front," in *The Great War and the Twentieth Century*, ed. J. Winter, G. Parker, and M. Habeck (New Haven, Conn., 2000), pp. 30 – 68。关于一战的俄语著作不断增加，其中关键著作是：Airapetov, *Uchastie*；虽然全书已写完，但只有前两卷出版了。另见同一作者的：Generaly, *liberaly, i predprinimateli: Rabota na fronte i na*

revoluitsii（Moscow, 2003）。关于 1918 年德军的崩溃，见：A. Watson, *Enduring the Great War：Combat, Morale, and Collapse in the German and British Armies, 1914 – 1918*（Cambridge, U. K. , 2008）。关于俄军的士气和纪律，见：P. Simmons, "Discipline in the Russian Army in the First World War"（PhD diss. , Oxford University, 2011）。关于对比，见以下这本书中的文章：Millett and Murray, *Military Effectiveness*。

2. 关于经济，见：Gatrell, "Poor Russia, Poor Show," pp. 235 – 275。此书中的很多其他文章是非常有用的对比，见：Broadberry and Harrison, *Economics of World War I*。关于 P. Gatrell 的更广泛调查，见：*Russia's First World War：A Social and Economic History*（Harlow, 2005）。

3. 关于食物补给，见：Gatrell, L. T. Lih, *Bread and Authority in Russia, 1914 – 1920*（Berkeley, Calif. , 1990）。关于对比，见：B. Ziemann, "Agrarian Society," in *The Cambridge History of the First World War*, ed. J. Winter, 3 vols.（Cambridge, U. K. , 2014）, vol. 2, *The State*, pp. 382 – 407。

4. 关于德国，见：W. Pyta, *Hindenburg*（Munich, 2007）, and Nebelin, *Ludendorff*。

5. 关于这一点，首先见：P. Gatrell, *A Whole Empire Walking：Refugees in Russia During World War I*（Bloomington, Ind. , 1999）, and E. Lohr, *Nationalizing the Russian Empire：The Campaign Against Enemy Aliens During World War I*（Cambridge, Mass. , 2003）。

6. "沙皇本人就缺少爱国情感"，出自：H. F. Jahn, *Patriotic Culture in Russia During World War I*（Ithaca, N. Y. , 1995）, p. 147。关于对战争时期君主制的敏锐分析，见：B. Kolonitskii, "*Tragicheskaia erotika*"：*Obrazy imperatorskoi sem' i v gody Pervoi mirovoi voiny*（St. Petersburg, 2010）。

7. 我试图在此书中解释尼古拉的立场，见：Lieven, *Nicholas II*, chaps. 5 and 8。

8. 此书有助于解释炸弹危机、反间谍活动，以及古奇戈夫对他们的利用：Airapetov, *Uchastie*, vol. 2, pp. 34 – 44, 56 – 59, 74 – 79。关于对付米亚斯耶多夫上校及其盟友的过程，见：Fuller, *Foe Within*。

9. 关于战争期间国内政治的最佳著作是俄语作品：V. S. Diakin, *Russkaia*

burzhuaziia v gody pervoi mirovoi voiny, *1914 – 1917*（Leningrad, 1967），此书仍然是经典。但另见：F. A. Gaida, *Liberal'naia oppozitsiia na putiakh k vlasti*（Moscow, 2003），and S. V. Kulikov, *Biurokraticheskaia elita rossiiskoi impe-rii nakanune padeniia starogo rezhima*, *1914 – 1917*（Riazan, 2004）。关于利沃夫，见：C. Read, *War and Revolution in Russia*, *1914 – 1922*（Houndmills, 2013），p. 68。

10. 以下这本英语著作基本上友好地看待自由主义，但也保持公允：Pearson, *Russian Moderates and the Crisis of Tsarism*。关于俄国战时的工业革命，见：Stone, *Eastern Front*, pp. 194 – 211, and Gatrell, *Russia's First World War*。关于社会移位，见注释 5。

11. 见注释 9：Gaida 和 Kulikov 都有力地阐述了这一观点。关于西方对立宪民主党的看法，见以下这本书前几章：W. G. Rosenberg, *Liberals in the Russian Revolution*：*The Constitutional Democratic Party*, *1917 – 1921*（Princeton, N. J., 1974）。

12. 此书是对将军们在政界的最全面审视：B. Taylor, *Politics and the Russian Army*：*Civil-Military Relations*, *1689 – 2000*（Cambridge, U. K., 2003）。

13. 关于俄国农民和战争，尤其见：A. Retish, *Russia's Peasants in Revolution and Civil War*：*Citizenship*, *Identity*, *and the Creation of the Soviet State*, *1914 – 1922*（Cambridge, U. K., 2008）。对比参阅 Ziemann, "Agrarian Society"。关于对俄国民众、民族性和民族主义的有益争论，见这本期刊中的很多文章，*Slavic Review* 59, no. 2（2000），尤其见这篇：S. A. Smith, "Citizenship and the Russian Nation During World War I：A Comment," pp. 316 – 329。

14. 对俄国革命的出色审视，见：Read, *War and Revolution. E. Acton*, *V. Cherniaev*, and *W. Rosenberg*, eds., *A Critical Companion to the Russian Revolution*, *1914 – 1921*（London, 1997），这是关键参考书。

15. 关于政府控制社会和经济的有效措施的瓦解，除了已经引用的作品，见：P. Holquist, *Making War*, *Forging Revolution*：*Russia's Continuum of Crisis*, *1914 – 1921*（Cambridge, Mass., 2002）。关于内战和布尔什维克在中央的重要战略优势，见：E. Mawdsley, *The Russian Civil War*（Boston, 1987）。

16. 关于 1812～1814 年，见：Lieven, *Russia Against Napoleon*。关于二战，见：M. Harrison, *Accounting for War* (Cambridge, U. K., 1996), and R. Overy, *Russia's War* (London, 1997)。关于德国视角，见：R. - D. Müller and G. R. Ueberschär, *Hitler's War in the East, 1941 – 1945: A Critical Assessment* (Oxford, 1997)。

17. Colonel W. Nicolai, *The German Secret Service* (London, 1924), pp. 121 – 125. 尼古拉补充道，俄国在 1915 年惨败后失去了胜利的信心，反而他们的英格兰盟友信心满满，因为英格兰总是取得胜利。

18. 关于发动无限制潜艇战的决策，见：K. E. Birnbaum, *Peace Moves and U-Boat Warfare* (Uppsala, 1958); A. S. Link, *Wilson: The Struggle for Neutrality* (Princeton, N. J., 1960); and A. Offer, *The First World War: An Agrarian Interpretation* (Oxford, 1989), esp. pt. 4。

19. P. Borovsky, *Deutsche Ukrainepolitik*, 1918 (Lübeck, 1970), and O. Fedyshyn, *Germany's Drive to the East and the Ukrainian Revolution, 1917 – 1918* (New Brunswick, N. J., 1971), 这仍然是基础作品。关于治理，另见：S. Velychenko, *State Building in Revolutionary Ukraine: A Comparative Study of Governments and Bureaucrats, 1917 – 1922* (Toronto, 2011)。关于思想，另见：M. Shkandrij, *Russia and Ukraine: Literature and the Discourse of Empire from Napoleonic to Postcolonial Times* (Montreal, 2011), chaps. 5, 6, and 7。至于农民的民族主义和加利西亚，见：J. - P. Himka, *Galician Villagers and the Ukrainian National Movement in the Nineteenth Century* (Edmonton, 1988)。与 1918 年俄国境内乌克兰农民感觉的对比，Serhii Plokhy 的描述很具启发性，见：S. Plokhy, "The People's History," in *Ukraine and Russia: Representations of the Past* (Toronto, 2008), pp. 133 – 162。

20. 关于战争期间德国在东欧的观感和政策，见：Liulevicius, *War Land on the Eastern Front*, and Strazhas, *Deutsche Ostpolitik im Ersten Weltkrieg*。

21. Berchtold is quoted in M. von Hagen, *War in a European Borderland: Occupation and Occupation Regimes in Galicia and Ukraine, 1914 – 1918* (Seattle, 2007), p. 55.

22. 关于德国占领政策的细节，见：Borovsky, *Deutsche Ukrainepolitik*, and Fedyshyn, *Germany's Drive*。参考的是 Otto Wiedfeldt。

23. 我认为，以下这本出色的著作写到 1918 年德国选择苏维埃俄国而非乌克兰时太武断了，见：George-Henri Soutou, *L'or et le sang*, chap. 17。此书对德国军方领导人的选择评价更公允：Nebelin, *Ludendorff*, chap. 12. 关于斯科罗帕茨基的政权以及他与柏林关系的出色描写，见：Von Hagen, *War*, chap. 5.

24. 对《凡尔赛和约》的出色介绍，见：M. Boemeke, G. Feldman, and E. Glaser, eds. , The Treaty of Versailles：A Reassessment After 75 Years（Cambridge, U. K. , 1998）。

25. 关于两次世界大战之间的政策和《凡尔赛和约》的长久影响，首先见 Zara Steiner 的两卷本著作：*The Lights That Failed：European International History, 1919 – 1933*（Oxford, 2005）, and *The Triumph of the Dark：European International History, 1933 – 1939*（Oxford, 2011）, esp. chap. 16。

26. 关于对苏维埃政权在两次世界大战之间政策的调查和评论，见：M. L. Haas, "Soviet Grand Strategy in the Interwar Years," in *The Challenge of Grand Strategy：The Great Powers and the Broken Balance Between the World Wars*, eds. J. Tali-aferro, N. Ripsman, and S. Lobell（Cambridge, U. K. , 2012）, pp. 279 – 307。这本合集中的很多其他章节也对两次世界大战期间的国际政治很有帮助。关于更广泛的影响，特别是英苏关系，见：K. Neilson, *Britain, Soviet Russia, and the Collapse of the Versailles Order, 1919 – 1939*（Cambridge, U. K. , 2006）。

作者其他作品

《鏖战欧罗巴：俄国与拿破仑的决战》（*Russia Against Napoleon：The True Story of the Campaigns of War and Peace*）

《帝国：沙皇俄国与其对手》（*Empire：The Russian Empire and Its Rivals*）

《俄罗斯沙皇尼古拉二世》（*Nicholas Ⅱ：Emperor of All the Russias*）

《欧洲贵族：1815～1914》（*The Aristocracy in Europe，1815 - 1914*）

《旧制度下的俄国统治者》（*Russia's Rulers Under the Old Regime*）

索 引

图书在版编目（CIP）数据

走向火焰：帝国、战争与沙皇俄国的终结／（英）
多米尼克·利芬（Dominic Lieven）著；苏然，王橙译
－－北京：社会科学文献出版社，2020.6
书名原文：Towards the Flame：Empire，War and
the End of Tsarist Russia
ISBN 978 - 7 - 5201 - 6182 - 4

Ⅰ.①走…　Ⅱ.①多…　②苏…　③王…　Ⅲ.①第一次
世界大战 - 历史 - 研究　Ⅳ.①K143

中国版本图书馆 CIP 数据核字（2020）第 028334 号

走向火焰
——帝国、战争与沙皇俄国的终结

著　　者／〔英〕多米尼克·利芬（Dominic Lieven）
译　　者／苏　然　王　橙

出 版 人／谢寿光
责任编辑／张　骋　赵晶华

出　　版／社会科学文献出版社·甲骨文工作室（分社）（010）59366527
　　　　　　地址：北京市北三环中路甲 29 号院华龙大厦　邮编：100029
　　　　　　网址：www.ssap.com.cn
发　　行／市场营销中心（010）59367081　　59367083
印　　装／三河市东方印刷有限公司

规　　格／开　本：889mm × 1194mm　1/32
　　　　　　印　张：16.375　插页：0.625　字　数：371 千字
版　　次／2020 年 6 月第 1 版　2020 年 6 月第 1 次印刷
书　　号／ISBN 978 - 7 - 5201 - 6182 - 4
著作权合同
登 记 号／图字 01 - 2015 - 7292 号
定　　价／82.00 元

本书如有印装质量问题，请与读者服务中心（010 - 59367028）联系

)